海南文獻叢刊·方志二

海南方志探究

下 冊

王　會　均　著
王珮琪　王家昌
編校

文史哲出版社印行

國家圖書館出版品預行編目資料

海南方志探究 / 王會均著 -- 初版 -- 臺北
市：文史哲，民 101.06
　　頁；　公分. --（海南文獻叢刊·方志；2）
　ISBN 978-986-314-029-0 (上冊：平裝). --
ISBN 978-986-314-030-6 (下冊：平裝). --
ISBN 978-986-314-031-3 (全套：平裝)

1.方志　2.海南省

673.71　　　　　　　　　　101010115

海南文獻叢刊·方志二

海南方志探究（下冊）

著　　　者：王　　會　　均
編 校 者：王 珮 琪 · 王 家 昌
出 版 者：文 史 哲 出 版 社
http://www.lapen.com.tw
e-mail：lapen@ms74.hinet.net
登記證字號：行政院新聞局版臺業字五三三七號
發 行 人：彭　　正　　雄
發 行 所：文 史 哲 出 版 社
印 刷 者：文 史 哲 出 版 社
臺北市羅斯福路一段七十二巷四號
郵政劃撥帳號：一六一八〇一七五
電話886-2-23511028 · 傳真886-2-23965656

平裝下冊售價新臺幣七〇〇元

中華民國一〇一年（2012）七月初版

卷之五　縣　志

　　夫「縣志」者，方志種類名稱也。係以一縣為範圍，記古今人、事、物之地方志書。乃地方志之基幹，亦是省、府、州志，於纂修時必需采摭之資料。在明清時代，縣為中央集權下，最基層行政區域，長官是知縣。縣志多由知縣主修，亦有由當地出身之中央官吏或知名人士、學者纂修。

　　縣志特性之一，貴在詳實。其縣志之內容，在縱面言之，既載古，又記今。於橫面言之，既記政治、經濟、軍事、文化、民情、風俗，又述天象、氣候、山川、形勝。於是顯見，一縣之古今人、事、物無所不載，既係一縣資治之書，又可備修史參考，殊具史料價值矣。

　　縣志，佔志書總量之絕大部分。於今國內外文教機構，或學術研究單位，暨圖書館，庋藏海南地方志書，計有六十三種，其中縣志三十種（佔 47.619%），以清代為最多，特分縣，依其年次，臚著於次，以供查考。

一、瓊山縣志

　　瓊山，郡首邑也。治在郡中，故事多載郡志，致府志燦然大備，獨縣志漫滅無考耳。

　　夫瓊山縣志乘，緣自元順帝至正末年，蔡微纂《瓊海方輿

志》始，皇明一代，邑志中輟失修。迨清一代，各省州縣修志，風尚蔚成，尤以康熙朝，最為鼎盛。迄民國肇建，於六年(1917)九月（周果序）刊印，王國憲《續修　瓊山縣志》止。其間約五百五十餘年，先後纂修，大凡七次，除元・蔡　微《瓊海方輿志》，暨清・王凝機《瓊山縣志稿》佚傳外，餘者皆有藏板。

　　是以《瓊山縣志》為範疇，就其文獻史料，作綜合性研究。其主要內容，計分：修志源流、待訪志書、康熙抄本（潘志）、康熙修本（王志）、乾隆修本（楊志）、咸豐修本（李志）、宣統修本（王志），以及綜合析論等八大部分。

　　於文中，各志書所論要點。除首著「目片格式」外，依次：知見書目、修志始末、纂者事略、志書內容、修志敘例（斷限年代）、刊版年次。就瓊山地方史研究言之，乃最珍貴之文獻史料，殊具學術研究參考價值矣。

修志源流

　　瓊山縣，附郭也。漢屬珠崖郡（玳瑁縣地）治，其後建廢變更頻仍。迨唐貞觀元年(627)，析舍城置瓊山縣，仍為瓊州治。……元為乾寧軍治，明為瓊州府治，清因之，今隸海口市。

　　瓊山縣，府郡首邑也。治在郡中，於是邑事多繫郡志。其縣志之纂修，源流遠久，證諸圖帙，有史稽考者，緣自元至正末年，蔡微纂《瓊海方輿志》（多誌郡事）肇始。皇明一代，邑志中輟失修。迨清一代，各省州縣修志，風尚蔚成，尤以康熙聖朝，最為鼎盛。迄民國肇造，於六年(1917)九月（周果序）刊印，朱為潮修，王國憲纂《續修　瓊山縣志》止。其間約五百五十餘年，先後纂修，大凡七次。

　　元順帝至正末年，邑人蔡微纂《瓊海方輿志》（二卷），俗稱《瓊海志》，是乃《瓊山縣志》之濫觴。

　　清康熙二十六年(1687)，以貢生王凝機編纂《瓊山縣志稿》為藍本，由郡丞潘廷侯、知縣佟世南，重加纂輯成十二卷，未有付刻，此為「康熙抄本」（潘志），而與元至正末年，蔡微纂《瓊海方輿志》，其纂修時間，相距約三百二十餘年之久。

　　清康熙四十三年(1704)甲申，知縣王贄修、關必登參訂《康熙　瓊山縣志》（凡十卷），俗稱「康熙修本」（王志），與「康熙抄本」（潘志）纂修時間，相距僅一十七載而已。

　　清乾隆十二年(1747)丁卯，知縣楊宗秉修《乾隆　瓊山縣志》（凡十卷），俗稱「乾隆修本」（楊志），而與「康熙修本」（王志），其修志時間，相距約有四十三年。

　　清咸豐五年(1855)乙卯，知縣李文烜修、鄭文彩纂《咸豐　瓊山縣志》（凡三十卷、首一卷），俗稱「咸豐修本」（李志），與「乾隆修本」（楊志），其修志時間，相距約一百有八年之久矣。

　　清宣統三年(1911)開雕，民國六年(1917)九月（周果序）刊印，瓊崖道尹朱為潮修，王國憲纂《續修　瓊山縣志》（凡二十八卷、首一卷），俗稱「宣統修本」或「民國續修本」（王志），與「咸豐修本」（李志）纂修時間，相距約有六十載。

　　瓊山縣志乘，於今庋藏者，唯有「清修本」諸志，其中以王國憲纂《續修　瓊山縣志》（二十八卷、首一卷），內容最新而詳備富美，殊具史料參考價值矣。

　　此外，清光緒三十四年(1908)戊申，縣丞王建極氏，委任邑紳張廷標編《瓊山鄉土志》（手稿本），凡三卷，未有刊行，於

今所見藏版，係民國年間抄本，極為稀少，殊為珍貴也。

待訪志書

　　瓊山縣志書，牒本頗多，唯因年代久遠，間遭兵災蟲害，湮滅散佚，致原刻本或手稿本，流傳欠廣，罕見藏板。茲據各家方志書目資料，就瓊山邑乘，所佚傳者，依刊版年代，著述於次：

《瓊海方輿志》二卷　　　元・蔡　微纂　　　至正末年修　元佚

　　按《瓊海方輿志》（二卷），所載多郡事，亦屬府志性質（詳見《瓊州府志》待訪志書），恕不贅言，以免重複。

蔡微〈瓊海方輿志序〉書影
原載《正德　瓊臺志》殘本

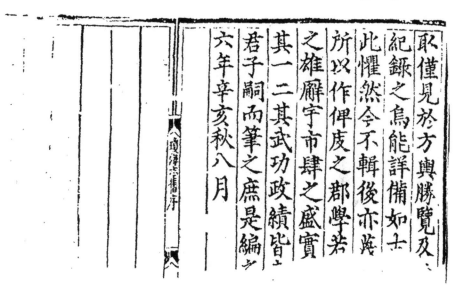

取僅見於方輿勝覽及、
紀錄之烏能詳備如士
此懼然今不輯後亦歟
所以作俾度之郡學若
之雄闢宇市肆之盛實
其一二其武功政績皆
君子嗣而筆之庶是編之
六年辛亥秋八月

《瓊山縣志稿》十二卷

清・王凝機纂　　康熙年間　手稿　佚

(一)、知見書目

王國憲《續修　瓊山縣志》（卷十九・藝文略）：
　　瓊山縣志稿　十二卷
　　案：志稿為貢生王凝機手編，郡丞潘廷侯、知縣佟
　　　　世南，重加纂輯編成十二卷，潘、佟有序，未
　　　　有付刻，時康熙二十六年。
王會均《海南方志資料綜錄》（總目錄・頁十五）：
　　瓊山縣志稿　十二卷　　清・王凝機纂
　　清康熙二十六(1687)年（未刊）稿本　佚

(二)、纂者事略

　　王凝機，號問溪，瓊山人。清聖祖康熙年間歲貢，品端行潔，善詩文工草書，邑乘殘缺，獨有志修明，搜討編輯，多出其手。年八十餘，方瞳皓髯，吟咏不輟，飄飄有出塵之概。

　　清・張岳崧《道光　瓊州府志》（卷之三十六・人物志：篤行）、李文烜《咸豐　瓊山縣志》（卷之二十・人物志：儒林）、王國憲《續修　瓊山縣志》（卷二十四・人物志：列傳），載有傳略。

康熙抄本（潘志）

《康熙　瓊山縣志》十二卷　　潘廷侯　佟世南修　吳南傑纂

　　清康熙二十六年(1687)修　舊抄本

　　8冊　有圖表　27.5公分　線裝

(一)、知見書目

　　杜定友《廣東方志目錄》（頁十六）：

　　　　　瓊山縣志　十二卷

　　　　　潘廷侯　吳南傑　　康熙二十六年

　　譚其驤《國立北平圖書館方志目錄》（冊四）：

　　　　　瓊山縣志　十二卷　　潘廷侯修　吳南傑等纂

　　　　　清康熙二十六年　抄本　　八冊

　　朱士嘉《中國地方志綜錄》（冊二・頁十三）：

　　　　　瓊山縣志　十二卷　　潘廷侯修　吳南傑纂

　　　　　清康熙二十六年　抄本　　北平圖書館藏

陳劍流《海南簡史》（頁八三）：

　　　瓊山縣志（十二卷）

　　　　潘廷侯、吳世南編　　康熙二十六年

　　案：此志係潘廷侯、佟世南修、吳南傑纂，陳著吳世

　　　　南編，似有筆誤，待補正之。

李景新《廣東方志總目提要》（頁一一八）：

　　　瓊山縣志　十二卷　　潘廷侯修　吳南傑纂

　　　康熙二十年　抄本　　藏：北平

　　案：李著此志於康熙二十年修，未知所據何本，尚待

　　　　方家查考，或係筆誤，亦待補正之。

黃蔭普《廣東文獻書目知見錄》（頁六一）：

　　　瓊山縣志　十二卷　　清・潘廷侯

　　　清康熙二十六年(1687)修　舊鈔本　　北京

中國科學院北京天文臺《中國地方志聯合目錄》（頁七〇
一）：　　（康熙）瓊山縣志　十二卷

　　　　清・潘廷侯修　　吳南傑纂

　　　康熙二十六年(1687)修　抄本

　　　　　北京　　上海（膠卷　）　廣東（膠卷）

楊德春《海南島古代簡史》（頁一五六）：

　　　《瓊山縣志》十二卷　　清・潘廷侯、吳南傑編纂

　　　康熙二十六年(1687)修成，有抄本傳世

　　　　北京圖書館藏，中山圖書館有縮微膠卷。

陳光貽《稀見地方志提要》（下冊：頁一二三八）：

　　　瓊山縣志　十二卷　　潘廷侯　吳南傑纂

　　　清康熙二十六年修　　存

邢益森《海南鄉情攬勝》（寶島風姿錄・續集二・頁九十六）：　　瓊山縣志　十二卷　　潘廷侯　吳南傑

清康熙二十六年(1687)　　抄本

北京圖書館

王會均《海南方志資料綜錄》（總目錄・頁十六）：

瓊山縣志十二卷　　潘廷侯　佟世南修　吳南傑纂

清康熙二十六年(1687)修　　舊鈔本

㈡、修志始末

按《康熙　瓊山縣志》，係遵奉憲檄開館纂輯，並以府歲貢王凝機手編《瓊山縣志稿》（十二卷）為藍本，由瓊郡同知署邑令潘廷侯、瓊山縣知縣佟世南，於清康熙二十六年(1687)修成，爰邀紳儒吳南傑總纂，是為《瓊山縣志》（清初修本），史稱「康熙抄本」（潘志），俗稱「舊志」。

依據王國憲纂《續修　瓊山縣志》（卷十九・藝文略）載：《瓊山縣志稿十二卷》，案：志稿為貢生王凝機手編，郡丞潘廷侯、知縣佟世南重加纂輯，編成十二卷，潘、佟有序，未有付梓，時康熙二十六年。

次據瓊州府同知潘廷侯〈瓊山縣誌序〉云：「侯以本府同知受攝縣事，奉檄取誌，不敢以府誌搪塞，乃延集本縣之紳衿者舊，就館修葺，禁毋濫加褒貶，據實言事，兩閱月而成，其有未備，以俟後之君子云。」

末依瓊山縣令佟世南〈瓊山縣志書序〉云：「……茲奉上憲檄行，准備部咨，取郡縣志書，世南一介下吏，受事方新，爰遵行查，幸有海防潘公署理縣事時，曾傳集儒學紳衿，纂有草稿十

二卷，分列條緒，亦既殫厥，經營匠心勞瘁矣。」

又云：「世南敢以退食，公餘詳加校閱，顧誤多亥豕，間有註漏，繁簡未盡適度，品騭或有滋疑。因不揣荒愚，特弊廷名儁，焚膏繼晷，或增所未備，或訂其未協，巨細銖兩，同為商確，不啻句櫛字比，韓子所謂覽其緒裁其贅，紀事必提其要，纂言必鈎其元者，準其意以釐正之，閱月餘而竣。……」

綜就康熙二十六年歲次丁卯菊月，潘廷侯、佟世南之〈原序〉析觀，是《康熙　瓊山縣志》，其纂葺緣由與意旨，歷程與始末，誠如著述諸大端矣。

㈢、纂者事略

本《康熙　瓊山縣志》，參與纂修者眾，依〈纂修瓊山縣志姓氏〉刊載，計有二十一人，其事略，分述於次，以供參考。

編纂：計二員，其事略，分別著述於次，以供查考。

潘廷侯，正黃旗人。清康熙二年(1663)癸卯科舉人，於康熙二十五年(1686)任瓊州府同知，編纂邑乘，士紳重之。

佟世南，江南江寧人。監生，清康熙二十六年(1687)任瓊山知縣，編纂縣志。

同修：計五人，其年籍、事略，分著於次，以供參考。

盧啟運，廣東南海人。清康熙五年(1666)丙午科舉人，於康熙二十年(1681)任瓊山縣儒學教諭，同修縣志。

黎暉吉，廣東河源人。貢生，時任瓊山縣儒學訓導，同修縣志。

趙夢龍，安徽桐城人。監生，清康熙二十五年(1686)任瓊山縣丞（卒於官），同修縣志。

吳南傑，那邑人。清順治十四年(1657)丁酉科舉人（由府學中式），總纂邑志。

梁際運，字賡人，梁陳人。清康熙二年(1663)癸卯科舉人（由定安學中式），有智謀，於康熙十六年(1677)黎賊煽亂，蹂躪州縣，領鄉兵進剿，擒殺賊黨數十，賊首勢窮就撫。康熙二十年(1681)土酋韓有獻勾通海寇，內外蝟起，奪據海口城，二十二年(1683)奉命進招歸誠，地方始靖。康熙二十六年(1687)丁卯，同修縣志。

蕭應植《乾隆　瓊州府志》（卷之七・人物志：忠義）、王國憲《續修　瓊山縣志》（卷二十四・人物志：忠義），載有傳略。

參訂：計十四人，內有貢生八人，生員六人，其里籍、事略，分述於次，以供參考。

王凝機，號問溪，那邑人。清康熙年間歲貢，手編《瓊山縣志稿十二卷》（未梓），前載有傳（不再贅言，以免重複）。

丘維昌，邑人，府歲貢。

符　瑞，演順人，府歲貢。

蕭斯美，邑人，縣歲貢。

張履吉，字旋九，東廂人。自幼篤學，以歲薦終其身，士倫惜之。教授南湖，遵朱子學的。康熙四十五年(1706)，郡伯賈公，聘修郡志，極見推重。授靈山司訓，卒年八十四，著有《南湖稿》（未梓）。

蕭應植《乾隆　瓊州府志》（卷之七・人物志：列傳）、王國憲《續修　瓊山縣志》（卷二十四・人物志：列傳），刊載有傳略。

黃　中，邑人，府歲貢。

張振名，邑人。府歲貢，以子玉隆贈修職佐郎，授肇慶府學訓導。

蔡大器，邑人，府歲貢。

生員：計六人，事略未詳，茲分列其姓氏於次，以供參考。

　　方再興　　張公欽　　饒應元　　陶可範　　王昌祚　　陳今益

（四）、志書內容

本《康熙　瓊山縣志》，凡十二卷，計有十二門（志），分八十五目（附目有八），除首刊：潘廷侯〈瓊山縣誌序〉、佟世南〈瓊山縣志書序〉、〈纂修瓊山縣志姓氏〉、〈瓊山縣志凡例〉（十三條）外，其志書主要內容，依《瓊山縣志目錄》，臚述於次，以供查考。

輿圖志　卷之一

　　　　繪境內郡邑疆域圖

沿革志　卷之二

地理志　卷之三

　　　　星野　疆域　形勝　氣候　風候、潮汐、漲海附

　　　　山川　水利　鄉都　風俗　土產

建置志　卷之四

　　　　城池　公署　壇祠　寺觀　菴塔附　橋渡　墟市

　　　　樓閣　坊表　古蹟　墳墓

賦役志　卷之五

　　　　戶口　土田　科則　錢糧　魚課　鹽課　鈔課

　　　　土貢　均徭　均平　民壯　驛傳　雜役

學校志　卷之六

縣學　名宦、鄉賢祠附　　社學　學田

書院　義學附

兵防志　卷之七

兵官　兵制　兵餉　兵署　兵器　詳府志

秩官志　卷之八

官師　武職　名宦　流寓

人物志　卷之九

諸科　鄉科　甲科　歲貢　選貢附　武科　封廕

鄉賢　孝友　儒林　卓行　義勇　　隱逸　耆舊

節烈

海黎志　卷之十

海防　海寇　海夷　黎情　撫黎　平黎　平亂

藝文志　卷之十一

表　　疏　　序　　賦　　詩　　歌

雜　志　卷之十二

災祥　紀異　仙釋　方伎　遺事

㈤、修志敘例

從《瓊山縣志》（康熙抄本）凡例（十三條）窺之，是志之體例，係採「分志體」，亦就「按類分目法」也。

次據〈凡例〉（第一條）云：「志蒐羅不厭詳，文藝不宜略，今考前郡志，始自唐司徒標目過多，後戴學憲為之刪補，已非舊志。至國朝牛太守新修，期以歲月，一委府教授朱子虛任意刪補，帝訓王言槩為汰洗，而標目刪削亦有得失。如舊志於輿圖

之後，以沿革次之，輿圖畫一圖於紙上，應別爲一卷以領諸志。沿革者因革也，湯武革命，應乎天而順乎人，革之時義大矣哉，故舊志以之次輿圖焉，當自爲一卷，不可混入地理志。至海黎目，新志編在人物後，極爲得體當從之，沿革後次地理、建置、賦役、學校、兵防、秩官、人物、海黎、藝文、雜志，共一十二卷。」

潘廷侯修《康熙　瓊山縣志》，凡十二卷，各門目所繫邑事，其斷限年代，始自唐三代，迄於清聖祖康熙二十三年(1684)歲次甲子止。中經漢唐宋元明清各代，內以明、清兩代，紀事較詳，茲依紀事年次，分著於次：

雜　志（卷之十二）災祥：

康熙貳拾貳年(1683)拾貳月初壹日，丑時地震。

康熙貳拾參年(1684)拾壹月雨雪，卉木隕落，檳榔海棠，死者多半。

㈥、刊本年代

潘廷侯《康熙　瓊山縣志》，凡十二卷，舊抄本，全書線裝八冊。白口，四週雙邊。除潘廷侯〈瓊山縣誌序〉、佟世南〈瓊山縣志書序〉，每半葉七行，每行最多十七字之外，正文每半葉九行，每行不超過二十二字。書高二七‧五公分、寬一七公分，版框高二四公分，寬一六公分。楷字（抄本），注分雙行，各卷首行大題《瓊山縣志》。

按《康熙　瓊山縣志》，於清康熙二十六年(1687)，歲次丁卯菊月修成未梓。舊抄本，現庋藏於北京圖書館，每冊首葉有「京師圖書館藏書部」（明文‧小篆）長方章（長三‧八公分、

寬一·六公分）乙枚。是「舊抄本」，乃國內外文教機構，暨圖書館唯一藏板，列誌於次，以供查考。

　　抄　本　清康熙二十六年(1687)修　舊抄本
　　中國：北京圖書館（特藏善本）　八冊
　　微　捲　據清康熙二十六年(1687)抄本攝製微縮捲片
　　中國：上海圖書館　　廣東中山圖書館

瓊山縣志卷之十

雜志　起異　仙釋　遺事

當觀求石莘神蠤癸軼事九流癸枝載之遺編壹弊奇
好異哉要以昭勸戒而偏寬羅彼六合內或論或存以
及稗官煉術法乘盧局鍾王繪奕之流雖不可方物而
綴拾雜工市省鑒得失之林也作紀異外志

　紀異

瓊山縣郡原立於麻毅江濱舊州厗宇初暨壹夕梁
飛不見後覓之於今城遂定州治今衛基是州之事

在嘗問賢以後自白石移然
麻毅舊州因梁飛而定今治
東湖在縣東壹拾伍里傳茂都有巨室陷下爲湖水深
黑鄉人建廟於側元時天旱潭中一物如柱直竪高拾
餘文潡吏而倒其聲藏動不貳日火雨後遇旱郡縣取
水以禱今則淺笑
作妖鄉人廟祀乃息
浮石在縣東特離都那廐明洪武間水飄白石壹片屢
龍潭在縣西拾伍里博崖村初有吳姓首富而不義君
其地壹夕風雨交作其家遂陷沒後積爲潭深莫測

康熙《瓊山縣志》書影

北京圖書館藏板

瓊山縣志卷之十二

災祥

嘗聞鳳集庭麟遊兔奇後得而石言於晉龍見於井

古亦有之然休咎之徵雖由天道亦人事致焉天不人不

因人不天不咸也彗星不禳熒惑退舍六府脩三事治

害不為災瓊壺塊土災祥疊見然未如雷擊兩學

聖廟之奇蓋是時明季責學師毒開齟貢有數石穀者

幾不得免不當秦之天坑漢寃瓊河全瓊士矣莫必

其命以致

康熙修本（王志）

《康熙　瓊山縣志》十卷　　清・王　贄修　　關必登纂

清康熙四十七年(1708)序刊本

8 冊　有圖表　25 公分　線裝

㈠、知見書目

王國憲《續修　瓊山縣志》（卷十九・藝文略）：

　　　重修瓊山縣志　十卷

　　　案：康熙四十三年舊志所收大略，知縣王贄參訂，

　　　　　瓊山縣教諭關必登，舉人李瑞輝等二十六人校

　　　　　閱，王、關有序，已刊首卷。

杜定友《廣東方志目錄》（頁十七）：

　　　瓊山縣志　十卷　　王　贄　　康熙四十三年

朱士嘉《中國地方志綜錄》（冊二：頁十四）：

　　　瓊山縣志　十卷　　王　贄纂修　　日本內閣

陳劍流《海南簡史》（頁八三）：

　　　瓊山縣志（十卷）　王　贄等編　　康熙四十三年

　　案：此志為知縣王贄修，陳著「王贊」等編，或係筆

　　誤，特補正（王贄）之。

日本國立國會圖書館《中國地方志總合目錄》（頁二七

五）：　瓊山縣志　十卷　　王　贄等

　　　康熙四十七年(1708)序　刊本

　　　（內閣）8 冊　楓－史 189-8

　　　用康熙四十七年序刊本景照

（東洋）7 冊　q-104

李景新《廣東方志總目提要》（頁一一八）：

　　　瓊山縣志　十卷　　　王　贊纂修　　藏：北平

黃蔭普《廣東文獻書目知見錄》（頁六一）：

　　　瓊山縣志　十卷　　清・王　贊

　　　康熙四十七年(1708)刊本　　日本內閣　八冊

中國科學院北京天文臺《中國地方志聯合目錄》（頁七〇

一）：　【康熙】瓊山縣志　十卷

　　　清・王　贊修　　關必登纂

　　　清康熙四十七年(1708)刻本

　　　　膠　卷：北京　科學　上海　南京

　　　照相本：廣東

　　　　註：原刻本在日本內閣文庫

楊德春《海南島古代簡史》（頁一五六）：

　　　《瓊山縣志》十卷，清・王　贊修，康熙四十三年

　　　(1704)刻行，中山圖書館有縮印照相本。

邢益森《海南鄉情攬勝》（寶島風姿錄・續集二・頁九

六）：　瓊山縣志　十卷　　王　贊　　關必登

　　　清康熙四十七年(1708)　　日本：內閣文庫

王會均《海南方志資料綜錄》（總目錄・頁十六）：

　　　瓊山縣志　十卷　　王　贊修　　關必登纂

　　　清康熙四十七年(1708)序　刻本

㈡、修志始末

清康熙四十三年(1704)甲申，邑令王贊蒞任之初，急搜縣志

無著。越明年(1705)乙酉，士紳呈舊繕稿二冊，爰邀邑紳發起重修，親自參訂，並由儒學教諭關必登董其事，舉人六員，貢生十二人，生員二十六人，參同校閱，於康熙四十七年(1708)戊子告成。是《瓊山縣志》（重修），俗稱「康熙修本」（王志），與「康熙抄本」（潘志）纂修時間，相距二十一年。

依據王國憲纂《續修　瓊山縣志》（卷十九·藝文略）載：「重修《瓊山縣志》十卷，案：康熙四十三年，舊志稿所收大略，知縣王贄參訂，瓊山縣教諭關必登、舉人李瑞輝（六員）、貢生吳黃煥（十二員）、生員黃允中（二十六人）校閱，王、關有序，已列卷首。」由此觀之，開館修志，其規模俱備矣。

次據邑令王贄序云：「…贄以歲甲申，待罪茲土，蒞任之初，急求縣志而蕩然無存，其見之郡乘者，僅存什一，於千百太息久之，每欲推本古史，折衷群書，下及稗官之記載，塾老之傳聞，廣搜備考，以訂成書，而旁午莫及。越明年，士紳呈舊繕稿二冊，前令佟君為序，披而閱之，瑜瑕不掩，略無倫次，蓋欲拾遺補闕，以成一家言而未卒，業者繼而復得殘編百餘頁，創修之姓氏不可考，魯魚亥豕，註漏尤甚，用是集學博先生及紳士之鍊達老成，講求搜剔，酌古準今，類族辨物，於其舊之訛者訂之，謬者正之，真者揚之，贗者抑之，至於一切新增，非確有援據，詢謀僉同，不敢妄譽一人，妄及一事，寧簡毋繁，寧嚴毋濫，雖列綱分目，窮源竟委，而計卷不過十，計紙不滿千。」

又云：「仰體聖天子所諭修史之意以修志，庶幾徵往詔來，而取信無窮哉。獨是以前人之汗牛充棟，數十年來略不加意而已，殘缺散失以至於今，個人之殫心竭慮，十數年後略不加意，而復殘缺散失以猶夫昔，是亦大負余今日纂輯之苦心矣，敢以望

後之君子。」

　　又據教諭關必登序云：「…瓊山爲郡首邑，代有偉人。而國朝邑乘獨缺何與，邑侯王公以冀北名宿來宰茲土，勵精圖治，百廢俱興。」又云：「…復念邑志風教攸關，搜得舊稿二冊，相傳貢生王凝機手編，前郡丞潘公、邑侯佟公，雖略加參訂，而註漏尚多，未及付梓，因董而成之。」復云：「…以故廣搜博採，即黯陋如余，亦俾勤一得是書也。」末云：「…余得附一言於驥尾，其爲榮幸多矣，爰拜手而爲之序。」

　　綜而言之，其參與修志者眾，規模略備矣。夫修志宗旨，以及經過始末，其諸端大略如斯也。

㈢、纂者事略

　　依〈修志姓氏〉刊載：纂修一員、參訂一員、舉人六員、貢生十二員、生員二十六員（仝校閱），就其事略，分著於次，以供查考。

　　主修：王　贄，字獻甫，直隸新安人。清康熙十七年(1678)戊午科舉人，於康熙四十三年(1704)任瓊山縣令，才能果斷，勇於興作，治蹟遺愛，到今不朽。

　　張岳崧《道光　瓊州府志》（卷三十一·官師志：宦績）、張廷標《光緒　瓊山鄉土志》（卷之一·政績錄）、王國憲《續修　瓊山縣志》（卷二十三·官師志：宦績），有傳略。

　　總纂：關必登，字揆端，廣東南海縣人。清聖祖康熙二十三年(1684)甲子科舉人，於康熙四十三年(1704)補任縣學教諭。博洽經史，勤於啟迪，誘進後學，文風蒸上。尤具史才，前令王贄纂修邑乘，倩其筆削，多所糾正。

張岳崧《道光　瓊州府志》（卷三十一・官師志：宦績）、
王國憲《續修　瓊山縣志》（卷二十三・官師志：宦績），有
傳略。

舉人：依〈修志姓氏〉刊載，計有六員，就其事略，分著於
次，以供查考。

李瑞輝，西廂人。清聖祖康熙三十二年(1693)癸酉科舉人（由
樂會學中式），銓曲江教諭。

林儲英，字子千，大林人。清聖祖康熙三十八年(1699)己卯
科舉人（由樂會學中式），授山東蒙陰縣令，署沂州。政績卓
然，民德之，勒諸石，作宰四年，兩袖清風，至今人猶慕其行，
卒年七十有七。

張岳崧《道光　瓊州府志》（卷三十四・人物志：名賢
二）、張廷標《光緒　瓊山鄉土志》（卷之二・耆舊錄）、王
國憲《續修　瓊山縣志》（卷二十四・人物志：列傳），俱有
事略。

林　煥，府志作澄邁人。清康熙四十一年(1702)壬午科舉人
（由澄邁學中式）。

盧肖賢，梁陳人，本姓梁。清康熙四十四年(1705)乙酉科舉
人（由樂會學中式）。

周　景，字仰山，號消溪，東洋員山人。清聖祖康熙四十四
年(1705)乙酉科舉人（由定安學中式），孝友其都，孫性剛方，
學問淹博，為文氣格，遵上以易經，中舉前纂修縣志。

王國憲《續修　瓊山縣志》（卷二十四・人物志：列傳），
載有傳略。

林思榮，本姓李，上東岸人。清康四十四年(1705)乙酉科舉

人（由樂會學中式）。

　　貢生：依〈修志姓氏〉，計十二人，分列於次，以供查考。

　　吳黃煥　辜峻受　鄭登元　梁王襄　潘之璘　陳餘蘊
　　潘洪璣　蒙志學　陳　政　曾務先　陳儒瑞　周　詔
　　生員：依〈修志姓氏〉，計二十六人（校閱）：

　　黃允中　邱　珩　何魁宿　劉漢杰　郭九圍　黃　煜
　　符　琦　周　謹　陳金益　邱　岱　黃嘉璧　吳宇惠
　　辜弘亮　陳廷瑜　鄒宗泗　黃嘉璽　陳九如　謝　寶
　　陳儒瑛　邱士傑　吳荊元　李鍾嶽　蕭　瑀　吳姬亮
　　邱　璣　李鍾坭

（四）、志書內容

　　按《康熙　瓊山縣志》（重修），凡十卷，計分十志（門），共九十六目（含八附目）。其志書內容，依〈目錄〉卷次，臚述於次，以供查考。

　　疆域志　卷之一
　　　　　　輿圖　沿革　星野　氣候　附風候、潮汐、漲海
　　　　　　地理　形勝　風俗　山川　廂都
　　建置志　卷之二
　　　　　　城池　公署　附鋪舍　壇廟　寺觀　附塔　樓閣
　　　　　　坊表　橋渡　陂塘　墟市
　　賦役志　卷之三
　　　　　　戶口　土田　科則　錢糧　魚課　鹽課　鈔課
　　　　　　土貢　均徭　均平　民壯　驛傳　雜役
　　學校志　卷之四

　　　　學宮　附祭器　名宦祠　鄉賢祠　學田　附學地
　　　　社學　義學　書院
　兵防志　卷之五
　　　　兵官　兵制　詳府志　兵餉　詳府志　屯田　兵署
　　　　營寨　兵器
　秩官志　卷之六
　　　　官師　名宦　流寓
　人物志　卷之七
　　　　諸科　鄉舉　進士　歲貢　選貢　武科　例監
　　　　掾吏　封廕　鄉賢　儒林　孝友　卓行　義勇
　　　　隱逸　耆舊　列女
　海黎志　卷之八
　　　　海　　海寇　海防　邊海外國
　　　　黎　　撫黎　平黎　議黎
　雜　志　卷之九
　　　　遺事　方伎　仙釋　土產　古蹟　塚墓　紀異
　　　　災祥
　藝文志　卷之十
　　　　詔　贊　疏　記　序　附箴戒　賦　詩

㈤、修志敘例

　　本《康熙　瓊山縣志》凡例十三條，列誌於次，以供查考。
　一瓊山邑志，向附於郡乘，今特爲一書，凡編年紀事，就班按
　　部，大概祖述郡乘而成。然郡乘合州縣而攝其要，各從其
　　簡，不簡則連篇累牘，筆不勝書。若邑志就一邑而疏其事，

不厭其詳，不詳則山川、人物、民情、風土，莫得而悉。然剔訛摘謬，筆削維嚴，詳而未嘗不簡也。

一作志必推本前史，折衷群書，以及老成儒宿之生長斯土者，旁搜備考，互爲參訂，信則核實以登，疑寧闕而不錄，毋狥一己之見，毋涉請囑之私，匪希佳史之名，務免穢史之誚。

一郡志肇於有明邑人唐公司徒，刪補於戴公學憲，逮國朝牛太守重修，康熙四十五年太守賈公棠復修。然後列綱分目，歸於美備，首疆域，次建置、賦役、學校、兵防、人物、海黎、雜志，而終之以藝文，凡十卷。

一疆域既具輿圖，山川、形勝，悉歸指掌，而星纏氣候、風俗、沿革、地理、廟都，皆應麗之。

一建置凡城垣、官署，以至橋樑、市肆，或名存實亡，或向無今有，或飾舊增新，或移基換址，風霜數易，興廢代殊，不可不詳誌也。

一賦役自有定額，絲粟不容增損，茲依全書具載，以昭畫一。

一學校爲儲育人才之地，其間修廢遷建，秩祀祭器，學田學地及義學書院等皆詳載，以備參考。

一兵防所以衛民，庶捍牧圉，瓊邑爲全郡咽喉，邊海雜黎，防守尤宜加慎，雖官職兵制，代有不同，要亦因時制宜耳。

一秩官見任，不列短長，示無私也。去後或崇俎豆，從輿論也。凡有功德於民者，碑記祠記，循政異績必錄之，以爲將來勸。

一人物無論顯微，苟可以流芳於世，其行實與里居姓諡，備詳顛末。凡耆英碩德、忠孝節烈，照舊編錄，不敢有遺，間有新增，必符公論，然後附入。

一海黎爲瓊內外交患，故有防海撫黎之設，防海得法則海息鯨

波，撫黎有方則峒無伏莽。瓊土亟宜籌畫者，莫要於此，而
防禦之法，昔人論之已詳，在行之如何耳。

一雜志不遺纖悉，亦猶古史之意，雜說方言，史遷必錄，災祥
怪異，左國必書，即仙釋奇伎，以及花木禽魚之類，亦所間
及者，所以備載一邑之事。

一藝文瓊山爲盛，名作如林，四方宦轍所至，流連賦咏亦多，
膾炙人口，然美不勝收。惟有關於風教及表章，山川民物，
擇其尤而登之，抑亦可想見鴻文之黼黻矣，以殿全書，誰曰
不宜。

贊按舊誌，輿圖別爲一卷，以領諸志，次沿革又自爲一卷，
故卷分十二。然輿圖所載，只圖繪一紙，沿革不滿十頁，不成卷
數。且分土以疆域爲先，反退居於地理之內，雜志亦紀事之列，
反隔處於藝文之後，均於義有未安，故從新志，以疆域統輿圖、
沿革、地理等爲第一卷，而終之以藝文，附記於此。

邑令北新安　王　贊識

從王　贊《康熙　瓊山縣志》，凡例及目錄析窺之，其修志
體例，乃沿襲舊志，係採「分志體」，亦就「按類分目法」。

按《康熙　瓊山縣志》凡十卷，分志十門，計目九十有六。
然各門目因所繫邑事，以明清（康熙四十七年前）兩代，紀事較
詳，其斷限年代，最遲止於清康熙四十七年(1708)戊子，依紀事
年次，列述如次：

建置志（卷之二）公署：新公館，在海口城內南街，門面五
間三層共房二十間，……康熙四十七年，文武各官捐建。

海黎志（卷之八）邊海外國（東洋諸國）：國朝康熙四十七
年，暹羅國貢方物。

雜　志（卷之九）災祥：

康熙四十六年（丁亥）春三月，大雨雹，小者如拳，大者如盤，海外罕見。

康熙四十六年十月，明倫堂海棠放花（王贊有記，見藝文）。

㈥、刊本年代

王贊修、關必登纂《康熙　瓊山縣志》，其刊行年代，公私著錄年次不一，有署康熙四十三年（甲申）刻本，亦有著康熙四十七年（戊子）刊行。惟依據邑令王贊序文析窺：「贊以歲甲申，待罪茲士，蒞任之初，急求縣志而蕩然無存。……越明年，士紳呈舊繕稿二冊，前令佟君爲序。」是志於清康熙四十四年(1705)乙酉，邑令王贊爰邀邑紳倡議重修（親自參訂），並由縣學教諭關必登董其事，於清康熙四十七年(1708)戊子告成付梓刊行，並非清康熙四十三年(1704)刊版。

康熙《瓊山縣志》，雖有刊行，然流通欠廣，罕見原刻本，日本內閣文庫庋藏乙部（計八冊），並攝製微縮捲片，中國拷貝（複製片）有四套，亦有景照本（據微縮捲片放大複印）流傳，日本及中國各有藏本。茲依版次，列述於次，以供查考。

原刻本　清康熙四十七年(1708)序　刊本

　日本：內閣文庫　楓－史 189-8

微捲片　據日本內閣文庫藏，清康熙四十七年(1708)序刊本

　中國：北京　　科學　　　上海　　　南京

景照本　據清康熙四十七年(1708)序刊本

　日本：東洋文庫（七冊）　q-138

　中國：廣東（照相本，即景照本）

瓊山縣志卷之十

藝文

論

頌　記　序　賦　詩

疏

文以言達以紀事也費文違關於朱未流寓諸君子以不得

者成平旭是炎方多熱少寒時恣遊宴迷樹若非仁人君子豈

南京之浩瀚中有奇甸方數千里歷代之君必遵仁勇

御製至聖先師孔子贊並序　康熙二十五年

在上兼君師之寄行道之聖人也孔子不得位窮而在下乘

明人心所以不泯也粤稽往籍仰遡前徽堯舜禹湯文武達而

道之聖得位以後敵有明道之聖立言以垂憲此正學所以常

益自三才建而天地不若其功一中傳而聖人代有行

述之權明道之聖人也行道者勤素炳於一朝明道者敦思周

於百世堯舜文武之後不有孔子則堯舜禹之為治不以

之天傳此义矣後之人而欲探二帝三王之心法以為治國平

天下之準其共取東為然則孔子之為功也博哉矣朕

徳自東國揚龍圖景企滋深敬撰斯言以立言者習察斯道其及

清蕩有氣剛柔有質明以立以立者習察舍道其

五丁粉藏至聖誕生繫金振玉集成序書刊詩定禮正樂

頌

海南衛指揮明洪武

得而壽耶今卿等率壯士逮慶戍此朕甚念之今蓋其往勞

詔

詔行益聞海南明洪武十七年

詔行益聞古先哲王之治天下也一視同仁無遠邇遐適見海南

海北之地自漢以來列為郡縣習禮義之數有華廷之風者乎

頃因元政不綱群雄並起朕率義旅除暴所向肅清臨南號令

兩諸郡不頃隳偽奉印來歸向彖人誠良可嘉尚今遣使者往

諭朕意爾其益盡乃心以輯寧其民爵賞之錫當有後命故茲

詔示想宜五知悉

宜論海南明洪武二十年

比也作冀文志

卓一邑之形勝亦以見風雅一道流傳海外非復昔時模陋之

美不勝採其間有屬於山川民物學校地方者悉登之非特表

之彥休明輻輳之才有所紀述拧可昭人而明文人薈出皆天緣石渠

漢之故有所親注而興起云沿及有明文人薈出皆天緣石渠

之彥休明輻輳文章之才有所紀述拧可昭人而垂後但汗牛充棟

乾隆修本（楊志）

《乾隆　瓊山縣志》十卷　　清・楊宗秉修

　　清乾隆十二年(1747)　刻本

　　8 冊　有圖表　25 公分　線裝

㈠、知見書目

　　清・阮　元《道光　廣東通志》（卷一百九十二・藝文略
四）：　　瓊山縣志　　國朝楊宗秉修　　乾隆丁卯　存
　　王國憲《續修　瓊山縣志》（卷十九・藝文略）：
　　　　　三修瓊山縣志　十六卷
　　　　　　案：乾隆十二年，監修知府于霈，纂修知縣楊宗
　　　　　　　　秉，楊有序已弁簡端。
　　　　案：王著此志「十六卷」，未知所據何本，尚待方家
　　　　　　查考。
　　江　瀚《故宮方志目》（頁七十三）：
　　　　　瓊山縣志　十卷　　清・楊宗秉纂修
　　　　　清乾隆十二年刻本　八冊
　　杜定友《廣東方志目錄》（頁十七）：
　　　　　瓊山縣志　十卷　　楊宗秉　　乾隆七年
　　　　案：杜著此志「乾隆七年」，未知所據何本，尚待方
　　　　　　家查考。
　　朱士嘉《中國地方志綜錄》（頁十三）：
　　　　　瓊山縣志　十卷　　楊宗秉纂修
　　　　　清乾隆七年　　故宮

　　　　案：朱著此志「乾隆七年」，未知所據何本，尚待方
　　　　　　家查考。

　陳劍流《海南簡史》（頁八四）

　　　　瓊山縣志（二十六卷）　　于霈等編　乾隆十二年

　　　　案：陳著此志「二十六卷」，未知所據何本，尚待方
　　　　　　家查考。

　李景新《廣東方志總目提要》（頁一一八）：

　　　　瓊山縣志　十卷　　楊宗秉纂修

　　　　　清乾隆七年　　藏：故宮

　　　　案：李著此志「乾隆七年」，未知所據何本，尚待方
　　　　　　家查考。

　黃蔭普《廣東文獻書目知見錄》（頁六一）：

　　　　瓊山縣志　十卷　　清‧楊宗秉

　　　　　清乾隆十二年(1747)刊本

　　　　　　『故宮』藏本　　今在臺灣

　中國科學院北京天文臺《中國地方志聯合目錄》（頁七〇
一）：　　（乾隆）瓊山縣志　十卷　　清‧楊宗秉纂修

　　　　　清乾隆十二年(1747)刻本　　故宮

　楊德春《海南島古代簡史》（頁一五六）：

　　　　瓊山縣志十六卷　　清‧于　霈、楊宗秉編纂

　　　　　乾隆十二年(1747)刻本　　臺灣：故宮博物院

　　　　案：楊著此志「十六卷」，未知所據何本，尚待方家
　　　　　　查考。

　王會均《海南方志資料綜錄》（總目錄‧頁十六）：

　　　　瓊山縣志十卷　　清‧楊宗秉纂修

清乾隆十二年(1747)修　刻本

從上〈知見書目〉析觀之，各家著錄資料，互有異同，致使後學者觀念混淆，諸如：卷數及年次，刊載不一，亟待澄清。滋就相關佐證資料，補正於次，以供查考。

甲、志書卷數：依據北平故宮博物院圖書館藏《乾隆　瓊山縣志》目錄刊載，凡十卷、首一卷，無疑矣。惟王國憲《續修瓊山縣志》（卷十九：藝文略）、楊德春《海南島古代簡史》（頁一五六），皆著錄「十六卷」，陳劍流《海南簡史》（頁八四），更著為「二十六卷」。未知所據何本，尚待方家查考。

乙、刊本年次：依上〈知見書目〉觀之，杜定友《廣東方志目錄》（頁十七）、朱士嘉《中國方志綜錄》（廣東・頁十三）、李景新《廣東方志總目提要》（頁一一八），皆署著「乾隆七年」，未知所據何本，尚待方家查考補正之。

依據北平故宮博物院圖書館藏《乾隆　瓊山縣志》，其刊梓年次，署著「乾隆十二年」（歲次丁卯），並非「乾隆七年」，茲列述相關佐證資料如次，以供方家參考。

（甲）于氏〈重修瓊山縣志序〉刊著：「乾隆十有二年丁卯，清和節護理廣東分巡雷瓊兵備道印務特簡署瓊州府知府加一級，閩中于　霈撰」。

（乙）楊氏〈重修瓊山縣志序〉署著：「乾隆十二年歲次丁卯五月端陽日，文林郎知瓊州瓊山縣事加五級，卓異古絳，楊宗秉拙庵甫撰」。

㈡、修志始末

按《乾隆　瓊山縣志》，係由瓊州知府于霈監定，瓊山知縣

楊宗秉纂修。夫楊縣令於清高宗乾隆八年(1743)癸亥,調蒞瓊臺視事,輒檢舊志,朽爛大半或百蟲蝕嗤不堪翻閱,於是捐廉開局,延邀邑中老成方正諸紳士,共議再修邑乘,迨清乾隆十二年(1747)書成,是楊宗秉《瓊山縣志》(修本)(修本),史稱「乾隆修本」(楊志)。其纂修時間,與「康熙修本」(王志),相距近四十餘載。

　　依據王國憲《續修　瓊山縣志》(卷十九‧藝文略)載:「三修《瓊山縣志》十六卷,案:乾隆十二年,監修知府于霈、纂修知縣楊宗秉,楊有序已弁簡端。」

　　次據邑令楊宗秉序云:「……乾隆八年,余奉簡命,由武寧調蒞瓊臺,每堂皇視事,命吏檢查舊檔,輒白無有。間一有之,亦朽爛大半,或百蟲攢嗤,不堪翻閱。因慨然念邑乘,自前令君王獻甫肇造以還,迄今垂四十年。……」

　　又云:「……數年來,既熟諳海外民情,又蒙各憲訓示,得其要領,頗有餘力,於是捐廉開局,延邑中老成方正諸紳士,採訪覈實,按部就班,俾四十年之顯謨承烈,燦然明備。……」

　　末云:「……而亟於纂修之志也,若夫增補詳核,編次謹嚴,則惟局中諸君子,學裕三長,才兼五到者勷,余所未逮,而其矢公矢慎,勿濫勿苛之懷,豈惟余堪其信,亦無不可以遍喻闔邑之旄倪也。故弁數言於簡端,以爲序。」綜上所述,是志纂修緣由及其始末,大略如斯也。

(三)、纂者事略

　　依據〈修志姓氏〉觀之,修志局頗具規模,其參與者眾,計有:監定一人,纂修一人,同修一人,訂輯四人,參校八人,校

字二人，辦事三人，分著於次，以供查考。

監定：于　霈，四川閬中人。清康熙五十年(1711)辛卯科舉人出身，護理廣東分巡雷瓊兵備道印務，於乾隆九年(1744)署瓊州府知府，請除牛薪等稅積弊。

纂修：楊宗秉，字遠惑，山西絳州人。監生出身，夙有才名，果於任事，乾隆二年任惠來令，開築湖陂，灌田千萬。於乾隆八年，由武寧調瓊山知縣，至則興廢舉墜，繕城垣、修學校、儲倉庫、衙署寺塔，無不修葺完善。縣志自康熙間修後，板多殘缺，宗秉悉心採訪，檢校成書，以存文獻，至今賴之。

張岳崧《道光　瓊州府志》（卷三十一・官師志：宦績）、張廷標《光緒　瓊山縣志》（卷之一・政績錄）、王國憲《續修　瓊山縣志》（卷二十三・官師志：宦績），俱有傳略。

同修：楊纘烈，廣東大埔縣人。清乾隆元年(1736)丙辰恩科順天榜舉人，揀選知縣。乾隆十二年(1747)，同修瓊山縣志。

訂輯：依〈修志姓氏〉，計四員，就其事略，分著於次，以供查考。

梁作舟，瓊山人。府歲貢，香山縣訓導。

張玉窿，瓊山人。陵水縣學歲貢，肇慶府訓導。

邱　璣，字衡之（文莊裔孫），西廂人。府學歲貢，乾隆十二年(1747)銓保昌司訓，以母老告歸養，後補徐聞，教士以敦行為先。

張岳崧《道光　瓊州府志》（卷三十六・人物志：篤行）、王國憲《續修　瓊山縣志》（卷二十五・人物志：篤行），俱有傳略。

蕭　璋，字特玉（元長子），石山人。清雍正七年(1729)己

酉科拔貢，讀書力學，絕意仕進。於舍傍築小軒曰：繼勿，與後進講論詩文，老而弗倦。

張岳崧《道光　瓊州府志》（卷三十五・人物志：儒林）、王國憲《續修　瓊山縣志》（卷二十四・人物志：列傳），俱載有傳略。

參校：依〈修志姓氏〉，計八員，就其事略，分著於次，以供查考。

陳儒英，字欽以，西廂人。清乾隆元年(1736)丙辰恩科舉人。孝友淳篤，聰穎能文，品行端正，課徒剴切詳明，門多髦俊。乾隆十二年(1747)，分纂邑乘，去取為閣邑心服。

王國憲《續修　瓊山縣志》（卷二十五・人物志：篤行），附有傳略（附兄儒瑞傳）。

吳　冠，大那邑人。清高宗乾隆六年(1741)辛酉科舉人，揀選知縣。

伍衡文，字平川，號乃斌，西廂人。清雍正十三年(1735)，乙卯科武舉人。賦性坦易，好義樂施，於乾隆十一年(1746)，瓊邑總書糧簿被火，國課無稽，邑人騷動，文獨挺身丈田畝定糧戶，勞一身以安一邑，道憲德明賜匾表之，曰：「義重維桑」。

王國憲《續修　瓊山縣志》（卷之二十五・人物志：卓行），刊有事略。

黃之清，瓊山縣人，縣學歲貢。

馮　涵（士利子），興義人。府學歲貢，鎮平訓導。

黃道高，瓊山人。府學優貢，吳川訓導。

鄭正捷，瓊山人，貢生。

王森秀，瓊山人，縣學歲貢。

校字童生，計二員：林秀宇　　廖道昭

辦事禮書，計三員：黃純基　　吳學濂　　孔興綱

（四）、志書內容

按《乾隆　瓊山縣志》，凡十卷，分十志（門），計八十有七目。除序（于霈序）、（楊宗秉序），凡例（十九條），目錄，修志姓氏，原序（附舊修志姓氏），刊於卷之首外，其志之內容，依其卷次，臚述於次，以供參考。

疆域志　卷之一

興圖　沿革　星野　氣候　附風候、潮汐、漲海
地理　形勝　風俗　山川　廂都

建置志　卷之二

城池　萬壽宮（續）　公署　倉儲（續）　附社倉
館亭（續）　附鋪舍　壇廟（續）　附各祠　寺觀
附塔　樓閣　坊表　橋渡　陂塘　墟市

賦役志　卷之三

戶口　土田　科則　錢糧　屯政　魚課　鹽課
鈔課　土貢

學校志　卷之四

學宮　考較（續）　學田　附學地　社學　義學
書院

兵防志　卷之五

兵制　詳府志　兵餉　詳府志　陸汛（續）　水師
（續）　水汛（續）　武職　官署　哨船（續）
附營寨

秩官志　卷之六
　　　　官師　名宦　流寓
人物志　卷之七
　　　　諸科　鄉舉　進士　歲貢　選貢　武科　例監
　　　　掾吏　封廕　鄉賢　儒林　孝友　卓行　義勇
　　　　隱逸　耆舊　列女
海黎志　卷之八
　　　　海　　海寇　海防　邊海外國
　　　　黎　　撫黎　平黎　議黎
雜　志　卷之九
　　　　遺事　方技　仙釋　土產　古迹　塚墓　紀異
　　　　災祥
藝文志　卷之十
　　　　詔　贊　疏　記　序　附箴戒　賦　詩

㈤、纂修敍例

　　楊宗秉《乾隆　瓊山縣志》，其纂修敍例，參據〈修志凡例〉條文（十九條）查考，暨從相關資料分析，亦可細窺其修志體例之大端矣。

　　誠如邑侯楊宗秉序文云：「……是則區區不辭不文，而亟於纂修之志也。若夫增補詳核，編次謹嚴，則惟局中諸君子，學裕三長，才兼五到者勖，余所未逮，而其矢公矢慎，勿濫勿苟之懷，豈惟余堪其信，亦無不可以遍喻闔邑之旄倪也。」（楊序全文，刊於卷首）是以本志纂修體例，仍仿舊志體例也。

　　次依楊宗秉《乾隆　瓊山縣志》（目錄）觀之，是志之纂修

體例，係採「分志體」，亦就「按類分目法」。

　　本《乾隆　瓊山縣志》，凡十卷（分志十門），計有八十七目。於各類目所繫邑事，大都是清雍正、乾隆初年間較詳，其斷限年代，最遲止乾隆十一年（丙寅），列著於次，以供查考。

　　甲、建置志（卷之二）壇廟：宋二蘇公祠，在城外東北金粟泉上（即粟泉書院舊址），乾隆十年(1745)知府于霈、知縣楊宗秉，因建蘇泉書院重修。

　　乙、建置志（卷之二）壇廟：藥王廟，在城北五里亭西，乾隆十一年(1746)知縣楊宗秉捐俸增建向北廻廳三間、兩廊廂房各三間，……大門一間。

　　丙、建置志（卷之二）橋渡：瑞雲橋，乃城外南橋（舊名虹橋），宋建，……昔有亭，今廢。乾隆十一年(1746)知縣楊宗秉，復加修葺。

㈥、刊版年次

　　楊宗秉纂修《乾隆　瓊山縣志》（凡十卷），其牒板繕鐫年代，各家方志書目，大都署著清高宗乾隆十二年（丁卯）刻本。惟流傳欠廣，於今所知見之藏板稀少，國內外圖書館或文教機構庋藏者，著列於次，以供方家查考。

　　原刻本　清乾隆十二年(1747)修　刊本

　　　中國：故宮博物院圖書館藏（十卷　八冊）

咸豐修本（李志）

《咸豐 瓊山縣志》三十卷 首一卷

清・李文烜修 鄭文彩 蔡 藩纂

清咸豐七年(1857)刻本 雁峰書院藏板

16 冊 有圖表 26.5 公分 線裝

㈠、知見書目

王國憲《續修 瓊山縣志》（卷十九・藝文略）：

　　　　四修瓊山縣志 三十卷

　　　　　案：咸豐五年，監定知縣李文烜，總纂舉人鄭文

　　　　　彩、蔡藩。

譚其驤《國立北平圖書館方志目錄》（冊四）：

　　　　瓊山縣志 三十卷 卷首一卷

　　　　　李文烜修 鄭文彩等纂

　　　　　咸豐七年 刻本 十六冊

杜定友《廣東方志目錄》（頁十七）：

　　　　瓊山縣志 三十卷 李文烜 鄭文彩

　　　　　咸豐七年 十冊 存

朱士嘉《中國地方志綜錄》（頁十四）：

　　　　瓊山縣志 三十卷 首一卷

　　　　　李文烜修 鄭文彩纂 咸豐七年

　　　　　　中山 北平 任氏 東方 金陵 徐匯

　　　　　　日本大連 美國國會

朱士嘉《美國國會圖書館藏中國方志目錄》（頁四二八）：

瓊山縣志　三十卷　卷首一卷

　　清・李文烜修　　鄭文彩纂

　　咸豐七年(1857)　刻本　十六冊

陳劍流《海南簡史》（頁八五）：

　　瓊山縣志（三十卷　十六冊）　　鄭文彩等編

　　咸豐五年（中央研究院藏）

　案：陳著此志「咸豐五年」，係修志完成年次，於咸

　　豐七年(1857)刊行。

日本國會圖書館《中國地方志總合目錄》（頁二七五）：

　　瓊山縣志　三十卷　　李文烜　　鄭文彩等

　　咸豐七年(1857)刊本

　　　東洋　十六冊　q－104

　　　天理　十六冊　399

李景新《廣東方志總目提要》（頁一一七）：

　　瓊山縣志　三十卷　　李文烜　　鄭文彩纂修

　　咸豐七年重刊　十六冊　　雁峰書院藏板

莫頓(Morton)《英國各圖書館所藏中國地方志總目錄》（頁

九〇）：　瓊山縣志　三十卷　1857　（z／1857）

　　　　　英吉利圖書館　　劍橋大學　　倫敦大學

黃蔭普《廣東文獻書目知見錄》（頁六一）：

　　瓊山縣志　三十卷　清・鄭文彩

　　咸豐七年(1857)　刊本

　　　北京　廣東　　日本國會　東洋　十冊

　案：黃著此志「十冊」，未知所據何本，或係筆誤，

　　尚待查考。

　　中國科學院北京天文臺《中國地方志聯合目錄》（頁七〇
一）：　　〔咸豐〕瓊山縣志　三十卷　首一卷
　　　　　　清・李文烜修　　鄭文彩　蔡　藩纂
　　　　　　清咸豐七年(1857)　刻本
　　　　　　　北京　科學　北大（計二十二單位）庋藏
　　王德毅《中華民國臺灣地區公藏方志目錄》（頁一二九）：
　　　　咸豐瓊山縣志　三十卷　首一卷
　　　　　　清・李文烜重修　　鄭文彩等纂
　　　　　　清咸豐七年(1857)　刊本　　史語
　　楊德春《海南島古代簡史》（頁一五六）：
　　　　　　《瓊山縣志》三十一卷，清李文烜、鄭文彩編纂，
　　　　　　咸豐五年修成，咸豐七年(1857)刊行。
　　　　　　　中山圖書館存
　　　案：楊著爲清「李文炬」修，顯係舛誤，宜補正之。
　　王志斌《海南師範學院圖書館藏古籍目錄》（頁一六〇）：
　　　　　〔咸豐〕瓊山縣志　三十卷　首一卷
　　　　　　清・李文烜重修　　鄭文彩撰
　　　　　　影印咸豐十年(1871)　刊本　　十二冊
　　邢益森《海南鄉情攬勝》（寶島風姿錄・續集二・頁九十
六）：　　瓊山縣志　三〇卷　首一卷　　李文烜　　鄭文彩
　　　　　　清咸豐二年修　七年刻
　　　　　　　廣東中山圖書館等藏
　　　　　　附注：有清末民初重印本
　　王會均《海南方志資料綜錄》（總目錄・頁十六）：
　　　　　〔咸豐〕瓊山縣志　三十卷　首一卷

清・李文烜重修　　鄭文彩　蔡　藩纂

清咸豐七年(1857)刻本　雁峰書院藏板

民國六十三年(1974)　成文出版社　影印本

（據清咸豐七年刊本　中央研究院藏板）

㈡、修志始末

本《咸豐　瓊山縣志》，乃廣東雷瓊兵備道黃鍾音氏，於清咸豐五年(1855)乙卯之夏，銜命瓊山知縣李文烜，邀集邑紳鄭文彩、蔡藩等數十人，開館纂修，仲冬之杪，志尚未成。迨清咸豐七年(1857)丁巳，付梓刊行，以廣流傳。

首據廣東雷瓊兵備道黃鍾音〈續修瓊山縣志序〉云：「瓊山，郡首邑也。治在郡中，故事多登郡志。余下車伊始，觀風問俗，徵府縣各舊志，公餘披閱，見府志燦然大備，獨縣志漫滅無考，為悵然者久之。」

次云：「甲寅秋，廣匪肆擾，因慮夫城垣頹敝，樓堞傾圮之不可以禦侮也。遂與同僚諸君子謀，所以新之，是歲鳩工，乙卯夏始告成。……」

又云：「夫縣之有志，豈惟是書瑣屑，記科名、鋪張揚、屬侈聲、明文物之盛云爾哉。必將記事撮要、顯微闡幽、節孝忠貞，人雖微而必載，褒譏裒鉞，言有大而非夸，庶足發揚往行紹示來茲。」

末云：「適城工既竣，遂以語邑侯李君午橋，集邑之人士鄭學博文彩、蔡學博藩輩，蕆弄其事，仲冬之杪，書尚未就，而余適有陳臬粵西之命，行有日矣，諸生來請余一言為序。……」

次依清咸豐五年(1855)〈修志姓氏〉觀之，參與纂修事務者

三十八人，顯見當年開館設局，較具規模。而與清乾隆十二年
(1747)丁卯，楊宗秉修《乾隆　瓊山縣志》，其修志時間，相距
約一百有八年矣。

㈢、纂者事略

　　按《咸豐　瓊山縣志》，參與修志者，就〈修志姓氏〉刊
載：監定一人、纂修二人、分纂五人、參閱三人、核對三人、繕
寫十一人、採訪十三人，其事略分著於次，以供查考。

　　監定：李文烜，號午橋，江西德化人。清道光十四年(1834)
甲午科舉人（亞元），特授瓊山縣知縣。奉公守法，清節凜然，
矢慎矢勤，邑無廢事，士民歡悅，未幾以丁內艱卸事。

　　王國憲《續修　瓊山縣志》（卷二十三・官師志：宦績），
有傳略。

　　　　案：清道光年間，纂修省志，有未蒇事，而為之傳者。今
　　　　　　志本李公倡修，稿初就而離任，謹將政績採入垂示後
　　　　　　人，亦倣通志例也。

　　纂修：計二人，就其事略，分述如次，以供查考。

　　鄭文彩，號樸齋，鳳樓人。清道光元年(1821)辛巳恩科舉人，
授海康縣學教諭。留心課士，首重品行，多士化之。丁艱歸籍，
主講雁峰書院數年，志在栽培後進。咸豐丙辰，重修縣志，舉為
總纂，表章文獻，不使佚遺。孫含章廩貢生，能傳家學。

　　王國憲《續修　瓊山縣志》（卷之二十四・人物志：列
傳），刊有事略。

　　蔡　藩，原名澤，字兼山，號屏山，遵都人。清道光八年
(1828)戊子科舉人，選饒平縣學訓導，質粹行純，學問淵博，品

學為士林欽式，人服其廉介，後丁艱歸。當道聘充雁峰院長，適修縣志，公舉總纂，去取允當，一秉至公。暇則以詩古文詞，裁成後進，主講十餘年，師道尊嚴，人多化之。

王國憲《續修　瓊山縣志》（卷之二十四・人物志：列傳），刊載有傳（附孫燊春事略）。

分纂：計五人，其事略，分述於次，以供參考。

李向桐，字琴舫，海口市（道客村）人，清道光十四年(1834)甲午科舉人，四上春官未遇，歸而主講定邑尚友書院，數年栽成士子，從學者眾。年逾五旬，始選授花縣教諭，履任後當道聞其才學，聘主花峰講席，勤於課士，來學者講舍幾不能容，談藝論文，翕然悅服。花縣僻隸廣府一隅，風氣不比大縣，自向桐講學後，文風丕變，春秋二榜科有其人，皆門下士為多，故司鐸十八年，與邦人相得，不求轉調，年八旬卒於任，官橐肅然，其子扶櫬而歸。

王國憲《續修　瓊山縣志》（卷之十八・金石志）載：王樹藩〈清特授花縣教諭甲午科舉人李琴舫先生墓誌銘〉，暨（卷之二十四・人物志：列傳），有傳略。

邱對欣，字鏡山，高坡人。家學淵博，祖殿章，舉人，官瓊州府教授，占籍瓊山。父將瓚，舉人，官電白教諭。對欣於清咸豐六年(1856)丙辰科進士及第，欽點知縣，鐵掣直隸，初任天津，督建城工二年城成，署東光縣，調補柏鄉縣，潔己愛人。每遇決獄，誠心開導，民多悔過自新。公餘勤於課士，申明約言，論文譚藝，孜孜不倦，士林咸服其教。蒞任九年，政簡刑清，士民愛載，聞其去任，請留不得，督河工三年，以勞績保升知府，適丁內艱歸，行橐肅然，惟圖書萬卷。年已六旬，仍以教讀為業，主

講瓊臺、雁峰兩書院十餘年，著有《鏡山集》。

王國憲《續修　瓊山縣志》（卷之二十四・人物志：列傳），有事略。

陳毓姜，字尹東，張吳人。清道光二十九年(1849)己酉科舉人，自少安貧力學，有聲庠序，屢膺鶚薦，得而復失，其刻苦勵志，不以未遇而稍虧其心，年三十六，始得廩餼，次年遂舉鄉薦會試，屢上春官，薦而不售，援例就部曹仍未能行其志，決計歸家，主講雁峰書院十餘年，高才生多出其門，成就者眾。

姜天性孝友，四歲喪母，事繼母至孝，待異母弟友愛。所有地方公舉，若創賓興以惠士林，邀圖甲以免徭役，皆能鼎力而成。身居講席，非公不至偃室，纂修邑志筆削莊嚴，而猶嚴於取予，必辦禮義，不愧老成典型。

王國憲《續修　瓊山縣志》（卷之二十四・人物志：列傳），有事略。

符顯欽，字若綬（父家麟，為瓊名宿，志有傳。兄顯銘，優貢），西廂人。恩貢生，少承庭訓，長益博聞，潛心嗜古，能悉源流。續修縣志，舉為分纂。平生率循禮教，躬行實踐。性至孝，居母喪一遵古禮，出柩後仍執杖麻衣三年，每逢生忌日，哀痛拜祭，世所罕有。與明經林瀛、王延傳為道義交，時有詩酒之會，此唱彼和，互相商定創舉西城九方賓興有益士子，道諱望朧宗族鄉里。著有：《符若綬詩集》（二卷）、《見知稼軒集》，惜後嗣無人，散失已久，無從搜輯矣。

王國憲《續修　瓊山縣志》（卷之二十四・人物志：列傳），有事略。

張伯琦，字誦珊，調塘都曉坡里人。廩貢，國子監肄業，銓

選翁源縣學教諭。素耽文翰，潛研典籍，兼工書法，為定安張
（方伯）岳崧所器重，續修縣志，眾舉充分纂，以諸生而任編
纂，惟伯琦一人，其學問之博雅，為時推重可知也。

　　王國憲《續修　瓊山縣志》（卷之二十四・人物志：列
傳），有事略。

　　參閱，計三人，其事略，分著於次，以供參考。

　　吳　儁，號梅江，城內小雅巷（西廂）人。清道光五年(1825)
乙酉科府學拔貢，銓選試用湖南州判，尋署澧州，操守廉潔，卓
著循聲，淡於宦遊，解組歸里。凡地方公益，無不傾囊助成，其
開辦珠崖義學，尤身任其事。當道知其廉能，委充瓊臺書院監
院，家食奉公，薪水不計，蓋遵乃祖玢遺訓，地方義舉，無不為
也，卒年八十。

　　王國憲《續修　瓊山縣志》（卷之二十四・人物志：列
傳），有事略 。

　　王廷傳，字亞師，號雨嚴，西廂人。聰明穎異，少承庭訓，
遂工吟詠，弱冠歲試進庠，科試第一，連食廩餼，才名日起，兼
工書法，學逸少蘭亭黃庭經樂毅論，得其神似，詞翰敏妙，擅勝
一時，周觀察鳴鑾，雅重其才，延請入署教子，談道論學，相得
甚懽，俱以翰苑期之。

　　清道光十七年(1837)丁酉，始以選拔貢，京師廷試報罷，無
志仕進，歸家購城南田園數畝，建「知稼軒」讀書課子・其軒中
有八景，一時倡和，傳為韻事，怡情書史，興會所至，託為詩
歌，不尚新奇，聊以適意。晚年諸弟云亡，吟朋凋謝，若林讓、
符顯欽輩，無一存者，感舊懷人，情難自己。惟以杜戶謝絕人
事，藉養天年而已，卒時已逾古稀，著有《知稼軒詩鈔二卷》。

王國憲《續修　瓊山縣志》（卷之二十四・人物志：列傳），有傳略（父承烈、子沂暄，亦各別有傳）。

蕭志健，字巽五，東廂東門內人。自少聰敏，十二歲四書五經畢業。初學為文，由語驚其先輩，年十三應童子試，戴學使熙取錄進庠，大為獎賞，後復任學使，考取古學。

清道光二十五年(1845)乙巳歲科，高等以優行貢成（優貢），年方弱冠，廷試就教職，署新寧訓導，潛心博古，兼工詞翰，重修縣志，充任總校。

中歲以後，家貧游幕，當道重其才學，在縣署十餘年，一切交涉訟事，絕口不談，親友不敢一請託者，時人高其品行，不僅元瑜書記翩翩，各得體宜也，卒年六十有四。

王國憲《續修　瓊山縣志》（卷之二十四・人物志：列傳），有事略。

校對：計三人，依〈修志姓氏〉，列誌於次：

　　廩生二人：林鳳舉　周慶齡

　　童生一人：王光緒

繕寫：計十一人，除鄭天章外，餘者里籍未詳，依〈修志姓氏〉，列誌於次，以供參考。

　　廩生：林陽圃

　　附生：吳陽修　陳謙尊　陳韶光　符會進　王中馭

　　　　　王之福　蔡傳綸　羅世珍　陳華斗

鄭天章，字悼雲，鳳樓人。清光緒二年(1876)丙子恩科進士（三甲），欽點知縣，鐵掣福建。性情剛直，坦易率真，自少得家庭教育，專學程朱之學。程朱著作，悉為采購，潛心理學，以居敬窮理為要，以躬行實踐為歸。及門諸生，多立品勵行之士，

由平日一介不取，躬行節樸，有以化之。子里銘、里鑑，邑庠生，能傳其學。

王國憲《續修　瓊山縣志》（卷之二十四·人物志：列傳），載有傳略。

採訪：計十三人，除里籍、事略未詳者外，依〈修志姓氏〉，列著於次：

稟生：吳為欽　周慶齡

附生：丁希度　崔淩雲　陳有俊

王德綸，烈樓人，府歲貢。

符子立，那邑人，府歲貢。父元章，縣恩貢，有傳（王國憲《續修　瓊山縣志》卷二十五·人物志：卓行）。

符　瑞，演順人，縣歲貢。

陳德潤，調塘人，縣恩貢。

鄧人龍，大挺人，縣恩貢。父塋如，府歲貢，有傳（王國憲《續修　瓊山縣志》卷二十五·人物志：篤行）。

陳嘉謨，字贊典，大林人，縣歲貢。貧而好學，自少名雋一黌，設教府城十餘年，從游徧十三州縣，學規嚴肅，因材施教，人多化之，門下多知名士。其性情慷慨，肝膽照人，凡創公益之舉，無不身任其成，人之多言，亦所不避，創造合族大宗祠，力肩艱鉅，規模宏大，擘畫周詳，經費二萬餘金，三年始能蕆事，而心力瘁矣。南北二闈，十度槐黃，輒不一遇，竟以明經終。

王國憲《續修　瓊山縣志》（卷之二十四·人物志：列傳），有傳略。

黃建範，字錫侯，號觀疇，東廂人。增生，晝一（歲貢）次子，少而岐嶷，克承家學，規行矩步，講明道學，教人師法程

朱，設帳郡垣，從游徧十三州縣，誨人不倦，以身示則。性至孝，遇父病痢，奉待湯藥，不離左右，嘗糞以驗其症之重輕，及歿哀毀骨立，喪祭盡禮，凡遇生忌日，拜而流涕，孺慕終生。

清同治紀元(1862)壬戌，有司公舉孝廉方正，力辭不就，馮太守瑞本尊賢重士，造廬詢其起居，時饋米肉，卒時親臨弔賻，及門奔喪者，遠近皆至，共刻石以表墓，舉人陳貞撰文。子健（庠生）、儁（廩生），能世其業。

王國憲《續修 瓊山縣志》（卷之二十四·人物志：列傳），有傳略。

馮　麟，字拱南，蘇尋都羅梧里人，性情嚴正，見義勇為，初補弟子員，遂遊學京師，潘戶部存偶與立談，聽其言論丰裁，交深莫逆，或有過舉，輒規正之。援例敘江西縣丞，住贛一年，性恥逢迎，拂袖而歸。治家嚴肅，不假詞色，見邑中學師，勒索印金，與同志聯名稟請定額，始獲照例遵行。

少與諸生李雲衢友善，李卒適遠出數月，歸始奔哭於寢門，為營窀穸，愛恤孤子子芬，俾就學成名，鄰里至今稱之。

長子裕熹，庠生，工書。四子裕然，熱心興學，開辦蘇民學校，成績卓著。

王國憲《續修 瓊山縣志》（卷之二十五·人物志：卓行），有傳略。

(四)、志書內容

李文烜《咸豐 瓊山縣志》，凡三十卷，分十志（門），計一一六目，除序、纂修姓氏、原序、前纂修姓氏、目錄刊於卷首外，其志書內容，依卷次臚誌於次，以供方家參考。

官師志
　　卷之十七　宦績
　　卷之十八　武功　謫宦　流寓
人物志
　　卷之十九　名賢
　　卷之二十　忠義　奮勇附　孝友　儒林　文苑
　　卷之二十一　篤行　卓行　隱逸
　　卷之二十二　旌壽　耆舊　年壽附　方伎　仙釋
　　卷之二十三　列女
藝文志
　　卷之二十四　勅　表　疏
　　卷之二十五　記（上）
　　卷之二十六　記（下）
　　卷之二十七　序　傳　書　議　跋　銘　雜文
　　卷之二十八　賦　詩
雜　志
　　卷之二十九　事紀　藝文書目　金石
　　卷之三十　遺事　紀異

㈤、修志體例

　　李文烜《咸豐　瓊山縣志》，其纂修義例，雖無修志凡例查考，惟從相關資料分析，亦可窺究其修志體例，係採「分志體」，亦就「按類分目法」。

　　首據廣東雷瓊兵備道黃鍾音（古渝）譔〈續修瓊山縣志序〉云：「…爰集諸章縫而語之，曰邑之有志，猶國之有史，所以信

今而傳後者也。其毋揄揚過而近譽，其毋傳訛多而失眞，其毋俚
褻而同稗乘，其毋疎略而誤魯魚。義例必精，考核必詳，是非必
當，取舍必公，庶使生斯長斯而官斯者可考，…諸生其酌古準
今，考詳論定，特具三長，備臻眾善，俾崒然成帙，與府志相輝
映焉。…」

　　次從李文烜《咸豐　瓊山縣志》（總目錄），亦可窺察其纂
修體例，全志乃先行分卷，次總以綱（亦就分志或門、類），而
後羅列條目，提綱挈領，門目井然，是沿襲其舊志之義例也。

　　按《咸豐　瓊山縣志》，凡三十卷，分十志（類），共一一
六目。於各類目所繫邑事，以明清二代最詳，其紀事斷限年代，
最遲止於清文宗咸豐六年(1856)歲次丙辰。茲依紀事卷第，分著
於次：

　　建置志（卷四）書院：雁峰書院，在城內東南隅舊郡庠遺
址。咸豐六年置買漢眉庄田二契，共去錢四千九百六十千零四
百七十文，尚存二千餘千文，俱交當商生息，以為修脯膏火之
費……。

　　建置志（卷四）書院：炳文書院，在舊州墟，舊為文昌閣。
咸豐六年，紳士高士淳、黃振仁，協仝各都市衿耆商民等捐建
改為書院，並捐錢千餘緡，交當商生息，以為賓興之費。

　　選舉志（卷十五）進士：咸豐六年丙辰翁同和榜，邱對欣：
高坡人，欽點知縣，鐵挈直隸。

㈥、刊版年代

　　李文烜《咸豐　瓊山縣志》（雁峰書院藏板），凡三十卷
（首一卷）共十六冊，線裝，白口，上魚尾，上下雙邊。每半葉

十一行，每行最多二十一字。書高二十六‧五公分、寬十六‧五公分，板框高二十公分、寬十三‧五公分。仿宋體字，各卷首行及版心題《瓊山縣志》，原刻本藏板不多，今中央研究院傅斯年圖書館藏有一部（編號：545）。

民國六十三年(1974)，臺北市成文出版社，據清咸豐七年(1857)刻本（雁峰書院藏板），以二葉合一面縮印為十六開本（高二十七公分、寬十九公分），精裝六冊（中國方志叢書：華南地方　第一六六號），廣為傳世。

李文烜修《咸豐　瓊山縣志》之刊行年代，公私書目大都著為清咸豐七年（丁巳）刻本，且流傳頗廣，更以陳衍而廣傳，亦有影印本面世。於今國內外庋藏（知見）者，依其刊版及年代，著述於次，以供方家查考。

原刻本　清咸豐七年(1857)刻本　雁峰書院藏板

　　美國：國會圖書館

　　英國：英吉利圖書館　　劍橋大學　　倫敦大學

　　日本：東洋文庫 q － 104　　天理 399

　　臺灣：中央研究院傅斯年圖書館 545

　　中國：北京　　北大　　上海　　吉大　　廣東

影印本　民國六十三年(1974)　臺北市成文出版社　縮印本

　　　　　　（據清咸豐七年刻本，雁峰書院藏板）

　　美國：史丹福大學　3230 / 1427.86

　　臺灣：國家圖書館

　　　　　國立臺灣圖書館　673.79103 / 4009

咸豐《瓊山縣志》書影

成文出版社縮印本

宣統修本（王志）

《民國　瓊山縣志》二十八卷　首一卷

徐　淦等修　　王國憲等纂

民國六年(1917)刊本　瓊山學校藏板

25 冊　有圖表　25 公分　線裝

注：史稱「宣統修本」，亦稱「續修本」或「民國本」。

(一)、知見書目

杜定友《廣東方志目錄》（頁十七）：

瓊山縣志　二十八卷　　朱為潮　　李　熙

清宣統三年　二十六冊

存（戰前各處亦未見有藏本　綜錄未列）

朱士嘉《美國國會圖書館藏中國方志目錄》（頁四二八）：

瓊山縣志　二十八卷　卷首一卷

周　果修　　李　熙　王國憲纂

民國六年(1917)　刻本　二十五冊

陳劍流《海南簡史》（頁八六）：

瓊山縣志（二十八卷）

李　熙、王國憲等編　　民國六年

日本國會圖書館《中國地方志總合目錄》（頁二七五）：

瓊山縣志　二十八卷　卷首一卷

周　果、李　熙等　　民國六年(1917)刊本

東洋　二十五冊　　q－120

黃蔭普《廣東文獻書目知見錄》（頁六一）：

瓊山縣志　二十八卷　　清·徐　淦

清宣統三年(1911)刊本

北京　　廣東

莫頓(Morton)《英國各圖書館所藏中國地方志總目錄》（頁九〇）：　瓊山縣志　二十八卷　　1911.　　(1964/1917)

劍橋大學圖書館

中國科學院北京天文臺《中國地方志聯合目錄》（頁七〇一）：　　【民國】瓊山縣志　二十八卷　首一卷

清·徐　淦等修　　李　熙　王國憲纂

民國六年(1917)　刻本

北京　　清華（計十六單位）庋藏

王德毅《中華民國臺灣地區公藏方志目錄》（頁一二九）：

民國瓊山縣志　二十八卷　首一卷

周　果、朱為潮等修　　李　熙、王國憲纂

民國六年(1917)　刻本　　內政

楊德春《海南島古代簡史》（頁一五六）：

《瓊山縣志》二十八卷　　清徐淦、李熙等編纂

宣統三年(1911)刊行　　中山圖書館存

王志斌《海南師範學院圖書館藏古籍目錄》（頁一六〇）：

〔民國〕瓊山縣志　二十八卷　首一卷

清·徐　淦等修　　李　熙　王國憲纂

民國六年(1917)　瓊山中學藏板　二十六冊

王會均《海南方志資料綜錄》（總目錄·頁十七）：

〔民國〕瓊山縣志　二十八卷　首一卷

朱為潮等修　　李　熙　王國憲纂

清宣統三年(1911)開雕（瓊山學校藏板）

民國六年(1917)九月（周果序）刊本

(二)、修志始末

本《民國　瓊山縣志》之纂修，係邑侯徐　淦、王道平、李熙、周　果、馬佩璈，於瓊山知事（縣）任（尤其李　熙、周果二員，獻力最大）內，邀集邑中紳耆（王堯雲總其事），開館續修成帙。然辛亥之變，付梓未果，迨民國五年(1916)丙辰冬月，知縣周果蒞任視事，始籌剞劂之費，謀付手民，刊行傳世。並有邑侯李熙、周果二序，載於卷首，詳言其修志經過始末耳。

依據瓊山知縣李　熙〈續修瓊山縣志序〉，摘述其修志經過於次：

首云：「河山鼎革之秋，兵燹風霜文物恆多失墮，況瓊山屈在海外，尤慮風教就衰，此縣志之修，網羅散失，追述舊聞，原有不容辭之責也。」

又云：「身處民國，至即民國以前之事績，概謝為不知，自茲以往，再歷數傳，故老無存，即欲修輯成編，誰復知其故實者。……」

再云：「……先是志局之設，當時曾林諸老猶存，續修原非難事，因循不果，辛亥之變，耆宿半屬凋零，承其役者，有粘璞齋孝廉，事經中沮，而今則王堯雲廣文，靈光歸然，僉謂總纂一職，非此老無能為役也。……」

末云：「……余雖日與共事，特資商確，總攬其大要焉。已但當此易代之後，補遺訂墮，不使海外之文獻，湮沒於蔓草荒煙，是猶不幸之大幸也。」

　　復據民國六年(1917)秋九月知縣周果〈續修瓊山縣志序〉，摘述其要於次，以供邦人士子參考。

　　首云：「歲在丙辰冬月，余視事瓊山，適續修縣志，編纂將完，謀付手民，余任剞劂等費，今冬告竣，例得僭言弁首，不揣讓陋，詳論其事以垂示後來，安能已於言也。」

　　次云：「夫縣志曾經四修，迄今六十年矣。氣運之變遷，政治之改革，世教風俗之攸分，非深於掌故者，不足以考獻徵文成爲信史。」

　　再云：「此次纂修，公舉李君詠午、王君堯雲，總其事俾專責成，從事伊始，審定體例，參以阮通志、廣肇南番諸志，擇善以從。其舊志之宜編正者，則改訂之，⋯⋯」

　　末云：「⋯⋯此次續修，李君詳爲審定，其編輯則王君獨任之，分校則與諸君參閱之。再閱寒暑，始獲蕆事，余樂觀厥成，遂書其事以爲序。」

㈢、纂者事略

　　按《民國　瓊山縣志》，其志之纂修者，依據〈續修瓊山縣志職名〉刊載，計分：主修、監修、總纂、分纂、評議、校閱、采訪，共五十員。其開局規模之大，參與修志者之眾，實為歷次纂修之冠也。茲依職名，就其事略，著述於次，以供參考。

　　主修者，計有：瓊崖道尹朱為潮、梁　邁、周　沉，瓊山縣知事徐　淦、王道平、周　果、馬佩璈等七員。其中知事周果，於民國五年(1916)丙辰歲冬月蒞任，民國六年(1917)丁巳秋九月，所書〈續修瓊山縣志序〉，載於卷首。

　　監修者，王樹藩、楊慶鱣、林鴻茂、李錦標四人，除林鴻茂

外，餘者就其事略，分著於次：

王樹藩，海口市人。清光緒元年(1875)乙亥恩科副貢，廣東茂名訓導，升教諭。

楊慶鱸，瓊山西廂人。清光緒二十三年(1897)丁酉科舉人，廣東電白訓導，福建補用知縣，總辦涵江海關稅務。

李錦標(1868-1936)，原名：有中、字達三、號霞城，府城西廂綉衣坊人。家貧，年十八，始就讀私塾，勤奮有加，進度神速，塾師驚異。光緒末，曾兩次參加縣試，名列案首。迭因守制，致失晉省會試，迨光緒三十一年(1905)乙巳科舉廢，淡視仕途，志為良醫濟世，遂轉習岐黃，博覽各家醫藥典籍，諸如：本草綱目，深得奧妙，擅精脈理，醫德殊嘉，名重全瓊。其臨床醫案三百餘宗，然因世變，原稿散失，誠屬憾惜。

於行醫之餘，兼任瓊崖中學及瓊山中學之國文教席，誨人不倦，滿庭桃李，常以詩詞遣興，與同道互相唱和。民國六年(1917)續修《瓊山縣志》，負監修之責，如期完成。迨民國二十五年(1936)八月七日卒於鄉，亨壽六十有九歲。

陳俊《海南近代人物誌》（頁二六～二七），有傳。

總纂者，計有：李　熙、王國憲二員，就其事略著述於次，以供方家參考。

李　熙，字詠午，福建侯官人。清光緒二十四年(1898)戊戌科進士三甲及第，曾任瓊山縣知縣，續修縣志，於民國任命福建政和縣知事。

王國憲(1853~1938)，原名：國棟，字用五，號堯雲，晚稱更生老人，瓊山縣城西廂（世居昌興圖青草村）人。清光緒二十年(1894)甲午科朝考及第（二等優貢），銓廣東樂昌儒學訓導。曾

總纂《瓊山縣志》（民國六年刊行）、總校《感恩縣志》（民國二十年重修），頗負盛名。終生獻身教化，掌教瓊臺書院，擴建雁峰學社為書院，倡辦瓊海中學，其門徒弟子，近千餘人。

王會均〈海南文獻・光大流芳～追懷王國憲先達〉一文，載於《王國憲先生紀念集》（民國八十一年九月印行，頁九一至一一〇），詳誌其事略。

分纂者，計有：劉詒球、曾暉春二員，就其事略、著述於次，以供查考。

劉詒球，府城西廂人。縣拔貢，清光緒二十六年(1900)庚子（恩正併科）舉人。

曾暉春，瓊山桂林人。拔貢，家學淵博，乃曾對顏（清光緒二十三年丁酉科舉人）之姪，其祖父曾射斗亦係府學歲貢。

評議者，計十員，除王松蕃、符瑞開、陳濟川、陳 範，資歷未詳外，餘者就其事略，著述於次：

唐平章，西廂二水村人。附生，獎同副貢。

林大魁，海甸人。府學拔貢，廣東將弁學堂畢業。

吳友禮，府城（小雅巷）人。廣東簡易學堂畢業，曾任中、小學校長。

周榮燊，坡口人。廣東法政科畢業，宣統三年(1911)二月二十四日，經學部奏獎副貢。

丁苑瓊，字指山，府城水關口人。拔貢，善書畫，曾任縣府秘書、瓊山中學教員。

王邦球，永興市人。秀才，廣東省議會議員。

校閱者，計五人。其事略，著述於次：

林鶴年，府城人。秀才，曾任中、小學教員，縣府總務科

長。善書，詩古文辭，造詣極深。

　　周伯魴，東岸人。清宣統元年(1909)己酉科，縣學拔貢。

　　徐錦泉，里籍、事略未詳。

　　黃觀治，東廂人。府拔貢，工書法，曾任府城中小學教員。

　　王　教，西廂人。秀才，廣東方言學堂畢業，曾任瓊山中學教員。

　　采訪者，計有：曾定省、馮先標（北門人，縣歲貢，選用州判）、唐丙德、馮藻章（蘇尋人、府歲貢）、周紹文（秀英人，府歲貢）、李春榮、吳粹精、潘文淵、劉澤芬、吳乾毅、吳世英（雲雁村人、增貢）、黃雲章、符雲宮、周之藩（東岸人，縣歲貢）、張巍範、王國模、王國儒、方以申、周思兼、蔡壽春（白石都人，捐貢）二十人。

四、志書內容

　　徐淦、周果修，李熙、王國憲纂《續修　瓊山縣志》，凡二十八卷，首一卷，分十三志（門），計一一八目。除序、原序、纂修姓氏、敘例、目錄，刊於卷首外，其主要內容，依目錄及卷數，臚著於次，以供查考。

　　輿地志

　　卷　一　輿圖　沿革表　沿革考　星野

　　卷　二　氣候　風候　潮汐　占歷　疆域　形勝　風俗
　　　　　　方言　居處　節序

　　卷　三　山　　峒　　川　　井泉　水利　物產

　　建置志

　　卷　四　城池　公署　學校　鄉飲酒禮　書院　學堂

選舉志

　　卷二十二　徵辟　進士　舉人　武舉　貢選　捐貢　例監
　　　　　　　　吏員　將弁　封贈　廕襲

官師志

　　卷二十三　宦績　武功　謫宦　流寓

人物志

　　卷二十四　列傳　忠義　奮勇　孝友

　　卷二十五　篤行　卓行　耆舊　隱逸　旌壽　年壽　方伎
　　　　　　　　仙釋

　　卷二十六　孝義　死節　旌節　貞節

　　卷二十七　守節

雜　志

　　卷二十八　事紀　遺事　紀異

　　依據徐淦、周果修，李熙、王國憲纂《續修　瓊山縣志》（內政部藏，民國六年秋九月，知事周果序刊本，瓊山學校藏板）總目錄：自卷首（序～目錄）、卷一（輿地志：輿圖）至卷二十一（官職志：文職、武職）止。餘缺卷二十二（選舉志），迄卷二十八（雜志），計有七卷、四門（志），三十五目，乃於志書內文中，依其卷次及志（類），著錄其門目，依次臚列，以補其缺，更臻完善而詳備。

　　然各卷（志）之門目中，缺頁頗多，諸如：卷一（輿地志：輿圖）、卷三（輿地志八：物產　魚）、卷四（建置志：書院～學堂）、卷四（建置志四：賓興田）、卷五（建置志七：渡）、卷七（經政志四：土田　耤田附）、卷七（經政志六：科則）、卷八（經政志七：四差考附）、卷九（經政志十三：學制）、卷

十五（金石志：明）、卷二十二（選舉志三：舉人・明）、卷二十二（選舉志九：例監）、卷二十三（官師志一：宦績・清）、卷二十四（人物志：列傳）、卷二十八（雜志：事紀、遺事），殊感憾惜矣。

㈤、修志敘例

　　徐淦、周果修，李熙、王國憲纂《續修　瓊山縣志》，凡二十八卷、首一卷，分十三志（門）。其纂修體例，仍沿舊志義例採「分志體」，亦就「按類分目法」。

　　是次修志體例，乃參以阮通志，廣肇南番諸志。並著有「敘例」十六條，分別敘論修志沿革、動機與宗旨，纂輯原則與方式，體裁與次序。誠如：

　　周果〈續修瓊山縣志序〉云；「……此次纂修，公舉李君詠午、王君堯雲總其事，俾專責成。從事伊始，審定體例，參以阮通志，廣肇南番諸志，擇善以從。其舊志之宜編正者，則改訂之，如海防、黎防之分編，一則附以洋務，一則規以今制，其於防守之機宜，條議之切實，采擇靡遺。……」

　　次從《續修瓊山縣志》（敘例：第九條）窺之：「古蹟專編，自阮通志、廣州府志、南番二縣志，已爲詳載。附以詩文，俾知前賢名勝，足以興起乎人心。舊志附於建置，所收無多，今輯專編，附以詩文，雙行分載，以符阮通志例。」

　　綜觀李熙、王國憲《續修　瓊山縣志》之內容，所繫邑事，以明清二代最詳，其紀事斷限年代，最遲止於民國六年(1917)丁巳。茲依卷次，著述於次，以供查考。

　　卷四（建置志三）學堂：繩正學校，在縣東四十里湖塘村。

光緒三十二年開校成立，三十三年七月定名公立繩正兩等小學堂，至民國二年改為外義豐鄉立第一初高等學校，六年又改為第二區立第一國民高等小學校。

卷二十五（人物志）旄壽：陳士綸，桂林二圖昌後村人，壽百歲，民國六年建坊。

㈦、徵引典籍

徐淦、周果修，李熙、王國憲纂《續修　瓊山縣志》，其內容證諸群籍，尤於〈輿地志〉（物產）、〈海防志〉、〈官師志〉、〈人物志〉、〈雜志〉，徵引文獻更廣，在各條目間，除註記「新增」、「新補」、「補修」、「補遺」、「採訪」、「舊志」者外，舉凡徵考圖籍，皆多註於各條之末。茲依四部分類法，擇其重要者，分別著列於次，以供方家參考。

甲、經部：《爾雅》、《爾雅註》、《爾雅疏》、《爾雅郭注》、《埤雅》、《山海經註》、《說文》、《正字通》、《呂氏春秋》、《經學考》、《經義考》、《六書》、《六帖》

乙、史部：王國憲《續修　瓊山縣志》，徵引史書繁多，就其類屬，分著於次：

史地之屬：《史記尉佗傳》、《漢書》、《後漢書》、《唐書地理志》、《舊唐書》、《新唐書》、《後唐書》、《北史譙國夫人傳》、《宋史》、《元史仁宗紀》、《明史》、《明史藝文志》、《明史彙》、《輿地紀勝》、《方輿志》、《方輿紀要》、《桂海虞衡志》、《南越志》、《羅浮志》、《廣州人物志》、《林桂詩補傳》、《文苑傳》、《獻徵錄》、《投荒雜錄》、《嶺表錄異》、《粵中見聞》、《倦遊雜錄》、《車舟聞

見錄》、《海槎餘錄》、《青鎖雜錄》、《賓退錄》、《輟耕錄》、王佐《候潮前後論》、倪邦良《流水指掌圖說》、蔣冕〈邱文莊行狀〉、《粵東筆記》、《羅浮記》、《雜記》、《廣東筆記》、《昌江筆略》、《猗覺寮雜記》、《西陽雜俎》、《嶺南雜記》、《瓊山沿海圖》、《閩中海錯疏》。

方志之屬：《大明一統志》、《大清一統志》、《浙江通志》、《廣西通志》、《福建通志》、《會稽志》、《廉州志》、《廣州志》、《雷陽志》、《翁源縣志》、《廣東通志》（黃通志、戴通志、郭通志、郝通志、阮通志）、《瓊郡志》、《瓊州府志》（賈志、蕭志、張志）、鄭廷鵠《瓊志稿》、《舊志》（瓊山）、《萬州志》、《臨高志》、《儋州志》、《澄邁志》、《文昌志》、《感恩志》、《陵水志》、《采訪冊》。

政書之屬：《會典》、《明典彙》、《大清會典》、《天下郡國利病書》（卷一百四）、《海防纂要》、《外海紀要》、《船政則例》、《水師營冊》、《檔案》、〈戴璟議〉、邱濬〈府學祭器記〉、陳國賢〈平黎記〉、韓俊〈平黎議〉、海瑞〈平黎疏〉、鄭廷鵠〈平黎疏〉。

丙、子部：《古今注》、《格物論》、《淮南子》、《本草綱目》、《政和本草》、《南方草木狀》、《草木疏》、《群芳譜》、《竹譜略》、《博物志》、《異物志》、《嶺南異物志》、《異苑》、《益部方物略記》、《齊民要術》、《眾說》。

丁、集部：《文選注》、《海語》、《嘉話錄》、《菽園雜誌》、《容齋隨筆》、吳寶崖《曠園雜誌》、徐堅《初學記》、胡乘《墨客揮犀》、《陶隱居》、張七澤《雜佩》、《雙槐歲

鈔》、《昌黎詩》、《吳都賦注》、陸佃《詩疏》、王阮亭《廣
州竹枝詞曲》、《瓊雅堂集》、俞長城《百二十名文集》、《陳
白沙集》、《王佐文集》（雞肋集）、《春融堂集》、《淮海英
靈集》、陳繗《唾餘稿》、《楊慎外集》、《海忠介文集》、
《瓊臺會稿》、《月山叢談》。

　　戊、類書：《太平御覽》、《四庫全書提要》、《事類合
璧》、《嶺南遺書》、《海寇類語》、《類聚詩話》、《欽定四
庫全書備忘集提要》。

(七)、刊本年代

　　按《續修　瓊山縣志》，原刻本，白口，上魚尾，四週雙
邊，序半葉十一行，每行最多二十一字。文半葉亦為十一行，每
行最多二十二字，注分雙行。全書計分二十五冊，線裝。各卷首
行與版心題《瓊山縣志》，書前牌記題「宣統三年開雕　瓊山縣
志　板藏瓊山學校」。其刻板原藏於內政部，現移藏國家圖書館
（特藏組）。

　　民國五十三年(1964)臺北市瓊山縣志重印委員會，依據內政
部藏原刻本影印（二葉合印一面），十六開本，精乙冊。書後附
有〈重印瓊山縣志跋〉，〈瓊山縣志重印委員會〉（主任委員：
吳迺憲）、〈瓊山縣志重印樂捐芳名〉，封面《瓊山縣志》（隸
字），暨「中華民國甲辰歲仲夏重印」（小楷），係請湖南耆碩
趙恆惕題書。

　　李熙、王國憲纂《續修　瓊山縣志》刊行年代，公私方志書
目，著錄略有不同，有著《宣統　瓊山縣志》，或署《民國　瓊
山縣志》。然是志實際上，係清宣統三年（辛亥）開雕（板藏瓊

山學校），至民國六年（丁巳）九月（知事周果〈續修瓊山縣志〉序）間刊行，於是著錄《民國　瓊山縣志》者，較為允當。

　　本志流傳頗廣，於今國內外公私庋藏者，依其刊版年代，分別著述於次，以供方家查考。

　　原刊本　清宣統三年(1911)開雕（板藏瓊山學校）　民國六
　　　　　　年(1917)序　刊本
　　　美國：國會圖書館（二十五冊）
　　　英國：劍橋大學圖書館
　　　日本：東洋文庫（二十五冊）　q-120
　　　臺灣：內政部方志室（現移國家圖書館藏）
　　　中國：北京　清華　上海　南京　溫州　湖北　武大
　　　　　　廣東　北碚　廣東博
　　影印本　民國五十三年(1964)　臺北市瓊山縣志重印委員會
　　　　　　（據內政部藏原刊本）精乙冊（十六開本）
　　　臺灣：各大圖書館暨文教機構或學者私藏
　　　美國：史丹福大學　3230 / 1427.9

綜合析論

　　瓊山縣之有志牒，緣自元至正末年，邑人蔡微纂《瓊海方輿志》始，是乃「瓊山縣志」之濫觴，惜因年代久遠，梓本湮滅，罕見藏板。於今國內外所知見（庋藏）者，只有「清修本」六種（含「鄉土志」一種）而已。其中以王國憲《續修　瓊山縣志》，殊為珍貴。

　　就修志源流言之，蔡微《瓊海方輿志》，暨王凝機《瓊山縣志稿》，梓本雖已佚傳，誠屬憾惜。惟前者乃「瓊山縣志」濫

生之府編次之讀爲書明以釋後録

縋㳂溪侍郎年譜一卷

虞西洲侍郎年譜一卷

頊山金石畧四卷　　　　　　　　　　王國棟輯

自記余姓癖嗜金石近圍府縣金石志多有圖遺皆有治碑
者有衆録不完僅收半碑種種誤校正因仿
金石録補尊東金石畧之例密摸求以求全備幾碑
刻之存者亦爲影録蒐補遺上輯而存之編成四卷
文事書亦爲影録蒐補遺上輯而交見各家

瓊山縣志　卷十九　藝文　　　　　王國棟編

鄉紳者塾藏書目録一卷　　　　　　　王國棟編

林之椿序海南僻處炎荒教化之開爲於南宋嗣後名
賢輩出有海瀕郡邑曾之稱㬥考其時元東坡書院有御
書橫明邱文莊公建石室藏書人文之蔚起詎有經緯
以供諍見冶間始能成材者衆傳至　國朝遺書
散佚其必得預十餘年藏書者甚不易觏　親
期其家雲余烱親也家自曾祖揚搢薛孝廉藏書五千
卷已愿三世子孫類能讀者承家君生少孤長而游
歷廣雅隨時采購還有播遷善本必編食典衣以購之
史子集輯成二卷是海亭之士禮居儀顧堂也夫藏書
非難能藏爲難讀力非難能守爲尤難君以一貧士

之以爲論史者示之法爲

史論二卷　　　　　　　　　　　　　清李　琦撰

察此編爲琦讀史有得論其用人行政之得失世運升
降之所由有發前人所未發者以示及開承學之士俱
有妙本

子部

莊子直解　見蕭觀邱文莊行狀　　　　明邱　濬撰

道德經詳章注　　　　　　　　　　宋白玉蟾注

紫原集附剟其中元時有趙孟頫寫本最爲精抄近墨
海樓有影本

孔子世家顔子列傳討論　見郭遵志　　明林士元撰

大學衍義補一百六十卷　四庫著録　　明邱　濬撰

自序臣惟大學一書備有傳備大用之學也原於一人
之心該夫萬事之理而備者傳備大用之學也原於一
乎身也其刖在乎家也其功用極於天下之大也聖人
立之以爲教人㙯本之以爲治士子治之以爲學而用
以輔君是蓋六經之總要萬世之大典孔子承帝王之
傳心經世之遺法也孔子承帝王之傳以開百世儒教
之宗其所以立教垂世之道爲交二百有五言凡夫上
下古今百千萬年所以爲教爲治之道摺不外乎是
曾子親受其教旣總述其㫖又分釋其義以爲大學一
篇漢儒雜之禮記中至宋河南程顥兄弟始表章之斊

瓊山縣志　卷十九　藝文　　　　　　至七

民國《瓊山縣志》書影

臺灣國家圖書館藏板

觴，後者為潘廷侯、佟世南修《康熙　瓊山縣志》藍本。從文獻整體性來說，各志相承相傳，構成完整性脈絡體系。

就纂修體例言之，瓊山邑乘，諸書係按年紀事，作者大都推本前史，折衷群書，爰邀紳儒，旁搜備考，互為參訂。然細窺各志，雖卷數次第，多寡不一，列綱分目，繁簡有別，惟其義例美備，繫事唯實，考核唯嚴，是非必當，取捨必公。從諸志〈敘例〉（條文）與〈目錄〉（內容）析觀，除《瓊山鄉土志》，頗具「紀傳體」（按體分目法）特質外，其餘各志之纂修體例，大都採用「分志體」，亦就「按類分目法」也。

就各志內容言之，王國憲《續修　瓊山縣志》，凡二十八卷、分十三志（類），計一一八目。舉凡輿地、建置、經政、海防、黎防、古蹟、金石、藝文、職官、選舉、官師、人物、雜志等，分門別類，廣泛誌紀，最為詳備富美。尤以因應時政，新增條目頗多，亦係是志內容之特色，茲著述於次，以供方家查考。

建置志（卷四）：學堂，係新增條目，且紀載甚詳，研究民國初年新學制，最具參考價值。

經政志（卷八）：新稅，亦係新增條目，於稅制研究，具有參考價值。

經政志（卷十）：電政、警政、習藝所，皆係新增，記載詳實，殊具價值。

海防志（卷十一）：新增砲臺、打造戰船、平亂、西海諸國、東洋諸國。各國駐瓊領事官表，乃海防與洋務，亦係清末民初之重要政務。

選舉志（卷二十二）：捐貢、例監，係屬新增，顯示選舉制度，時在改變。

人物志（卷二十四、二十六、二十七）：列傳、孝義、死節、旌節、貞節、守節，新增六目，所誌人物，乃邑人懿行之表彰，足為後人矜範。

就史料價值言之，王國憲《續修　瓊山縣志》，於志書纂修時，旁搜博采，徵引群籍，尤於輿地志（物產）、海防志、官師志、人物志、雜志中，更為廣泛，在各條目間，除註記「新增」、「新補」、「補修」、「補遺」、「採訪」、「舊志」者外，舉凡經、史（史地、外紀、方志，采訪冊、政書、會典、則例、營冊、檔案、議疏），子（注論、譜略、本草、博物志、異物志），集（詩、文、詞、賦），以及類書與雜著（雜記、隨筆、筆記）等文獻典籍，約一百五十餘種，以資參訂考校，極備史料價值，自不待言矣。

就學術研究言之，王國憲《續修　瓊山縣志》其門目完備，資料新穎，內容富美，所紀縣事，最為詳實，上溯漢唐、下至民國初年，大凡建置沿革、山川形勝、疆域物產、氣候潮汐、風土人物、典制藝禮，莫無各具其要。於是「宣統修本」（王志），足資徵考其歷史文化，經政典制，民風物產之梗概，深具有學術研究參考價值，乃研究「瓊山縣地方制度」，必需具備參考史料，亦係研究「海南方隅史」之重要文獻。

參考文獻資料

《道光　瓊州府志》　　清・張岳崧纂　　林隆斌校補
　　民國五十六年(1967)　臺北市　成文出版社　影印本
　　據清道光二十一年修，光緒十六年補刻本

《康熙　瓊山縣志》　　　清・潘廷侯修　　　吳南傑纂

　　清康熙二十六年(1687)修　舊抄本

《康熙　瓊山縣志》　　　清・王　贄修　　　關必登纂

　　清康熙四十七年(1708)序刊本

《乾隆　瓊山縣志》　　　清・楊宗秉纂修

　　清乾隆十二年(1747)刻本

《咸豐　瓊山縣志》　　　清・李文烜修　　　鄭文彩、蔡　藩纂

　　民國六十三年(1974)　臺北市　成文出版社　影印本

　　　據清咸豐七年(1857)　刻本　雁峰書院藏板

《民國　瓊山縣志》　　　朱為潮等修　　　王國憲總纂

　　民國五十三年(1964)　臺北市　瓊山縣志重印委員會　影印本

　　　據民國六年(1917)九月序　刊本　瓊山學校藏板

《海南方志資料綜錄》　　　王會均著

　　民國八十三年(1994)十月　臺北市　文史哲出版社

　　　中華民國八十三年(1994)甲戌十月十日　　初稿
　　　中華民國八十四年(1995)乙亥三月五日　增補稿
　　　中華民國九十九年(2010)庚寅八月五日　新校稿
　　　　　　臺北市：海南文獻史料研究室

二、澄邁縣志

澄邁縣，係以邑內澄江與邁山而得名。古為苟中縣，在兩漢屬珠崖郡地。隋大業中分建隆邁，屬臨振郡。唐景雲二年(711)以隆邁，更名澄邁縣，改隸崖州。宋改屬瓊州，元屬乾寧軍，明成化初移治，仍屬瓊州府，清沿襲其制迄今。

夫澄邑之有志，昉於明嘉靖三十二年教諭林　堪始修，繼而萬曆四十一年知縣曾拱璧，清康熙十一年丁斗柄、二十七年秦大章、四十九年高魁標、嘉慶二十五年謝濟韶、光緒三十四年龍朝翊，各有一修。於今知見（公藏）者，計有：清康熙本（丁志、高志）、嘉慶修本（謝志）、光緒修本（龍志）四種而已。

今以澄邁縣志為範疇，就其文獻史料，作綜合性研究。其主要內容概分：修志源流、待訪志書（明修本二種、清修本一種）、清康熙本（丁志）、康熙修本（高志）、嘉慶修本（謝志）、光緒修本（龍志）、綜合析論等七大部分。

於文中各志書主要論旨，除首著「目片格式」外，依次：知見書目、修志始末、纂者事略、志書內容、修志體例（斷限年代）、刊版年次等六項。就文獻典籍言之，各志書殊具史料價值，乃研究「澄邁縣地方制度」重要文獻，亦係治「海南史」者，不可缺少的珍貴史料。

修志源流

澄邁縣古稱隆邁縣，其志牒纂修，源流久遠，然有史籍稽考者，先後修志，大凡七次（明代二修、清代五修），分別著述於

次，以供方家參考。

明世宗嘉靖三十二年(1553)歲次癸丑，由澄邁縣學教諭林堪氏纂輯邑志，是為《澄邁縣志》之肇始，俗稱：「明嘉靖本」（林志）。

明神宗萬曆四十一年(1613)癸丑，由澄邁縣知縣曾拱璧修，邑人李同春等纂，此乃「萬曆修本」（曾志），而與「嘉靖修本」（林志），其纂修時間，相距約六十年。

清康熙六年(1667)丁未，澄邁歲貢曾典學，受命採集，編定邑志，粗成志稿。於康熙十一年(1672)壬子，邑侯丁斗柄氏，奉檄修志，就以曾典學之志稿，重加考訂，付諸梨棗。是為「清康熙本」（丁志），而與「明萬曆本」（曾志）之纂修時間，相距約五十九年。

清聖祖康熙二十七年(1688)歲次戊辰，由澄邁知縣秦大章氏，倡修邑志，惟未見梓本，序稱：「舊志」，是為「康熙修本」（秦志），而與「清康熙本」（丁志），其纂修時間，相距只有一十六年矣。

清聖祖康熙四十九年(1710)歲次庚寅，由澄邁縣知縣高魁標纂修，縣學訓導顧兆貞參訂，是乃「清康熙本」（高志），而與「康熙修本」（秦志），其纂修時間，相距僅二十有二年。

清仁宗嘉慶二十五年(1820)歲次庚辰，由澄邁知縣謝濟韶修，邑之宿儒李光先纂，此乃「清嘉慶本」（謝志）。而與「清康熙本」（高志），其纂修時間，相距約一百有十年之久。

清德宗光緒三十年(1904)甲辰，署澄邁縣知縣龍朝翊蒞任時倡修，由澄邁舉人陳所能等纂，光緒三十三年(1907)丁未告竣，次歲戊申(1908)秋月，由署知縣王之襄付諸剞劂，是為「清光緒

本」（龍志）。而與「清嘉慶本」（謝志），其纂修時間，相距約亦八十有八年矣。

綜觀《澄邁縣志》纂修源流，緣自明嘉靖三十二年(1553)癸丑，林　堪纂修《澄邁縣志》肇始，迄於清光緒三十四年(1908)戊申，龍朝翊修、陳所能纂《澄邁縣志》（十二卷、首一卷）止。大凡七次纂修，中經明、清兩代約三百五十有五年。於清一代，修志風尚鼎盛，牒本極為豐碩，內以《光緒修本》（龍志），體例最為完備，內容亦最詳實而富美，深具史料價值，殊為珍貴矣。

待訪志書

澄邁縣志書，雖各有纂本，唯因年代久遠，間遭兵燹或蟲蛀災害，湮滅佚傳，致原有牒本，罕見藏板。茲據各家方志目錄資料，就其澄邁縣（待訪志書），依刊版年代，分別臚著於次，以供方家參考。

《嘉靖　澄邁縣志》　　明・林　堪纂修

明嘉靖三十二年(1553)修　佚

㈠、知見書目

清・阮　元《道光　廣東廣志》（卷一百九十二・藝文略四）：　　澄邁縣志　明・林　堪撰　佚　序載高志

謹案：堪嘉靖間教諭，癸丑修志。

案：明世宗嘉靖三十二年(1553)，亦就歲次癸丑。

高志，係指高魁標《康熙　澄邁縣志》。

杜定友《廣東方志目錄》（頁一十八）：

　　　　澄邁縣志　　　林　堪纂修　　　嘉靖三十二年　　　原佚

邢益森《海南鄉情攬勝》（寶島風姿錄・續集二・頁一〇

一）：　　　澄邁縣志　　　林　堪纂修

　　　　明嘉靖三十二年(1553)　失

　　　　《阮通志》存書目

　　　案：阮通志，係指清・阮　元修〔道光〕廣東通志。

王會均《海南方志資料綜綠》（總目錄・頁十七）：

　　　　〔嘉靖〕澄邁縣志　　　明・林　堪纂修

　　　　明嘉靖三十二年(1553)修　原佚

㈡、修志始末

　　按《嘉靖　澄邁縣志》，於明世宗（朱厚熜）嘉靖三十二年
(1553)癸丑，由澄邁縣學教諭林　堪氏創修，唯因年代久遠，梓
本湮沒，未見藏板，殊深憾惜矣。

　　依據明嘉靖三十二年（癸丑）澄邁縣學教諭林　堪〈澄志啟
引〉（全文載於清・龍朝翊《光緒　澄邁縣志》卷之首）云：
「自古山川與人物相爲重輕，上圖景宿則辨於天文，下料物土則
析於地理，翫其磧礫而不窺玉淵者，未知驪龍之所蟠也。故必登
泰華之巔，而後山河形勢宛然眉睫，升凌風之臺、黃雲之樓，卻
月露寒之觀，則星薨櫛堵，海漕山廥，舉瑰壯特奇之偉麗耳。」

　　又云：「澄之爲治，雖僻處溟滋一角之涯，然品其域望他
方，亦莫與京雙關，水口天馬盡頭，通潮傑閣，天乙朱明，長橋
臥波，未雲何龍，捍門砥柱，未霽何虹，覩其澄臨氣槃，未嘗不
突兀古今矣。」

　　末云：「風氣日開，文章彌炳，山川之蒫鬱，人物之彬軒，

曾有一榜四人而唐發解者，顧不將齒爛乎中州哉何也，蹊媚澤之
川者，堪求磊穎，陟輝山之岫者，庶搆溫粟。澄所由來，要皆經
天文辰馬之墟，沿賜履建侯之地，人於實相，境與智合，惡寧以
疇。昔苟中、曾口律，今日之澄邑耶，山益邁而水益澄，余顧爲
之引，以表斯誌之元焉。」是《嘉靖 澄邁縣志》，其纂修之梗
概與始末，大略如斯也。

㈢、纂者事略

林 堪，字尚乾，福建閩縣人。明嘉靖二十二年(1543)癸卯
科舉人，授澄邁教諭，輯邑志，遷宜化知縣。堪外溫內肅，生性
至孝，奉父母承顏順志，鄉里敬重之。

清·陳壽祺《同治 福建通志》（卷二百十九·明：孝
義）、徐景熹《乾隆 福州府志》（卷四十九·人物：列
傳）、陳 衍《民國 閩侯縣志》（卷八十七：孝義上）、鄭
祖庚《閩縣鄉土志》（耆舊錄：德行·孝友），載有事略。

《萬曆 澄邁縣志》　　明·曾拱璧修

明萬曆四十一年(1613)修　佚

㈠、知見書目

清·阮 元《道光 廣東通志》（卷一百九十二·藝文略
四）：　澄邁縣志　明·曾拱璧修　李同春等輯　佚
　　　　　高志：拱璧，莆田舉人，萬曆間任，癸丑纂修縣
　　　　　　志。同春，邑人。
　　案：歲次癸丑，係萬曆四十一年(1613)。
邢益森《海南鄉情攬勝》（寶島風姿錄·續集二·頁一○

一）： 澄邁縣志 曾拱璧 李同春 劉慶餘纂修

明萬曆四十一年(1613) 失

《阮通志》存書目

案：阮通志，係指清・阮 元修〔道光〕廣東通志。

王會均《海南方志資料綜錄》（總目錄・頁十七）：

〔萬曆〕澄邁縣志 明・曾拱璧修 李同春等纂

明萬曆四十一年(1613)修 佚

㈡、修志始末

本《萬曆 澄邁縣志》，係知縣曾拱璧氏，於明神宗萬曆四十一年(1613)間，適會備兵督學姚公，首檄州縣所為志，而與文學羅浮劉君、端溪饒君，暨諸弟子員，謀所以纂而修之，兩閱月告竣，庚定梓成矣。

依據明萬曆四十一年（癸丑），知縣曾拱璧氏〈修縣志序〉首云：「澄邑舊志，蓋修自吾閩林邑博，去今六十年所矣。其間升降、沿革、謠俗、士風，語而不詳，斷而不續，典故寖湮，探討茫如，增修之業，竊有志焉，未遑也。」

復云：「會 備兵督學姚公下車，首檄州縣所為志，且曰：是翼國史屬風教，胡可闕者。余咨訪靡存，僅旁捈散軼，撫拾蠡餘，以進司世，謂何心滋懼焉。退而與文學羅浮劉君、端溪饒君，謀所以纂而修之，乃集諸章縫，網羅錄列，總裁於鄉紳二先生，兩閱月告竣，報其命於姚公，一切筆削倫次，悉出庚定梓成，……。」

末云：「……姚公之鎮瓊也，起淹拔湍，振綱肅維，一時士修校民修野，屬吏靡不修於職辟則苦，蓋而吾傴處焉，又如艸木

獲滋培以托根也。其誰能忘大造情況異日者，人而登九列、拜三公，抽秘蘭臺，主盟石室，宇內咸瞻國史之實錄，豈惟爾澄，是余何能爲澄重，重澄重志，其終以共尊公也夫。」

綜觀曾氏〈修縣志序〉（全文載於龍朝翊《光緒　澄邁縣志》卷之首），足以窺察是《萬曆　澄邁縣志》之纂修歷程始末，其梗概大略如斯矣。

㈢、纂者事略

按《萬曆　澄邁縣志》，雖無修志姓氏，惟依據知縣曾拱壁氏〈修縣志序〉，暨提學姚履素氏〈修縣志序〉（序文載於龍朝翊《光緒　澄邁縣志》卷之首）列載，計參與修志者約有九員，就其姓氏、里籍、事略，分別臚著於次，以供方家查考。

主修者：曾拱壁（知縣），字魁甫，福建莆田人。府學，於明萬曆十三年(1585)乙酉科舉人，知澄邁。勤慎廉明，始終一致，修學宮、纂縣志、葺公廨、增學田、不費公帑、不捐民貲，在任三年，政簡刑清，士民歌頌，建祠立碑，以紀其德。

清·張岳崧《道光　瓊州府志》（卷之三十·官師志：宦績中）、龍朝翊《光緒　澄邁縣志》（卷之七·官師志：宦績），載有事略。

此外，依據知縣曾拱壁氏〈修縣志序〉列載，尚有文學：羅浮劉君（慶餘）、端溪饒君，謀所以纂而修之，總裁於鄉紳二先生也。

劉慶餘，廣東省歸善縣（今惠陽縣）人。歲貢，澄邁教諭，萬曆間任，協修縣志。

饒愍學，廣東省開建縣人。歲貢，澄邁訓導，萬曆年任。協

修縣志。

又據提學姚履素氏〈修縣志序〉載，計有：弟子員六人，參與編修事務，然里籍、事略未詳，茲錄其姓氏於次，以供查考。

洪　才　李白馥　李同春　李應順　陳侯周　林可書

《康熙　澄邁縣志》　　清・秦大章修

清康熙二十七年(1688)　　佚

(一)、知見書目

清・阮　元《道光　廣東通志》（卷一百九二・藝文略
四）：　　澄邁縣志　　國朝・秦大章修　　未見

康熙戊辰，序載高志。

案：清康熙二十七年(1688)歲次戊辰

高志係指高魁標《澄邁縣志》

杜定友《廣東方志目錄》（頁一十八）：

澄邁縣志　　秦大章修　　康熙二十七年

陳劍流《海南簡史》（頁八十三）：

澄邁縣志（十卷）

清・秦大章編　　康熙二十七年

楊德春《海南島古代簡史》（頁一五六）：

澄邁縣志　10 卷　　清・秦大章修

康熙二十七年(1688)刊行

邢益森《海南鄉情攬勝》（寶島風姿錄・續集二・頁一〇
一）：　　澄邁縣志　　秦大章纂修

清康熙二十七(1688)　失

《阮通志》存書目

案：阮通志，係指清・阮　元《道光　廣東通志》。

王會均《海南方志資料綜錄》（總目錄・頁一十八）：

〔康熙〕澄邁縣志　十卷　　　清・秦大章修

清康熙二十七年(1688)　刻本（未見）

㈡、修志始末

清聖祖康熙二十二年(1683)癸亥歲春，禮部奉旨檄催天下，各直省通志限定三月成書。又詔天下郡縣，各進其志書。於是一時直省及府州廳縣，紛紛纂葺志書，寫以呈部。

按《康熙　澄邁縣志》，係縣令秦大章氏，於清康熙二十六年(1687)丁卯蒞任，倡修邑志，歲次戊辰(1688)告竣付梓，於今未見藏板，僅存秦氏〈舊志序〉而已。

依據邑令秦大章氏〈舊志序〉首云：「幽居稽古，不願為夔龍以下之品，堯舜君民之想久矣，矢諸寤寐矣。迨膺簡天衢拈得下邑，人曰：此海外殘疆也，將必地方累官，愚謂不然，祇求官無累地方則足矣。」

次云：「比受事以來，極耳目之所聞見，身心之所鞠瘁，果有如五鳩之所不能鳩，四維之所不能維者，喟然嘆曰：天下人類之不齊至於斯也，風會之不侔至於斯也，豈三代直道獨不能行於斯地耶，抑司牧者無道以處此耶，用是洗心滌慮，端己率物，取其可因者因之，可革者革之，偕樸秀而課文藝講禮讓，兩越月若革面焉。」

復云：「然己饑己溺之思，時惕於中，而報君報國之懷，不輟於慮，其得以自主者留有餘於民間，其不得以自主者竭股肱於國家，察包攬之積弊而釐剔之，鑒圖差之糜費而力革之。所最難

者催科之，中欲寓撫字陽城難之，而劉晏、韓洸更難之，若夫量其緩急，酌其難易，權其多寡，而省刑薄斂之意，常存於朝考夕糾之下，或亦撫字之見端乎。」

末云：「鞅掌之餘，檢得邑乘，繙閱所至，見夫川嶽鍾秀，代不乏人，自宋迄今，……其間甲第蟬聯，人文蔚起，指不勝屈。至於報國…篤孝…好施…文學…隱逸…烈節…美不勝傳，大都皆燐炳一時，流芳百世者也。使後之人，讀是志而有感焉。可以作忠、可以作孝、可以掇巍科、可以敦禮讓，雖然又在牧斯土者，實心任事，興起教化，由是而移風易俗，革薄從忠，或不無小補於民社云。」是「清康熙本」（秦志），其纂修之緣起及梗要，大略如斯也。

㈢、纂者事略

秦大章，字含真，山西省翼城縣桐里人。清順治十七年(1660)庚子科舉人，於清康熙二十六年(1687)歲次丁卯，任澄邁知縣，倡修邑志。

綜窺澄邁縣「待訪志書」相關資料，除明・林　堪（本學教諭）〈澄志啟引〉（嘉靖三十二年）、曾拱璧（知縣）〈修縣志序〉（萬曆四十一年），刊載於清・龍朝翊修《光緒　澄邁縣志》（卷之首）。暨清・秦大章（邑令）〈舊志序〉，載於高魁標修《康熙　澄邁縣志》、龍朝翊修《光緒　澄邁縣志》（卷之首），刊有全文外，其明代「嘉靖修本」（林志）、「萬曆修本」（曾志），以及清代「康熙修本」（秦志），於國內外罕見藏板，恐已佚傳，殊深憾惜矣。

丁斗柄志

《康熙　澄邁縣志》四卷　　清・丁斗柄修　　曾典學纂
清康熙十一年(1672)序　刻本
4冊　有圖表　25公分　線裝

㈠、知見書目

清・阮　元《道光　廣東通志》（卷一百九十二・藝文略
四）：　　澄邁縣志　　國朝・丁斗柄修　　曾典學輯　未見
　　　　　　　高志：斗柄，寧夏衛人。進士，康熙九年任，
　　　　　　　壬子重修縣志。
　　　　　　　典學，邑人。
　　　案：高志，係指清・高魁標修《康熙　澄邁縣志》。
　　　壬子歲，亦就清康熙十一年(1672)。
譚其驤《國立北平圖書館方志目錄》（冊四）：
　　　　　　　澄邁縣志　四卷　　清・丁斗柄修　　曾典學纂
　　　　　　　清康熙十一年刻本　四冊
杜定友《廣東方志目錄》（頁十八）：
　　　　　　　澄邁縣志　四卷　　丁斗柄　　曾典學
　　　　　　　康熙十一年
陳劍流《海南簡史》（頁八十三）：
　　　　　　　澄邁縣志（四卷）　　丁斗柄　　曾典學編
　　　　　　　清康熙十一年
李景新《廣東方志總目提要》（頁一一九）：
　　　　　　　澄邁縣志　四卷　　丁斗柄修　　曾典學纂

　　　　康熙十一年　　〔藏〕　　北平

黃蔭普《廣東文獻書目知見錄》（頁六一）：

　　　　澄邁縣志　四卷　　清・丁斗柄

　　　　康熙十一年(1672)刊本　　『北平』

朱士嘉《中國地方志綜錄》（冊二・頁十三）：

　　　　澄邁縣志　四卷　　丁斗柄修　　曾典學纂

　　　　康熙十一年　　北平

小葉田淳《海南島史》（頁三〇三）：

　　　　澄邁縣志　四卷　　丁斗柄　　曾典學

　　　　康熙十一年

張世泰《館藏廣東地方志目錄》（頁一四九）：

　　　　〔康熙〕澄邁縣志　四卷　　丁斗柄修　　曾典學纂

　　　　清康熙十一年(1672)　刻本（未入藏）

　　　　　　1959年北京圖書館攝制膠卷　K/7.54/3〔2〕

中國科學院北京天文臺《中國地方志聯合目錄》（頁七〇
三）：　　〔康熙〕澄邁縣志　四卷　　丁斗柄修　　曾典學纂

　　　　清康熙十一年(1672)刻本　　北平

　　　　　上海（膠卷）　　廣東（膠卷）

楊德春《海南島古代簡史》（頁一五六）：

　　　　《澄邁縣志》4卷　　清・丁斗柄修　　曾典學輯

　　　　康熙十一年（公元1672年）刻本

　　　　　藏：北京圖書館（中山圖書館有微縮膠卷）

邢益森《海南鄉情攬勝》（寶島風姿錄・續集二・頁一〇
一）：　　澄邁縣志　四卷　　丁斗柄　　曾典學纂修

　　　　清康熙十一年(1672)　　北京圖書館藏

　　　　　附注：柄一作炳

　　　王會均《海南方志資料綜錄》（總目錄‧頁一七）：

　　　　〔康熙〕澄邁縣志　四卷

　　　　　清‧丁斗柄修　　曾典學纂

　　　　清康熙十一年(1672)序　刻本

(二)、修志始末

　　按《康熙　澄邁縣志》（四卷），乃知縣丁斗柄氏，於清聖祖康熙十一年(1672)間，奉部檄取志，邑候丁斗柄，會集縣學訓導彭　鐙，就明經曾典學氏，往季採集編輯之繕稿為藍本，并今所覯遇者而詳考校訂之，無幾日月而告竣付梓矣。茲以相關資料，著述其修志緣由及始末於次，以供方家參考。

　　首據清康熙十一年壬子仲冬吉日，廷授教職候選貢生邑人曾典學〈重修澄邁縣志跋〉略云：「……吾澄邑志修於明萬曆間，爾時風教休隆，多士奮撰賢書，仕宦先後蟬聯，是以一舉修志，則有鄉先生前輩典型足備顧問，有庠俊彥博物洽聞長於著述，集眾腋以成裘，鑄九金而作鼎，彬彬然也。」

　　又云：「迄今已週甲子，其間變易不知凡幾。今國朝鼎興因革，損益燦然一新，而邑乘殘缺未梓，則文獻無徵易勸盛典乎。迺縣尹丁侯甫蒞任，而輇民剴奬留心於思艱圖易之治，作人繕學加意於典章文物之隆，比及三季生聚教訓，幾於有成。」

　　復云：「奉部檄取志，會集庠友，與本學彭先生禮訪至，再命將往季纂修，折衷詳訂，務臻完美，以垂信史。乃說者，謂稗官野乘，奚當於秘閣綸音，簡其大略足矣。余曰：不然，古先聖王採風問俗，太史陳詩以志貞淫，……文有關於治體無嫩不錄，

事有切於風化雖幽必揚，閱月而成帙。夫亦罄其知之所至爲之，使後之過化於斯者，寓目其間，感發興起思前代英傑，固已治盛於古，近日賢哲有以善化於今，弘濟斯民，光昭史冊，庶無負今日之採取，而於興道致治，未必無小補云。」

次依據清康熙十一年壬子仲冬既望，儒學訓導彭　鎧書〈重修澄邁縣志序〉略云：「蓋聞志者記也，邑有志以記闔邑人物臧否，風土淳漓及夫氣數祥祲，豐歉核實成書以備參考。雖屬稗官野史，然後來炯鑑實加賴之，世遞更則紀述宜續，不則今漸邈夫昔，後復邈夫今，昔不及徵後將益晦，況事歧兩代更變不一，倘老成謝而聞見湮，文獻將奚準耶。」

又云：「國朝之興二十餘季，典章實錄史不勝書，則訂刊邑志以述前俟後，亦今日司世一重務也，可瘝視乎哉。茲丁公以朔方英傑擢兩榜而宰百里，…承部取志，穆然曰：今王化大行，海隅出日，罔不率俾，而邅陬邑乘，奉文採取，豈慮政治或永翔洽歟，則所貴乎。志者旌別揚休，必秉三代之遺直，備百年之鑒戒，上稽古而下信後，今簡冊昭揭，世世足垂不朽斯善耳。」

復云：「於是與二三友生，幣請明經候選曾君，舉前年編輯并今所覯遇者而校訂之，袞益更定，無幾日月而告竣付梓。……嗣薄茲土，其受賜豈鮮淺哉，余不文樂觀厥成，謹竭鄙誠，恭疏小引。」

末就清康熙十一年壬子臨月吉日，知澄邁縣事丁斗柄〈重修澄邁縣志序〉略云：「……余甫下車，詢及縣志，見舊簡已殘，新編未梓，久垂意於此，以獎陋未除，逋賦日積，簿書鞅掌未遑也。」

復云：「茲奉部文咨取正協夙志，因與庠彥謀曰是舉也。將

旁搜博採，循故增新，安得雄才卓識，博記洽聞，定是非、明取
舍，以昭一代之文獻者乎。諸生進曰：邑乘之修，明經廷授教職
曾先生典學，前於六季已經採集編定，更歷數季復恐或遺，使再
考衷詳訂則幾矣。因折節敬求，不一月而告竣，余取閱之初，焉
見山川封域之勝，人文物產之美，……即兩朝之因革實錄，亦昭
如指掌，倘閱之者，流覽於廢興治亂之間，留心政教媲美賢豪，
不可謂非古今得失之林，勸戒之資也。則斯志，豈徒工紀載，敍
沿革始末已哉，實亦臨涖澄土者之一大龜鑑矣。」

(三)、纂者事略

按《康熙　澄邁縣志》，參與纂修者，依據〈重修澄邁縣志
姓氏〉載：計九人。茲參證相關資料，分別著述於次，以供方家
參考。

重修：丁斗柄，知澄邁縣事，陝西寧夏右衛（朔方）人（阮
元修《道光　廣東通志》宦續錄：作甘肅寧夏衛人）。清順治十
八年(1661)辛丑科進士（三甲九十九名），清康熙九年(1670)任澄
邁令。敬賢禮士，省徭恤民，捐金修學，沛澤招氓，德徧鰥寡，
化被黎岐，庭弛鞭撲，政簡刑清，行鄉約勸課藝，重修邑志，善
政不可勝紀，卓有古循吏風。

阮　元《道光　廣東通志》（宦續錄）、張岳崧《道光　瓊
　州府志》（卷三十一・官師志・宦續下），載有事略。

監修：彭　鐋，廣東連山人。本縣儒學訓導，於清康熙十一
年(1672)壬子，監修邑志。

訪輯：曾典學，曾家東面都人。清順治十七年(1660)庚子科
歲貢，清康熙十一年(1672)纂修縣志，於康熙二十二年(1683)任廣

州府新安縣訓導，康熙二十五年(1686)致仕歸，二十六年(1687)復修縣志。

　　閱錄：邵　昇，邑人，生員。

　　仝修：王紹寰，邑人，生員。

　　　　　曾之撰，邑人，生員

　　磨對：李　瑋，邑人，生員。

　　吏書：二　人

㈣、志書內容

　　本《康熙　澄邁縣志》，凡四卷，計分十五志（門），共九十四目。其志書內容，除首載：丁斗柄〈重修澄邁縣志序〉、彭鏜〈重修澄邁縣志序〉、曾典學〈重修澄邁縣志跋〉、〈澄邁縣志凡例〉（六條）、暨〈重修澄邁縣志姓氏〉外，依據〈澄邁縣志目錄〉，分別臚著於次，以供方家查考。

　　卷之一

　　輿圖志　第　一

　　　　　縣全圖　縣城圖　縣署圖　儒學圖

　　星野志　第　二

　　　　　分野　氣候　風候　海溢

　　沿革志　第　三

　　　　　縣治　疆域　鄉都　風俗

　　地理志　第　四

　　　　　形勝　海港　山川　敘景邑有八景　土產　陂塘

　　建置志　第　五

　　　　　公署　城池　門路附　倉庫　壇廟　庵寺附　坊表

　　　紀異　紀災
　卷之四
　　藝文志　第十五
　　記　議　序　詩　詞　歌　賦

㈤、修志體例

　　清・丁斗柄修《康熙　澄邁縣志》，乃倣史例，燦然可觀。體裁雖不必同，大都事核而該，義嚴而正，且美無溢惡，無隱其文，典贍若鑑，懸而百物照焉。從是志之內容（目錄）析窺之，其修志體例，係採「分志體」，亦就「按類分目法」也。

　　就〈澄邁縣志凡例〉（計六條）觀之，第四條：「志內事有可議者，僭於條末，小爲按，大爲論，法史論贊之例，闡發本事以備採擇，非敢竊史氏之體，而妄有擬議也。」

　　最末條：「志綱領一十有五、條目九十有四，或敍以始之，或論以終之。其文似繁，然郡志略而邑志詳，竊比於觸類而長之義，且忘其爲蕪陋也。」綜窺此志〈凡例〉六條文，其修志之體例略備矣。

　　丁斗柄修、曾典學纂《康熙　澄邁縣志》，所繫邑事，以明末清初爲最詳，其斷限年代，最遲止於清康熙十一年(1672)歲次壬子。著述於次，以供查考。

　　災異志　第十四（卷之三）紀災：
　　　　康熙十一年閏七月，自十七日連六颶風，惟二十三日震蕩撼擗，往昔罕有。……
　　　　九月十六日復大雨，晝夜傾溢，遠近低深田稻漂浸枵爛，風雨災傷，莫此爲甚。

㈥、刊版年代

　　清・丁斗柄修《康熙　澄邁縣志》，原刻本，白口，上魚尾，四週單邊。序、跋，每半葉八行，每行最多十七字。目錄、凡例，暨正文每半葉九行，每行二十二字，全志線裝四冊。楷體，注分雙行。序、跋，修志姓氏，首行題「重修澄邁縣志」，唯〈目錄〉、〈凡例〉，暨每卷首行及版心，祗題《澄邁縣志》。

　　按《康熙　澄邁縣志》，凡四卷（計四冊），每冊首、末葉下方角，各蓋有「京師圖書館藏書部」（小篆、陽文）長方章（長三公分、寬一公分）乙枚。

　　丁斗柄修《康熙　澄邁縣志》之刊行年次，各家方志書目資料，大都署著為清康熙十一年(1672)歲次壬子（序、跋）刻本。然是志，雖有梓本，唯流傳欠廣，罕見藏板，於今國內外各圖書館知見者（公藏），分著於次，以供查考。

原刻本　清康熙十一年（壬子）序　刻本
　　中國：北京（京師圖書館）
微縮片　依據京師圖書館藏：清康熙十一年(1672)刻本
　　中國：上海　　廣東

重修澄邁縣志序

聖王體國經野創制立法非不欲千百
年世守如一日然風會推移即一姓相
承亦不無中晚之歧劉運際昌華父兮
蕩乎
國家監前代以立謨相時宜而定制黴兮
甲寅追隆古吏斯非言不嘉與兮
為戲典又安能覽十年而知所維觀察

之梫勸戒之資也剔剔斯志豈徒工紀載
叙沿革始末已哉實亦能詧澄土者矣
一大龜鑑矣　皆
康熙十一年壬午臘月書日
賜同進士出身知澄邁縣事朝方丁斗柄撰

澄邁縣志卷之一

輿圖志第一　縣全圖　儒學圖　縣城圖　縣野圖

輿地之書肇自禹貢至成周又別之為圖圖考志之權
與也澄外海內黎喻易屬校之藝乃各不同環繞三百
三十里錯落迤邐不能一一圖之而總於一幅圖國繪
野者毋事親歷一幅圖而百里封疆燦在指間卷舒
夫良楮滂滴之殊其為圖也景緻之意之體圖之所不
能及是在觀風考者容商略之而善為之

耳

牛飛鳥多死

【紀異】

國朝
順治八年正月初二夜地震典史鄭炎聽上軌事倒埤
驚醒誤以賊賊後知是地震方上

明宣德九年大饑死者白骨遍野之二
弘治二年凶路廬疫流行民死首眾
正德十五年秋間滛南連屋至九月十九夜淁水暴至
數日乃消自瓊至澄房屋盡摽傷人病死荒荒

丁修《澄邁縣志》書影

高魁標志

《康熙 澄邁縣志》十卷 清·高魁標纂修

清康熙四十九年(1710)序 刻本

4 冊 有圖表 25 公分 線裝

㈠、知見書目

清·阮 元《道光 廣東通志》（卷一百九十二·藝文略
四）： 澄邁縣志 十卷 國朝·高魁標修 存
康熙庚寅

案：阮著康熙庚寅，亦就康熙四十九年(1710)。

江 瀚《故宮方志目》（頁七十二）：
澄邁縣志 十卷 清·高魁標纂修
康熙四十九年 四冊

杜定友《廣東方志目錄》（頁十八）：
澄邁縣志 10 卷 高魁標纂修 康熙四十九年

陳劍流《海南簡史》（頁八十四）：
澄邁縣志（十卷） 高魁標修
康熙四十九年 故宮博物館藏

李景新《廣東方志總目提要》（頁一一九）：
澄邁縣志 十卷 高魁標纂修
康熙四十九年 〔藏〕 故宮藏有二部

黃蔭普《廣東文獻書目知見錄》（頁六一）：
澄邁縣志 十卷 清·高魁標
康熙四十九年(1710)刊本 『故宮』

朱士嘉《中國地方志綜錄》（冊二・頁十三）：

　　　　澄邁縣志　10卷　　高魁標纂修

　　　　康熙四十九年　　故宮二（部）

小葉田淳《海南島史》（頁三〇二）：

　　　　澄邁縣志　一〇卷　　高魁標纂修　康熙四十九年

國立故宮博物院《國立故宮博物院善本舊籍總目》（頁五二

一）：　澄邁縣志　十卷　　清・高魁標、顧　兆纂修

　　　　清康熙庚寅（四十九年）刊本　四冊

　　　案：顧兆，應作：顧兆貞。

中國科學院北京天文臺《中國地方志聯合目錄》（頁七〇

二）：　〔康熙〕澄邁縣志　十卷　　清・高魁標纂修

　　　　清康熙四十九年(1710)刻本　　故宮　　臺灣

王德毅《中華民國臺灣地區公藏方志目錄》（頁一二九）：

　　　　康熙澄邁縣志　十卷　　清・高魁標纂修

　　　　清康熙四十九年(1710)刊本　　故宮

楊德春《海南島古代簡史》（頁一五六）：

　　　　《澄邁縣志》10卷　　清・高魁標纂修

　　　　康熙四十九年(1710)刻本

邢益森《海南鄉情攬勝》（寶島風姿錄・續集二：頁一〇

二）：　澄邁縣志　10卷　　高魁標纂修

　　　　清康熙四十九年(1710)　　故宮博物院藏

王會均《海南方志資料綜錄》（總目錄・頁十八）：

　　　　〔康熙〕澄邁縣志　十卷　　清・高魁標纂修

　　　　清康熙四十九年(1710)序　刻本

㈡、修志始末

　　按《康熙　澄邁縣志》，係縣令高魁標氏，於清康熙四十九年(1710)，歲在庚寅十一月下浣，纂修是志付梓矣。

　　依據清康熙四十九年庚寅十一月，澄邁縣知縣高魁標〈重修澄邁縣志序〉略云：「……余蒞任之始，首閱邑志，見其敍次舛錯，鋟梓非工，豕亥莫辨，急思所以纂輯，而見聞未確，有志未逮，早夜兢兢所以治。惟撫流亡，寬賦歛、……」

　　又云：「……今秋得少間，自忘其愚陋，集紳士之老成鍊達，旁搜遠討，互相商確，於舊志之訛者訂之，謬者正之，雖不離其本根，而脫其面目，而刪繁補漏，亦已云多。至於一切新增，非確有據，援公之輿論，不敢妄譽一人，妄及一事，試嘗就班按部，以辨區域，以固封守，以順氣候，以宜土俗。……」

　　末云：「……大率是書之成，祖述郡乘，推本前史，折衷群書，上而天文，下而地理，中而人事，莫不批卻導窾，竟委窮源，每舉一綱而約序其概，即一篇之旨歸洞然。韓子所謂覽其緒，裁其贅，紀事必提其要，纂言必鈎其元者，準其意以成志，匪徒記故實美觀覽而已，務使人不出戶庭，而周知四境之外，坐而談起而可行，敷政寧民優優有具也。後之君子下車而求治理，於是乎取，豈惟不佞賴之。」是「高魁標志」，其修志之始末，大略如斯也。

㈢、纂者事略

　　據《康熙　澄邁縣志》（修志姓氏）載，其參與修志者，計四十六員，分別臚著於次，以供方家查考。

　　纂修：高魁標，號仙裴，直隸滄州（今河北省滄縣）人。歲貢，清康熙三十八年(1699)己卯，知澄邁縣。慈諒易直，惠愛黎元，嘗招撫流民，墾闢荒田二十餘頃，創建南離社學，集邑中子弟，躬親講課，人稱為父母、師保，葺城垣學宮，暨各祠廟橋道，纂修邑乘。凡諸義舉，率皆捐俸成之，口碑至今猶藉藉焉。

　　清・謝濟韶《嘉慶　澄邁縣志》（卷之五・秩官志・宦績）、張岳崧《道光　瓊州府志》（卷之三十一・官師志・宦績下），皆載有事略。

　　參訂：顧兆貞，號濠西，肇慶府新興縣（廣東省）人。歲貢，於清康熙三十六年(1697)丁丑，任縣學訓導，參訂邑志。

　　校閱：共四十四員，其事略，分述於次，以供參考。

　　林　煥，安調豐都人，清康熙四十一年(1702)壬午科舉人。

　　林　炳，安調豐都人。林　煥之弟，縣學拔貢。

　　李文煒，南黎二都人。由感恩學，康熙歲貢，三水訓導。

　　王　敬，保義正都人。由文昌學，康熙歲貢。

　　王紹祥，子良都人。由本縣學，康熙歲貢。

　　吳在止，富實都人。由臨高學，康熙歲貢。

　　吳奮鼎，倘驛都人。由本縣學，康熙歲貢。

　　陳儒真，定安縣人。由本縣學，康熙歲貢，仁化訓導。

　　王得全，南黎一都人。明孝之子，由儋州學，康熙歲貢。

　　姜兆熊，封平都人。由本縣學，康熙歲貢。

　　譚　鈺，那托都人。由府學，康熙歲貢。

　　林永臻，本姓王，南黎二都人。由陵水學援例，拔貢。

　　林子馨，南黎二都人。由臨高學，肄業太學，庠監。

　　陳廷瑞，曾家西都人。由附貢，捐州同。

王位中，南黎二人。由昌化學，國子監肄業，例職州同。

梁　光，邑人。

王寵光，南黎一都人，雍正歲貢。

馮　源，邑人。

林百蕙，稟生，長樂縣訓導，以孫世楠，贈修職佐郎。

王丕謨，南黎一都人。恩貢，考充教習，以子元贈儒林郎。

羅　鵬，邑人。

王廷弼，邑人。

陳盛虞，曾家西都（排坑嶺村）人，附貢。

曾士毅，康熙歲貢。

廖震九，邑人。

王天聖，邑人。

莫雲升，定安縣人。由本縣學，恩貢。

唐之球，邑人。

王之棟，南黎一都人，居瓊山蒼原村。稟貢，分發訓導。

王　濂，雍正歲貢。以孫德晃，贈奉直大夫。

李冲雲，邑人。

吳文耿，邑人。

鄭之珩，邑人。

林夢雄，安調豐都人。府學，雍正歲貢，開建訓導。

王焜珍，邑人。

謝騰芳，邑人。

鄭之璋，邑人。

徐漸達，保義正都人。徐　譽之侄，康熙歲貢。

紀相國，邑人。

陸堂開，邑人。

林維新，邑人。

謝帝香，邑人。

羅　濬，邑人，雍正歲貢。

徐紹中，保義正都人。由府學，雍正歲貢。

綜就高魁標《康熙　澄邁縣志》（修志姓氏）觀之，參與修志各項事務者，計有：纂修一員、參訂一員、校閱四十四員，共計：四十六人。於是顯見，是志纂修，其規模宏大，動用人員眾多矣。

四、志書內容

按《康熙　澄邁縣志》，凡十卷，列綱十（志）、分目一百有奇。除首刊〈高序〉、〈修志姓氏〉、〈舊志序〉（秦大章）、〈凡例〉（十四條）外，其志書內容，依目錄（卷第），列述於次，以供查考。

疆域志　卷之一

興圖　沿革　星野　氣候　附風候、潮候、漲海

地理　形勝　風俗　山川　附井泉　鄉都

建置志　卷之二

城池　公署　附倉庫、舖舍　壇廟　祠寺　附亭塔

坊表　橋渡　陂塘　墟市

賦役志　卷之三

戶口　附軍戶　田賦　錢糧　魚課　鹽課　鈔課

土貢　均徭　役匠附　均平　民壯　驛傳

學校志　卷之四

　　　　　　學宮　祭器圖、陳設圖、鄉飲圖、射器附　名宦祠

　　　　　　鄉賢祠　學田　社學　義學　書院

　　兵防志　卷之五

　　　　　　兵官　營寨　烽堠、墩臺附　屯田　民壯　保甲、

　　　　　　鄉兵附　兵餉

　　秩官志　卷之六

　　　　　　官師　名宦　流寓

　　人物志　卷之七

　　　　　　諸科　鄉舉　進士　歲、選貢　武科　例監　封廕

　　　　　　掾吏　鄉賢　儒林　孝友　義行　隱逸　列女

　　海黎志　卷之八

　　　　　　海　　海港　海寇　增防

　　　　　　黎　　平黎　議黎　附撫官

　　雜　志　卷之九

　　　　　　仙釋　古蹟　附塚墓　土產　紀異　紀災

　　藝文志　卷之十

　　　　　　記　　議　　序　　詩　　詞　　歌　　賦

㈤、修志體例

　　高魁標《康熙　澄邁縣志》纂修體例（凡例十四條），係仿舊志，仍採「分志體」，亦就「按類分目法」。從志書內容窺之，各條論次清明，其間分合損益，位置註疏，各有其義也。

　　按高魁標《康熙　澄邁縣志》，係以舊志重修而成。然其纂修體例，亦與舊志略異，據其〈凡例〉所述，著其相關者如次，以供查考。

　　第二條：志內事有可議者，僭於條末，小爲按大爲論，用闡發本事以備採擇，非敢竊史氏論贊之體，而妄有擬議也。

　　第三條：是志皆虛公審慎，推本前史，折衷群書，以及老成儒宿之生長斯土者，不敢率意憑私，亦筆由自操，權無旁落，庶成信史，徵往照來。

　　第四條：舊志標目過繁，敍次舛錯，今就班按部，大概祖述新郡乘而成。首疆域，次建置、賦役、學校、兵防、秩官、人物、海黎、雜志，而終以藝文，凡十卷。

　　高魁標《康熙　澄邁縣志》，凡十卷，列綱十志，分目九十二。然所繫邑事，始自漢代，歷經唐、宋而元、明、清，間以明、清（迄康熙朝）兩代較詳。其斷限年代，最遲止於清康熙四十三年(1704)歲次甲申。諸如：

　　雜　　志（卷之九）紀災：康熙四十三年，民多疾病，集僧道
　　　　　　起壇於乘龍寺，設醮祈禱。

㈥、刊版年次

　　高魁標修《澄邁縣志》（凡十卷），原刻本，白口，上魚尾，四周雙邊。高序半葉六行、行十六字（手繕、楷字），正文半葉九行、行二十六字。線裝四冊，書高二十五公分、寬十七·五公分，板框高二十一·五公分、寬十五公分。仿宋體字，注分雙行。目錄、各卷首行暨版心，皆題《澄邁縣志》。

　　按《康熙　澄邁縣志》，首載高魁標〈重修澄邁縣志序〉，末蓋有「高魁標印」（篆字、陰文）「仙裴」（小篆、陽文）小方章（二·二公分）二枚。是乃臺灣：國立故宮博物院（圖書文獻館）珍藏之刻本也。

　　高魁標修《澄邁縣志》，於清康熙四十九年(1710)歲在庚寅
（高序）刊行。唯流傳欠廣，梓本稀少。於今國內外公藏者，就
知見藏板，臚述於次，以供查考。

　　原刻本　清康熙四十九年(1710)序（高魁標）刻本

　　　臺灣：國立故宮博物院圖書文獻館　　172

　　　中國：故宮博物院圖書館

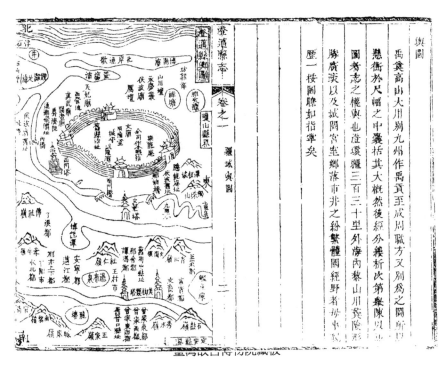

高修《澄邁縣志》書影

臺灣故宮博物院藏板

紀異

鯉魚潭在林表村中有異魚如鯉身首俱圓不下千百數以致
投之始則如掌大者羣食再枚則盈尺或二三尺者出食人
不敢取有水溢隨水出者獲而剖之血流滿地烹之成水上
有聖母祠禱雨輒應
龍潭宮在新安江舊傍有一白牛潭中倦喘而出其主異之
乃置刀於角後沒入見蚊傷浮起乃知與蛟鬥也袋寬兩怒
有龍出鄉人禱雨多驗

澄邁縣志　《卷之九　雜志紀異》　六

泉馨巖在南楚都大海濱有石巖狀如伏虎左右二巖若普陀
巖中有一石徑空虛通穿二巖左巖前水中有石馬石鞍石
龜鞍架各一右巖水中有石盤石椅石欄各一故老相傳昔
有神仙會此鑒石出泉渡海而去浦因名之
深石在縣西了浪都元蛋人紀姓者捕魚得一石墜網中棄之
六項復墮紀怪而祝曰若靈偉多獲魚吾則祀汝其日得魚
吳偕逄載輔廟祀花岸
浮石窗井在浮石廟前有泉非人滿祭窠湧出滿井以祿

謝濟韶志

《嘉慶　澄邁縣志》十卷　　清‧謝濟韶修　　李光先纂

清嘉慶二十五年(1820)　刻本

12冊　有圖表　26公分　線裝

(一)、知見書目

杜定友《廣東方志目錄》（頁十八）：

　　　　澄邁縣志　10卷　　謝濟韶纂修　　嘉慶二十五年

陳劍流《海南簡史》（頁八十四）：

　　　　澄邁縣志（十卷）　　　謝濟韶編　　嘉慶二十五年
　　日本國立國會圖書館《中國地方志總合目錄》（頁二七
五）：　　澄邁縣志　10 卷　　謝濟韶　李光先等
　　　　　　嘉慶二十五年(1820)刊本　　東洋　6 冊　q-105
　　李景新《廣東方志總目提要》（頁一一九）：
　　　　　澄邁縣志　十卷　　李光先纂修
　　　　　嘉慶二十五年　　〔藏〕嶺南　東方　南洋
　　　　　　註：朱氏方志綜錄，作：謝濟韶纂修。
　　黃蔭普《廣東文獻書目知見錄》（頁六十一）：
　　　　　澄邁縣志　十卷　　清‧謝濟韶
　　　　　嘉慶二十五年(1820)刊本　　　北大　　中大
　　朱士嘉《中國地方志綜錄》（冊二‧頁十三）：
　　　　　澄邁縣志　10 卷　　謝濟韶纂修
　　　　　嘉慶二十五年　　東方　　南洋
　　　　　　註：嶺南大學圖書館書目，作：李光先纂修。
　　小葉田淳《海南島史》（頁三〇二）：
　　　　　澄邁縣志　一〇卷　　謝濟韶編修
　　　　　嘉慶二十五年
　　中國科學院北京天文臺《中國地方志聯合目錄》（頁七〇
三）：　　〔嘉慶〕澄邁縣志　十卷
　　　　　清‧謝濟韶修　　李光先纂
　　　　　清嘉慶二十五年(1820)刻本
　　　　　　北京（存卷 1-3、7-9）　　北大　　上海
　　　　　　南京　　中大
　　楊德春《海南島古代簡史》（頁一五七）：

《澄邁縣志》10 卷　　清‧謝濟韶、李光先編纂

　　嘉慶二十五年(1820)　　北京大學圖書館藏

邢益森《海南鄉情攬勝》（寶島風姿錄‧續集二：頁一〇

二）：　　澄邁縣志　10 卷　　謝濟韶　李光先纂修

　　　　清嘉慶二十五年(1820)　　北大圖書館等

王會均《海南方志資料綜錄》（總目錄‧頁十八）：

　　〔嘉慶〕澄邁縣志　十卷

　　　清‧謝濟韶修　　李光先纂

　　　清嘉慶二十五年(1820)刻本

(二)、修志始末

　　本《嘉慶　澄邁縣志》（凡十卷），係澄邁縣知縣謝濟韶氏，於清嘉慶二十三年(1818)戊寅蒞任，謀以續修，旋奉大憲奏修粵省通志，下檄一飭各牧令續纂，邀集邑生李光先輩，謀以葳弄其事，欣然起而相應，越兩載而告竣矣。

　　依據清嘉慶二十五年(1820)，歲次庚辰六月中澣，署澄邁縣事謝濟韶（古耒陽）〈續修澄邁縣志序〉略云：「…澄爲瓊屬邑，秦漢始置吏隸圖，前此職方形方、內史小史、採風貢俗、俱未之及，故紀載亦缺而不詳，吏斯土者欲求其地其時之利弊，以爲設施緩急先後之宜，莫若求端於志乘一書。邑有志自康熙年間，前令高君纂集後，距今百有餘年，其間風土人物事類實蹟之足當紀載者，遞升遞降或十年一變或數十年一變，凜凜乎！有文獻無徵之懼焉。」

　　次云：「余自戊寅權篆茲土，甫下車，謀所以續而修之。旋奉大憲奏修粵省通志，下尺一飭各牧令續纂邑志呈繳。爰集諸章

縫李生光先輩，藏弄其事。李生輩舉欣，欣然起相應，…編摩閱兩霜告竣，余取而讀之，竊嘆澄在今日固易治之區，而自可興之俗也。……」

末云：「……是書固審時地沿革，得失借鑑之林，有裨化理豈淺鮮哉，用走筆而爲之序。」綜窺知縣謝濟韶〈續修澄邁縣志序〉（文載：龍朝翊《光緒　澄邁縣志》卷首），其修志緣由及始末，大略如斯矣。

㈢、纂者事略

按《嘉慶　澄邁縣志》，雖未詳列纂修者之姓氏，唯據龍朝翊修《光緒　澄邁縣志》，卷首所載〈修志姓氏〉，共有二十八人，參與各項修志事務。計總修一員、續修一員、協修十一員、分校八員、襄事七員，就其事略，分述於次，以供查考。

總修：謝濟韶，湖南衡州府耒陽縣人。清仁宗嘉慶三年(1789)戊午科舉人，於嘉慶二十三年(1818)戊寅，署澄邁縣知縣。旋奉大憲檄文，纂修邑志。

續修：黃鳳韶，湖北黃州黃安縣人。清高宗乾隆五十九年(1794)甲寅科舉人，於清仁宗嘉慶二十五年(1820)庚辰，特授澄邁縣知縣，續修邑志。

協修：依據〈修志姓氏〉載，計有十一員，茲就其里籍、事略，分述於次，以供查考。

譚鵬捷，廣東肇慶府高要縣（墨岡）人。清高宗乾隆六十年(1785)乙卯科舉人，於清嘉慶二十三年(1818)年十一月，復任澄邁儒學教諭，協修邑志。

馮奇略，廣東肇慶府恩平縣人。由歲貢，於清嘉慶二十三年

(1818)，任澄邁儒學訓導，協修邑志。

李新時，字煥乾，廣東高州府信宜縣人。由廩貢生，清仁宗嘉慶十八年(1813)癸酉科舉人。於嘉慶二十三年(1818)戊寅，署澄邁儒學訓導，協修邑志。

清·楊　霽修《光緒　高州府志》（卷三十九·人物志：列傳），載有傳略。

徐　行，浙江湖州府烏程縣（又稱：歸安縣，今名：吳興縣）人。由監生，於清嘉慶二十四年(1819)己卯，任澄邁縣巡檢，協修邑志。

向　智，四川成都府華陽縣人。由鄉導官給六品頂載援例，於清嘉慶二十三年(1818)任澄邁縣典史，協修邑志。

王執繡，南黎二都人。應試子，府學恩貢。

周　語，那托都人。由府學，嘉慶歲貢，協修縣志。

李光先，倘驛都人。廩貢，國子監報滿，銓選訓導，協修縣志。

鍾錫福，邑人，廩生。

王章絢，邑人，廩生。

吳　錕，邑人，增生。

分校：計八員，就其里籍、事略，分述於次，以供查考。

吳受卿，邑人，廩生。

王吳灃，邑人，增生。

鍾錫齡，邑人，增生。

王德彤，邑人，增生。

王祥昌，邑人，生員。

李良元，邑人，生員。

曾省三，邑人，生員。

薛　煥，封平正都人，生員。

襄事：計七員，就其姓氏、里籍、事略，分述於次：

陳廷位，學藩子，南黎一都人。恩貢，候選布政司經歷。

王大經，南黎一都人，例職州同。

曾煥南，曾家西都人，例職州同。

林永清，子良都人，嘉慶歲貢。

黃鳳朝，那舍都人，嘉慶歲貢。

謝丕基，富實都人，恩貢。

王國綬，西黎正都人，嘉慶歲貢。

（四）、志書內容

按《嘉慶　澄邁縣志》，凡十卷，志分十門，目有一一一。其主要內容，依目錄及卷次，臚述於次，以供查考。

卷之首　御製贊　訓

卷之一　地理志

　　　　輿圖　沿革　星野　氣候　附風候、潮候、漲海

　　　　疆域　山川　附井泉　形勝　鄉都　風俗　附占驗

卷之二　經制志

　　　　城池　縣治　附倉庫　壇廟　祠寺　附亭、塔

　　　　舖舍　坊表　橋渡　陂塘　墟市

卷之三　賦役志

　　　　戶口　附軍戶　田賦　錢糧　魚課　附鈔課　鹽課

　　　　土貢　均徭　附役匠　均平　民壯　驛傳

卷之四　學校志

㈤、修志體例

　　本《嘉慶　澄邁縣志》，雖無修志凡例，惟從是志〈目錄〉
窺之，其修志體例，係採「分志體」，亦就「按類分目法」也。

　　據謝濟韶〈續修澄邁縣志序〉略云：「……余因語以義例必
精，考據必詳，是非必定，取捨必公，以成信史。……」

　　再就謝濟韶《嘉慶　澄邁縣志》（目錄），亦可審窺其修志體例，係先行分卷，並總以綱（亦就志或類），而後羅列條目，提綱挈領，門目簡明，是乃沿襲前志之體裁也。

　　謝濟韶《嘉慶　澄邁縣志》，凡十卷、首一卷，志分十門，列目一一一。所繫澄邁邑事，以明清（嘉慶朝）兩代較詳，其紀事斷限年代，最遲止於清仁宗嘉慶二十四年(1891)己卯，茲就卷之十（雜志）紀事，分述於次，以供查考。

　　紀災：國朝（清）嘉慶二十三年五月二十一日，颶風大作，
　　　　　傾倒民房樹木。

　　紀異：國朝（清）嘉慶二十四年，南楚都文斗村陳姓有椰樹
　　　　　生二株，略分高低，猶未吐實。昔大美村有瑞椰三
　　　　　株，人以為生王贊襄之兆。今產此土亦為奇物，殆不
　　　　　虛生也，是不可以無記。

㈥、刊版年代

　　清・謝濟韶修《嘉慶　澄邁縣志》，原刻本（北京大學圖書館藏板），線裝二函十二冊，書高二十六公分、寬十六‧七公分。白口、上魚尾，於每卷首行暨版心題《澄邁縣志》。

　　按《嘉慶　澄邁縣志》之梨梓年次，諸家方志書目資料，大都署著為清嘉慶二十五年（謝濟韶序）。由於刊本流傳欠廣，公私藏板稀尠。於今國內外圖書館或文教機構庋藏者，分著於次，以供方家查考。

　　原刻本　清嘉慶二十五年(1820)庚辰（謝濟韶序）　刻本
　　　日本：東洋文庫（線裝六冊）　　q～105
　　　中國：北京大學圖書館（二函十二冊）　　上海圖書館

南京圖書館　　中山大學圖書館

龍朝翊志

《光緒　澄邁縣志》　　十二卷　首一卷

清‧龍朝翊修　陳所能纂　　光緒三十四年(1908)　刻本

6冊　有圖表　25公分　線裝

(一)、知見書目

杜定友《廣東方志目錄》（頁十八）：

　　　　澄邁縣志　12卷　　龍朝翊　　陳所能纂修

　　　　光緒三十四年　6冊　存

陳劍流《海南簡史》（頁八五）：

　　　　澄邁縣志（十二卷）　龍朝翊修

　　　　光緒三十四年

　　　　澄邁縣志（十二卷六冊）　王之襄續修

　　　　光緒三十四年

　　　案：係同一修本，陳分著爲二修本。

　日本國立國會圖書館《中國地方志總合目錄》（頁二七

五）：　　澄邁縣志　12卷　首1卷　　龍朝翊、陳所能

　　　　光緒三十四年(1908)刊本　　天理　6冊　871

　李景新《廣東方志總目提要》（頁一一九）：

　　　　澄邁縣志　十二卷　　謝濟韶原修　王之襄續修

　　　　光緒三十四年

　　　　　〔藏〕　中山　中大　任氏　東方　徐匯

黃蔭普《廣東文獻書目知見錄》（頁六十一）：

　　　　澄邁縣志　十二卷　七冊　　清・龍朝翊

　　　　光緒三十四年(1908)刊本　　中大　　廣東

朱士嘉《中國地方志綜錄》（冊二・頁十三）：

　　　　澄邁縣志　12卷　　龍朝翊修　　陳所能纂

　　　　光緒三十四年　　中山　任氏　東方　徐匯

小葉田淳《海南簡史》（頁三〇二）：

　　　　澄邁縣志　一〇卷　　龍朝翊　　陳所能編修

　　　　光緒三十四年

　　案：小葉田淳著，此志一〇卷，似有舛誤。

中國科學院北京天文臺《中國地方志聯合目錄》（頁七〇

三）：　　〔光緒〕澄邁縣志　十二卷　首一卷

　　　　清・龍朝翊修　　陳所能纂

　　　　清光緒三十四年(1908)刻本

　　　　　一史館　上海　廣東　中大　華南師院

　　　　科學（膠卷）

　　　　民國抄本　　廣東

楊德春《海南島古代簡史》（頁一五七）：

　　　　《澄邁縣志》12卷　　清・龍朝翊、陳所能編纂

　　　　光緒三十三年（公元1907年）修成　次年刊行

　　　　中山圖書館存

王志斌《館藏海南文獻資料目錄》（頁六十一）：

　　　　〔光緒〕澄邁縣志　十二卷　首一卷

　　　　清・龍朝翊修　　陳所能撰

　　　　海口　影印清光緒三十四年刻本　1991　12

　　　　線裝　12冊

　　邢益森《海南鄉情攬勝》（寶島風姿錄・續集二・頁一〇
二）：　　　澄邁縣志　12卷　首1卷　　龍朝翊　王之襄修
　　　　　清光緒三十四年(1908)　　廣東中山圖書館藏
　　　　　民國年間有石印本
　　王會均《海南方志資料綜錄》（總目錄・頁十八）：
　　　　　〔光緒〕澄邁縣志　十二卷　首一卷
　　　　　清・龍朝翊修　　陳所能纂
　　　　　清光緒三十四年(1908)　刻本
　　　　　民國抄本（年次及所據母本未詳）
　　　　　（廣東中山圖書館藏）

(二)、修志始末

　　本《光緒　澄邁縣志》，係署澄邁縣知縣龍朝翊氏，於清德
宗光緒三十年(1904)甲辰蒞任，倡修邑志，在金江市設修誌局，
由澄邁舉人陳所能等纂修，閱兩霜而志成，未及付梓。

　　清光緒三十三年(1907)丁未仲秋，署知縣王之襄氏奉篆澄邑，
甫由邑中諸紳董請撰〈續修志序〉。於清光緒三十四年(1908)戊
申之秋月，始付諸梨棗。

　　從〈續修志姓氏〉觀之，除知縣龍朝翊（主修）、王之襄
（續修）外，尚有四十四人，參與修志各項事務。計纂修六員，
協修七員，採訪三十一員。於是顯見，此志設局纂修，規模宏
大，動用人員之眾矣。

　　依據清光緒三十四年歲次戊申秋月，署澄邁縣事王之襄〈續
修澄邁縣志序〉云：「……澄邑地居海南，久爲人文會萃之區，
在趙宋時蘇軾曾至斯邑，稱其禮樂彬彬，實有中州之美。後之蒞

此土者，輒親歷邑之舊治，循其黌舍，見舊日禮器猶有存者，乃知蘇氏之言，良非虛譽也。」

復云：「方今朝廷政治維新，學堂林立，多士應運而興，舉凡典章文物，肆古來載在舊誌中者，咸思重加參定，廣爲搜羅，俾一縣之事實，在在更推擴精詳，與二十四史諸藏書，同垂爲不朽。洵爲一時勝舉，雅不願以篇殘簡斷，一任其多所散失，致後之人有文獻不足之慨。」

末云：「鄙人於丁未仲秋來撫斯邑，下車之始，接見邑中諸名公，聞金江市已設修誌局一所，以備採訪。諸紳董王君映南、馮君敬堂輩，煩爲作序。鄙人才淺學疏，自慚難以應命，貽笑方家，特以囑託其殷，未敢確辭，遂勉強敷衍數語，以作遺念，願知我者爲諒之。」是即「清光緒本」（龍志），其修志緣起、梗概及始末，大略如斯矣。

㈢、纂者事略

按《光緒 澄邁縣志》，依據〈續修志姓氏〉載，計有：主修一人、續修一人、纂修三人、總修五人、協修七人、採訪三十一人，合共四十八員。就其事略，分著於次，以供查考。

主修：龍朝翊（署澄邁縣知縣），廣西省臨桂縣人。清德宗光緒二年(1876)丙子恩科進士（三甲五十六名），授翰林院庶吉士，欽加花翎同知銜。光緒三十年(1904)任澄邁縣知縣，開辦澄江高等小學堂，頗有成效。

案：清進士題名碑：光緒二年丙子恩科曹鴻勳榜，第三甲
　　（五十六名）係題名：龍朝言，其里籍亦屬廣西省臨桂
　　縣人，未審就係龍朝翊，特加說明，以供方家查考。

　　續修：王之襄，直隸監縣人。清同治六年(1867)丁卯科舉人，欽加同知銜。於清光緒三十三年(1907)丁未仲秋，任澄邁縣知縣，請撰〈續修澄邁縣志序〉（刊於卷之首）。

　　纂修：計三員，就其里籍、事略，分著於次，以供參考。

　　陳所能，譚馮都人。清光緒二十七年(1901)辛丑恩科舉人，由優廩生中式。

　　王槐秀，安調豐都美果村人。清同治十二年(1873)癸酉科拔貢生，五品頂載，國子監學正銜，歷任徐聞、遂溪、連山軍民府學教諭，海康、廉州府學訓導。

　　徐江繞，澄潢倅，保義正都黃龍村人。清德宗光緒十一年(1885)乙酉科，拔貢生。

　　總修：計五員，就其里籍及事略，分著於次，以供查考。

　　王兆鳳，南黎二都加茂嶺村人。恩貢生，加五品頂載。

　　馬其長，安調豐都大場村人。清光緒二十三年(1897)丁酉科拔貢生，即選教諭。

　　王培裁，邑人。廩貢生，選授開建教諭，調補欽州直隸州學正，咨補英德教諭，加五品銜，賞載花翎。

　　李大盛，倘驛都羅驛村人。例職（捐錄），州同知銜。

　　許昌齡，東水都大場村人。廩貢生，任連州學訓導，順德學教諭。

　　協修：計七員，就其里籍、事略，分著於次，以供查考。

　　馮光宗，子良都儒樓村人。附貢生，加五品頂載。

　　徐棟材，保義正都仁家村人。附貢生，江潢子。

　　蔡金潤，保義西都祿山村人。廩貢生，光祿寺署正，大官署行走，加五級。

鄭家鵬，安調豐都龍吉村人，歲貢生。

徐江璧，字章甫，保義正都黃龍村人。歲貢生，澄潢侄，弱冠失恃，事續母如親母，與諸弟相友愛，和族睦鄰，至老仍力學不倦，嘗以詩書自娛，年七十無疾而終，人以為積善所致云（卷之九：人物志‧懿行，有傳略）。

王槐棟，南黎一都加茂領村人。廩貢生，任石城訓導，加五品銜。

王德溥，新安都山口村人。歲貢生，任雷州府學訓導。

採訪：三十一員，其里籍、事略，分著於次，以供參考。

陳明遠，曾家西都上喬村人，廩貢生。

陳金臺，富實都永發村人，歲貢生。

王儒術，安調豐都人。廩貢生（係癸酉拔貢槐秀長子），加捐五品頂載。

曾毓暉，廩貢生，安調豐都拔南村人。

羅續炬，廩貢生，封平都美龍村人。

黃映奎，西黎正都群豪村人。廩貢生，候選儒學訓導。

王恩受，廩生。

李標香，廩貢生，倘驛都美桃村人。

馮德禧，廩生。

王時成，廩生。

王統兼，廩生。

吳世德，廩生。

王美盛，廩生。

王慶集，廩生。

李大焯，增貢生，倘驛都羅驛村人。

何錦清，增貢生，西排村人。

邱光明，增貢生，保義正都邱家村人。

吳文斗，子良都美儒村人。增貢，加布政司經歷銜。

王介聰，增生。

蔡巨燊，保義西都祿山村人。附貢生，金潤子。

李鳴遵，附貢生，水南中都京嶺村人。

陳金縢，附貢生，南黎一都夏水村人。

李乃昌，附貢生，西黎中都善井村人。

劉祥華，附貢生，東水都尖嶺村人。

王欽典，附貢生，培志長子，候選縣丞。

王之球，附貢生，新安都來湖村人。

王建邦，附生。

姜德莪，附生。

王雄洲，附生。

張景芳，附生。

徐錦雲，附生，西黎正都楓樹村人。

綜從《光緒 澄邁縣志》（續修志姓氏）觀之，參與修志各項事務者，其規模宏大，動用人員之眾，實為歷次修志之冠矣。

四、志書內容

按《光緒 澄邁縣志》，凡十二卷、首一卷，列綱十志（門）、分目一二一。除〈康熙御製聖賢贊〉、〈訓飭士子文〉，以及前志藝文之序，盡載於卷首外。其主要內容，依目錄及卷次，臚述於次，以供查考。

卷 首 新序 姓氏 贊 訓飭 舊序

卷　一　輿地志
　　　　輿圖　沿革　星野　氣候　風候、潮候、漲海附
　　　　疆域　山川　巖洞、井泉附　形勝　鄉都　風俗
　　　　占驗附　土產　物產　陂塘　古蹟　塋墓附
卷　二　建置志
　　　　城池　縣治　倉庫附　學田　書院　義學　社學
　　　　賓興　壇廟　祠寺　亭塔附　舖舍　坊表　橋梁
　　　　津渡附　都市
卷　三　經政志
　　　　祀典　釋奠　學宮　學制　屯田　兵弁
　　　　保甲、鄉兵附　營寨　烽堠、墩臺附　兵餉
卷　四　經政志　賦役附
　　　　戶口　軍戶附　田賦　錢糧　魚課　鹽課　鈔課附
　　　　土貢　均徭　役匠附　均平　民壯　驛傳
卷　五　海黎志
　　　　海　　海港　海寇　海防
　　　　黎情　平黎　黎寇　議黎　附撫官
卷　六　職官志
　　　　知縣　縣丞　主簿　巡檢　典史　教諭　訓導
　　　　河泊所　驛丞　城守　營官
卷　七　官師志
　　　　宦績　流寓
卷　八　選舉志
　　　　徵辟　進士　舉人　武科　貢選　廩增附貢附
　　　　吏員　例職　弁員、監附　例貢　封贈　捐錄

卷　九　人物志
　　　　鄉賢　儒林　孝友　義行　懿行　隱逸
卷　十　人物志
　　　　列士　烈女　節孝　仙釋　方伎
卷十一　藝文志
　　　　敕　贊　銘　議　記　賦　辭　歌　詩　策
卷十二　雜　志
　　　　事紀　紀災　紀異　耆壽

㈤、修志體例

　　龍朝翊《光緒　澄邁縣志》，其修志之體例，雖無〈修志凡例〉（條文）查考，唯從〈目錄〉（內文）析觀之，是志之體例，係採「分志體」，亦就「按類分目法」。

　　次從《光緒　澄邁縣志》（內容），亦可窺視其修志義例，係先行分卷，並總以綱（亦就志或類），而後羅列條目，提綱挈領，門目井然，此乃沿襲其舊志之體裁也。

　　按《光緒　澄邁縣志》，凡十二卷、首一卷，分門（志）十，列目一百二十一。所繫邑事，以清代最詳，其紀事斷限年代，最遲止於清德宗光緒三十三年(1907)丁未。茲就卷第門目，依其年次，分著於次，以供查考。

　　卷之六　職官志
　　知縣：國朝（清）
　　　　　王之襄，直隸監縣人。由丁卯科舉人，欽加同知銜，光緒三十三年（丁未）任，請撰續修縣志序。
　　卷之十二　雜　志

　　事紀：清光緒三十二年（丙午）六、七月，大旱、大熱失
　　　　　收，十二月米價每斗一千文。三十三年正月，老城
　　　　　地方每升米價錢一百一十餘文。

　　紀異：清光緒三十三年(1907)六月間，熒惑星入南斗。七
　　　　　月慧星見於東北方，一月有餘。

㈥、刊版年次

　　龍朝翊《光緒　澄邁縣志》，原刻本（中國第一歷史檔案館
藏板），白口，上魚尾，四周雙邊。每半葉十行，每行二十二
字，全書線裝八冊（後改裝二大冊）。書高二十五公分、寬一十
四公分，版框高二十一‧五公分、寬一十二公分。仿宋體字，注
為雙行。書前牌記中題《澄邁縣志》，右署「光緒三十四年秋月
續鐫」，各卷首行暨版心大題《澄邁縣志》。

　　按《光緒　澄邁縣志》，清光緒三十三年(1907)修成，於光
緒三十四年(1908)秋月，付梓刊行。然流傳欠廣，罕見藏板，於
今國內外圖書館庋藏（知見）者，分述於次，以供查考。

　　原刻本　清光緒三十四年(1908)　刻本

　　　日本：天理（六冊）　　871

　　　中國：一史館　　　上海　　　天津（書號：86186）

　　　　　　廣東（六冊）K/7.54/7　　中大　　華南師院

　　微捲片　據天津市人民圖書館藏，清光緒三十四年(1908)刻本

　　　中國：中國科學院圖書館

　　影印本　據清光緒三十四年(1908)刻本

　　　中國：海南師範學院（線裝 12 冊）E24149

　　抄　本　民國抄本（年次及所據祖本未詳）

綜合析論

　　按《澄邁縣志》，在明中葉前，史籍無載。其有信史稽考者，首推明人林　堪《嘉靖　澄邁縣志》（創修），是乃澄邑志乘之肇始也。

　　明清兩代，相續修志，大凡七次（計有：明二修，清五修），惟因年代久遠，間被水漬或蠹害，抑遭兵災或火焚，牒本大都湮沒佚傳，罕見藏板，誠屬憾惜矣。於今國內外知見者（公藏），多係清代修本（四種），殊為珍貴，視同瑰寶。

　　就修志源流言之，澄邁之有志，昉於明季林　堪《嘉靖　澄邁縣志》始，繼之則有曾拱璧《萬曆　澄邁縣志》。迨清一代，修志風尚，極為鼎盛（康熙朝更熾），其牒本極為豐碩，誠如：丁斗柄《康熙　澄邁縣志》（十一年），秦大章《康熙　澄邁縣志》（二十七年），高魁標《康熙　澄邁縣志》（四十九年）、謝濟韶《嘉慶　澄邁縣志》（二十五年），龍朝翊《光緒　澄邁縣志》（三十四年）。從文獻整體性來說，各志相承相傳，構成完整的脈絡體系。

　　就修志體裁言之，澄邁縣志，諸修本大都按年紀事，各在舊志基礎上，刪繁補漏，訂訛正謬。然細窺各志，雖卷數次第，多寡不一，列綱（志）分目，繁簡有別，惟其義例尚稱完備。從各志書之〈敘例〉（條文），或〈目錄〉（內容）析觀，其修志體例，係採「分志體」，亦就「按類分目法」也。

　　丁斗柄修《康熙　澄邁縣志》（凡例六條），係在明代舊志基礎上，間有訂正（第一條）。志內事有可議者，小為「按」、

大為「論」，僭於條末（第三條）。

　　高魁標修《康熙　澄邁縣志》（凡例・十四條），亦在舊志基礎上，刪繁補漏、訂訛正謬（高序）。引幽發微處，仍以「按」或「論」示之（凡例・第二條）。

　　謝濟韶修《嘉慶　澄邁縣志》（無凡例），仍沿前志體例，分志十門，於前志基礎上略有增補。並就前志藝文志之《康熙欽製聖賢贊》、《訓飭士子文》，載於卷之首。

　　龍朝翊修《光緒　澄邁縣志》（無凡例），其修志體裁，亦因襲前志義例，仍分十志，唯「門目」較前志，略作調整而已。

　　就志書內容言之，澄邑志書，於今海內外知見（公藏）者，計有：丁斗柄「康熙修本」、高魁標「康熙修本」、謝濟韶「嘉慶修本」、龍朝翊「光緒修本」四種，且諸志內容，各具特色。

　　丁斗柄《康熙　澄邁縣志》，凡四卷，分十五志（門）：輿圖、星野、沿革、地理、建置、食貨、秩官、學校、禮制、防守、山海寇、人物、古蹟、災異、藝文，門下計九十四目。輿圖有三幅，選舉入人物志，列山海寇一志，專門列載澄邑黎族及海寇事紀。

　　高魁標《康熙　澄邁縣志》，凡十卷，分志十門：疆域、建置、賦役、學校、兵防、秩官、人物、海黎、雜志、藝文。輿圖計五幅，選舉仍列人物志內，土產及古蹟則入雜志門，並列紀異、紀災與仙釋目。學校志附有祭器、陳設圖及鄉飲圖，頗詳，且係新增。據志載：生黎與海寇，素為澄邑內外兩患，尤以海患為急，海黎志對此紀事甚為翔實。

　　謝濟韶《嘉慶　澄邁縣志》，凡十卷，首一卷，仍因前志分十門：地理、經制、賦役、學校、秩官、兵防、人物、海黎、藝

文及雜志。於前志基礎上，略有增補，並將原列藝文志內《康熙
欽製聖賢贊》、《訓飭士子文》載於卷首。仍無事紀門，雜志門
中紀災、紀異二目，亦甚簡略。且是志與高志相距已有百餘年，
但增補卻不多，深以為憾矣。

　　龍朝翊《光緒　澄邁縣志》，凡十二卷、首一卷，志分十
門：輿地、建置、經政、海黎、職官、官師、選舉、人物、藝文
和雜志。輿圖仍五幅，〈康熙御製聖賢贊〉，〈訓飭士子文〉，
暨前志藝文之序，盡載於卷首。門目略有調整，刪學校志，以其
祀典、釋奠、學宮、學制內容，列在經政志內。選舉從人物志中
分出，單列為一門（志）。雜志（門）除紀異、紀災外，增加事
紀與耆壽二目，但甚簡略。賦役及人物等門，內容則稍增補，較
前志為詳。

　　就史料價值言之，於文中著論諸志，從文獻整體性來說，澄
邁縣志書乃海南方志之一種，亦係「海南文化」資源（產）。在
史學上，實具有特殊的歷史背景，並反映出當代的社會實況。於
學術研究，深具參考價值，不僅是研究「澄邁縣地方制度史」，
必需具備的珍貴史料，同時亦係治「海南方隅史」，不可缺少的
參考資材，彌足珍貴。

　　綜觀《澄邁縣志》諸修本，其中丁斗柄《康熙　澄邁縣
志》，是澄邁邑見藏最早的志書，係以明代舊志為基本。龍朝翊
《光緒　澄邁縣志》，其資料新穎，內容富美，最為珍貴。於今
國內外知見藏板，皆屬清修本，實係研究清代「海南方隅史」必
備之珍貴史料。

參考文獻資料

《道光　瓊州府志》　　清・張岳崧

　　清道光二十一年(1841)修　光緒十六年(1890)補刊本

　　民國五十六年(1967)十二月　臺北市　成文出版社　影印本

　　（據清道光二十一年修　光緒十六年補刊本）

《康熙　澄邁縣志》　　清・丁斗柄

　　清康熙十一年(1672)序　刻本

《康熙　澄邁縣志》　　清・高魁標

　　清康熙四十九年(1710)序　刻本

《嘉慶　澄邁縣志》　　清・謝濟韶

　　清嘉慶二十五年(1820)序　刻本

《光緒　澄邁縣志》　　清・龍朝翊

　　清光緒三十四年(1908)序　刻本

《海南方志資料綜錄》　　王會均

　　民國八十三年(1994)十月　臺北市　文史哲出版社

中華民國八十五年(1996)丙子八月八日　增補稿

中華民國九十九年(2010)庚寅九月九日　修訂稿

臺北市：海南文獻史料研究室

三、臨高縣志

臨高縣，古名臨機縣（以臨雞村得名），漢屬儋耳郡地。唐武德五年(622)置臨機縣屬崖州，唐開元元年(713)更名臨高縣。迨民國肇立，仍沿舊制，稱臨高縣，於今亦然矣。

臨高縣有志，始於元代冼　儡作《臨高縣記》（久佚全書）。明・曾　唯編《臨高縣志稿》（原無鋟本），迨清一代，續有「康熙修本」（史志、樊志）、「光緒修本」（聶志）。

於今海內外圖書館或文教機構公藏者，唯有「清修本」而已。其「元記」及「明稿」二纂本，罕見藏板，恐已久佚（待訪），殊深憾惜矣。

是以《臨高縣志》為範疇，就其文獻資料，作綜合性研究。其主要內容，除引言及結語外，計分：修志源流、待訪志書、康熙修本（樊志）、光緒修本（聶志）、綜合析論等五大部分。

於文中各志書所探究要旨，除首著基本「目片格式」外，依次：知見書目、修志始末、纂者事略、志書內容、修志體例（斷限年代）、刊版年次之序。就各志書言之，殊具史料價值，實乃研究「臨高縣地方制度」之重要文獻，亦係治「海南方隅史」者，不可缺少之珍貴史料也。

修志源流

按臨高縣之有志乘，書其纂修源流，載於文獻典籍，證諸史冊，有信稽考者，最早緣自元成宗大德初年，邑儒冼　儡氏曾作《臨高縣記》肇始，惟舊傳邑乘，久佚全書而不可考耳。

　　皇明一代，於神宗萬曆年間，續有邑紳曾唯編著《臨高縣志稿》，謀鋟諸梓未就，亦原無傳本，殊深憾惜矣。

　　迨清一代，各朝頒詔，修志風尚，極為鼎盛。臨高縣志牒，先後開館或設局修志，大凡三次，計有：康熙二修、光緒一修及補刊一次。

　　清康熙三十三年(1694)甲戌，知縣史流芳修《臨高縣志》二牒，唯罕見藏本，恐亦佚傳（參見：清·樊庶〈修志示〉，載於清·聶緝慶《光緒　臨高縣志》卷十八·藝文類：示）矣。

　　清康熙四十六年(1707)歲次丁亥，續由知縣樊庶纂修《臨高縣志》（十二卷），是《康熙　臨高縣志》，俗稱：《舊志》，史稱「康熙修本」（樊志）。而與史流芳修《康熙　臨高縣志》，其纂修時間，相距只有一十三年而已。

　　清德宗光緒十三年(1887)丁亥秋，聶公緝慶權知縣事，竭力倡修，捐廉授諸剞劂。於清光緒十八年(1892)壬辰梓刊（臨江書院藏板），是《光緒　臨高縣志》，史稱「光緒修本」（聶志），而與「康熙修本」（樊志），其纂修時間，相距則長達一百八十有五年之久。

　　此外，民國六年(1917)至七年(1918)間，「廣東通志臨高采訪局」采訪員許朝瑞，就其實地調查採集資料，譔陳《臨高采訪錄》（報告），計十五次，殘存十冊，未有刊行，於今知見藏板，獨有「手繕本」（乙部），極為稀少，誠屬珍貴，而視同瑰寶耶。

待訪志書

　　臨高縣志書，大凡五修。雖各有修本，唯因年代久遠，間遭

兵火或蠹蛀災害，致原有志牒湮沒朽蝕，罕見藏板。於佚傳（待訪）者，計有：元代《臨高縣記》、明季《臨高縣志稿》、清修《康熙　臨高縣志》三種。茲據各家方志書目資料，依其纂刊年代，分別臚著於次，以供方家查考。

《大德　臨高縣記》　　元・冼　矗纂　　大德初年　元佚

案：《光緒　臨高縣志》，聶緝慶序云：「舊傳邑乘，而元代冼　矗之作記，元佚全書」。

㈠、知見書目

張國淦《中國古方志考》（頁六二二）：

臨高縣記　　元・冼　矗纂　　元佚

大德初舉本學教諭

邢益森《海南鄉情攬勝》（寶島風姿錄・續集二・頁一〇二）：　　臨高縣志　　冼　矗　　元大德間　失

案：邢著本記，題名：臨高縣志，宜補正之。

王會均《海南方志資料綜錄》（總目錄・頁三十五）：

臨高縣記　　元・冼　矗纂　　元大德初　久佚

㈡、纂者事略

冼　矗，臨高縣郭人。元成宗大德初（薦辟），舉本學教諭，典昌化軍學正事，作縣治記。亦就〈重修縣治記〉載於清・樊　庶《康熙　臨高縣志》（卷之十二・藝文志・記）、聶緝慶《光緒　臨高縣志》（卷之十九・藝文類・記）。

清・聶緝慶修《光緒　臨高縣志》（卷之十三・人物類・選舉），刊有事略。

《臨高縣志稿》　　明·曾　唯纂　　未刊　佚

　　案：是志題名：《臨高縣志稿》，係據其傳，暫行自訂，
　　以供方家參考。

(一)、知見書目

　　據清·聶緝慶修《光緒　臨高縣志》（臨江書院藏板）序：
「有明曾唯之續編，原無鋟本。」

　　邢益森《海南鄉情攬勝》（寶島風姿錄·續集二·頁一〇
二）：　　臨高縣志　　明·曾　唯纂　失

　　　　　　附注：是大德本續編

　　王會均《海南方志資料綜錄》（總目錄·頁一十八）：

　　　　臨高縣志稿　　明·曾　唯纂（未刊）

　　　　明萬曆年間（年次未詳）　稿本　佚

(二)、纂者事略

　　曾　唯，字原魯，號約菴，臨高蠶村人，遷居馬裊。性純
孝，博學有氣節。明萬曆年間，以歲薦授廣州府訓導，轉徐聞教
諭。嘗留心邑乘，編有志稿，謀鋟諸梓未就（舊志、府志，參
修）。所著〈條陳興革事宜書〉、〈黎議〉，載於清·聶緝慶
《光緒　臨高縣志》（卷之十八·藝文類：書、議）。

　　清·張岳崧《道光　瓊州府志》（卷之三十五·人物志：儒
林）、聶緝慶《光緒　臨高縣志》（卷之十二·人物類：鄉
賢），載有事略。

《康熙　臨高縣志》　　清·史流芳纂修

　　清康熙三十三年(1694)甲戌　　佚

㈠、知見書目

依據清・聶緝慶《光緒　臨高縣志》（卷之十八・藝文類・示）有載，樊　庶〈修志示〉：「…縣志之有版，始於今上之甲戌，…僅書二峽。」

案：是志題名《康熙　臨高縣志》，曁署著：清康熙三十三年(1694)甲戌刊本，係據清・樊庶〈修志示〉，暫行自訂，以供方家參考。

㈡、纂者事略

史流芳，陝西省西安府華州人。清康熙二十一年(1682)壬戌科進士（三甲九十五名），康熙三十年(1691)辛未授臨高令，於康熙三十三年(1694)甲戌，纂修縣志（二峽），所著〈三月三日遊百仞灘〉（詩・五言律），載於清・聶緝慶《光緒　臨高縣志》（卷之二十三・藝文類・詩）。

清・沈青崖《雍正　陝西通志續通志》（第五十七卷・人物三・廉能下），載有傳略。

康熙修本（樊志）

《康熙　臨高縣志》十二卷　　清・樊　庶纂修
　　清康熙四十六年(1707)序　刻本
　　8冊　有圖表　25公分　線裝

㈠、知見書目

阮　元《道光　廣東通志》（卷一百九十二・藝文略四）：

　　　　臨高縣志　十二卷　　　樊　庶修　　　康熙丁亥

　　案：康熙四十六年(1707)，係歲次丁亥。

小葉田淳《海南島史》（頁八四）：

　　　　臨高縣志　十二卷　　　樊　庶　　　　康熙四十四年

杜定友《廣東方志目錄》（頁十八）：

　　　　臨高縣志　十二卷　　　樊　庶修

　　　　清康熙四十四年　　八冊

陳劍流《海南簡史》（頁八四）：

　　　　臨高縣志（十二卷）　　　樊　庶等編

　　　　康熙四十四年

日本國立國會圖書館《中國地方志總合目錄》（頁二七

五）：　　臨高縣志　十二卷　　　樊　庶

　　　康熙四十六年(1707)序刊本

　　　　內閣 8 冊　　楓～史 189-19

李景新《廣東方志總目提要》（頁一二五）：

　　　　臨高縣志　十二卷　　　樊　庶纂修

　　　　康熙四十四年　　　【藏】　內閣

黃蔭普《廣東文獻書目知見錄》（頁六二）：

　　　　臨高縣志　十二卷　　　清・樊　庶

　　　　康熙四十六年(1707)刊本

　　　　『日內閣』　八冊

朱士嘉《中國地方志綜錄》（冊二・頁十四）：

　　　　臨高縣志　十二卷　　　樊　庶纂修

　　　　康熙四十四年　　日本：內閣

王會均《海南方志資料綜錄》（總目錄・頁十九）：

〔康熙〕臨高縣志　十二卷　　清・樊　庶纂修

清康熙四十六年(1707)序刻本

抄本（年次及所據母本未詳）

中國科學院北京天文臺《中國地方志聯合目錄》（頁七〇

三）：　〔康熙〕臨高縣志　十二卷　　清・樊　庶纂修

清康熙四十六年(1707)刻本　　北京（膠卷）

註：原刻本在日本內閣文庫　　抄本　北京

王志斌《館藏海南文獻資料目錄》（頁六十二）：

〔康熙〕臨高縣志　十二卷　　清・樊　庶纂修

海口：影印清康熙四十六年(1707)刻本

線裝　3 冊　E24/50（古）

邢益森《海南鄉情攬勝》（寶島風姿錄・續集二・頁一〇

二）：　臨高縣志　十二卷　　樊　庶

清康熙四十六年(1707)　　日本：內閣文庫

附注：北京圖書館有抄本

(二)、修志始末

按《康熙　臨高縣志》，乃知縣樊　庶氏，奉檄修志，於清康熙四十六年(1707)丁亥春三月而告竣，並捐俸付之梓栞矣。其修志緣由及其始末，綜著其梗要於次，以供方家參考。

依據臨高知縣樊　庶〈修志示〉：「爲志書關一邑史乘，紀載實萬世典章，博採見聞以資纂輯事。照得臨自隸邑以來，歷今千有餘歲，他不具論矣。如二戴之文章，王桐鄉之經濟，丘深泉、劉孟良之篤孝高隱，皆表表當時爲海外聞。邑其可志以傳者，不獨建置籍口諸大目，爲一邑必刊之書也。」

　　次云：「何縣治之有版，始於今上之甲戌，且亥豕魯魚，不堪徵信。甚至紀千百年事，而書僅二帙，豈邑乏史學略見聞於弗載乎？抑操觚者案牘勞形不暇及耶，本縣甫及任即心然傷之，而事有關於民生休戚及士子學校，與夫祀典橋梁諸大且要者，在所先務故未暇及。今幸畢舉矣，則志又所宜輯。」

　　復云：「然自漢元鼎訖於我朝，又自甲戌迄今，其間沿革多端，興衰不一。如戶口有登耗，賦役有增減，天道有災祥，人事有從違，名宦鄉賢每或湮沒不著，忠孝節義或沉淪不傳。皆當採訪確實，蒐羅蟫漏，勒諸編集，以垂不朽。由是言之，則二帙之書，誠不足以載千餘年事矣。」

　　又云：「為此合急通曉闔邑紳士，暨鄉耆碩彥留心史學者，無論平時筆錄及耳目見聞，凡有關於邑乘所應紀者，事無鉅細，或馳簡同志，或訪諮老成，即片紙半牘，俱望不時稟投署齋，以憑虛心檢校，用資纂輯。本縣雖固陋，其於斯志，不敢謝不敏，然務求確實，俾文獻足徵，乃不虛所望耳。」

　　末云：「本縣視斯文如骨肉，獨以縣治寥闊，不能遍為致書，揭示聊以代簡。倘有工於史筆，不吝賜教者，不妨通名紙枉顧本縣，另當禮請以勤盛事也。」

　　再據清康熙四十六年(1707)歲次丁亥春三月，知廣東瓊州府臨高縣事樊　庶〈臨高縣志序〉云：「臨之有志，自甲戌始，書僅二冊。其名曰新版者，謂前無此版，至是乃新之也。夫甲戌至今僅十餘年，補新輯廢，尚可俟之後人，余奚為而岌岌然？其初亦欲因循耳。」

　　次云：「迨當事秉憲之始，考風土為治，徵檄日下，檢所謂新版者閱之，較余聞見所及，其間綱領懸殊，條目互異，求諸杞

宋以徵夏殷，無異責盲者以指迷徑，昧昧如也。間有二三完璧，然亦魯魚亥豕，即是以應，不幾失採風者意乎！」

復云：「……昔江文通論修史之難，無出於志。余才襪線耳，若之何其能求備。于是索於邑之老生，求可以資採錄，無一應者。因念臨人士埋頭制科舉子業，而外期如稗官野史，自成一家言，迥不可得。且自兵燹後，家鮮遺帙，即所置產之有券，亦俱付之祝融氏，安有所謂文獻，以備操觚者綜核哉。」

又云：「臨自秦入職方，歷今千有餘歲，有明以前，則有二戴、王桐鄉、劉心瓊。此數君子者，皆以文章節義名世，不難出才力為之何，前數百年事亦無一紀之者，豈紀而失之乎？抑有待于今乎，然新版已矣。郡志所載亦有足錄，遂雜以《資治鑑》及甘石《丘海集》，與夫王忠銘《天池草》諸書，于薄書之餘，丙夜纂輯，並訪之鄉老，求節義所應載者。於今得列女一，于明得隱逸二，為表墓作傳，復條析標目，弁以例言，閱三月而告竣。於是勉捐積俸，付之棗梨。」按《資治鑑》，即《資治通鑑》。

末云：「……然則是編也，發隱闡幽，綜名核實，予固不敢多讓，而詞之不能豐于昔，亦惟求達於事理焉耳！後之賢者，作草創觀可也。」

綜觀樊　庶〈修志示〉，暨〈臨高縣志序〉，足資窺察《康熙　臨高縣志》之修志意旨動機，以及歷程始末，其梗概大略如斯矣。

(三)、纂者事略

按《康熙　臨高縣志》，雖無〈修志職名姓氏〉查考，惟據〈秩官志〉（卷之六）列載（清・現任）：知縣、典史、教諭、

訓導、巡檢諸人，間或參與修志事務，就其姓氏、里籍、事略，
著述於次，以供查考。

　　知縣：樊　庶，江南揚州（江蘇省江都縣）人。貢監，清康
熙四十二年(1703)任臨高知縣。清廉明潔，百廢具舉，實惠及民，
為近日循良之首。學校、壇廟、橋梁，皆經修建，纂修縣志，亦
捐俸為之。邑人為建萬戶絃歌坊，暨去思碑。

　　清‧阮　元《道光　廣東通志》（卷之二百六〇‧宦績錄‧
國朝六）、張岳崧《道光　瓊州府志》（卷之三十一‧官師志
三‧宦績下，作：康熙四十一年任）、聶緝慶《光緒　臨高縣
志》（卷十一‧宦績類‧邑宰），載有事略。

　　典史：白所烈，陝西省人。清康熙四十五年(1706)丙戌，任
臨高縣典史。

　　教諭：余洲枝，廣東省順德縣人。清康熙四十五年(1706)丙
戌，任臨高縣儒學教諭。

　　訓導：歐陽楫，廣東省新會縣人。清康熙二十年(1681)辛酉
科歲貢（雷州府學），應州府教授。清康熙四十一年(1702)壬午，
任臨高縣儒學訓導。

　　巡檢：胡統陞，直隸（今河北省）任邱縣人。清康熙四十四
年(1705)乙酉，任臨高縣博舖司巡檢。

（四）、志書內容

　　樊　庶纂修《康熙　臨高縣志》，凡十二卷，主要內容，除
首錄：樊　庶〈臨高縣志序〉、〈臨高縣志凡例〉（十四條）、
〈臨高縣志總論〉、〈臨高縣志目錄〉外，正文計分：十二志
（類）八十有二目，依其卷次，列著於次，以供參考。

　　卷之十一　戌集

　　　臨海志　海防　水師　港口　海寇

　　卷之十二　亥集

　　　藝文志　奏疏　賦　銘　詩　記　序　文告

　　　遺事

　　依據〈臨高縣志目錄〉列載：卷之八（未集）兵防志、卷之九（申集）人物志，惟正文紀事：卷之八為人物志、卷之九為兵防志，餘者相同，不重贅著矣。

　　於〈臨高縣志目錄〉卷之四（卯集）戶役志：內中「漁鹽」、「雜稅」、「均徭」三目、在正文首〈戶役志〉下分著為「魚鹽」、「稅課」、「均平」目，唯內文中除「魚鹽」目外，餘又著為「襍稅」、「均徭」目。

　　原〈目錄〉卷之五（辰集）學校志：內中「啟聖、名宦、鄉賢」三目，於正文著為「啟聖祠、名宦祠、鄉賢祠」，內文中加紀「正學講堂」條。

　　而〈目錄〉卷之六（巳集）秩官志：依宋元明、國朝（清）次序，分職紀載。惟其職銜各代亦未盡相同，於「司訓」目，在內文中，元明清三代，係分「教諭」、「訓導」二目列載。

　　另〈目錄〉卷之七（午集）名宦志：正文中未分職紀事，於內文祇誌明代名宦（依各朝次）事略。末附「流寓」目，亦僅載宋‧蘇　軾、胡　銓二人而已。

　　又〈目錄〉卷之十一（戌集）臨海志：內中「水師」、「港口」二目，於正文以「海港」、「海警」目紀事。

　　在〈目錄〉卷之十二（亥集）藝文志：又分「本」（內載：疏、表、奏、賦、銘、詩），「中」（內載：記）、「末」（內

載：文告、遺事）三單元。

㈤、修志敘例

清・樊　庶纂修《康熙　臨高縣志》（奉檄纂修），係在前令史流芳「甲戌修本」（清康熙三十三年修，佚傳）基礎上，參考《瓊州府志》、《丘海集》（甘　石）、《天池草》（王弘誨著）諸書，並訪諸鄉老，纂輯成書。其修志體裁，乃沿襲舊志義例，採「分志體」，亦就是「按類分目法」也。

依據〈臨高縣志凡例〉（計十四條）云（第一條）：「志以紀事，一邑之典章繫焉。舊目寥寥意取於簡不無過略，今集以十二為卷，蓋簡以文不簡以卷之目也。」

次云（第二條）：「作志有義例，凡以類從也。有事相類而必不可不分之者，有條目紛紜義理畫一，而必不可以分之者，今悉正之昭體裁也。」

第三條：「今志以十二為卷，則以時分集矣。如地理子集矣、疆域丑集。……而藝文則以亥矣。」

按《康熙　臨高縣志》，凡十二卷（集），列門（類）十二志，分目八十有二，所繫邑事，以明清（順治、康熙）兩季，較為詳備富美。其紀事斷限年代，最遲止於清康熙四十六年(1707)丁亥。就依卷次、門目、紀事年次，分著於次，以供查考。

建置志（卷之三）：

公　署：清（國朝）康熙四十六年建戴星門及芝閣兩耳
　　　　房，縣治于是乎備矣。皆有記，詳藝文。

預備倉：一在縣治左、一在縣治右，俱明成化八年知縣甘
　　　　素創建，久廢。

國朝（清）康熙四十六年，知縣樊　庶重建於縣
治之右，更名常平。

博舖巡檢司：舊在縣城北三十里，曰英丘都，久廢。

國朝（清）康熙二十七年，巡檢吳繼美草創于儒
學東，亦廢。

康熙四十四年，巡檢胡統陞改建于城隍廟之東。

康熙四十六年，知縣樊　庶為之捐俸建堂。

義　學：在茉莉軒左，康熙四十六年，知縣樊　庶創建，
並捐俸置熟田一百畝，以資膏火。詳藝文

育嬰堂：在義學之前，康熙四十六年，知縣樊　庶創建。

㈥、刊版年代

清・樊　庶《康熙　臨高縣志》，據諸家方志書目著錄，計
有「原刻本」（日本・內閣文庫藏）、「抄本」（北京圖書館
藏）、「微捲片」（據內閣文庫藏，清康熙四十六年刻本攝製，
北京圖書館藏）、「複印本」（臨高縣圖書館，據「微捲片」影
印）。於一九九一年，海南師範學院圖書館，據臨高縣藏「複印
本」，再影印于南寶複印中心，線裝三冊。

是志「原刻本」白口、上魚尾、四周單邊。除樊　庶〈臨高
縣志序〉（每半葉六行，行十三字）外，凡例、目錄、正文，半
葉九行，每行最多不超過二十二字。圖四幀（縣境圖、縣城圖、
縣治圖、學宮圖），全書凡三五三葉。楷體字，注為雙行。於樊
序、凡例、總論、目錄、各卷首行及卷終、版心，皆題《臨高縣
志》。

按《康熙　臨高縣志》（原刻本），首載知縣樊　庶〈臨高

縣志序〉（手書），末蓋有「窠巒」（篆字、陽文）小圓章乙枚、「樊庶之印」（篆字、陰文）、「渚莫」（篆字、陽文）小方章各乙枚。

日本・內閣文庫藏「原刻本」，凡十二卷，線裝八冊。每冊封面右上方書名籤條大題《臨高縣志》（下方注明卷次，卷十二又分：本、中、末三冊）、內文首葉左上方蓋有「祕閣圖書之章」（篆字、陽文）正方形印記。此藏板之索書號：楓～史189-19（一四八三四號）。

樊　庶修《康熙　臨高縣志》，於清康熙四十六年(1707)丁亥春三月（樊序）刊梓。唯流傳欠廣，罕見梓本。於今國內外庋藏者，就知見藏板（公藏者），臚述於次，以供查考。

原刻本　清康熙四十六年(1707)序（樊庶）刻本
　　日本：內閣文庫：楓～史 189-19（線裝八冊）
微捲片　據內閣文庫藏清康熙四十六年刻本攝製
　　中國：北京圖書館
影印本　據內閣文庫藏板攝製之微捲片複印
　　中國：海南省臨高縣史志室
　　　　　海南師範學院圖書館：E24/50（古）（線裝三冊）
　　臺灣：臺北市・海南文獻史料研究室
抄　本　所據祖本未詳
　　中國：北京圖書館

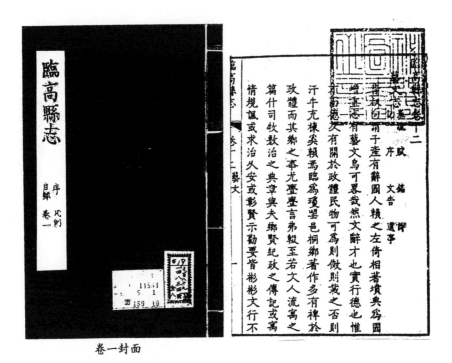

卷一封面

樊庶《臨高縣志》書影

日本內閣文庫藏板

光緒修本（聶志）

《光緒　臨高縣志》二十四卷

清·聶緝慶　張　延修　　桂文熾　汪　琼纂

清光緒十八年(1892)　刻本　　臨江書院藏板

10 冊　有圖表　25 公分　線裝

㈠、知見書目

小葉田淳《海南島史》（頁三〇四）：

　　　　臨高縣志　二十四卷　　聶緝慶　　光緒十八年

杜定友《廣東方志目錄》（頁十九）：

　　　　臨高縣志　二十四卷　　聶緝慶修　　桂文熾纂

　　　　光緒十八年　12 冊　　存

朱士嘉《美國會圖書館藏・中國方志目錄》（頁四二九）：

　　　　臨高縣志　二十四卷　　清・聶緝慶修　桂文熾纂

　　　　光緒十八年(1892)刻本　　十冊

陳劍流《海南簡史》（頁八十五）：

　　　　臨高縣志（二十四卷　十冊）　　聶緝慶等修

　　　　光緒十七年（中央研究院藏）

　　　　臨高縣志（二十四卷　八冊）　　桂文熾重修

　　　　光緒十八年

　　　案：陳著：光緒《臨高縣志》兩刊本，署錄「纂修
　　　　　者」、「刊年」各異。惟證諸〈重修臨高縣志職
　　　　　名〉，暨牌記反面署為「光緒壬辰重修校栞」等
　　　　　相關資料，實係同一刻本，毋容置疑耶。

日本國立國會圖書館《中國地方志總合目錄》（頁二七
五）：　　臨高縣志　二十四卷　　聶緝慶　　桂文熾等

　　　　光緒十八年(1892)刊本

　　　　　　國會　10 冊　　東北　8 冊　丙 C-4-277

　　　　　　東洋　10 冊 q-109　　天理　10 冊 869

李景新《廣東方志總目提要》（頁一二四）：

　　　　　臨高縣志　二十四卷　　　聶緝慶　　張　延纂修
　　　　　光緒十八年重修　　臨江書院藏板
　　　　　　　【藏】　嶺南　　中大　　中山　　文化
　　　　　　　　　　　東方　　金陵　　徐匯　　劉氏
　　　　　　　　　　　燕京　　南洋　　國會　　哈佛
　　莫　　頓(Morton. A)《英國各圖書館所藏・中國地方志總目
錄》（頁九十一）：
　　　　　臨高縣志　　　24J　1892(Z/1892)　251
　　　　　　　英吉利圖書館　　劍橋大學　　里茲大學
　　黃蔭普《廣東文獻書目知見錄》（頁六十二）：
　　　　　臨高縣志　二十四卷　　清・聶緝慶
　　　　　清光緒十八年(1892)刊本
　　　　　　　北大　中大　　日本國會　美國哈佛　八冊
　　朱士嘉《中國地方志綜錄》（頁十四）：
　　　　　臨高縣志　二十四卷　　聶緝慶纂修
　　　　　光緒十八年
　　　　　　　中山　　文化　　東方　　金陵　　徐匯
　　　　　　　劉氏　　燕京　　南洋　　國會　　哈佛
　　　　　注：中山藏板，桂文熾纂修
　　美國史丹福大學《中國方志目錄》（頁二四七）：
　　　　　臨高縣志　二十四卷　　清・聶緝慶修　桂文熾纂
　　　　　民國六十三年(1974)　臺北市　成文出版社
　　　　　（中國方志叢書・華南地方　第一六四號）
　　　　　依據光緒十八年(1892)刊本影印
　　王會均《海南文獻資料簡介》（頁一四八）：

臨高縣志　二十四卷　　清‧聶緝慶修　桂文燦纂

光緒十八年(1892)　刻本　　臨江書院藏板

10 冊　有圖表　25 公分　線裝

史語 545　　美國會

中國科學院北京天文臺《中國地方志聯合目錄》（頁七〇三）：　　【光緒】臨高縣志　二十四卷

清‧聶緝慶　張　延修　　桂文燦　汪　璟纂

清光緒十八年(1892)刻本

科學　北大　上海　復旦　天津　旅大

南京　南大　南通　浙江　湖北　廣東

中大　南京地理所　華南師院

王德毅《中華民國臺灣地區公藏方志目錄》（頁一二九）：

光緒臨高縣志　二十四卷

清‧聶緝慶等重修　　桂文燦等纂

清光緒十八年(1892)刊本　　史語

成文華南 164

張世泰《館藏廣東地方志目錄》（頁一五二）：

【光緒】臨高縣志　二十四卷

清‧聶緝慶　張　延主修　桂文燦　汪　璟纂

清光緒十八年(1892)刻本　十冊　線裝

清光緒三十二年(1906)補刻本　線裝　十三冊

一九七四年　臺北市　　成文出版社　影印本

據清光緒三十二年本　三冊　精裝

（中國方志叢書）　F/K29-51/C52-3/164

注：秩官敘事至清光緒三十二年(1906)

王志斌《館藏海南文獻資料目錄》（頁六十二）：

　　　　【光緒】臨高縣志　二十四卷　　　清・聶緝慶等纂
　　　海口：影印清光緒十八年(1892)刻本
　　　　　線裝　十冊　E24/32（古）

邢益森《海南鄉情攬勝》（寶島風姿錄・續集二・頁一〇
二）：　　臨高縣志　二十四卷　　　聶緝慶　　張　延纂修
　　　清光緒十七年(1891)　　廣東中山圖書館藏
　　　　附注：另有光緒三十二年增補刊本

王會均《海南方志資料綜錄》（總目錄・頁十九）

　　　　【光緒】臨高縣志　二十四卷
　　　清・聶緝慶　張　延修　　桂文熾　汪　璜纂
　　　清光緒十八年(1892)刻本　　臨江書院藏板
　　　民國六十三年(1974)　臺北市　成文出版社
　　　影印本（據清光緒十八年　臨江書院藏板）
　　　列（中國方志叢書・華南地方：第一六四號）
　　　精裝三冊

㈡、修志始末

　　本《光緒　臨高縣志》，乃知縣聶緝慶氏，於清光緒十三年
(1887)丁亥歲之秋九月倡修。其修志緣由及其始末，綜合著述於
次，以供方家參考。

　　依據知縣聶緝慶〈續修臨高縣志序〉云：「……舊傳邑乘，
而元代冼　靁之作記，久佚全書。有明曾　唯之續編，原無鋟
本。大清開創，文治覃敷，國初瓊守牛、賈二公，咸成《府
志》。康熙乙酉，前令樊君庶，懸文告以採訪，繼曩編而纂修，

雌黃所如，或未遑於攷覈，汗青速竟，藉以廣其流傳，惜簡斷而篇殘，久臭朽而蟲蠹。」

次云：「緝慶於光緒丁亥之秋，奉檄權任，縮符履新，入境而亟念瘡痍，見士而多詢疾苦，……勉籌善後之方，遂勦公餘之暇，莽伏戎而可慮，芳非種而宜鋤，迨靖邊氛，未忘文事，因念夫百里地之故實，百餘年之軼聞，非藉蒐羅曷資考鏡。會邑紳多有以脩志請者……。」

復云：「……蓋前書本非完帙，亦止傳鈔，迥殊影寫之工，殆甚叢殘之病，別風淮雨，存奇字而滋疑，亥豕魯魚，踵譌文而誰辨，校擬然藜之照，視同蟫葉之紛，此考訂之宜詳也。年湮世遠人往風微，家熟承乎賜書，亭豈存乎野史，難諮者而訪壑，空懷前哲緒言。將收籍而索圖，並乏私家著述，未容因陋就簡，所期遠紹旁蒐，此訪求之宜博也。」

又云：「於是或披往牒，或檢叢書，或延訪於薦紳，或諏諮於黎老，雖栽花政拙，而屬草心殷。別類分門，發凡起例，及逢瓜代，需次穗城。復與紹興汪芺生琭司馬、南海桂昌山文熾明經，商榷編次。臨高邑紳鄭君賓卿等…，與同校訂，釐爲二十四卷。」

末云：「且證以省郡志書，及乎古今文籍，彌勤思誤，庶罕沿訛，光陰往來，屢易寒暑。卷帙徵引，詎殫見聞。在會垣而遂付手民，倡捐鶴俸。藏講院而永貽多士，珍重鴻篇。便司牧之汎覽流觀，備輶軒之兼收博採，洵鉅典也，抑更有期於時彥焉。」

次據清光緒十七年(1891)歲次辛卯，邑人鄭國光〈臨高縣續修志序〉云：「嘗攷周官，小史掌邦國之志，外史掌四方之志，志固史之支派也。昔者朱子守南康，甫下車即徵郡志。又嘗謂修

志爲從政要務，則志乘之書，不纂重歟，此邑侯轟公所以有續修臨高縣志之舉也。」

次云：「⋯⋯光緒十三年秋九月，轟公權知縣事，⋯⋯簿書之暇，訪求邑志弗獲，後從王茂才正樞，假得康熙間前令樊侯庶舊志抄本四冊，非獨亥豕爲舛，抑且根銀多誤，幾不可卒讀。且雍乾後百數十年之事，闃然弗傳。謀踵修之，邑搢紳僉曰善，分任採訪，爲時忽猝，未能詳備，而公以瓜期去任矣。需次羊城，始創草藁。繼權知揭陽縣篆，仕優而學，與同人重加搜討，肘書目營，十閱月而告竣。」

復云：「今卸任旋省，適當大比之年，多士雲集，爰以志稿見示，受而讀之，凡省府志以及古今圖籍徵引宏富，於邑紳之採訪者亦審定編入，爲門一十有三，分二十四卷。」

又云：「與夫古今事變，分類編葺，綱舉目張，袞然成集，存一方之掌故，貽後世之信徵，甚盛事也。後之守土者，庶得以考鏡，得失詳求化理，上以仰副聖天子同文之治，而下爲士民觀法之資，其爲功於吾邑也，豈淺鮮哉。」

末云：「是編之刻，公竭力倡修，肩任剞劂之責。辱承問序，予無以讚一詞，惟羨公斯舉，補前人之闕略，爲士林所稱美，而又多諸君之克勤厥成也，於是乎書。」

⊟、纂者事略

從《光緒　臨高縣志》載〈重脩臨高縣志職名〉觀之，除主脩捐廉刊志、主脩者外，尚有二十七人，參與修志各項事務。計鑒定二員，纂脩鑒定二員，參訂四員，校閱四員，採訪十五員。於是顯見，此志之纂修，規模宏大，動用人員之眾矣。茲就參與

修志者職名、事略，分別臚著於次，以供方家查考。

　　主脩捐廉刊志：聶緝慶（臨高縣知縣），湖南省衡山縣人。由文童軍功選用，從九品、賞戴藍翎，報捐知縣，加同知銜，歷任廣東文昌、澄邁（皆屬海南）知縣。於清光緒十三年(1887)丁亥秋九月十八日，奉檄權知臨高縣事，光緒十六年(1890)庚寅歲五月，署理廣東揭陽縣知縣（監修縣志并序）。

　　其時水陸盜匪所在多有，公下車伊始，以捕盜安良為先務，繼則修城垣、設保甲，以嚴守衛，勤聽訟察書吏，士民悅服。葺修棟宇，諸若：北帝廟、天后宮、山神廟、胡、李二公祠，故祀典克隆矣。

　　又訪縣志久無刊本，僅得康熙年邑令樊公舊志抄本四冊，慨然欲修，奈瓜期已屆，遂捐廉俸數百緡，屬邑紳續而成之，自來屢擬修而未果，幸得纂成巨帙（採訪冊續修）。

　　清・聶緝慶《光緒　臨高縣志》（卷之十一：宦績類・國朝知縣），載有事略。

　　主修：張　延（臨高縣知縣），直隸天津（今河北省天津縣）人。加知州銜，清光緒十四年(1888)戊子十月十二日任臨高知縣，於光緒二十三年(1897)丁酉二月二十一日復回原任。

　　纂脩：計二員，其職名、事略，分著於次，以供查考。

　　桂文燦，字子蕃、昌山、海霞，室名：鹿鳴山館，廣東省南海縣人。增貢生，授教職。出同邑譚瑩、番禺陳　澧門，治史學工駢文，古今體詩。

　　清道光二十八年(1848)戊申，年十八，全慶視粵學，補博士弟子員，盧　坤督粵，初設學海堂專課，文燦與焉。少時能背誦史記全書，晚年為學海堂學長，著有《鹿鳴山館駢文詩稿》、

《玉山泉銘并序》。

　　吳道鎔《廣東文徵作者考》（頁二四一），載有事略。

　　汪　瑔，字芙生、一字玉泉，號越人、穀菴，室名：隨山館，別稱：無聞子、穀庵先生。原籍浙江山陰（今紹興縣），寓居番禺，故稱番禺人。同知銜，侯選教諭。於光緒間，劉坤一、張樹聲、曾國荃督粵，客居幕府十餘年，辦理中外交涉，以才略著稱，沈機應變多倚重之。

　　瑔少隨父游粵東，文辭冠其曹偶。生平博極群籍，尤工詩詞，精漢隸書。其性貞簡，晚歲耽情文史，隱居著述，有《詩十二卷、文四卷、詞二卷》、《無聞子》（一卷）、《松煙小錄》（一卷）、《旅譚尺牘》。

　　吳道鎔《廣東文徵作者考》（頁二五二），臧勵龢《中國人名大辭典》（頁四八一）、梁鼎芬《番禺縣續志》（卷二十一・人物志四），載有傳略。

　　鑒定：計二員，就職名、里籍、事略，分著於次，以供查考。

　　馮毓熊，廣東省肇慶府廣寧縣人。清光緒初年間舉人，光緒十二年(1886)丙戌，銓選臨高縣訓導。學深養邃，心正行端，秉鐸臨江，凡修橋梁、創寺廟、紀古名蹟，邑有美舉，請撰募序文，無不樂於秉筆，且先捐俸以示表率。至掌教書院，凡門徒之請業者，竟委窮源津津樂道。尤精八法，有求必應，和衷接物，雅度宜人，列門牆者，莫不樂親其道貌焉（卷之十一・宦績類：國朝・訓導）。

　　崔述祖，安徽省太平縣人。於清光緒八年(1882)壬午，任臨高縣典史。關心民隱，洞悉輿情，凡利之可興、害之宜除者，皆隨時屬意道達於縣主。其典獄囚嚴謹軫恤克慎，乃司閡邑其深愛

戴。公餘之暇，常與諸生談風雅、論文章，薄俸自給晏如也。漢梅福稱神仙，尉其若人之儔歟（卷之十一・宦績類：國朝・典史）。

參訂：計四員，其里籍、事略，分述於次，以供查考。

鄭國光，字賓卿，那虞人。清光緒四年(1878)戊寅科歲貢，分發教諭。嚴氣正性，好義樂施，改建文廟、創書院、增膏火。凡一切寺觀橋梁，無不捐資倡首，以為表率，秉公處事，團練捐輸，撫黎開路，諸事軍務，官民皆倚賴焉。有〈和關六池夫子留別元韻〉（七言律），載於〈藝文類・詩〉（卷之二十三）。

清・聶緝慶《光緒　臨高縣志》（卷之十二・人物類・篤善），載有傳略。

黃流光，字積堂，縣郭人。清同治八年(1869)己巳科歲貢，分發教職。好義急公，邑有善舉，不憚勤勞如添，置書院膏火、改修文廟、關聖、天后、神農各廟，胡李二公祠，橋梁道路，咸利賴之。團練捐輸，開路撫黎，各大事俱從容措理，公正周詳。

清・聶緝慶《光緒　臨高縣志》（卷之十二・人物類・篤善），載有傳略。

薛揚勳，字策卿，安歷人。附貢（庠貢），分發訓導。急公好義，書院田畝，親往勘驗，凡橋梁、約亭、神廟、文昌閣、茉莉軒，以及胡、李二公祠，俱樂助成功。至辦團練捐輸，撫黎開路諸公事，尤為櫛風沐雨，備極勤勞，常為鄉方排難解紛，人多頌之。有〈和關六池夫子留別元韻〉、〈再和關六池夫子留別元韻〉、〈和李詠午邑侯留別原韻〉（七言律），載於〈藝文類・詩〉（卷之二十三）。

清・聶緝慶《光緒　臨高縣志》（卷之十二・人物類・篤

善），載有傳略。

馮慶雲，字瑞五，馬裊人。瓊州府學歲貢生，署欽州學正。為人溫厚和平，學深養邃，其文章獨出心裁，援筆立就，頗有韓柳歐蘇諸家氣息。事寡母以孝，與兄慶星互敬友愛，邑中諸多善舉，皆努力勸成。尤善於排難解紛，救危濟急，鄉方多蒙其度活，臨終之日，遠近莫不哀焉。

清‧聶緝慶《光緒　臨高縣志》（卷之十二‧人物類‧篤善），載有傳略。

校閱：計四員，就其里籍、事略，分述於次，以供查考。

鄭朝熙（乃歲貢國光之子，附生繼成之父），字緝侯，那虞人。清德宗光緒十一年(1885)乙酉科拔貢，前後歷署歸善、新安各縣教諭。

林敬祖（係恩貢承茂三子），字熙齋，縣郭人。監生（國學生保舉），五品（頂載）軍功。性仁孝，承歡養志，內外無間言，父咳嗽兀坐，扶持抑掃，親待藥，克不解帶。父歿，喪盡哀，葬盡禮，父所經理書院之事，善於繼述，都理清妥。平時急公好義，倡建大宗祖祠，創鄉約亭，修造橋梁，舉辦團練捐輸，撫黎開路諸公事，咸効力焉。

清‧聶緝慶《光緒　臨高縣志》（卷之十二‧人物類‧孝友），載有事略。

黃鳳翼（係歲貢流光之子），字燕卿，縣郭人。清光緒三十二年(1906)丙午科，歲貢。有〈和李詠午留別原韻〉（七言律），載於〈藝文類‧詩〉（卷之二十三）。

陳一元，廩生。

採訪：計十五員，其職名、事略，列著於次，以供查考。

張日光，探歷人。廩貢，署雷州府教授。

符光桂，西塘人。廩貢，分發訓導。

王士魁，道憲人。廩貢，授乳源縣訓導。

勞乃先，那虞人。廩貢，候補高州府訓導。

王茂魁，歲貢。

陳三元，英邱人。附貢（庠貢），分發訓導。

王元善，廩生。

黃　瓊，廩生。

王恩錫，增生。

王正樞（乃歲貢定洛之子），羅綿人，增生。

林　茁，縣郭人，增貢。

謝國元，縣郭人。廩貢，署合浦縣訓導。

薛揚熙，附生。

王肇海，附生。

薛詡謙，軍功。

四、志書內容

按《光緒　臨高縣志》，凡二十四卷，主要內容，除首錄：聶緝慶〈續修臨高縣志序〉、鄭國光〈臨高縣續修志序〉、〈重修臨高縣志職名〉、〈臨高縣志目錄〉、〈臨高縣志凡例〉（附存舊志凡例）外，正文計分：十二類、一百三十一目，依其卷次，列著於次，以供查考。

訓　典　卷　　一

　　　　御製文　聖諭　贊

輿地類　卷　　二

　　　　　輿圖　星野　暑度　沿革　表二　氣候　風信

　　　　　潮汐

　　　　　卷　　三

　　　　　災祥　前事　紀異

　　案：臨高縣全屬地圖，右下方有圖例。

疆域類　卷　　四

　　　　　形勝　山川　鄉都　保約　里遞　舖兵附

　　　　　水利　民俗　物產　古蹟

建置類　卷　　五

　　　　　城池　公署　雜所附　壇廟　祀典　坊表

　　　　　德政　碑附　墟市　橋梁　渡船附

賦役類　卷　　六

　　　　　戶口　土田　科則　魚鹽　雜稅　土貢　均徭

　　　　　官俸役食　均平　祭祀雜支　　民壯　驛傳

　　　　　徵收　留支　解給　倉儲附　　祿餉

學校類　卷　　七

　　　　　儒學　學田、書院、義學、公產、社學、射圃附

　　　　　祭器　樂器　樂章　釋奠　名宦、鄉賢、忠義、

　　　　　孝弟、節孝四祠附

　　　　　卷　　八　　釋奠考

兵防類　卷　　九

　　　　　兵制　兵營　烽堠　屯田　團練　保甲附

秩官類　卷　　十

　　　　　知縣　縣丞　教諭　訓導　主簿　巡檢

　　　　　典史　城守

㈤、修志體例

清・聶緝慶、張　延修《光緒　臨高縣志》（縣修），係以「康熙修本」（樊志）為基礎，參考省、府志，古今圖籍及採訪冊而增補，且各條目多注明據本。其修志體裁，乃沿襲舊志義例，採「分志體」，亦就是「按類分目法」也。

依據〈臨高縣志凡例〉（計八條）云（第七條）：「郡志敘乾隆年事引臨高志，是曾經前重修，惜其書不傳無由採入，今志又或各署未據，牒移或遠年檔冊無考，事有絓漏。」

又云（第八條）：「是編有舊志、有續修，分別注出，不掩前賢之美，不沒採訪之實，閱者可一目瞭如。」

按《光緒　臨高縣志》，凡二十四卷，列門（類）十二，分目一百三十一。所繫邑事，其斷限年代，最遲止於清光緒三十二年(1906)丙午。就依卷次、類目、紀事年次，分著於次：

秩官類（卷之十）國朝（清）：

教諭：鄭伯湖，遂溪廩貢，光緒三十二年任。

訓導：高　杖，南海歲貢，光緒三十二年任。

人物類（卷之十三）貢選・國朝（清）：

歲貢：黃鳳翼，縣郭人，光緒三十二年丙午科歲貢。

㈥、徵引文獻

本《光緒　臨高縣志》，凡二十四卷，分十二類（門）、一百三十一目。於各類目間，廣泛徵引典籍，參核考訂，除註記〈續增〉、〈續修〉、〈參修〉、〈採訪〉者外，舉凡稽考文獻，大都注於各條末。茲仿「四部分類法」，概略分述於次，以

供方家查考。

甲、經　部：

爾雅・釋天：於輿地類：星野目，引注。

春秋・元命苞：於輿地類：星野目，注考。

周禮疏：於輿地類：星野目，注考。

左傳注：晉・杜　預注，於輿地類：星野目，注引。

正義：於輿地類：星野目，有引。

星經・淮南星部名：於輿地類：星野目，有引。

乙、史　部：是《光緒　臨高縣志》，徵引史書最多，就其類屬，分著於次，以供查考。

史地之屬：

前漢書・地理志：東漢・班固撰，於輿地類：星野目引。

月令章句：後漢・蔡　邕撰，於輿地類：星野目注引。

帝王世紀：晉・皇甫謐撰，於輿地類：星野目注引。

魏　志：陳　卓撰，於輿地類：星野目注引。

隋書・地理志：唐・魏　徵撰，於輿地類：沿革目注考。

隋書・譙國夫人傳：於輿地類：沿革目引注。

舊唐書：後晉・劉　昫等奉敕撰，於輿地類：沿革目注引。

唐書・地理志：宋・歐陽修奉敕撰，輿地類：星野目注考。

唐書・天文志：於輿地類：星野目，引。

宋史：元・托克托等撰，於輿地類：星野，宦績類：流寓二目引。

元史・天文志：明・宋　濂等奉敕撰，輿地類：晷度目引。

元史・地理志：明・宋　濂等奉敕撰，藝文類：記，引。

明史：清・張廷玉等奉敕撰，於藝文類：記，有引。

明史‧地理志：清‧張廷玉等奉敕撰，輿地類：沿革目引。

輿地紀勝：宋‧王象之撰，於輿地類：沿革目注引。

輿地廣記：宋‧歐陽忞撰，於輿地類：沿革目注考。

方志之屬：

元和郡縣志：唐‧李吉甫奉敕撰，輿地類：星野目引。

明一統志：明‧李　賢等奉敕撰，於輿地類：星野目引。

大清一統志：未指何修本，於輿地類：沿革目引。

南越志：劉宋‧沈懷遠撰，於輿地類：星野目引。

桂海虞衡志：宋‧范成大撰，於藝文類：雜錄，引。

海國圖志：清‧魏　源撰，於藝文類：雜錄，引。

嶺海志：於輿地類：潮汐目引。

黃通志：指明‧黃佐《廣東通志》，輿地類：沿革目引。

郝通志：係指清‧郝玉麟修《雍正　廣東通志》，於輿地
　　　　類：星野、沿革，藝文類：記等三目引。

阮通志：係指清‧阮　元修《道光　廣東通志》，於輿地
　　　　類：暑度、沿革，疆域類：里遞，賦役類：戶口，
　　　　秩官類：國朝（清）各職，宦績類：國朝（清）各
　　　　職，人物類：孝友、科目（舉人），藝文類：記等
　　　　九目，廣泛注引。

通志：未指何志，於疆域類：山川、里遞、水利，秩官類：
　　　　國朝（清）各職，臨海類：海港等五目，有引。

瓊管志：宋　人撰，於輿地類：沿革目引考。

瓊郡志：又名《瓊州府志》（康熙修本），清‧牛天宿修，
　　　　於輿地類：暑度、沿革二目，注引。

瓊州府志：清‧蕭應植《乾隆　瓊州府志》，於輿地類：沿

革，賦役類：徵收，藝文類：雜錄，三目有引。

明誼府志：係指清・明誼修《道光　瓊州府志》，於輿地
　　　　　類：沿革，藝文類：記等二目，注引。

瓊府志：未指何本，於輿地類：災祥，疆域類：山川、里
　　　　遞，建置類（敘）：公署、壇廟、墟市、橋梁，賦
　　　　役類：戶口、徵收，學校類：儒學，兵防類：兵
　　　　制、屯田，秩官類：各職（前明、國朝・清），宦
　　　　績類：各職（前明、國朝・清），人物類：篤善、
　　　　科目（武舉），黎岐類：黎村、防黎、黎患，臨海
　　　　類：海防、泊船、海患，藝文類：記、雜文、詩、
　　　　雜錄等類、目，廣泛注引。

舊府志：未指何本，於星野目有引。

府志：未知何本，於疆域類：山川、里遞、水利、古蹟，建
　　　置類：橋梁，賦役類：戶口，秩官類：前明（各
　　　職），宦績類：各職（前明、國朝・清），人物類：
　　　鄉賢、隱逸、明貢監、清歲貢、壽婦、列女，黎岐
　　　類：黎崗、黎村，臨海類：海港、海患，廣泛注引。

廣州府志：清・張嗣衍修，於雜錄目引。

廣州府戴志：係指清・戴肇辰修《光緒　廣州府志》，於海
　　　　　　患目引。

舊文昌志：未指何本，於星野目引。

文昌縣志：未知何本，於沿革目引。

舊志：似指清・樊　庶纂修《康熙　臨高縣志》，於各類
　　　敘，輿地類：輿圖、星野、氣候、風信、潮汐、災
　　　祥、紀異，疆域類：形勝、山川、鄉都、保約、里

遞、水利、民俗、物產、古蹟，建置類：公署、壇
廟、坊表、墟市、橋梁，賦役類：戶口、土田、魚
鹽、土貢、均徭、驛傳，學校類：儒學、射圃、樂
器、樂章、釋奠考，兵防類：兵制、兵營、烽堠、屯
田、團練營，秩官類：各職，宦績類：各職、流寓，
人物類：鄉賢、隱逸、選舉、科目（舉人）、明貢
監、掾吏、列女、仙釋，黎岐類：黎俗、黎情、黎
峒、黎村、防黎、黎患，臨海類：海防、海港、海
患，藝文類：記、序、賦、銘、詩、雜錄等類、目，
廣泛注引。

續志：未知何本，於輿地類：星野、晷度、沿革、紀異，疆
域類：里遞、物產、古蹟，建置類：壇廟、祀典、橋
梁，賦役類：驛傳，學校類：釋奠考，秩官類及宦績
類：各職（前明、國朝），人物類：隱逸、選舉、明
貢監，黎岐類：防黎，臨海類：海患，藝文類：諭、
記、賦、詩、歌、詞等類、目，廣為注引。

採訪冊：於輿地類：災祥，建置類：壇廟、坊表、墟市、橋
梁、團練營，秩官類：國朝（清）各職，宦績類：
國朝（清）知縣、典史，人物類：篤善、懿行、科
目（舉人、武舉）、貢生國朝．恩貢、拔貢、副
榜、歲貢、屆貢）、武職、壽婦，黎岐類：撫黎，
臨海類：海患，藝文類：記、雜錄，廣泛注引。

外紀：明．王　佐撰，於賦役類：土貢目引。

古語：順　蒙撰，於賦役類：土貢目，有引。

海槎餘錄：明．顧　岕撰，於藝文類：雜錄目引。

政書之屬：

　通典：唐・杜　佑撰，輿地類：星野、沿革二目，注引。

　賦役全書：於賦役類：均徭目，注引。

　藩署檔冊：於建置類：祀典，賦役類：徵收二目，有引。

　縣檔冊：於賦役類：徵收目，注引。

　司冊：於賦役類：戶口目，注引。

類書之屬：

　山堂考索：宋・章如愚撰，於輿地類：星野目引。

　永樂志：亦就永樂大典，明・解　縉等奉敕撰，於賦役類：
　　　　土貢目注引。

　尚友錄：明・廖用賢撰，於宦績類：流寓目引。

丙、集　部

　別集之屬：

　丘文莊集：明・邱　濬撰，於藝文類：賦，有引。

　雜文之屬：

　潮候論・後論：明・王　佐撰，於輿地類：潮汐目引。

　靖海氛記：袁永倫撰，於臨海類：海患目引。

㈦、刊版年代

　　清・聶緝慶、張　延修《光緒　臨高縣志》凡二十四卷、十冊、線裝。原刻本，白口，上魚尾，四周雙邊。每半葉十行，行二十一字。版框高十九・二公分，寬一十四公分（是據成文影印本），仿宋體字，注分雙行。書前牌記作《臨高縣志》（隸字），左下「臨江書院藏板」，反面署「光緒壬辰重脩校梓」，各卷首行及版心大題《臨高縣志》。

　　民國六十三年(1974)六月，臺北市・成文出版社，據清光緒三十二年(1906)補刊本，如式影印，列「中國方志叢書・華南地方・第一六四號」。十六開本，精裝三冊。

　　光緒《臨高縣志》之刊行年代，於書前牌記反面署為「光緒壬辰重脩校梓」。致公私方志書目，大都署著清光緒十八年(1892)，實毋庸置疑矣。

　　依據陳劍流、冼榮昌《海南簡史》（頁八十五）著錄：「臨高縣志（二十四卷　十冊），聶緝慶等修，光緒十七年（中央研究院藏）」。是以邑人鄭國光〈臨高縣續修志序〉，所署「光緒十七年歲次辛卯」，而誤記其刊年也。

　　綜觀陳著《海南簡史》附錄：《光緒　臨高縣志》，兩種不同刊本，所著「纂修者」、「刊版年」各異，唯根據〈重修臨高縣志職名〉，暨書前牌記反面〈光緒壬辰重修校梓〉等相關佐證資料，應係同一刻本，亦毋庸置疑也。

　　然《光緒　臨高縣志》，秩官類（卷之十）國朝（清）教諭、訓導，人物類（卷之十三）貢選（國朝歲貢）末條，其紀事止於「光緒三十二年」，似有「補刊本」（見：張世泰《館藏廣東地方志目錄》，廣東省中山圖書館印行）也。唯無相關史料，足資稽考，謹予附記於此，以供方家參考。

　　按《光緒　臨高縣志》原刻本，不但廣泛流傳，且有影印本，廣為刊行，參閱極為方便。於今海內外公私庋藏者頗眾，茲依其刊版及年代，臚著於次，以供查考。

　　原刻本　清光緒十八年(1892)壬辰　臨江書院藏板

　　　美國：國會圖書館（十冊）

　　　英國：劍橋大學（二十四卷）

日本：國會圖書館（十冊）

　　　東洋文庫（十冊）q-109

　　　天理圖書館（十冊）869

　　　東北大學（八冊）　丙 C-4-277

臺灣：中央研究院傅斯年圖書館　545

中國：科學　北大　上海　復旦　天津　旅大　南京

　　　南大　南通　浙江　華南師院　　湖北　中大

　　　廣東 K/7.55/2

補刊本　清光緒三十二年(1906)

中國：廣東 K/7.55/2[2]　線裝　十三冊

影印本　民國六十三年(1974)　臺北市　成文出版社

　　　（據清光緒三十二年補刊本）　精裝　三冊

美國：史丹福大學　3230/7602.88

　　　加大柏克萊分校　3230/7602.88　1974

臺灣：各大學圖書館　　國家圖書館

　　　國立臺灣圖書館　673.79133/1020

中國：廣東　F/K29-51/C52-3/164

　　　注：秩官敘事至清光緒三十二年(1906)

綜合析論

　　夫臨高縣之有志書，於元代初葉之前，史籍無載。其有信史徵考者，緣自元大德初年，邑紳冼　罍作《臨高縣記》肇始也。

　　明清兩代，相續鼎修，大凡四次（計有：明一修、清三修），然因年代久遠，間被水漬或蟲害，抑遭兵災或火焚，牒本大都湮沒散佚，罕見藏板，殊感憾惜矣。於今海內外知見者（公

臨邑孝廉馮氏重梓

臨高縣志

內封頁

疆域類·古蹟

光緒《臨高縣志》書影

中研院史語所藏板

藏），多屬清修本（二種），彌足珍貴，視同瑰寶耶。

就修志源流言之，臨高縣有志，最早自元代冼　罍作《臨高縣記》肇始，續有明・曾　唯《臨高縣志稿》（萬曆年間）。迨清一代，修志風尚鼎盛，臨高縣志牒，大凡三修，計有：史流芳《康熙　臨高縣志》（三十三年）、樊庶《康熙　臨高縣志》（四十六年）、聶緝慶《光緒　臨高縣志》（十八年）。從修志源流角度來說，各志相承相傳，構成完整性脈絡體系。

樊　庶《康熙　臨高縣志》，係以史流芳《臨高縣志》（二帙）為底本，凡清康熙三十三年(1694)甲戌歲之後，迨清康熙四十六年(1707)丁亥歲之間，未收而應入志者，悉核實考正逐目增入，以補「史志」所未逮也。

聶緝慶《光緒　臨高縣志》，係以樊　庶《康熙　臨高縣志》為藍本，廣徵博採，增補入清康熙四十六年(1707)丁亥，迨清光緒三十二年(1906)丙午，約二百年間，有關政治、經濟、軍事、社會、教育、文化之史事。

就修志體裁言之，臨高縣志，諸修本大都按年紀事，各在舊志基礎上，刪繁補漏，訂訛正謬。然綜窺各志，雖卷數不一，門（志、類）目繁簡有別，唯每提一志約撮數語於前，而類篇之旨洞然。故綱舉目張，編次燦明，其義例堪稱完備。從各志書之〈凡例〉（條文），或〈目錄〉（內文）析觀，其修志體例，係採「分志體」，亦就「按類分目法」也。

樊　庶修《康熙　臨高縣志》（凡例十四條），按志以紀事，一邑之典章縈焉。舊目寥寥，意取於簡，不無過略，今集以十二為卷（以時分集矣，如地理子集矣…藝文則以亥矣。第三條），蓋簡以文不簡以卷之目也（第一條）。作志有義例，凡以

類從也，有事相類而必不可不分之者，有條目紛紜義理畫一而必不可以分之者，今悉正之昭體裁也（第二條）。

聶緝慶《光緒　臨高縣志》（凡例八條），按郡志敘乾隆年間事引《臨高志》，是曾經前重修，惜其書不傳無由採入，今志又或各署未據，牒移或遠年檔冊無考，事有絓漏（第七條）。是編有舊志、有續修，分別注出，不掩前賢之美，不沒採訪之實，閱者可一目瞭如（第八條）也。

就志書內容言之，臨高縣志書，於今各圖書館暨文教機構知見者（公藏），祇有：樊　庶「康熙修本」、聶緝慶「光緒修本」二種，惟其內容，各具特色。

樊　庶《康熙　臨高縣志》（凡十二卷），正文計分：地理、疆域、建置、賦役、學校、兵防、秩官、名宦、人物、海黎、海防、藝文十二門，列目八十有二。於「人物志」（卷之九）之「列女」、「隱逸」二目，尤多補充。

聶緝慶《光緒　臨高縣志》（凡二十四卷），於訓典（卷一）外，計分：輿地、疆域、建置、賦役、學校、兵防、秩官、宦績、人物、黎岐、臨海、藝文十二類，列一百三十一目。有關縣境洋面，甚至粵省沿海海盜肆虐，暨光緒四年開始，綿延近十年之大規模土客械鬥事件，敘述贍詳，殊屬可貴矣。

就史料價值言之，臨高縣志，於今知見藏板，祇有「康熙修本」（樊志）、「光緒修本」（聶志）二種。尤以「聶志」，廣泛徵引典籍，參核考正，注於各條末，殊具史料價值。

樊　庶《康熙　臨高縣志》，係在清康熙三十三年(1694)甲戌，史流芳《臨高縣志》（二帙）基礎上，奉檄纂修。并參考《瓊州府志》、《丘海集》（甘石編）、《天池草》（王宏誨

著，字忠銘），暨訪諸鄉老，纂輯成書。是志於「藝文門」，收輯名臣、鄉賢之奏疏、賦、銘、詩、記、序、文告等尤多，彌足珍貴耶。

聶緝慶《光緒　臨高縣志》（縣修），係以「康熙修本」（樊志）為藍本，并參考郡志，暨相關文獻與採訪冊增補。於「黎岐類」（卷十五），於縣境內黎情、習俗、治黎，暨「臨海類」（卷十六），沿海海防設施，倭冠騷擾等史料，更具「學術研究」參考價值矣。

從文獻整體性來說，臨高縣志書，乃海南地方志之一種，亦係〈海南文化〉資財。在史學上，實具有特殊的歷史背景，並反映當時社會實況。於學術研究，深具史料價值，不但是研究「臨高縣地方制度史」，必需具備重要文獻，同時亦係治「海南方隅史」，不可缺少的參考資料，殊為珍貴矣。

結　語

綜窺「臨高縣志」諸修本，其中「康熙修本」（樊志），是臨高縣見藏梓板，最早之邑志，係以「史流芳志」（康熙三十三年修）二帙（已佚）為藍本。聶緝慶《光緒　臨高縣志》（二十四卷），其資料新穎，內容富美。尤其清光緒三十二年(1906)補刊本（民國六十三年，臺北市：成文出版社，影印出版，精三冊）以廣流行，視同瑰寶。

此外，許朝瑞《臨高采訪錄》（報告書，殘存十冊）。國立臺灣圖書館珍藏（卷之七〈采訪冊〉詳釋），此不贅言，以免重複。乃臨高縣最新採輯資料，且係手繕「稿本」，是唯一「孤

本」，彌足珍貴矣。

參考書目

《道光　廣東通志》　　清・阮　元修
　　民國五十七年(1968)十月　臺北市：華文書局　影印本
　　（據清道光二年修　同治三年重刊本）

《道光　瓊州府志》　　清・明　誼修　　張岳崧纂
　　民國五十六年(1967)十二月　臺北市：成文出版社　影印本
　　（據清道光二十一年修　光緒十六年補刊本）

《康熙　臨高縣志》　　清・樊　庶　修
　　清康熙四十六年(1707)　刻本　線裝八冊

《光緒　臨高縣志》　　清・聶緝慶修
　　民國六十三年(1974)六月　臺北市：成文出版社　影印本
　　（據清光緒三十二年補刊本）

《海南島史》　　日・小葉田淳
　　日本昭和十八年(1943)十二月　東都書籍株式會社臺北支店

《海南方志資料綜錄》　　王會均著
　　民國八十三年(1994)十月　臺北市：文史哲出版社　全一冊

中華民國九十四年(2005)乙酉歲四月二十二日　增補稿
臺北市　海南文獻史料研究室

四、定安縣志

　　定安縣在兩漢時代，屬珠崖郡（玳瑁縣）地。至唐代為瓊山縣地，於唐懿宗咸通五年(864)甲申，在古瓊山縣南境黎峒（今定安縣西南峒）置忠州，旋即廢罷。迨元世祖至元二十八年(1291)辛卯，闊里吉思（湖廣平章）、陳謙亨（將兵同）奏議，於至元三十一年(1294)甲午，析瓊山縣南境，并新附黎峒（澄邁部份境地），置定安縣屬瓊州。於元文宗天歷二年(1329)十月，陞定安縣為南建州，遷治瓊牙鄉，屬乾寧軍。迄明太祖洪武二年(1369)己酉，改乾寧軍為瓊州府，南建州為定安縣，仍屬瓊州府。清因襲之，民國依舊，於今亦然，唯行政區域，間有更迭而已。

　　定安縣志之纂修，濫觴於明之永樂，嗣係景泰、嘉靖、弘光，以逮清代康熙、雍正、乾隆、嘉慶、咸豐、光緒、宣統，其間約五百餘年，先後修志大凡一十三次。於明代五修，清代八修，中以清宣統三年(1911)辛亥，宋席珍《宣統　定安縣志》（十卷），所紀邑事詳備而富美，最具史料參考價值。

　　定安縣志乘，雖有草本、繕本、手稿、鋟板，惟歷年久遠，且間遭兵燹之災，或蠹魚之害，罕見藏板，似已流散佚傳而待訪者，計有：明代五種，清代三種。於今海內外圖書館，暨文教機構公藏者五種，依刊版及年代，分述於次，以供參考。

　　此外，莫家桐《宣統　定安鄉土志》（凡三卷），係屬瓊郡《鄉土志》（卷之六）論旨範疇，恕不贅言，以免重複矣。

修志源流

　　夫《定安縣志》之纂修，濫觴於明季永樂，嗣係景泰、嘉靖、弘光，以逮清代康熙、雍正、乾隆、嘉慶、咸豐、光緒、宣統，於各年次間，先後所纂輯者，大凡十有三次。中以清宣統三年(1911)辛亥之「續修本」，其資料新穎翔實而富美矣。

　　按《定安縣志》之纂修，在明成祖（朱棣）以前，史籍缺帙，無從稽考。其有信史足徵者，依據各方志書目資料列載，大都係明清牒本，分別著述於次，以供方家參考。

　　定安縣之有志，緣自明代《永樂　定安縣志》（修志人及年次未詳）肇始，是「永樂修本」，乃《定安縣志》之濫觴也。

　　嗣於明景帝（亦稱：代宗）景泰間（年次未詳），邑侯傅霖修、邑紳黃　謙纂《景泰　定安縣志》，俗稱：「景泰修本」（傅志）。其纂修時間，相距約有五十餘年。

　　明世宗嘉靖初年（年次未詳），邑儒王仕衡纂修《嘉靖　定安縣志》（草志）。於明嘉靖十四年(1535)乙未，由邑令宋　賢修《嘉靖　定安縣志》，俗稱：「嘉靖修本」（宋志），其纂修時間與「景泰修本」（傅志），相距約一百三十年之久矣。

　　明弘光元年(1645)乙酉，瓊州府同知署定安縣事馬光修《弘光　定安縣志》，俗稱：「弘光修本」（馬志），而與「嘉靖修本」（宋志）之纂修時間，相距的一百有十年耶。

　　遜清一代，修志風尚鼎盛，於清康熙二十五年(1686)丙寅，知縣張文豹修《康熙　定安縣志》（未刊），此為「康熙稿本」（張志），亦稱：「康熙抄本」。而與明代「弘光修本」（馬志），其修志時間相距四十有一年。

　　是「康熙抄本」（張志），於清康熙二十九年(1690)庚午，由知縣董興祚續成（增補），次歲辛未(1691)付諸栞梓，此為「康熙刻本」，亦就董興祚「續修刻本」也。

　　張文豹修、梁廷佐纂、董興祚續修《康熙　定安縣志》，於清乾隆五十二年(1787)增刻（本）梓行，紀事止於清乾隆五十一年(1786)丙午。

　　清雍正八年(1730)庚戌，邑侯莫大任修《雍正　定安縣志》（草志，佚傳），是為「雍正草志」（莫修）。而與「康熙抄本」（張志），其修志時間，相距約四十有四年。

　　清嘉慶二十四年(1819)己卯，邑侯周祚熙修《嘉慶　定安縣志》（草志，已佚），此乃「嘉慶草志」（周修）。其修志時間與「雍正草志」（莫修），相距有八十九年。

　　清咸豐四年(1854)甲寅，邑侯梅占元修《咸豐　定安縣志》（待訪），俗稱「咸豐修本」（梅志）。而與周祚熙修「嘉慶草志」（周修），其修志時間相距三十五年。

　　清光緒四年(1878)己卯，知縣吳應廉修《光緒　定安縣志》，史稱：「光緒修本」（吳志）。而與「咸豐修本」（梅志），其修志時間相距只有二十四載。

　　清宣統三年(1911)辛亥，知縣宋席珍纂修《宣統　定安縣志》，史稱：「宣統修本」（宋志）。而與「光緒修本」（吳志），其修志時間，相距亦僅三十二年。

　　此外，清宣統元年(1909)己酉孟秋月，邑拔貢生莫家桐纂《定安鄉土志》（又名：定安縣鄉土地理志）。於卷之六〈鄉土志〉詳論，此不贅言，以免重複。

　　綜觀《定安縣志》纂修源流，緣自明代《永樂　定安縣志》

肇始，迄於清宣統三年(1911)辛亥，宋席珍修《宣統　定安縣志》
止。計明代五修、清季八修，其中以《光緒修本》（吳志）、
「宣統修本」（宋志），內容最為翔實而富美。

待訪志書

　　定安縣志牒，雖有草本、繕本、稿本、抄本、鋟板，惟歷年
久遠，且間遭兵戈之災，或蠹魚之害，致牒本湮沒朽蝕，罕見藏
板，於待訪（佚傳）者頗眾，就其個人所識，分別析論臚著於
次，以供方家研究參考。

《永樂　定安縣志》　　明・佚　名纂　　永樂年間修　佚
　　依據清光緒四年(1878)戊寅，吳應廉修、王映斗纂《光緒
　　定安縣志》（凡例第一條）刊載：邑志，始於有明永樂，……
　　　　案：是志題名及纂修年代，係據此著錄。
　　邢益森《海南鄉情攬勝》（寶島風姿錄・續集二・頁一○
○）：　　定安縣志　　明・永樂年間　失
　　　　附注：光緒《縣志》序提及
　　王會均《海南方志資料綜錄》（總目錄・頁十九）：
　　　　〔永樂〕定安縣志　　纂修人未詳
　　　　明永樂年間修　佚
　　　　　據清光緒四年(1878)吳應廉修《光緒　定安縣
　　　　志》凡例第一條戴：邑志，始於有明永樂。
　　　　　注：本志題名及纂修年代，係據此著錄。
《景泰　定安縣志》　　明・傅　霖修　　黃　謙纂
　　明景泰年(1450~1456)間修　　佚
　　依據清光緒四年（戊寅），吳應廉修、王映斗纂《光緒　定

安縣志》凡例（第一條）載：「邑志……續於景泰，」又〈舊
志同修姓氏〉亦載：「明景泰年，傅　霖（邑侯、金谿人），
黃　謙（宿儒、邑人）」。

案：是志題名、纂修人及修志年，係據此著錄。

㈠、知見書目

邢益森《海南鄉情攬勝》（寶島風姿錄・續集二・頁一〇
〇）：　　定安縣志　　黃　謙纂修　　明景泰年間　　失

王會均《海南方志資料綜錄》（總目錄・頁二〇）
　　　　〔景泰〕定安縣志　　明・傅　霖修　黃　謙纂
　　　　明景泰年間（年次未詳）修　佚

㈡、纂者事略

依據清光緒四年(1878)戊寅，吳應廉修、王映斗纂《光緒
定安縣志》（卷首）〈舊志同修姓氏〉戴：計有二人，其里籍、
事略，分著於次，以供查考。

傅　霖，字肇基，江西金谿人。以貢生知定安縣事，為吏廉
明，勤於政事，視民如子，均賦省役，獎誘士類，多所成就。任
滿乞留九載，擢瓊州府同知。祀名宦

清・張岳崧《道光　瓊州府志》（卷三十・官師志：宦績
明）、許應鑅《光緒　撫洲府志》（卷五十三・人物志：宦業
五）、吳應廉《光緒　定安縣志》（卷之四・職官志：宦
蹟），皆有事略。

黃　謙（公澤少子），西廂人。性謹厚，讀書好禮，能文
詩，隱居不仕，傅公霖重之，禮聘修邑志。

清·吳應廉《光緒　定安縣志》（卷之六·人物志：列傳），載有事略。

《嘉靖　定安草志》　　明·王仕衡纂修

明嘉靖初年修（未刊）　佚

按《嘉靖　定安草志》，其題名、纂修人及纂修年，係根據清·吳應廉《光緒　定安縣志》刊載：〈舊志同修姓氏〉「嘉靖初年（草志），王仕衡（舉人、邑人）」著錄。

(一)、知見書目

邢益森《海南鄉情攬勝》（寶島風姿錄·續集二·頁一〇〇）：　定安縣志　王佐衡纂修　明嘉靖初　失

案：是志纂修人：王仕衡，亦作：王士衡。邢著爲王佐衡，似有舛誤，宜訂正之。

王會均《海南方志資料綜錄》（總目錄·頁二〇）：〔嘉靖〕定安縣志（草志）　　王仕衡纂修　明·嘉靖初年修　佚

(二)、纂者事略

依據清光緒四年(1878)戊寅，吳應廉修、王映斗纂《光緒定安縣志》（卷首）〈舊志同修姓氏〉載：「嘉靖初年（草志）」，著述於次，以供參考。

王仕衡，字秉銓、號矩庵，別號：靚齋，定安東一（多校）人。明成化十三年(1477)丁酉科舉人，弘治元年(1488)戊申，選中書舍人，陞右長史。於正德四年(1509)丁內難，正德十四年(1519)起任岷府，與修《武宗實錄》。明嘉靖元年(1522)壬午，致仕家

居，年八十卒。祀郡、邑鄉賢

　　衡生平行事敬謹，好讀書，老而不倦，自經史百家，以及陰陽律歷醫卜，無所不通，猶喜獎士類，無欺無隱，世稱其純謹，可比西漢周石諸君子，而學問淵博過之。

　　明·戴　熺《萬曆　瓊州府志》（卷之十·人物志：鄉賢），清·張岳崧《道光　瓊州府志》（卷三十三·人物志一：名賢上）、吳應廉《光緒　定安縣志》（卷之六·列傳志：人物），載有傳略。

《嘉靖　定安縣志》七卷　　明·宋　賢修　　吳　綱纂

　　明嘉靖十四年(1535)修　　佚

　　註：吳　綱、陳丕顯、吳壽齡、孫一麟等同纂

　　按《嘉靖　定安縣志》之題名、纂修人及修志年代，係根據清·吳應廉《光緒　定安縣志》刊戴：〈舊志同修姓氏〉（嘉靖十四年乙未）著錄。

(一)、知見書目

　　邢益森《海南鄉情攬勝》（寶島風姿錄·續集二·頁一〇〇）：　　定安縣志　七卷　　宋　賢修　　吳　綱纂

　　　　明嘉靖十四年　　失

　　　　附注：《府志》稱嘉靖間，教諭姚守轍，修邑志。

　　王會均《海南方志資料綜錄》（總目錄·頁二〇）：

　　　　〔嘉靖〕定安縣志　　明·宋　賢修　　吳　綱纂

　　　　明嘉靖十四年(1535)修　　佚

　　　　　　註：吳　綱、陳丕顯、吳壽齡、孫一麟同纂

(二)、修志始末

依據明嘉靖十三年(1534)歲次甲午，歲貢吳　綱〈舊志序〉云：「……自建置以來，二百餘年，無用出一言，爲山川草木增重者，綱嘗觀方輿書，已不可考，然則乘違之負，秀氣亦多矣。」

次云：「嘉靖初，王矩庵先生一嘗編次而未就，甲午邑侯宋公始至，訪遺稿曰：是滯畝也，不可以距川，且監戒存焉，二、三子共集而成之。時適督府纂修之檄下，乃延綱偕陳子丕顯、吳子壽齡、孫子一麟，採見聞參即志，彙集成編，分爲七卷。」

復云：「……綱竊思之，茲豈止爲江山計哉，夫志而僅止于戴地理資多識，則雖歐陽子一世之名儒，而計聞年月，不得不待劉歆而始定，況愚晚生後學焉能知之，然而督府之用心，有出於是之外者何也。」

又云：「聖王之諮諏天下，命刺史以六條察守令，而山紀地志三年一修，雖窮鄉遐句，神官小說，民情物態之盛衰美惡，刺史有所未言，言有所未盡者，悉於志乎載之，故曰：外史與刺史相發明，九邱與六條相表裏，大人以天下之言，事其君謂不在乎。」

末云：「惜余非其人也，然纂修之義，則嘗聞之矣。故紀事之餘，間有狂妄之言，自謂農圃之智其見眞，身履之詞其情切，不知忌諱僭附于逐條之下，蓋芻蕘之所以告聖不外乎此，皇華詩人每懷靡及，諒必有取焉。若夫辨威斗識古鏡，文而不華，質而不俚，則有讀中秘書才學識之君子，綱焉乎取。」

綜就吳　綱〈舊志序〉（載於清·吳應廉修《光緒　定安縣

志》卷首）析窺之，其纂修緣由意旨、歷程始末，大略如斯也。

(三)、纂者事略

　　清・吳應廉修《光緒　定安縣志》，卷首〈舊志同修姓氏〉載：「嘉靖十四年乙未」，其纂修人，除宋　賢（邑侯）外，尚有：吳　綱、陳丕顯、吳壽齡、孫一麟等四人，參與修志事務，分述於次，以供參考。

　　宋　賢，永安衛人。監生，嘉靖年間，任定安縣知縣。重修城隍廟，纂輯邑志。

　　吳　綱，字維章，定安東廂人。明嘉靖十四年(1535)乙未，會纂邑志。博學能文，尤長詩賦，與進士俞宗梁，吳會期齊名，時人目為瓊南三傑。於明嘉靖三十年(1551)辛亥歲貢，授寧遠訓導，卒於任，通庠為之治喪。

　　清・吳應廉修《光緒　定安縣志》（卷之六・列傳志・人物），載有事略。

　　陳丕顯（戀芳父，明嘉靖三十一年壬子科舉人），定安曲一人。明嘉靖初年拔貢，授長沙府寧遠知縣。嘉靖十四年(1535)乙未，會纂邑志。

　　吳壽齡，字仁甫，定安東廂二人。明嘉靖二十八年(1549)己酉科舉人，與海忠介同榜，共以名節相許後，任左州知州。嚴馭胥役，釐革宿弊，州人德之。與徐郡守有舊嫌罷歸，……所著《左州政略》（佚），撫按序以贈行。家居不私謁長官，專以文行勵俗，士習民風，均有賴焉。

　　清・吳應廉修《光緒　定安縣志》（卷之六・列傳志：人物），載有事略。

孫一麟，定安人（事略未詳）。

此外，尚有《瓊州府志》、《定安縣志》載：「嘉靖間教諭姚守轍修邑志」。茲著述其事略於次，以供方家參考。

姚守轍，化州（今廣東化縣）人。明嘉靖年間，由歲貢任定安教諭。修邑志，築櫺星門、砌泮池，創啟聖殿，名宦、鄉賢各祠，允稱壯觀，士感其德。

明・戴　熺《萬曆　瓊州府志》（卷之九・秩官志・教職：定安縣），清・張岳崧《道光　瓊州府志》（卷之三十・官師志・官績中・明）、吳應廉《光緒　定安縣志》（卷之四・職官志・宦蹟・教職），所載事略，內中刊有「修邑志」之紀事。

《弘光　定安縣志》　　明・馬　光修　　陳端蒙　陳天覘纂

明弘光二年(1645)修　佚

按《弘光　定安縣志》之題名，纂修人、修志年次，係根據清・吳應廉修《光緒　定安縣志》（卷首）戴：馬　光〈舊志序〉、〈舊志同修姓氏〉（弘光二年乙酉）著錄。

案：福王（由崧）在位年月(1644.3～1645.9)，於歲次甲申(1644)三月登基，次年(1645)歲次乙酉，改廟號：弘光。

㈠、知見書目

邢益森《海南鄉情攬勝》（寶島風姿錄・續集二・頁一〇〇）：　定安縣志　　馬　光　　陳端蒙纂修
　　　　　明末修　清初刻　失

王會均《海南方志資料綜錄》（總目錄・頁二一）：
　　　〔弘光〕定安縣志

明・馬　光修　　陳端蒙　陳天貺纂
明弘光二年(1645)修　佚

(二)、修志始末

按《弘光　定安縣志》之纂修，依弘光歲次甲申(1644)，瓊州府知府張允佳氏，暨瓊州府同知署縣事馬光氏之〈舊志序〉，綜著其修志緣起意旨，暨歷程始末於次，以供方家參考。

張允佳〈舊志序〉云：「……今來海南，處百責交瘁之地，展四應不窮之才，攝纂定陽，剿黎逆又能出其等兵措餉之餘力，編纂邑乘而又留心於撫黎一書，斟古酌今垂示永久，豈酸措大所幾及哉。」

又云：「昔人稱宋廣平，剛心勃骨，顏色不動，疑其鐵石心腸，及讀梅花賦，嫵媚娟嬝，如出兩人手。曰：余於志中讀涷菴和前賢諸什，可以追踪李杜，而籌畫地方事，雖韓淮陰、李左車，無以踰之，絕學高才之不可測，余以是益信其不我誣也。」

馬　光〈舊志序〉略云：「……郡有志，而州邑偏僻，文獻無徵，事多湮沒。崇禎甲申冬，余以防海佐郡，適定邑被黎困，余誓師來奉委代庖茲土，旋即緩定，索定志而觀之弗得也。不禁長嘆曰：志之所載，地方利弊係焉，風俗淳漓係焉，政治得失係焉，可使之湮沒無聞乎。蚤夜以思補偏救弊，兩月後稍定其規模，奈隣邑黎警頻聞，擬誓師會剿而四封之要害宜防者，綿亙數百里，舊制蕩然無兵無餉，亡羊之牢未補，棲燕之幕猶慮，余以簿書而雜羽書，以政務而兼軍務，繕器固圍、策餉籌兵，廢寢食觸炎敲，未敢畏難少卻，余初稅駕雖慮定之難治，而兵興勤者又豈計慮所能及乎，幸頑梗俛首革心，未敢犯定尺寸地，乃得與定

人休息。」

次云：「定之縉紳先生、庠序諸友相慶苟安，以續修邑乘爲言，屬余握管，余未辭戎服，莫展文心，顧慚瞻學宏材安，可妄塵簡牘，自附於外史小史之列，矧舊志僅存一稿，已百餘年，蠹滅難稽，其間因革捐益，十未窺五，得無來喜事之誚，思維良久。又曰國初淳隆朴茂，可以無書而治，嗣承平日久，文武恬熙，地方關切，悉置不講，倏而天崩地折，京都潰陷，中原且多故矣。不及分晰其原委備於圖維，其紛紜變異寧候之不可知乎。」

又云：「余雖胸無一牒之誦念，自古稗官胜説塵路，淺言有關治術，不斥其悠謬，茲何敢以固陋爲辭，才未窺豹一斑，心願集狐千腋，因就紳衿之教而分類騈羅，爲綱者若干，爲目者若干，另纂黎情、黎勢與地形事宜，以備後之剿撫守禦，余思先正有言，守令於郡邑，名之曰知謂一郡一邑之事，守令所宜知也。」

末云：「余於斯編，載其已知者其宜知，與未知者可勝計歟，語一邑於邦國四方，比邑乘於外史小史之所掌，職方之所辦，則滄溟之片雨，岱岳之纖塵而已。然來此爲令者，與其間百餘年前之舊志，不如近取斯編，亦足少神於省覽，以定人而披定志，益鏡於地方之利病，風俗之淳漓，政治之得失，寧貿貿而無所適從哉，編摩近月，捐俸以授梓人，敬題於簡首。」

　　　　案：明弘光歲次甲申(1644)知府張允佳，同知署縣事馬光，所譔〈舊志序〉，載於清・吳應廉修《光緒　定安縣志》（卷首）。

　　　　明弘光歲次甲申(1644)，實係明毅宗崇禎十七年(1644)

甲申歲。

(三)、纂者事略

依據清‧吳應廉修《光緒　定安縣志》（卷首）載：〈舊志同修姓氏〉（弘光二年乙酉）。其參與修志者計三人，分別著述於次，以供方家參考。

馬　光，號凍庵，江南（今江蘇省）吳縣人。明崇禎十七年(1644)甲申，以瓊州府同知，署定安縣事。精明強幹，當黎寇薄城，籌餉集兵禦之，寇遠遁。邑志經年殘闕，毅然以為己任，會紳士纂輯成書，俾一邑文獻不致久而無徵，光之力居多焉。

清‧吳應廉修《光緒　定安縣志》（卷之四‧職官志‧宦蹟），戴有事略。

陳端蒙，廣東歸善（惠陽）縣人。明崇禎十五年(1642)壬午科舉人，任定安儒學教諭。舊有丁祭，折乾陋規，端蒙詳免，里民德之。甲申(1644)黎亂，賊黨圍攻定城，城中無尹，端蒙護篆親禦失石，賊遂解圍城獲安堵，皆端蒙之力矣。

清‧張岳崧《道光　瓊州府志》（卷之三十‧官師志‧宦續）、吳應廉《光緒　定安縣志》（卷之四‧職官志‧宦蹟），皆載有事略。

陳天眺，貴州人。明崇禎年間，銓任定安縣儒學訓導，會纂邑志。

《雍正　定安草志》　　清‧莫大任修　　莫魁文纂

清雍正八年(1730)修（未刊）　佚

按《雍正　定安草志》之題名、纂修人，修志年次，係根據清‧吳應廉修《光緒　定安縣志》（卷首）載：〈舊志同修姓

氏〉著錄。

(一)、知見書目

邢益森《海南鄉情攬勝》（寶島風姿錄・續集二・頁一〇
〇）： 定安縣志 董大任 莫魁文纂修
　　　　清雍正八年(1730) 未刊 失
　　　案：是志係莫大任修，邢著為董大任，似有舛錯，抑
　　　　係手民之誤，宜補正之。

王會均《海南方志資料綜錄》（總目錄・頁二一）：
　　　〔雍正〕定安縣志（草志）
　　　　清・莫大任修 莫魁文纂
　　　　清雍正八年(1730)修（未刊） 佚

(二)、纂者事略

依據清・吳應廉修《光緒　定安縣志》（卷首）戴：〈舊志
同修姓氏〉（雍正八年庚戌草志）。其參與修志者計二人，分別
著述於次，以供方家參考。

莫大任，廣西臨桂人。清雍正四年(1726)丙午科舉人，於雍
正七年(1729)任定安知縣。次歲庚戌(1730)倡修邑志（未刊），雍
正十年(1732)壬子，改調感恩知縣。

莫魁文，字起梧，號印山，定安東一（南村）人。清康熙五
十六年(1717)丁酉科舉人，登康熙六十年(1721)辛丑科進士（三甲
八十八名），吏部觀政三年，改授直隸（今河北省）慶雲知縣。
政多平反，有賢令聲，慶雲志載其廉潔慈祥。

清・張岳崧《道光　瓊州府志》（卷之三十五・人物志・儒

林）、吳應廉《光緒　定安縣志》（卷之六・列傳志・人物），皆載有事略。

《嘉慶　定安草志》　　清・周祚熙修　　王　峋纂

清嘉慶二十四年(1819)修（未刊）　　佚

按《嘉慶　定安草志》之題名、纂修人及修志年次，係根據清・吳應廉《光緒　定安縣志》（卷首）戴：〈舊志同修姓氏〉（嘉慶二十四年己卯草志）著錄。

(一)、知見書目

邢益森《海南鄉情攬勝》（寶島風姿錄・續集二・頁一〇〇）：　　定安縣志　　周祚熙　　王　峋纂修

清嘉慶二十四年(1819)　未刊　失

王會均《海南方志資料綜錄》（總目錄・頁二二）：

〔嘉慶〕定安縣志（草志）

清・周祚熙修　　王　峋纂

清嘉慶二十四年(1819)修（未梓）　　佚

(二)、修志始未

依據清嘉慶二十四年(1819)己卯，知縣周祚熙氏，教諭王峋氏，所譔〈草志序〉（兩篇），綜著其修志之緣由意旨，暨歷程始末於次，以供方家參考。

知縣周祚熙〈草志序〉云：「縣誌自康熙三十年，董邑宰刊修成書，至雍正八年，邑紳續編而未鐫板，因循近百年矣。以地瘠民貧，故余嘉慶二十一年抵是邦，見諸務廢而不舉，與邑紳商榷，僉稱城垣爲最，二十二年冬，興工築城，閱歲蕆事。」

又云：「奉上憲興修省志，札調各縣舊誌，定誌缺而不備，爰集邑紳先定草誌，而百十年來之賦稅因革、守官陞遷去就，以及科名、節義諸目，悉博採而增之，數月草本成，即以是獻諸省局，以供採集，登諸梨棗，尚俟來年。」

教諭王　峋〈草志序〉云：「……定安縣志，先是康熙三十年，縣尹董公興祚，暨紳士纂修成板。洎乎雍正八年，縣尹莫公大任，暨紳士繕修，未付剞劂而遂寢，迄今近百年，其舊板幾朽，字跡亦模糊難識。」

復云：「欣奉上憲纂修省志，邑尊周公方有事於修城垣、葺廟宇，興廢舉墜。文到相與共商諸紳士，列紳士褒然舉首，參互採輯，訛者正之，缺者補之，兩閱月而成。夫不虛美、不隱惡者，謂之實錄。茲邑志，凡忠孝節烈，以及官蹟民風，皆詳悉記之，則其闡揚前喆，砥礪人心所係，豈淺鮮哉。」

末云：「故次序編校其成板者仍舊，間有續入惟據事直書，非敢褒其可褒，而貶其可貶也。余甚喜共襄其事，以適觀厥成，異時付諸梓，誠有如因雲灑潤，則芬澤易流矣，青簡昭然也。諸君子其何如砥礪淑修，于以克自樹立，以上繼前哲也哉。」

案：清仁宗嘉慶二十四年(1819)歲次己卯，知縣周祚熙氏暨教諭王　峋氏，所譔之〈草志序〉（兩序全文），載於吳應廉修《光緒　定安縣志》（卷首）。

(三)、纂者事略

依據清・吳應廉修《光緒　定安縣志》（卷首）載：〈舊志同修姓氏〉（嘉慶二十四年己卯草志）。其參與修輯草志者，除知縣周祚熙氏外，尚有六人，分別著述於次，以供方家參考。

　　周祚熙，江西省南豐縣人。清高宗乾隆四十九年(1784)甲辰科進士（三甲十名），於清嘉慶二十一年(1816)丙子，任定安縣知縣。工於催科，大修城堞樓閣，致虧空，調順德卒。

　　王　峋，字立軒，廣東省嘉應府興寧縣人。清嘉慶五年(1800)庚申科舉人，於清嘉慶二十年(1815)任定安縣學教諭。主講尚友書院，課藝尚清真，任十八年致仕。

　　清・吳應廉修《光緒　定安縣志》（卷之四・職官志・宦蹟），有事略。

　　莫翔龍，字仲舉，東廂一（莫村）人。清嘉慶年間歲貢，生有至性，少失怙，寡母弱疾，與兄見龍奉事湯藥，數十年如一日。撫教孤姪進庠，倡捐莫族義田，事迄有濟。五赴鄉闈，一薦被放，人咸惜之。

　　清・吳應廉《光緒　定安縣志》（卷之六・列傳志・人物），載有事略。

　　林毓瑞，字雲徵，號菊潭，東廂二（潭覽）人。清嘉慶十八年(1813)癸酉科拔貢生，聰明博雅，素愛賓客，舉動生風，善詼諧，工詩賦，名重一時。中年病聾，遂杜門不出，以栽花看書為樂，喜為人作記序疏表諸雜文。嘉慶己卯、咸豐辛亥二次，纂修邑志皆與之，享壽八十三終。

　　清・吳應廉修《光緒　定安縣志》（卷之六・列傳志・人物），有事略。

　　莫紹謙（督少子），字牧堂，號地山，東廂一（南山）人。能詩善書，克傳家法，剛方自持，樂善嫉惡，少為里黨所器，事出於誠，言不及私。清道光二十三年(1843)癸卯，由廩貢銓合浦教諭，年七十未任卒。

清‧吳應廉修《光緒 定安縣志》（卷之六‧列傳志‧人物），有事略。

鄺廷玉，定安人。生員，同纂邑志。

胡威鳳，定安人。增生，同纂邑志。

《咸豐 定安縣志》 清‧梅占元修 王映斗纂

清咸豐四年(1854) 佚

按《咸豐 定安縣志》之題名、纂修人、修志年次，係依據清‧吳應廉修《光緒 定安縣志》（卷首）載：〈舊志同修姓氏〉著錄。

㈠、知見書目

邢益森《海南鄉情攬勝》（寶島風姿錄‧續集二‧頁一○一）： 定安縣志 梅占元 王映斗纂修
　　清咸豐四年(1854) 未刊 失

王會均《海南方志資料綜錄》（總目錄‧頁二二）：
　　〔咸豐〕定安縣志 清‧梅占元修 王映斗纂
　　清咸豐四年(1854)修（梅序） 佚

㈡、修志始末

依據清咸豐四年(1854)甲寅，知縣梅占元〈舊志序〉，就其修志意旨及始末，著述於次，以供參考。

梅占元〈舊志序〉云：「……邑之有志，猶國之有史。其所以量輿地之廣袤，稽戶口之殷繁，辨風俗之異同，察經政之得失，棄瑕錄善，顯微闡幽者，胥於是乎！」

復云：「在道光庚戌，予承乏茲邑，下車查邑志。而邑之

志，康熙三十年知縣董公愼庵，張公玠峰相繼輯修，距今近二百年，簡帙半經蠹朽。雍正年間曾有擬修而未果，至嘉慶己卯續修，亦爲上憲修省志促繳，急遽應付容有掛漏，且亦三十餘年矣。」

又云：「辛亥春，鄉宦鴻臚寺卿王公漢橋抵籍奉諱，即以纂修之事托之，并請林君菊潭、莫君卓人同纂，遴多士分理採訪、繕稿、參校，遂與眾紳籌畫經費，設簿捐修，予與廣文胡公衛珊，時亦披覽商榷，取原志之明備者存之，而此三十餘年之未備者，菊潭、卓人老成現在，更得京卿漢橋審擇去取，增補爲重修之部。是役也，經始於辛亥之夏，至甲寅秋而告竣，首事諸紳請予言，以并其首。」

末云：「予惟定邑人才，自大宗伯王公以後，凡内載鄉賢，外登名宦諸公，有不僅爲一邑一郡之士者，倘操史筆而求諸故土，舍邑志其何以徵之哉。況乎綜核典故、考昔闚今，條陳山川之變遷，縷述建置之興廢，詳舉炳烺之事績，顯發潛德之幽光，按事考義期於明晰，以勒成善本使後人得所依據，是予理縣者之職，實董事諸君子之力也，是爲序。」

　　案：梅占元〈舊志序〉（全文），載在清・吳應廉修《光緒　定安縣志》（卷首）。

(三)、纂者事略

依據清・吳應廉修《光緒　定安縣志》（卷首）載：〈舊志同修姓氏〉（咸豐四年甲寅）。就參與修志事務者，分別著述於次，以供方家參考。

鑑修：梅占元，貴州省安順府普定縣人。清道光年間舉人，

於道光三十年(1850)任定安知縣。清咸豐元年(1851)至四年(1854)間，鑑修邑志。平易可親，在任平定境內匪賊，民獲安堵後，調徐聞，卒於任。著有《經餘廣類》，行於世。

清·吳應廉修《光緒　定安縣志》（卷之四·職官志·宦蹟），載有事略。

檢修：胡蓉鏡，字蘅珊，廣東順德人。清道光十二年(1832)壬辰科順天榜舉人，於道光二十九年(1849)任定安縣學訓導。清咸豐元年(1851)至四年(1854)間，檢修邑去。

總纂：王映斗，字運中，號漢橋，又號瀚嶠，世居西廂二圖春內村。清道光二十四年(1844)甲辰科進士（二甲十四名），由戶部雲南司員外郎，陞四川司郎中，擢鴻臚寺少卿。歷任太僕太常，奉天府丞提督學政，大理寺正卿，以年老乞歸。家居四年足跡不履公門，鄉里莫不欽仰，卒年八十有一歲。所著詩文並公牘極夥，惟刊本家族譜存於家，其餘雅不欲留稿焉。清咸豐元年(1851)至四年(1854)間，總纂邑志。

清·吳應廉修《光緒　定安懸志》（卷之六·列傳志·人物），載有詳傳。

除鑑修、檢修、總纂者外，尚有：分纂、參訂、編輯、繕寫、校刊、採訪、管帳者，計二十七人，分著於次，以供查考。

分纂：計四人，其里籍及事略，分著於次，以供查考。

林毓瑞，字雲徵，號菊潭，東廂二（潭覽）人。清嘉慶癸酉拔貢生，於嘉慶己卯、咸豐辛亥二次，協修邑志。

清·吳應廉修《光緒　定安縣志》（卷之六·列傳志·人物），載有事略。

莫昌宇（蕢之孫、紹惠子），東廂一（南山）人。清道光丙

午(1846)歲貢，於清咸豐四年(1854)甲寅，分纂邑志。

案：清・吳應廉修《光緒　定安縣志》（卷之六・列傳志
・人物），所載「莫紹憙」傳略（有記：子昌美之事
略），似係「昌宇」，謹附誌於茲，以供參考。

陳　詩，字正甫、號葩庭，西廂一（文坡）人。補邑增生，曾選授長寧教諭。清咸豐元年(1851)辛亥，由增生舉孝廉方正。有司促令赴郡就職，至省適友人莫昌美疾終旅邸，詩為棺殮運歸，並緘所餘資給其家，絲毫弗取。其生平矢志耿介，喜周急，至老不衰，卒七十六。

清・吳應廉修《光緒　定安縣志》（卷之六・列傳志・人物），載有事略。

胡　譽，字揚廷、號思永，城內南門人。庠生，九試棘闈而志不衰，以舌耕為業，生徒多科名士，著有《留餘軒詩稿》。於清咸豐元年(1851)，纂修邑志，人物列傳，大半經手。壽六十六，卒時天雨續三日。

清・吳應廉修《光緒　定安縣志》（卷之六・列傳志・人物），載有事略。

參訂：計五人，就其里籍及事略，分著於次，以供查考。

莫紹祖，字純齋，東廂一南興人。輝祖弟，資質明敏，經術湛深，於周禮尤能融會貫通，時出新解，弱冠遊庠，食餼名噪士林，晚膺歲薦（貢）。咸豐初元（辛亥），參訂邑志。

清・吳應廉修《光緒　定安縣志》（卷之六・列傳志・耆紳），載有事略。

莫琮堂，字權五、號石鞍，東廂一仙老人。清道光間恩貢，吏部以直隸州州判注選。於清咸豐辛亥(1851)，參訂邑志。少聰

穎，性沖和，邑宰姚公成熙，聞其賢，且耄猶勤學，親為勸駕弗顧也。其家累代明經同懷六人，並為通儒，登大耋，琼堂年最高，得壽八十五。

清·吳應廉修《光緒　定安縣志》（卷之六·列傳志·人物），載有事略。

莫善鈞，東廂一（莫村）人。清咸豐初年歲貢，於咸豐元年(1851)至四年(1854)間，參訂邑志。

王映文，西廂二春內人。清道光末年歲貢，於清咸豐元年(1851)至四年(1854)間，參訂邑志。

王器成，西廂二春內人。映斗次子，優貢，清咸豐八年(1858)戊午科順天榜舉人，授刑部主事。於清咸豐元年(1851)至四年(1854)間，參訂邑志。

編輯：計六人，分列於次，以供參考。

陳家杰，廩生

葉蔭輝，廩生

莫性謙，字子善，號筠莊，瑞堂次子，東廂人。恩貢，選長寧教諭。在任勤於訓迪。大憲保加內閣中書銜。後壽六十一，卒於官。生員感其恩，會合黌人，醵貲付子文鏡，扶柩歸葬焉。

清·吳應廉《光緒　定安縣志》（卷之六·列傳志·人物），有事略。

王漢卿，字翠庭，號紫雲，南雷二霞朗人。郡廩生爾晨子，善體親訓，十歲能文，弱冠遊王映斗門下，……生平嚴氣正性，究心儀禮，……人稱忠厚長者。咸豐初年，與修邑志，內圖、山川、人物，賴以生色者，卿之力也。

清·吳應廉《光緒　定安縣志》（卷之六·列傳志·人

物），有事略。

　　王經元，李家龍梅人。廩生（貢），單雙月訓導。

　　李尚華，城內中街人。增生（廩貢），加捐訓導。

　　繕寫：計七人，分列於次，以供參考。

　　莫鼎光，生員

　　莫洽熙，生員

　　莫昇同，生員

　　莫恒瑞，生員

　　莫起龍，生員

　　劉椿茂，生員

　　陳仁恕，生員

　　校刊：計二人，分列於次，以供參考。

　　莫益泰，從九品，候補司理。

　　胡　誨，監生

　　採訪：計二人，分列於次，以供參考。

　　王成功，生員

　　胡屏蔣，監生

　　管帳：王元候，西廂二芳塘人。武庠，千總。

　　綜窺清・吳應廉修《光緒　定安縣志》（卷首）戴：〈舊志同修姓氏〉（咸豐四年甲寅），參與修志各事務者，計有：鑑修一人，檢修一人，總纂一人，分纂四人，參訂五人，編輯六人，繕寫七人，校刊二人，採訪二人、管帳一人，共計三十員。其開館規模之大，參與修志者之眾，實為歷次修志之冠矣。

舊志同修姓氏

明

景泰年
　傅　容邑候全裕人

嘉靖初年舊志
　王仕衡邑人

嘉靖十四年乙未
　宋　賢安衡永拔貢
　黃　讓邑人
　陳不顯拔衡貢
　吳　綱歲貢
　吳壽齡二十九年鄉薦
　張一麟

定安縣志《卷首　舊修姓氏　四》

國朝

雍正八年庚戌草志
　莫天任邑候江西人

宏光二年乙酉
　馬　光同知翁源縣江南人
　陳婦蒙秋衡師吾峯人
　陳天觀訓導貢
　莫魁文進士

嘉慶二十四年己卯草志
　周祚熙邑候江西
　莫翔龍歲貢南豐遊士
　王峋教諭舉人嘉
　莫紱諫道光二十三年由歲貢選申補敕增
　林毓瑞拔貢
　廖連玉生貢

定安縣志《卷首　舊修姓氏　五》

咸豐四年甲寅
　胡戚鳳增生
　梅占元邑候貴州普
　胡審鏡訓導恩貢
　王映斗邑人甲辰進士鴻臚寺少卿歷任太僕
　　少卿提督手天學政晉太理王卿繼纂
　林毓瑞邑人拔
　莫昌宇邑人歲貢
　陳　詩歲貢邑人李王
　胡　鑾邑人歲貢以上分纂
　莫紹机歲貢
　英琇豐歲貢
　英善鈞歲貢
　王映文歲貢
　王成器廩生
　陳家杰廩生
　葉春輝廩生以上參訂

莫性謙廩生
王經元廩生
　王漢卿廩生
　李尚華增生以上編輯
莫鼎光生員
莫昇同生員
　莫恒瑞生員
　莫洽熙生員
英起龍生員
陳仁恕生員
　劉棒茂生員
莫益泰從九品候選補司理
　胡　梅監生以上校刊
王成功生員
王元候管帳
　胡屏蔣監生以上採訪

待訪〈舊志同修姓氏〉書影
載在《光緒定安縣志》卷首

康熙稿本

《康熙　定安縣志》八卷　　清·張文豹修　　梁廷佐纂

清康熙二十五年(1686)修（張序）　抄本

4冊　有圖表　25公分　線裝

(一)、知見書目

譚其驤《國立北平圖書館方志目錄》（冊四）：

　　　　定安縣志　八卷　　清·張文豹修　　梁廷佐纂

　　　　清康熙二十五年刻本　　四冊

小葉田淳《海南島史》（頁三〇二）：

　　　　定安縣志　八卷　　張文豹　　梁廷佐

　　　　康熙二十五年

杜定友《廣東方志目錄》（頁一十八）：

　　　　定安縣志　8卷　　張文豹修　　梁廷佐纂

　　　　康熙二十五年

陳劍流《海南簡史》（頁八三）：

　　　　定安縣志（八卷）　　張文豹、梁廷佐編

　　　　康熙二十五年

李景新《廣東方志總目提要》（頁一二〇）：

　　　　定安縣志　八卷　　張文豹修　　梁廷佐纂

　　　　康熙二十五年　　〔藏〕　北平

朱士嘉《中國地方志綜錄》（冊二·頁一十三）：

　　　　定安縣志　八卷　　張文豹修　　梁廷佐纂

　　　　康熙二十五年　　北平

中國科學院北京天文臺《中國地方志聯合目錄》（頁七〇二）：　〔康熙〕定安縣志　八卷

清・張文豹　　梁廷佐纂修

清康熙抄本　　北京　　廣東（膠卷）

張世泰《廣東省中山圖書館藏廣東地方志目錄》（頁一四五）：　〔康熙〕定安縣志　八卷

清・張文豹纂修　　梁廷佐同修

清康熙二十五年(1686)修　抄本　未入藏

1959 年北京圖書館攝制　膠卷　K/7.52/1[2]

陳光貽《稀見地方志提要》（古今圖書集成方志輯目・頁一二三八）：定安縣志　八卷　　張文豹修　　梁廷佐纂

清康熙二十五年修　存

注：《綜錄》作四卷

楊德春《海南島古代簡史》（頁一五七）：

《定安縣志》八卷　　清・張文豹、梁廷佐編纂

清康熙二十五年(1686)刻本　　乾隆年間增修

邢益森《海南鄉情攬勝》（寶島風姿錄・續集二・頁一〇〇）：　安定縣志　八卷　　張文豹　　梁廷佐纂修

清康熙二十五年(1686)　　舊抄本

廣東中山圖書館等藏

王會均《海南方志資料綜錄》（總目錄・頁二一）：

〔康熙〕定安縣志　八卷

清・張文豹修　　梁廷佐纂

清康熙二十五年(1686)修　抄本

㈡、修志始末

依據清康熙二十五年(1868)丙寅歲仲冬吉日，文林郎知定安縣張文豹〈序〉云：「皇上御極之四年，家先嚴奉命旬宣東粵，余小子以待晨昏，從因獲覽粵之名山大川與其風土人物，惟瓊懸海外，遠莫能至，時以爲闕。一日閱通志，見其山則有五指黎婺之高，水則有建江瀚海之深，煙波縹緲別一洞天，不禁悠然興曰，是誠所謂南溟一奇旬也。彼邱海王唐諸先生之鍾秀於斯，豈偶然哉，爲之流連者久之，年來筮仕於朝，得宰定陽，則瓊之屬邑也。浮海沂江，登高遠望其山川風景，不離通志所載近是，余於是嘆志之爲益大矣，猶以爲通志略，固不若邑志之爲詳也。」

復云：「爰搜求遺帙以考，夫民風之厚薄若何，黎情之出沒若何，歷代忠臣孝子、貞夫節婦之遺蹟若何，無如簡編殘缺時已久矣，噫文獻無徵一至此哉。夫邑之有志猶國之有史，所以紀事蹟廣見聞昭法戒也。定居瓊海上游在十三州縣之中，昔稱沃壤號樂土，自王宗伯以弱冠得解起家，翰苑一時文人輩出甲於嶺表，其文章事業可法可傳，久已彪炳紀載，而今何寥寥不古若也。毋亦法戒不昭以故，吏斯土者不以田野士庶爲心，生斯地者不以禮樂詩書爲事歟，余甚憫焉。」

末云：「是以即事以來，一遵遺訓以不負聖天子簡畀之心，務爲省節與民休息，而又以邑志殘缺爲司牧羞。爰集諸紳衿採輯舊聞、校正遺編，又得廣文梁君疊石爲之論次，自星野封域以及忠孝節義，記敘詩歌無不備錄，彙成一帙分爲四卷。乃壽諸梓俾後之覽者，有所感發而興起焉，是亦廣教化風俗之一助也，云爾是爲序。」

綜就張文豹氏〈序〉文（載於清・吳應廉修《光緒　定安縣志》卷首）窺之，其「康熙抄本」（張文豹修）之修志旨意動機、歷程始末，大略如斯矣。

㈢、纂者事略

據吳應廉修《光緒　定安縣志》（卷首）載：〈舊志同修姓氏〉（康熙二十五年丙寅），就其事略，分著於次，以供參考。

纂修：張文豹（粵東方伯颺之子），字玠峰，湖廣（今湖北）麻城人。例貢（清・張岳崧《道光　瓊州府志》卷之二十四・職官志・文職，作：歲貢），於清康熙二十三年(1684)任定安縣知縣，詳革陋規，修葺文廟，創義學、設義田、修邑志，卒於官，邑人立廟與前令李宏名合祀。

清・阮　元《道光　廣東通志》（卷二百六十・官績錄・國朝六）、張岳崧《道光　瓊州府志》（卷之三十一・官師志・宦績下）、吳應廉《光緒　定安縣志》（卷之四・職官志二・宦績），皆載有事略。

同修：梁廷佐，字疊石，室名：浣研堂，廣東省順德縣人。歲貢，於清康熙二十四年(1685)任定安縣儒學教諭，捐修兩廡戟門，暨名宦、鄉賢各祠，奉母馮氏命，捐置田畝為諸生賓興費，士林至今食德，建祠祀之。

清・張岳崧《道光　瓊州府志》（卷之三十一，官師志・宦績下）、吳應廉《光緒　定安縣志》（卷之四・職官志二・宦蹟），載有事略。

校訂：陳景遇，廣東潮陽人。歲貢，於清康熙二十五年(1686)丙寅，任定安縣儒學訓導，參校邑志。

案：是〈修志人姓氏〉，係據志首（卷之一）補之。

㈣、志書內容

　　清‧張文豹修　梁廷佐纂《康熙　定安縣志》（抄本），凡八卷，分門十一（志），列目二十九。其主要內容，依目錄（據正文補）及卷次，分別著述於次，以供方家參考。

　　卷之一　輿地志（正文補）

　　　　　　　輿圖　星野　氣候　沿革　疆域　形勝　山川
　　　　　　　津梁　水利　井泉

　　卷之二　建置志（正文補）　　城池　公署
　　　　　　學校志

　　　　　　　社學　禮儀　器教　祭器　祭品　名臣祠
　　　　　　　鄉賢祠

　　　　　　　祠祀志　坊表　驛鋪
　　　　　　　兵屯志　營寨

　　卷之三　風俗志　古蹟　丘墓　物產　災祥
　　卷之四　賦役志　戶口　地畝　起運
　　卷之五　職官志
　　卷之六　選舉志
　　卷之七　藝文志
　　卷之八　黎岐志

㈤、修志體例

　　首就定安縣知縣張文豹〈序〉（清康熙二十五年丙寅歲仲冬）言之，張氏於篆事以來，以邑志簡編殘缺為羞，爰集諸紳衿

採輯舊聞，校正遺編，並得梁君疊石為之論次，自星野封域以及忠孝節義、記敘詩歌無不備錄，彙成一帙分為四卷（案：原稿實為八卷）。其修志之體裁，似沿仿「遺編」義例也。

次從張文豹修、梁廷佐纂《康熙 定安縣志》（目錄及正文）窺之，此志內容，大凡八卷，門分十一志、共列二十九目。提綱挈領，門目井然，是以修志之體例，係採「分志體」，亦就「按類分目法」也。

是《康熙 定安縣志》（稿本），所擊之邑事，以明末清初之紀事較詳，其斷限年代，止於清康熙二十五年(1868)歲次丙寅。茲依紀事年次，分別著述於次，以供方家查考。

　　卷之二　建置志　公署

　　　　縣　署：國朝…康熙二十四年圯於風雨，知縣張文豹捐俸重修。

　　　　學校志　社學

　　　　昌建義學：在縣署東，康熙二十五年，知縣張文豹捐俸創建。

　　　　嶺腳莊田、大村莊田：康熙二十五年，知縣張文豹捐置入義學。

　　　　學校志　禮儀

　　　　御書匾額：萬世師表，康熙二十五年頒。

　　　　大成殿：…國朝…康熙二十五年，知縣張文豹，教諭梁廷佐重修。

　　卷之五　職官志　國朝（清）

　　　　訓　導：陳景遇，潮陽歲貢，康熙二十五年任。

　　卷之八　黎岐志

國　朝：康熙二十五年，瓊山喃嘮及陶家墜峒，諸黎首
　　　　王乾雄等出刼定安樂會，瓊州鎮吳啟爵、副使
　　　　程　憲遣人招撫平之。

㈥、刊版年代

　　清・張文豹修、梁廷佐纂《康熙　定安縣志》，此乃「抄
本」，亦稱「稿本」。線裝，四冊。

　　依據繆荃孫（筱珊）編《清學部圖書館方志目》（在國粹學
報社編：古學彙刊第五冊　民國五十三年　臺北市力行書局　影
印本　臺灣分館藏。索書類：030.89/6974V.5）著錄：〔康熙〕定
安縣志　八卷　四冊　知縣張文豹修（序）　康熙二十五年　寫
本。此與諸家方志書目，所著資料大都類同。

　　按《康熙　定安縣志》（凡八卷），只有「抄本」（寫本，
俗稱：稿本），由於未壽諸梓，致流傳欠廣，罕見藏板。於今國
內外圖書館或文教機構庋藏者稀尠，就其知見者（公藏），分述
於次，以供查考。

　　清抄本　清康熙二十五年(1686)修（張序）　稿本
　　　中國：北京圖書館
　　微捲片　一九五九年北京圖書館攝製縮微膠卷
　　　中國：廣東省中山圖書館　K/7.52/1[2]

序

皇上御極之四年家先嚴奉命句宣東粵余小子
以持箕帚從因趨覽粵之名山天川與其風土人
物惟瓊慈海外遠莫能至時以為闕一日閱通志
見其山則有五指崒藝之高水則有建江瀟海之
深煙波縹緲別一洞天不禁慾興日是城所趨
南溪一奇句也從郯海王鹿請先生之雙秀於斯
堂偶繫議焉之流連者久之毋垂筐仕於翰得軍
定陽則殖之屬邑也得海沂江隆高遠覽其山川
風業不離過志所載近是余於是嘆志之為益大

張文豹《康熙稿本》書影

矣擂以為通志畧固不若邑志之為詳也是搜求
遺帙以孝夫民風之厚薄若何㳂情之出沒若何
歷代忠臣孝子貞夫節婦之遺蹟若何無如簡編
殘缺特已久矣噫文獻無徵一至此哉夫邑之有
志猶國之有史所以紀事蹟慶見聞昭法戒也定
居瓊海上游在十三州縣之中昔稱汶壤號樂土
自王宗伯以弱冠得解起家翰苑一時文人輩出
甲於嶺表其文章勳業可法可傳久已龍炳紀載
而今何寥寥不古若也毋亦法戒不眧以故史斯
土者不以田野士萬心生斯地者不以禮樂詩
書為事敷余甚憫是以即筆以來一遵遭到以
不負聖天子簡茅之心務為省嗇與民休息而又
以邑志殘缺為司收是集諸紳袗採解舊聞枝
正遺偏又得廣文梁君疊石為之論次自星野封
域以又忠孝節義記叙詩歌無不備錄彙成一帙
分為四卷乃壽諸梓碑後之覽者有所感發而興
起焉是齊廣敎化風俗之一助也云爾是為序
康熙二十五年丙寅歲仲冬吉日文林郎知定安
贛西陵張文豹玠峰撰　（公元一六八六年）

康熙刊本

《康熙　定安縣志》四卷　　清・張文豹纂修　　董興祚續修

清康熙三十年(1691)刊本

4 冊　有圖表　25 公分　線裝

㈠、知見書目

阮　元《道光　廣東通志》（卷一百九十二・藝文略四）：

　　定安縣志　四卷

　　　國朝・董興祚修　存　　康熙庚午

　案：康熙庚午，亦就康熙二十九年(1690)歲次庚午。

江　瀚《故宮方志目》（頁七十三）：

　　定安縣志　四卷　　清・董興祚纂修

　　清康熙二十九年刻本　　四冊

小葉田淳《海南島史》（頁三〇二）：

　　定安縣志　四卷　　董興祚　　康熙二十九年

杜定友《廣東方志目錄》（頁一十八）：

　　定安縣志　4 卷　　董興祚纂修

　　康熙二十九年(1690)

陳劍流《海南簡史》（頁八三）：

　　定安縣志（四卷）　　董興祚等修

　　康熙二十九年（故宮博物館藏）

李景新《廣東方志總目提要》（頁一二一）：

　　定安縣志　四卷　　董興祚纂修

　　康熙二十九年　　〔藏〕　故宮㈡

黃蔭普《廣東文獻書目知見錄》（頁六十一）。

　　　　定安縣志　四卷　　清・董興祚

　　　　康熙二十九年(1690)刊本　　　「故宮」

朱士嘉《中國地方志綜錄》（冊二・頁一十三）：

　　　　定安縣志　四卷　　董興祚纂修

　　　　康熙二十九年　　故宮（二部）

國立故宮博物院《善本舊籍總目》（頁五二一）：

　　　　定安縣志　四卷　　清・董興祚　張文豹纂修

　　　　清康熙二十九年刊本　　四冊

王德毅《中華民國臺灣地區公藏方志目錄》（頁一二九）：

　　　　康熙定安縣志　四卷

　　　　　清・董興祚、張文豹等纂修

　　　　清康熙二十九年(1690)刊本　　故宮

楊德春《海南島古代簡史》（頁一五七）：

　　　　《定安縣志》四卷　　清・董興祚編纂

　　　　清康熙二十九年（公元 1690 年）刻本

邢益森《海南鄉情攬勝》（寶島風姿錄・續集二・頁一〇

〇）：　　定安縣志　四卷　　董興祚纂修

　　　　清康熙三十年(1691)　　故宮博物院

　　　　附注：有乾隆五十二年增修本

王會均《海南方志資料綜錄》（總目錄・頁二一）：

　　　　〔康熙〕定安縣志　四卷

　　　　　清・張文豹修　梁廷佐纂　董興祚續修

　　　　清康熙三十年(1691)刻本

(二)、修志始末

本《康熙 定安縣志》，係新任知縣董興祚（慎菴）氏，於清康熙二十九年(1690)庚午，就前令張文豹（玠峰）修「康熙抄本」（稿本，未梓）為藍本，邀集定邑名儒宿學，相與參稽增補，編彙續修成帙，釐為四卷，並捐廉授諸梨棗矣。

依據清康熙二十九年(1690)庚午孟冬月，知定安縣事董興祚〈重修定邑志敘〉云：「……及余邀恩御試捧檄海南，竊與家兄喜曰：瓊南風俗向之會於心者，今可寓諸目矣。下車之始，見觸目荒殘，滿地荊棘，而田野之經畫，名物之紛賾，急欲周悉了不可得，故一晤建江紳士，即以邑志是詢，俱云兵燹之後，文獻無徵舊章莫考，雖前任張公亦嘗留心於此，緣時事頻仍忽為中止，是以積習生玩，遲之又久未獲觀成也。」

又云：「余不敏待罪定陽，竊以謂太師陳詩，市師納賈，民風民志政事攸關，司牧者安可視為具文，等諸玩愒而不加之意耶。用是於簿書之暇，偕邑之名儒宿學，相與博綜往籍，旁採方言燈火，參稽編彙成帙。其間往事或有脫略者增補之務求其美備，詞語有未確實者考訂之要歸於精詳，顧近考遠稽殆無掛漏，刪繁舉要多所取裁，共授剞劂勉付梨棗，在予量捐簿俸以勸盛舉。……」

末云「…清名美事焜耀簡策，則邑志之修殆亦扶植世教之一助，孰謂古今人有不相及也。至若山靈毓秀五指開屏，建水清潭一江環抱，其中名賢題咏，繼東坡居士之留題黎婺山者代不乏人，凡宰斯土與生斯土者，多好學稽古之士，皆能傳記之，又不待予為贅言耳，是為序。」

　　復據清康熙三十年(1691)辛未歲，定安縣儒學教諭梁廷佐〈重修定安縣志後序〉云：「今上大修一統志，康熙丙寅夏，前大中丞李公欽承傳檄於各郡邑，定期蒐輯以翼國史以勵風教，前邑侯玠峰張公聞命，屬廷佐搜輯時兢兢是懼，謂期逼難於卒成，矧定邑舊志修百有餘載，至明弘光乙酉，郡司馬公光攝定纂，與掌教陳君端蒙，當板蕩之際，復草率成書。其間升降沿革謠俗土風，語而不詳斷而不續，因陋就簡體裁失次，乙酉迄今又四十餘載，時事變更賢哲忠嫠芳踪懿行，湮沒殆不可勝數。」

　　次云：「遂請諸縉紳先生同為討論，得司訓莫君璨鈺手錄，一一書出示予曰：此吾家世傳寶也。喜展讀之，見其事核其義嚴其文典，而瞻莫君一書有功於定陽匪小，隨令諸子繕錄其本，參證隣邑各志，考訂省郡舊志，旁搜散帙摭拾蠡餘，兼集年來與修詳革諸記，共成一書報於張侯，候覆核倫次以復列憲。適大中丞朱公奉聖天子殊恩，特簡撫粵諮訪利弊，將志稿細加嚴核，仰邀刪定標貼發回，時邑侯張公以憂去任，會同北山李公攝纂，而催科兩縣靡有寧晷，弗暇授梨。」

　　又云：「庚午春邑侯慎菴董公新任，留心釐正，會廷佐以送科入省，董公與紳士莫君璨錦昆玉，暨王生懋曾、胡生士瑜、劉生沛芝、許生暉南輩，刪補訂訛剞劂以傳。雖與前編迴別，而採訪數年參稽有日，亦皆本敬慎之心以成此書，足為傳信垂永也。辛未花朝土將竣，諸子過請予序，不覺為之有感焉。」

　　末云：「夫志識也，是非予奪世道攸繫。又志籍也，籍其往事以貽來茲，是可以古而照今，亦可以今而耀古，雖其間代有變遷事有同異，然自立縣以來，政教之得失與士民之休戚，一披閱及畢呈掌上靡遺目中，願後之君子官斯土者加意於斯，當興而興

當革而革，無徒曰斯志也具文也，誠爲厚幸矣。」

綜窺清・董興祚〈重修定邑志敘〉，暨梁廷佐〈重修定安縣志後序〉，於是顯見，此志乃本張文豹修《康熙　定安縣志》（舊抄本）而續修，其修志緣由意旨及過程始末，大略如斯矣。

(三)、纂者事略

依《康熙　定安縣志》〈修志姓氏〉載，參與各項修志事務者，計有：纂修二人、同修二人、校輯六人、參編十人、繕寫一人，分別著述於次，以供方家參考。

纂修：計二人，係先後任定安縣知縣，其事略分述於次，以供查考。

董興祚，字慎菴，三韓（今熱河省赤峰縣）正白旗人。清康熙二十九年(1690)庚午，任定安縣知縣，續修（續成）邑志。

張文豹（原任知縣），字玠峰，楚・西陵（今湖北・麻城）人。例貢（張岳崧《道光　瓊州府志》作：歲貢），於清康熙二十三年(1684)任定安縣知縣，詳革陋規，修葺文廟，創義學、設義田、修邑志，卒於官，邑人立廟與前令李宏名合祀。

同修：計二人，係定安縣儒學教職，分述如次：

梁廷佐，字疊石，室名：浣研堂，廣東順德人。歲貢，於清康熙二十四年(1685)任定安縣儒學教諭，捐修兩廡戟門，暨名宦、鄉賢各祠，奉母馮氏命，捐置田畝為諸生賓與費，士林至今食德，建祠祀之。

陳景遇，廣東潮陽人。歲貢，於清康熙二十五年(1686)丙寅，任定安縣儒學訓導，參校邑志。

校輯（鄉紳）：計六人，就其事略，分述於次，以供參考。

　　梁陽桐，本姓符，字儀山，城內東門坊人。清康熙間歲貢，考授訓導。康熙庚午，校輯邑志。

　　清・吳應廉修《光緒　定安縣志》（卷之六・列傳志・人物），載有事略。

　　莫璨錫，東廂一莫村人。清康熙間歲貢，考授訓導。康熙庚午，校輯邑志。

　　莫璨錦，字絅心，東廂一莫村人。清順治十一年(1654)甲午恩科拔貢，考選州同。於康熙庚午，校輯邑志。

　　清・吳應廉修《光緒　定安縣志》（卷之六・列傳志・人物），載有事略。

　　張象昇，東廂一里人。清康熙間歲貢，於康熙庚午(1690)，校輯邑志。

　　吳昇日，東廂二里人。清康熙間歲貢，於康熙庚午(1690)，校輯邑志。

　　莫璨鈺，東廂一莫村（又作：莫邨）人。清康熙間歲貢，廣東四會訓導。於康熙庚午，校輯邑志。

　　參編（生員）：計十人，就其事略，分述於次，以供參考。

　　莫璨銑，東廂一莫邨人。清康熙間，府學歲貢。於康熙庚午，參編邑志。

　　王懋曾，字沂元，號松谿，李家圖龍梅村人。清康熙間歲貢，於康熙庚午，參編邑志。著有《雞肋集》、《松谿小草》，藏於家。

　　清・吳應廉修《光緒　定安縣志》（卷之六・列傳志・人物），載有事略。

　　胡士諭，字上珍，號文淵，城內中街人。清康熙五十三年

(1714)甲午歲貢，於康熙庚午，參編邑志。晚年嗜學不倦，德益加修，遠近師之。家乘邑志，俱經手輯，著有：文集、詩賦集、庭訓架餘書。

　　清・吳應廉修《光緒　定安縣志》（卷之六・列傳志・人物），載有事略。

　　程　鵬，字雲際，城內東門人。清康熙三十二年(1693)癸酉科舉人，於康熙庚午，參編邑志。

　　清・吳應廉修《光緒　定安縣志》（卷之六・列傳志・人物），載有事略。

　　葉軒學，邑人，生員。於康熙庚午，參編邑志。

　　陸宏宇，邑人，生員。康熙庚午，參編邑志。

　　許暉南，邑人，生員。康熙庚午，參編邑志。

　　劉沛芝，亦作：沛生，邑人。康熙庚午，參編邑志。

　　胡士贊，邑人，生員。康熙庚午，參編邑志。

　　吳輝前，邑人，生員。康熙庚午，參編邑志。

　　繕寫：王忠亮，邑人。儒童，康熙庚午，繕寫邑志。

（四）、志書內容

　　清・董興祚續修《康熙　定安縣志》（續修本），凡四卷，列目四十有八。於正文之前刊載：張文豹〈序〉（康熙二十五年）、董興祚〈重修定邑志敘〉（康熙二十九年）、梁廷佐〈重修定安縣志後序〉（康熙三十年）、馬　光〈舊志序〉（弘光甲申）、〈修志姓氏〉、〈目錄〉、〈凡例〉（八條）外，主要內容，依其卷次，分述於次，以供查考。

　　卷之一　輿圖　星野　氣候　疆域　沿革　形勝　山川

	津梁	水利附井泉	鄉都	風俗	古蹟	物產
	城池	公署	學校	祠祀	驛鋪	墟市	兵屯
	災異					
卷之二	戶口	田糧	秩官	宦績	選舉	例監	封贈
	恩廕	宦監	掾吏	人物	節烈	坊表	丘墓
卷之三	論	祭	藝文	頌	疏	記	序
	說	言	引	議		
卷之四	詩	傳	黎岐			

(五)、修志體例

按《康熙　定安縣志》（董興祚續修本），係以清‧張文豹修「康熙抄本」（手稿‧八卷）為藍本（基礎），釐定為四卷。並訂有〈凡例〉八條，分述於次，以供查考。

一、定邑舊志，修於明弘光乙酉，兵燹之際，草率成書。今詳查省志、郡志，參稽鄰邑各志，愽來采輿論，闕者補之，疑者闕之，所以傳信也。

一、城池、縣治、公署、學校，皆政教攸關，或創、或修、或存、或記，必為詳者，以便稽考。至於壇壝、廟祀，皆大典所在，統備書之，而古蹟、坊表、丘墓并附焉。

一、水利、橋渡、土產、物類，便民而利用者，必詳記之，其無益者則略。

一、丁糧備賦役全書，茲詳錄其要，以便易於省覽。

一、秩官詳其里籍、歷任、次序，有卓蹟嘉猷者，見諸名宦，或一善可傳，必表彰之。如大節有虧，亦照舊志附錄，永為勸戒。

一、人物必時久論定，本乎輿情，稽之省、郡各志及名公著
　　述，詳慎審察允符公論，而有書之匪敢濫矣。

一、藝文切於政治，關於風俗者然後錄之，否則雖工弗錄。

一、黎岐爲地方内患，惟在駕馭得宜，備采方略酌古準今，
　　百世不能外矣。

　　輿圖三幀：一、定邑繪圖　　二、廨圖　　三、廟圖

　　卷　四：黎岐條下有一幀「全島黎岐峒圖」

從董興祚「續修本」（四卷）之〈目錄〉、〈凡例〉窺之，
其修志義例，顯與張文豹「手稿本」（舊志），迥然不同。是
「續修本」，係採「門目體」，亦就「按事分目法」也。

清・董興祚《康熙　定安縣志》（續修本、凡四卷），各門
目所繫邑事，係以明季與清初（康熙朝之前）較祥，其斷限年
代，最遲止於清康熙二十九年(1690)庚午。茲依卷第、門目、年
次，分述於次：

　　卷之一

　　津梁：三元橋在西郊，原名：利涉橋。永樂五年，知縣
　　　　　吳定實創。……康熙二十九年，知縣董興祚續
　　　　　修。

　　城池：縣治，……國朝康熙二十九年，知縣董興祚允士
　　　　　民覆開北門，捐修城樓。

　　公署：吏舍，左右各五間，康熙二十九年，知縣董興祚
　　　　　重修。

　　　　　戒石亭，在儀門甬道中，久圮。康熙二十九年，
　　　　　知縣董興祚重造。

　　　　　典史署，在縣署右，明典史楊從吉建。國朝康熙

二十九年，典史趙之灝重建，改同縣署向。

學校：大成殿，明洪武二年，知縣吳至善創建。……國
　　　朝康熙二十九年，知縣董興祚捐修。

災異：康熙二十九年庚午，城隍廟樑上開花，形如芙蓉
　　　二朵，淺紅色，遠近來觀，月餘始萎。

卷之二

秩官：知縣‧國朝（清）

　　　董興祚，三韓人，康熙二十九年任。

㈥、刊版年代

清‧張文豹修、梁廷佐纂、董興祚續修《康熙　定安縣志》
（續修本），於清康熙二十九年(1690)庚午孟冬月續成（董序），
清康熙三十年(1691)辛未（梁序），而剞劂以傳也。

按董興祚續修《康熙　定安縣志》（續修本），諸家方志書
目資料，大都署著為：清康熙二十九年(1690)刻本，間亦有著為：
清康熙三十年(1691)刻本。而「原刻本」，凡四卷，線裝，四冊。

依據各家方志書目資料刊載，於海內外祇存二部。其志，雖
有梓本，惟流傳欠廣，罕見藏板，益顯其「藏板」，極為珍貴，
視同瑰寶。

董興祚續修《康熙　定安縣志》（續修本），於今海外各圖
書館，暨文教機構庋藏（公藏）者，就其知見之藏板，分別臚著
於次，以供方家查考。

原刻本　清康熙二十九年(1690)修（董序）　續成本

　臺灣：國立故宮博物院

　中國：北平故宮博物院　　北京圖書館

重修定邑志叙

皇上統御寰區河清海晏南國來同特允輔臣之
諸修輯直省通志是詒彙各省之志而藏之內府
太史安而總其成以昭大一統之義且以見朝連
之德意不遺遐山隩海澨之邦咸鏖壘當宁之
各籌也爾特余方總南舞勺之年先大人郭載道
江欣連威興捐益士習民風山川形勝土田則壤
餘校寒暑閒開余小子亦獲於趨庭之際幸親殿
成始知興華捐益香宿開局纂修博來孝親觀座
俱可於志按籍而考兄若茲志之所關不甚重哉

之又不待予為贅言耳是為序

大清康熙二十九年庚午丙冬月文林郎知定安
縣事三韓（蒲圻）董興祚卷撰（公元一六九〇年）

定安縣志　卷首　舊序　十三

未戰至燕臺通家兄方南以司業備員史館予每
以入直得於石渠天祿姜被運休因惡庚腐羅浮
珠崖銅柱之威持毀休哉披圖而覽未書不掩卷
興嘆真所謂洋洋乎大觀也哉及余遭恩御試捋
撥海南籍與家兄曰獲南風俗向之會於心者
今可寓諸目矣下車之始見編目之荒殘地剝蝕
而四野之經畫名物之紛順急欲了不可得
故一昭連江紳士即以邑志詢俱云舊書留心於此
文献無徵備章典考雅前任張公亦書留心於此
緣時事類仍忽為中止是以積習生玩遷延之又久

定安縣志　卷首　唐序　十二

重修定安縣志後序

今上大修一統志康熙丙寅夏前大中丞李公欲
承傳檄於各邑定期克輯以冀國史以勵風教
前邑侯珍琤峰張公聞命屬廷佐搜輯時既是惺
韻期通難於卒成定邑著志修了有有餘載主明
弘光乙酉邸司馬公先揚君教陳君端蒙
當板焉之際復草度成書其間升降沿革誤俗土
風語而不詳斷而不續因隨就蘭體裁成失次乙酉
迄今又四十餘載變哲忠婆奇踪蕩行
煙況祐年末歲化朝後二日瓊州府定安縣
儒學教諭順梁連佐謹撰井書（公元一六九一年）

董興祚《康熙刊本》書序

乾隆刻本

《乾隆 定安縣志》四卷

清‧張文豹修 梁廷佐纂 董興祚續修

清康熙二十九年(1690)刻 乾隆五十二年(1787) 增刻本

8冊 有圖表 25.5公分 線裝

注：記事止於清乾隆五十一年(1786)丙午

㈠、知見書目

黃蔭普《廣東文獻書目知見錄》（頁六十一）：

定安縣志 四卷 清‧張文豹

乾隆增修康熙二十五年(1686)刊本 北京

中國科學院北京天文臺《中國地方志聯合目錄》（頁七〇二）： 〔乾隆〕定安縣志 四卷

清‧張文豹 梁廷佐纂修 董興祚增修

清康熙二十九年(1690)刻 乾隆增刻本

註：記事至乾隆五十一年

北京圖書館 故宮博物院

張世泰《廣東省中山圖書館藏廣東地方志目錄》（頁一四五）： 〔乾隆〕定安縣志 四卷

清‧張文豹 梁廷佐纂修 董興祚增修

清康熙二十九年(1690)刻 乾隆增刻本

注：記事至清乾隆五十一年(1786) 未入藏

王會均《海南方志資料綜錄》（總目錄‧頁二一）：

〔乾隆〕定安縣志 四卷

　　　　清・張文豹修　梁廷佐纂　　董興祚續修

　　　清康熙二十九年(1690)刻

　　　清乾隆五十二年(1787)　增刻本

　　　註：記事止於乾隆五十一年(1786)

㈡、增刻始末

　　按《乾隆　定安縣志》（增刻本），係以董興祚「康熙刻本」（清康熙三十年歲次辛未梓本）為藍本，於清乾隆五十二年(1787)丁未增修而付梓，是即「乾隆刻本」（增修本）。而與「康熙刊本」（續修本），其修志時間，相距約九十有六年矣。

　　依據北京圖書館藏板，清「乾隆增修本」《定安縣志》（卷之二・秩官）載：知縣・國朝

　　　　　楊文鎮，福建長汀，舉人，乾隆四十九年任。

　　　　　許　必，福建閩縣，監生，乾隆五十六年任。

　　綜由上載相關資料窺之，於是顯見，清《乾隆　定安縣志》（增修刊本，凡四卷。線裝八冊），似係楊文鎮在定安知縣任內，於清乾隆五十二年(1787)丁未，增修而梓刻，以流傳於世。

　　按《乾隆　定安縣志》（增刻本），首載序文，計有：康熙二十五年丙寅歲仲冬吉日文林郎知定安縣西陵張文豹玠峰撰〈序〉、大清康熙二十九年庚午孟冬月文林郎知定安縣事三韓董興祚慎葊撰〈重修定邑志敘〉、康熙三十年辛未歲花朝後二日瓊州府定安縣儒學教諭順德梁廷佐撰并書〈重修定安縣志後序〉，暨明弘光歲次甲申瓊州府同知署縣事馬　光〈舊志序〉。內中並無《乾隆　定安縣志》（增刻本）〈序文〉，亦無相關佐證資料，於是「乾隆增刻本」，其邑志增修（刻）之緣由意旨，暨歷

程始末，尚待方家查考。

㈢、纂者事略

依據《乾隆　定安縣志》（增修本）刊載，其〈修志姓氏〉，計有：纂修二人（定安縣知縣三韓董興祚、原任知縣西陵張文豹），同修二人（儒學教諭順德梁廷佐、儒學訓導潮陽陳景遇）、校輯六人（鄉紳：梁陽桐、莫璨錫、莫璨景、張象升、吳升日、莫璨鈺）、參編十人（生員：陸宏宇、胡士贊、莫璨銑、劉沛芝、王懋曾、胡士瑜、葉軒學、程　鵬、許暉南、吳輝前），繕寫一人（儒童：王忠亮），共二十一員。因與「康熙刊本」完全雷同，且修志時間相距約有九十六年之久。於是顯見，所載〈修志姓氏〉，似非「乾隆增修本」，參與增修各項事務者，毋庸置疑也。

次從「乾隆增刻本」《定安縣志》（卷之二·秩官）窺之，而能參與增修邑志事務者，就其相關人員，分別著述於次，以供方家參考。

知縣：楊文鎮，福建長汀人。清乾隆三十三年(1768)戊子科舉人，於乾隆四十九年(1784)甲辰任定安縣知縣。

教諭：鄭　茭，廣東東莞人。清乾隆二十四年(1779)己卯科舉人，於乾隆三十四年(1769)己丑，任定安縣儒學教諭。在任十八年，陞廉州教授，去任時，邑紳徵詩製錦送之。

鄭茭氏，德性溫和，樂育多士，學宮久壞，與縣尹楊文鎮集紳士重建，文風因以丕振，士類多所成就。

清·吳應廉《光緒　定安縣志》（卷之四·職官志·宦蹟·教職），載有事略。

教諭：林兆璠，廣東南海人。清乾隆三十三年(1768)戊子科舉人，於乾隆五十二年(1787)丁未，任定安縣儒學教諭。有聲，陞知縣。

訓導：韓日進，廣東番禺人。清乾隆四十二年(1777)丁酉科舉人，於乾隆五十年(1785)乙巳，借補本縣儒學訓導。學問淵博，留心造士，樂易可親，見之者如飲醇醪。卒於任，士類悼之。

> 案：清‧張岳崧《道光　瓊州府志》（卷之二十四‧職官志二‧文職下‧定安縣‧訓導），作「乾隆五十四年任」，恐似有誤。

清‧吳應廉《光緒　定安縣志》（卷之四‧職官志‧宦蹟‧教職），載有事略。

訓導：林壽鼎，廣東大補人。拔貢，清乾隆五十一年(1786)丙午，任定安縣儒學訓導。

> 案：清‧張岳崧《道光　瓊州府志》（卷之二十四‧職官志二‧文職下‧定安縣‧訓導）載

四、志書內容

按《乾隆　定安縣志》（增刻本），與董興祚續修《康熙　定安縣志》相同（凡四卷‧列目四十八）。於正文之前刊載：張文豹〈序〉（康熙二十五年）、董興祚〈重修定邑志敘〉（康熙二十九年）、梁廷佐〈重修定安縣志後序〉（康熙三十年）、馬光〈舊志序〉（弘光甲申）、〈修志姓氏〉、〈目錄〉、〈凡例〉（八條）外，主要內容，依其卷次，分述於次，以供查考。

卷之一　輿圖　星野　氣候　疆域　沿革　形勝　山川
　　　　津梁　水利附井泉　鄉都　風俗　古蹟　物產

	城池	公署	學校	祠祀	驛舖	墟市	兵屯
	災異						
卷之二	戶口	田糧	秩官	宦績	選舉	例監	封贈
	恩蔭	宦監	掾吏	人物	節烈	坊表	丘墓
卷之三	論	祭	藝文	頌	疏	記	序
	說	言	引	議			
卷之四	詩	傳	黎岐				

清《乾隆　定安縣志》（增刻本），凡四卷，列目四十有八。是志係以董興祚《康熙　定安縣志》（舊志，康熙二十九年刊本）為基礎，增紀清乾隆五十一年(1786)丙午（前）之事迹資料。對於清代康熙、雍正、乾隆三朝，於康熙二十九年(1690)庚午，迨乾隆五十一年(1786)丙午，大約九十六年間史實之研究，殊有莫大助益矣。

㈤、修志體例

清《乾隆　定安縣志》（增刻本），凡四卷，係在董興祚《康熙　定安縣志》（續成）基礎（藍本）上，於清乾隆五十二年(1787)丁未歲，知縣楊文鎮任內增修而刊梓。於是諸家「方志書目」資料，大都稱為「乾隆增刻本」《定安縣志》。

按《乾隆　定安縣志》（俗稱：乾隆增刻本），載有〈凡例〉（計八條），而與董興祚《康熙　安定縣志》〈凡例〉（共八條）相同，並非「乾隆增刻本」所增訂者。以從《乾隆　定安縣志》（增刻本）〈目錄〉（內文）窺之，亦與董興祚《康熙　定安縣志》〈目錄〉（內文），所列「門目」雷同。於是顯見，《乾隆　定安縣志》，乃沿襲董興祚《康熙　定安縣志》（舊

志）義例，沿採「門目體」，亦就是「按事分目法」也。

按《乾隆　定安縣志》（增刻本、凡四卷），各門目所繫定安縣事，係以明、清（乾隆朝）兩代最詳，其紀事斷限年代，最遲止於清乾隆五十一年(1786)丙午。依其卷次、門目、年次，分述於次，以供查考。

　　卷之一

　　　城池：縣治，……乾隆五十一年大颶風，西南城圯，知縣楊文鎮捐修。

　　　公署：後衙倉六間，即舊內宅，知縣韓秀成建。乾隆五十一年，知縣楊文鎮修。

　　　學校：學宮，乾隆五十年殿宇傾圯，知縣楊文鎮，邀士民鼎建。

㈥、刊版年代

清・張文豹修、梁廷佐纂、董興祚續修《康熙　定安縣志》（續修本），於清康熙三十年(1691)辛未（梁序）刻，清乾隆五十二年(1786)丁未歲增刻，以傳於世。於是諸家方志書目資料，大都著稱《乾隆　定安縣志》（增修本）。

清「乾隆增刻本」《定安縣志》（增修本），原刻本（凡四卷），白口，上魚尾，四週雙邊。全書線裝八冊，書高二十五・五公分、寬一十六・五公分，板框高二十公分、寬一十四・二公分。仿宋體字，注分雙行。每卷首行暨版心，皆題《定安縣志》。

按《乾隆　定安縣志》（清乾隆五十二年丁未，增刻本），其志雖有鋟梓，唯因年代久遠，且兵災連年，致流傳欠廣。於今海內外圖書館，暨文教機構庋藏者稀尠，罕見藏板，就其知見

者，唯一之「孤本」（視同瑰寶，極為珍貴），列著於次，以供
查考。

　　增刻本　清乾隆五十二年(1786)丁未　增修本
　　中國：北京圖書館　　故宮博物院

光緒修本

《光緒　定安縣志》十卷　首一卷　　吳應廉修　王映斗纂

清光緒四年(1878)　刻本
10 冊　有圖表　25.5 公分　線裝

㈠、知見書目

小葉田淳《海南島史》（頁三〇二）：
　　　　定安縣志　一〇卷　　吳應廉　　光緒四年
杜定友《廣東方志目錄》（頁一十八）：
　　　　定安縣志　10 卷　　吳應廉　王映斗
　　　　光緒四年　10 冊　存
朱士嘉《國會圖書館藏中國方志目錄》（頁四二八）：
　　　　定安縣志　十卷　卷首一卷
　　　　　清・吳應廉修　王映斗纂
　　　　清光緒四年(1878)刻本　十冊
陳劍流《海南簡史》（頁八十五）：
　　　　定安縣志十卷十冊　王映斗等修　光緒四年
　日本國立國會圖書館《中國地方志總合目錄》（頁二七
五）：　定安縣志　十卷　卷首一卷
　　　　吳應廉、王映斗等　　光緒四年(1878)刊本

（東洋）10 冊　q-107

李景新《廣東方志總目提要》（頁一二〇）：

　　　　定安縣志　十卷　　吳應廉修　王映斗纂

　　　　光緒四年續修　　板藏：縣署　十冊

　　　　　　嶺南　中山　文化　任氏　東方　劉氏

　　　　南洋　國會

黃蔭普《廣東文獻書目知見錄》（頁六十二）：

　　　　定安縣志　十卷　　清・吳應廉

　　　　光緒四年(1878)刊本

　　　　　　北京　廣東　　日國會

朱士嘉《中國地方志綜錄》（冊二・頁一十三）：

　　　　定安縣志　十卷　　吳應廉纂修　　光緒四年

　　　　　　文化　任氏　東方　劉氏　　南洋　美國會

美國史丹福大學《中國方志目錄》（頁二五五）：

　　　　定安縣志　　吳應廉創修　　王映斗總纂

　　　　臺北　定安縣志重印委員會(1968)影印本

　　　　　　（依據一八七八年刊本）

　　　　史丹福大學：3230/3834.88

　　　　伯克萊分校：3230/3030.88　1968

中國科學院北京天文臺《中國地方志聯合目錄》（頁七〇
二）：　　〔光緒〕定安縣志　十卷　卷首一卷

　　　　清・吳應廉修　　王映斗纂

　　　　清光緒四年(1878)刻本

　　　　　　北京　科學　北大　上海　辭書　天津

　　　　　　旅大　浙江　溫州　廣東　中大　暨大

王德毅《中華民國臺灣地區公藏方志目錄》（頁一二九）：

　　光緒定安縣志　十卷　　清・吳應廉等修

　　清光緒四年(1878)刊本

　　　中央研究院史語所　（存卷一至卷八）

　　　民國五十七年(1968)臺北定安縣志重印委員會

　　影印本（據清光緒四年刊本）

張世泰《廣東省中山圖書館藏廣東地方志目錄》（頁一四

五）：　〔光緒〕定安縣志　十卷　首一卷

　　清・吳應廉創修　　王映斗總纂

　　清光緒五年(1879)刻本　24 冊　線裝 k/7.52/3

楊德春《海南島古代簡史》（頁一五七）：

　　《定安縣志》十卷

　　清・蔡凌霄、吳應廉、王映斗等編

　　清光緒三年（公元 1877 年）修成　次年刊行

　　中山圖書館存

王志斌《館藏海南文獻資料目錄》（頁五十九）：

　　〔光緒〕定安縣志　十卷　首一卷

　　清・吳應廉修　王映斗纂

　　海口：影印清光緒四年(1878)刻本　1991.12

　　線裝　10 冊　E24（古）48

邢益森《海南鄉情攬勝》（寶島風姿錄・續集二，頁一〇

一）：　定安縣志　十卷　首一卷　　吳應廉　王映斗

　　清光緒四年(1878)　廣東中山圖書館等藏

　　附注：該志特點是山川有圖

王會均《海南方志資料綜錄》（總目錄・頁二二）：

〔光緒〕定安縣志　十卷　首一卷

　　清‧吳應廉修　王映斗纂

　　清光緒四年(1878)序　刻本

　　民國五十七年(1968)十一月　臺北市定安縣志

重印委員會　影印本（據清光緒四年木刻初版）

㈡、修志始末

　　按《光緒　定安縣志》，係知縣吳應廉氏，於清光緒二年
(1876)丙子秋，由恩平調署定邑，於是以興修〈邑志〉之舉，請
之上憲，悉蒙許可，乃籌費設局，延請鄉宦前大廷尉王公漢橋為
總纂，王太守匠成等諸公，分任其事，惟事未告竣，次歲（三
年）丁丑(1877)七月，又奉檄復調恩平，瀕行以事託諸公，逮歲
（丁丑）之冬月，邑志「稿本」克成，於清光緒四年(1878)戊寅，
付諸雕梓矣。

　　依據清光緒三年(1877)歲次丁丑清和月朔日，定安縣知縣吳
應廉（曉漪）氏〈重修定安縣志引〉云：「……溯查定邑志書續
自咸豐登極，邇來二十有七年，板片已多殘缺，其間滄桑之更
變，節略未易稽尋且以捐益，因沿災祥事故，官紳之進退日盛月
新，科名之隆興前輝後哲，與夫忠節孝烈久急待夫褒揚，德行者
年端必藉夫表著者，固自不少豈可或寬，若復遲久未修必將湮沒
散失。查當時之事跡，莫溯本源訪故老之傳聞，僅存疑似所關非
淺其失不多乎。」

　　又云：「茲巳籌備經費設局興修，是雖守土之責成，實為紳
民之公事，本縣已叛其始，諸公幸勉其成，煥一邑之雅觀，新卅
年之鉅製，既務徵實弗致郭公夏五之疑，尤貴精詳毋滋亥豕魯魚

之誤，此日顧群賢萃集吮毫增里閈之光，他年知哲士益興珥筆鳴國家之盛云爾。」

次據清光緒三年(1877)歲次丁丑仲冬月，知定安縣事蔡淩霄（伯高）〈定安縣續志序〉云：「定安縣之有志也，自前明景泰迄今咸豐，顯有可稽者凡八本，其現存者則大廷尉王公漢橋前總纂本而已耳。其書開纂於咸豐辛亥而訖事於甲寅，於今又二十餘年，中間事須載記以備後之考鏡者蓋多有之，且舊板缺失已三之一不及，此時補其殘引其緒慮遂失墜，後之人將奚所考證，以為政治資則言續志，於今日不亦定邑一大急務哉。」

復云：「……由甲寅至於今，宰縣者凡十七易人，夫豈絕無博雅之才，纂修之志誰能於悾憁窘迫中，拈毫染墨為紀載以垂後世者，惟餘姚吳君曉漪則不然，曉漪之權邑事也，僅七閱月於茲，其他墜舉廢興指不勝僂，而公餘輒搜討舊事，尤以邑乘之不修為念，謀諸邑士夫眾志僉同，遂捐廉以為之倡，事頗集而以調任去。」

又云：「余適以菲材承乏，曉漪既舉其舊政一一為余備告，而於此事尤再三道意，逮冬月志局以稿本進，為走閱一過見其記載賅備，雖其為書祗循前志，散附於各條之後，未嘗別為體例，似不能與改作者爭烈，又其中削繁潤質，不無有待於後之君子，而要其事蹟燦然，俾後人得有所考證，厥功偉焉。蓋急其所急而不難人之所難，洵有足多者耳，余精神遲鈍，蠢蠢靡遑，不免如前所云，云於斯實不暇參一議，回憶曉漪瀕行之囑，竊深自愧，抑余於此重有慨矣。」

末云：「余家永滔，道光乙巳、丙午間，念邑志歲久失修，嘗以舉業餘閒，隨時採輯業已十得五六，私擬他日當請之官開局

纂修，冀得執此以從邑先輩，後不圖兵燹迭更，稿本已與室廬書籍盡爲灰燼，今一官羈絆引退，末由未卜何日復得於辣泉紫水間，重事編摩以成厥志，既自愧又自恨也。還念志局諸君直筆清才，足爲梓桑生色，其間互有先後兩操筆削父子繼世濟美者，余既多曉澣又重爲諸君羨也。在事各姓名已備，列於編茲不瑣。」

再據清光緒四年(1878)歲次戊寅孟冬之月，前權知縣事調署恩平縣知縣吳應廉〈續修定安縣志序〉云：「……歲丙子秋，余由恩平調署斯邑，政事之暇索舊志披閱，乃知邑之有志，濫觴於明之永樂，嗣是而景泰而嘉靖而弘光，逮我朝之康熙雍正嘉慶各年間，前後纂修者以七八計，最後則咸豐建極之歲，普定梅君重修稱最備焉，計至今又二十七年矣。」

次云：「詢其板則殘闕已多，且其間時事之更變、官紳選舉之日增，與夫忠孝節烈之待褒揚，德行耆年之籍表著，宜蒐羅而備載者當復不少，使久而就湮後將奚述，輯之補之其容已乎。」

復云：「於是以興修之舉，請之上憲悉蒙許可，詢之邑人亦皆樂從，即籌費設局，延請鄉宦前大廷尉王公漢橋爲總纂，而分任其事者則王太守匠成，莫中翰敬謙，及張鍾璘、葉蔭輝、李尚華諸公，庶幾前數百年之紀載不致遺亡，即近二十餘年之事蹟無虞散失矣。」

又云：「乃事未告竣，而余又奉檄復調恩平，瀕行以事託諸公，且曰：余本不文自知不克勝任，今來代余者爲永淔蔡君，深幸得有替人，諸君與之共相參考，他日書成當必有足觀者，余行矣尚冀共卒斯事。蓋自丁丑歲之七月，余雖已復宰恩平，然心嘗惓惓於是也。」

末云：「泊今秋八月得邑紳來書，以志已告成索余一言爲

弁，竊念余已卸篆，且事雖創於始而未成於終，方深自內愧尚何敢爲敍哉，既而感諸公之殷殷念舊，不遠千里請至再三，而又喜此書之成，綱舉目張條分縷析，較之舊志而更勝者，皆賴諸君子之力也，爰因所囑而書此以寄。」

綜窺吳應廉〈重修定安縣志引〉、〈續修定安縣志序〉、暨蔡凌霄〈定安縣續志序〉，其《光緒　定安縣志》修志之意旨及其始末，大略如斯矣。

㈣、纂者事略

從《光緒　定安縣志》（同修職名）觀之，其參與修志者，計有：創修一人、總閱一人、總纂一人、協纂四人、參訂六人、編輯九人、校對六人、繕寫六人、督刊二人、管帳二人，共三十八員，就其事略，分著於次，以供查考。

創修：吳應廉，號曉漪，浙江餘姚人。監生，清光緒二年(1876)丙子，由恩平調署定安知縣。捐俸續修邑志、整廟修壇、砌城濬隍，又籌欵續修公署，方興工以復署恩平，去任。所著〈重修定安縣志引〉、〈續修定安縣志序〉，載於是志卷首。

總閱：蔡凌霄，號伯高，廣西永滽縣人。清同治年(1862～1874)間舉人，於清光緒三年(1877)丁丑歲六月，任定安縣知縣，續纂縣志，大修公署。所著〈定安縣續志序〉，載於是志之卷首。

總纂：王映斗，號漢橋，世居西廂二圖春內村。清道光二十四年(1844)甲辰科進士（二甲十四名），大理寺卿（前奉天府府丞提督學政），總纂邑志（咸豐修本、光緒修本）。有傳，載於卷之六·列傳志·人物（參見「咸豐修本」總纂者事略）。

協纂：計四員，就其事略，分著於次，以供查考。

王匠成（進士映斗子、舉人器成兄），號秀民，西廂二圖春內村人。廩貢，肇慶府訓導，歷任欽州、潮州府訓導，掌理粵秀監院，加捐（分發試用）知府。

莫敬謙，號少農，東廂一南山人。花甲一周，亦以咸豐十一年(1861)辛酉科膺此選（拔貢），朝考後橐筆游戎幕，雲貴總督勞崇光，保以教諭分缺先用，并加五品銜，賞戴籃翎。

張鍾璘（探花張岳崧第三子、鍾彥弟、鍾琇兄），號金樵，居腰圖高林村人。附貢，州同銜分缺，先選用儒學訓導。

葉蔭輝（聯輝弟），號槐午，西廂一潭麗村人。清同治歲貢，任徐聞縣學訓導，署理雷州府海康縣儒學教諭。

參訂：計六員，就其事略，分著於次，以供查考。

莫文龍，字欽三，博曲一排坡仔人。廩貢，分發儘先委用訓導。

陳仁復，字見心，西廂一文坡村人。清同治歲貢，候選儒學訓導。

王經元，字蘊卿，李家圖龍梅村人。廩貢，候選儒學訓導。

莫　鏞，字次笙，東廂一山椒村人。監生（太學生），選用光祿寺署正。

李尚華，字榮一，城內中街人。廩貢，加捐（候選）儒學訓導。

莫如瑾，字輔臣，邑人，應貢廩生。

編輯：計九員，就其事略，分述於次，以供查考。

陳開垣，西廂二美泰村人。廩貢，候選儒學訓導。

林國斗，邑人，應貢廩生。

吳丕杰，邑人，廩生。

許汝翼，邑人，廩生。

陳瀛聲，邑人，廩生。

莫恒謙，邑人，生員。

莫洽熙，邑人，生員。

王澤霖，邑人，生員。

吳射斗，邑人，生員。

校對：計六員，分列於次，以供查考。

莫瓊光，邑人，廩生。

王日章，邑人，生員。

張鍾瀚，邑人，生員。

陳觀俊，邑人，生員。

葉如春，邑人，生員。

莫纘芳，字佾生，東廂一仙屯村人。貲敘，布政司理問銜，分發江西候補縣丞。

繕寫：計六員，分列於次，以供查考。

李挺秀，邑人，生員。

徐恩榮，邑人，生員。

蒙恩清，邑人，廩生。

陳光裕，邑人，廩生。

李拔菁，邑人，生員。

胡　詩，邑人，監生。

督刊：計二員，就其事略，分著於次，以供查考。

鄭喬齡，福建省福州府長樂縣人。由監生報捐分缺，從九品即補巡政廳，清光緒三年(1877)丁丑，署定安縣典史。

莫榮謙（原名：庸謙），東廂一仙屯村人。貲敘，不論單雙

月即用縣主簿，軍功保舉同知藍翎。

　　管帳：計二員，就其事略，分著於次，以供參考。

　　王大宇、多河圖文場村人。附貢，署高州府儒學教授，信宜縣學教諭，陽山縣訓導。

　　英瑞雲，南雷一塘邊村人。附貢，不論雙單月候用同知。

　　綜由〈同修職名〉窺之，其設局規模之大，參與修志事務者之眾，實為歷次纂修之冠也。

（四）、志書內容

　　吳應廉修、王映斗纂《光緒　定安縣志》，凡十卷，類分九門（志）、別為七十目（另附目十八）。除卷首載：志序、姓氏、凡例、目錄、輿圖外，其正文內容，依目錄及卷第，分述於次，以供查考。

　　輿地志　卷之一

　　　　　　星野　圖附　氣候　沿革　疆域　圖附

　　　　　　形勝　山川　石洞、潭灘、瀑布附

　　　　　　水利　井泉附　鄉圖　墟市　風俗　物產

　　建置志　卷之二

　　　　　　城池　公署　學校　學田附　壇廟　寺觀附

　　　　　　橋渡　埠附　坊表　古蹟　塔附

　　　　　　塚墓　漏澤園、藏髮壟、義莊附

　　經政志　卷之三

　　　　　　戶口　田賦　倉儲附　祀典　釋奠

　　　　　　兵屯　驛鋪附

　　職官志　卷之四

　　　　　官師　　宦蹟　　貪酷附

選舉志　卷之五

　　　　　薦辟　　進士　　舉人　　貢選　　咨考監生

　　　　　掾史　　貲敘　　職銜附　　武選　　武科

　　　　　行伍　　武銜附　　封贈　　廕襲

列傳志　卷之六

　　　　　人物　　耆壽　　列女

藝文志　卷之七

　　　　　敕　箚　頌　進　疏　論　言　說　記

　　　　　卷之八

　　　　　序　引　啟　傳　銘　贊　祭文　　賦

　　　　　詩　哀詞輓歌　書目附

黎岐志　卷之九

　　　　　黎圖　　黎俗　　村峒　　關隘　　平黎　　黎議

雜　志　卷之十

　　　　　紀事　　災祥　　金石　　紀異

(五)、修志體例

　　首由《光緒　定安縣志》〈凡例〉（第一條）窺之，是志乃因據康熙志為主，咸豐元年梅志為次，詳考省志郡志，博採輿論，軼者補之，訛者正之，疑者闕之，非敢以臆見主取，期其信今而傳後耳。

　　次從《光緒　定安縣志》〈凡例〉（第二條）觀之，舊志未分綱目，嘉慶草志雖分而未清，今仿通志郡志，列大綱者九，曰輿地……曰雜志，列條目七十細臚焉。

　　復就《光緒　定安縣志》〈目錄〉（內容）析窺，是志仍沿
習舊志體裁，係採「分志體」，亦就「按類分目法」也。

　　按《光緒　定安縣志》，凡十卷（分九志、列七十目），所
繫邑事，其斷限年代，於各門目略有不同，惟最遲止於清光緒五
年(1879)己卯，茲就紀事分述於次，以供方家參考。

　　職官志（卷之四）　　巡檢：李桂嵩，廣西鬱林博白縣。監
　　生，光緒四年任。至五年三月，萬州黎匪李文進為亂，
　　出劫烏坡、楓木各處，桂嵩徒行八村，請紳耆招集鄉勇
　　盡力抵敵，黎匪暫退歸巢。

　　雜　志（卷之十）　　紀事：己卯，光緒五年四月，有儋州、
　　臨高客匪，被官軍擊敗，攜家二千餘人，竄至邑之光螺
　　圖，屯聚於豬母灣、石鼓嶺各處。…五月，署南韶連鎮
　　總兵鄭紹忠親率兵至，乃聽從赴海北安插，亂始平。
　　……

　　按《光緒　定安縣志》，於各門目所繫邑事，其紀事年代，
雖不一致，惟亦有遲到清光緒五年(1879)己卯者，似於清光緒四
年(1878)後增補，茲置疑於此，以待方家查考。

(六)、刊版年代

　　吳應廉修《光緒　定安縣志》，其刊行年代，公私方志書目
資料，大都署著清光緒四年(1878)刊本（吳應廉〈續修定安縣志
序〉光緒四年歲次戊寅孟冬之月）。

　　就《光緒　定安縣志》內容觀之，其紀事不乏光緒三年至四
年間事，亦有延至光緒五年者，然是志係光緒三年修成後，或於
光緒四年間，又行增補。而光緒五年，亦未見補刻題記，故其付

梓刊行，似在光緒五年或是年以後也。

　　按《光緒　定安縣志》，原刻本（線裝十冊），書高二十五·五公分、寬一十五·五公分，框高二〇公分、寬一十三公分，白口，上魚尾，四週雙邊。每半葉十行，每行最多二十二字。仿宋體字，注分雙行。目錄，各卷首行，以及版心皆題《定安縣志》。

　　中央研究院傅斯年圖書館珍藏「原刻本」（殘缺卷首、卷九、卷十），線裝八冊（卷一～卷八）。每冊首頁第一、二行下方，蓋有「傅斯年圖書館」（篆字，陽文）小長方章（長一·七公分，寬一公分，四週有邊），暨「國立中央研究院歷史語言研究所圖書之印」（篆字、陽文）小方章（四週框邊，每邊二公分）各乙枚。

　　是志刻本，流通頗廣，且有影印本，廣為流傳。於今國內外公藏者，知見藏板，臚述於次，以供查考。

原刻本　清光緒四年(1878)序（吳應廉）　刊本

　美國：國會圖書館

　英國：倫敦大學

　日本：東洋文庫 q-106

　臺灣：中央研究院史語所（分類號：927.33/505　130）

　中國：北京　科學　北大　上海　辭書　天津　旅大
　　　　浙江　溫州　廣東　中大　暨大　南京地理所
　　　　華南師院

影印本　民國五十七年(1968)十月　影印版（臺北市　定安縣志重印委員會　依據清光緒四年木刻初版）

　美國：史丹福大學　3230/3834.88

　　　　加州大學柏克萊分校　3230/3030.88/1968

　臺灣：國立臺灣圖書館　673.79107/3324

明

疏

　　藝文　疏

中憲王士街人

長史

奏為革定安驛遞疏　嘉靖七年

奏為比例分豁民困事伏覩詔書内一款凡軍民利
弊許諸人直言無隱欽此欽遵臣切見本縣丁糧稀
少天順改元已經裁減只設一知一典管理成化十
三年内被省同縣告為驛站得分圓與伊割助本
縣知縣傳禀因請添設帶管站馬三曹站夫三十名
就令備辦夫馬鋪陳答應上司行之有年亦未為害
及後會同縣樂會等縣俱素海南道與伊奏革舊疏

定安縣志　卷七
一

明

贊

　　藝文　贊

觀道吳　繩人

坭人贊

坭山見否剛柔隱邑髮暴目勤肓在任賢謀

縣後有深渡邑令賢則譚清中有五坭人

時之將治亂身而起時之將亂沉沙以居意夏后之
五千武五官之在虞不然何偷然於塵外而卓爾其
知幾況其起也吟清風於水面弄明月於波底既而
居也礦其不可拔避乎其不可潟進無顯落之迹
退無礦乎其用貧賤而不移者歎憶
顏閎往夾子房勁妄抑亦其次想高風而未見然閭

定安縣志　卷八
津於五坭

（中央研究院藏板）

光緒《定安縣志》書影

（日本東洋文庫藏板）

定安縣志　卷十
雜志　紀事　十三

定安縣志　卷十
雜志　災祥
十一

宣統修本

《宣統　定安縣志》十卷　　清‧宋席珍纂修

清宣統三年(1911)　刻本

10 冊　有圖表　25 公分　線裝

㈠、知見書目

譚其驤《國立北平圖書館方志目錄》（冊四）：

　　　　定安縣志　殘存十卷　　清‧宋席珍修

　　　　宣統三年刻本　存九冊

　　　　原十卷，缺序目凡例職名　宋席珍係現任知縣

小葉田淳《海南島史》（頁三〇二）：

　　　　定安縣志　一〇卷　　宋席珍　　宣統三年

杜定友《廣東方志目錄》（頁一十八）：

　　　　定安縣志　10 卷　宋席珍　　宣統三年

陳劍流《海南簡史》（頁八十六）：

　　　　定安縣志（十卷）　　宋席珍重修　　宣統三年

李景新《廣東方志總目提要》（頁一二一）：

　　　　定安縣志　十卷　宋席珍纂修　　宣統三年

　　　　　　〔藏〕　中大　北平（缺序目凡例職名）

黃蔭普《廣東文獻書目知見錄》（頁六十二）：

　　　　定安縣志　十卷　　清‧宋席珍

　　　　宣統三年(1911)刊本　　「北京」缺序目凡例

朱士嘉《中國地方志綜錄》（冊二‧頁一十三）：

　　　　定安縣志　十卷　宋席珍纂修　　宣統三年

　　　　北平　　缺序目、凡例、職名

　　中國科學院北京天文臺《中國地方志聯合目錄》（頁七〇
二）：　　〔宣統〕定安縣志　十卷　　清・宋席珍纂修

　　　　　　清宣統三年(1911)刻本　　北京　廣東（膠卷）

　　張世泰《廣東省中山圖書館藏廣東地方志目錄》（頁一四
五）：　　〔宣統〕定安縣志　十卷　　清・宋席珍纂修

　　　　　　清宣統三年(1911)刊本　未入藏

　　　　　　1983年北京圖書館攝制　膠卷（存卷 1～3）

　　楊德春《海南島古代簡史》（頁一五七）：

　　　　　　《定安縣志》十卷　　清・宋席珍修

　　　　　　清宣統三年（公元 1911 年）刻本

　　　　　　北京圖書館存

　　邢益森《海南鄉情攬勝》（寶島風姿錄・續集二・頁一〇
一）：　　定安縣志　　宋席珍纂修　　清宣統三年(1911)

　　　　　　　　廣東中山圖書館等藏　　附注：4－10卷失

　　王會均《海南方志資料綜錄》（總目錄・頁二三）：

　　　　　　〔宣統〕定安縣志　十卷　　宋席珍纂修

　　　　　　清宣統三年(1911)　刊本

　　　　　　北京圖書館藏（缺序目、凡例、職名）

㈡、修志始末

　　按《宣統　定安縣志》（縣修），續修於清光緒四年(1878)
戊寅（吳應廉《光緒　定安縣志》十卷），原定安縣知縣王壽民
氏，於清宣統元年(1909)復任，倡議重修邑志，而款尚未集。迨
清宣統三年(1911)辛亥，署定安縣知縣宋席珍氏抵任，續修告成，

並付諸鋟板，是為「宣統修本」（宋志），其修志時間，相距有逾三紀，約三十餘年矣。

依據北京圖書館藏板，清「宣統修本」《定安縣志》（卷之四・職官志一・官師）載：知縣・國朝（清）

> 王壽民，安徽懷寧縣人。廩貢，光緒三十一年任。三十四年調省，宣統元年復任。

> 宋席珍，貴州貴筑縣人。舉人，宣統三年署。

次從清宣統元年歲次己酉孟秋月上浣，莫家桐〈定安鄉土志序〉云：「……顧吾邑舊無鄉土志，惟邑志續修於光緒初年間，距今已逾三紀。地勢民情與昔雖無大異，然三、四十年來，事故變更，名目沿革或昔舉而今廢，或昔無而今有，廢者宜闕，有者宜補，此固官斯土與生斯土者之責也。」

又云：「歲己酉春，邑候廣堯王公復任，議重修志乘，而款尚未集。適奉提學憲札催，編纂鄉土志書，以憑解部，事關朝廷新政。未便久稽，因屬家桐任其事。…」

經由以上列載資料窺之，於是顯見，清「宣統修本」《定安縣志》（十卷、線裝十冊），係在吳應廉修《光緒　定安縣志》之基礎上，於清宣統元年(1909)己酉，原定安縣知縣王壽民氏復任，倡議重修志乘，而款尚未集。迨清宣統三年(1911)辛亥，宋席珍氏署任定安知縣，邀請鄉紳，諮議續修，帙成而鋟梓，以流傳於世矣。

㈢、纂者事略

按《宣統　定安縣志》（十卷），由於殘缺〈修志職名〉，致參與修志各項事務者，深受時空條件限制，無法徵訪相關資

料，作更深入而周詳探究，尚待方家稽補。

　　從《宣統　定安縣志》（卷之四・職官志一・官師）窺之，而能參與修志事務者，就其相關人員，分著於次，以供查考。

　　知縣：王壽民，字虞堯，安徽懷寧人。廩貢，清光緒三十一年(1905)任，光緒三十四年(1908)調省，於清宣統元年(1909)復任。兩任知縣，有斐聲，倡議重修邑志，士林重之。

　　知縣：宋席珍，貴州貴筑（今貴陽縣）人。清德宗光緒年(1875～1908)間舉人，於清宣統三年(1911)辛亥，署理定安縣知縣，纂修邑志。

　　訓導：林　照，廣東高州信宜人。附貢生，於清宣統三年(1911)署，次歲壬子(1912)裁。

　　典史：黃壽仁，湖南長沙善化人。附生，於清宣統二年(1910)庚戌，任定安縣典史。

　　此外，參與修志各項事務者，諸如：鄉紳、生員、儒生，以參與採訪，參訂、編輯、校對、督刊、管帳等各項事務。由於缺少相關佐證資料，致無從查考，尚待方家稽補之，以臻完美矣。

四、志書內容

　　清・宋席珍纂修《宣統　定安縣志》（缺卷首・序、目錄、凡例、職名），凡十卷、分門九（志）、列目九十八。其主要內容，依目錄（據內文補正）及卷次，著述於次，以供查考。

　　卷一　輿地志

　　　　星野　氣候　沿革　疆域　形勝　山川　水利　鄉圖

　　　　墟市　風俗　物產

　　卷二　建置志

　　案：卷之四‧職官志：知縣，紀明清二代。教諭，清光緒
　　　　三十三年裁。縣丞、主簿，明正統年間裁。

㈤、修志體裁

　　清・宋席珍《宣統　定安縣志》（縣修），殘缺〈卷首〉之「序」、「跋」，亦無修志「凡例」查考。唯從志書之〈目錄〉（內文）窺之，是「宣統修本」（宋志），乃先行分卷，並總以綱（亦就志或門、類），於志（類）下羅列條目，提綱挈領，門目井然。於是顯見，其修志體例，沿仿「光緒修本」（吳志），或遵《道光　瓊州府志》（張志）之義例，乃採「分志體」，亦就「按類分目法」也。

　　按《宣統　定安縣志》（宋志），凡十卷、分門（志）有九，列目九十八。於各門目中「按年紀事」，然所繫邑事，以明、清兩代較詳，其紀事斷限年代，最遲止於清宣統三年(1911)辛亥。就依其卷次、門目，分著於次，以供查考。

　　卷之四　職官志一　官師・國朝（清）：

　　知縣：宋席珍，貴州貴筑人。舉人，宣統三年署。

　　訓導：林　照，高州信宜人。附貢生，宣統三年署，次　　　　年(1912)裁。

　　卷之六　列傳志一　人物補遺

　　莫颺蔚，字章獻，東廂一排坡人，舉人之弼孫，邑庠　　　　生。性倜儻，不拘曲謹，輸財仗義。康熙九年，　　　　將身己所置石嶺莊田三十二丁，送入儒學。宣統　　　　三年，兩學缺裁，裔孫學綸漢請呈，請撥入尚友　　　　學堂，眾公舉設牌位於昌建樓，同廖祭日祀之。

　　卷之十　雜　志　災祥

　　辛亥：宣統三年春大旱，米價騰貴，斗米錢千文，惟荔

枝大盛。秋大旱，禾苗盡犕，西風連旬不變。

七月廿七日，颶風大甚，下午風起，入夜更大，
拔木壞屋，極多人謂：前有甲午四月廿七，後有
辛亥七月廿七，皆罕見之颶風也。

九月，慧星見於東方，尾射紫微垣。**以上新增**

㈥、刊版年代

清‧宋席珍《宣統　定安縣志》（十卷），其雕梓年次，海
內外各家《方志書目》資料，大都著為清宣統三年(1911)刊本。
於今僅有「原刻本」、「手抄本」，暨「微捲片」，流傳在世。

北京圖書館藏板《宣統　定安縣志》（乙部），原刻本，白
口，上魚尾，四週雙邊。全書（缺卷首：序、目錄、凡例、職
名）線裝十冊，書高二十五公分、寬一十六‧五公分，板框高二
十公分、寬一十四‧二公分。仿宋體字，注分雙行。每卷首行暨
版心，皆題《定安縣志》。

海南省定安縣地方志編纂委員會辦公室藏「手抄本」（十
卷）乙部，線裝七冊，書高二十六‧五公分、寬十九公分、框高
二十三‧五公分、寬十六公分，四週雙邊。採用「北京市京昌印
刷廠」八六‧二，(1586)20×20＝400稿紙。首頁載各卷目錄，
每葉（單面）二〇行，每行最多不超過二〇字。楷體字、注分雙
行。紀事各條，除「新增」、「採訪冊」外，皆注有參考書目。
於每卷首行題《定安縣志》，封面手書《定安縣志》（卷次）大
字。封面頁內有「檔案目錄」，暨年次，目錄號。

清‧宋席珍《宣統　定安縣志》，雖鏒有梓本，惟流傳欠
廣，於今海內外圖書館，暨文教機構公藏者稀尠，罕見藏板，就

其知見者，分述於次，以供查考。

原刻本　清宣統三年(1911)辛亥　刊本

中國：北京圖書館

手抄本　依據北京圖書館藏清宣統刊本

中國：海南省定安縣地方志編纂委員會辦公室

微捲片　1983年北京圖書館（依據清宣統三年刊本）攝製

中國：廣東省中山圖書館

宣統《定安縣志》書影

（定安縣史志辦藏抄本）

綜合析論

定安縣志,濫觴於明季永樂,嗣係景泰、嘉靖、弘光,以逮清代康熙、雍正、嘉慶、咸豐、光緒、宣統,於各年次間,先後修志,大凡十三次。中以清宣統三年(1911)辛亥,宋席珍纂修《定安縣志》(續修本),其資料新穎翔實而富美,視同瑰寶,殊為珍貴矣。

就修志源流言之,定安縣志,其有史稽考者,緣自明代「永樂修本」,是乃《定安縣志》之濫觴也。嗣有「景泰修本」(傅霖修)、「嘉靖草志」(王仕衡修)、「嘉靖修本」(宋　賢修)、「弘光修本」(馬　光修)五志。

迨清一代,修志風尚鼎盛,續有「康熙稿本」(張文豹修)、「康熙刻本」(董興祚續修)、「乾隆增刻本」(佚名增修)、「雍正草志」(莫大任修)、「嘉慶草志」(周祚熙修)、「咸豐修本」(梅占元修)、「光緒修本」(吳應廉修)、「宣統修本」(宋席珍修)八志。

綜觀《定安縣志》,計明代五修,遜清八修。雖有草本、繕本、稿本、抄本、鋟板,惟因年代久遠,間遭兵災或蠹害,致牒本湮沒,罕見藏板。於今知見者(公藏),計有:「康熙稿本」(張文豹修)、「康熙刻本」(董興祚續修),「乾隆增刻本」(紀事至清乾隆五十一年),「光緒修本」(吳應廉修)、「宣統修本」(宋席珍修),此外,尚有《宣統　定安鄉土志》(莫家桐纂)一種。餘者恐已佚傳(待訪),誠屬憾惜矣。然從文獻整體性來說,各志相承相傳,構成完整性的脈絡體系。

「康熙稿本」(張志),縣修。乃知縣張文豹氏,爰搜遺

帙，邀集諸紳矜，採輯舊聞，校正遺編，彙成一帙，分為八卷
（手稿，未梓）。是為「康熙稿本」《定安縣志》，史稱：張志。

「康熙刊本」（董志），續修。係知縣董興祚氏，就前令張
文豹修「康熙稿本」（未梓）為藍本，邀集邑中名儒宿學，相與
參稽增補，編彙續修成帙，釐為四卷。於清康熙三十年(1691)付
梓，是乃「康熙刊本」《定安縣志》，史稱：董志。

「乾隆增刻本」（佚 名），增修。係以董興祚《康熙 定
安縣志》為底本（基礎），於清乾隆五十二年(1787)丁未歲增修
（刻），是即「乾隆增刻本」《定安縣志》。

「光緒刊本」（吳志），縣修。係以康熙舊志為主，咸豐梅
志為次，詳考省志、郡志，博採輿論，參訂核補，編摩成帙（凡
十卷）。此乃「光緒刊本」《定安縣志》，史稱：吳志。

　　案：《光緒 定安縣志》，係知縣吳應廉氏興修，請蒙上
　　　　憲許可，乃籌費設局，延請鄉宦王公映斗為總纂，王
　　　　公匠成等諸紳分任其事。於清光緒三年(1877)丁丑冬
　　　　月，邑志「稿本」克成，次歲（四年）戊寅(1878)，
　　　　付諸棗梓矣。

「宣統刊本」（宋志），縣修，於吳應廉《光緒 定安縣
志》基礎上續修。由原知縣王壽民氏，於清宣統元年(1909)復任，
倡議重修邑乘，而款尚未集。迨清宣統三年(1911)辛亥，署定安
縣知縣宋席珍氏抵任，續修告成（十卷），並付諸鋟板。是即
「宣統刊本」《定安縣志》，史稱：宋志。

就修志體裁言之，定安縣志，諸修本皆採按年紀事，各以舊
志為藍本（基礎），參考隣邑各志，考訂省、郡舊志，旁搜散
帙，釐正補闕，彙葺成書。然從定邑志書〈目錄〉（內容）析

觀,各志大都沿襲舊志義例,先行分卷,次總以綱(亦就分志或類),而後羅列門目(繁簡各別),提綱挈領,門目簡明,其修志體例略備焉。

依據清‧董興祚《康熙 定安縣志》(續修)〈凡例〉(計八條),暨清「乾隆增刻本」《定安縣志》〈目錄〉(內文)窺之,兩志皆分四卷,列目四十有八。於是顯示,其修志體例(類同),係採「門目體」,亦就「按事分目法」也。

此外,「康熙稿本」(張文豹修,原稿未刊)、「光緒刻本」(吳應廉修)、「宣統刊本」(宋席珍修),就其〈序文〉(內容)、〈凡例〉(條文),〈目錄〉(內文)析觀,各志大都先行分卷,次總以綱(分志或類),而後列門目。於是顯見,其修志義例,係採「分志體」,亦就「按類分目法」也。

吳應廉《光緒 定安縣志》,就〈凡條〉(十八條)窺之,是志係以康熙舊志為主,咸豐梅志為次,詳考省志、郡志,博採輿論,軼者補之,訛者正之,疑者闕之。其體例,編次俱效通志,門目略作調整,新設「雜志」一門。

就志書內容言之,定安縣志書,於今海內外各圖書館,暨文教機構知見者(公藏),計有:「康熙稿本」,「康熙刻本」、「乾隆增刻本」、「光緒修本」、「宣統修本」,於諸修本《定安縣志》之內容,亦各具特色耳。

「康熙稿本」(凡八卷),係張文豹修「稿本」(未梓),紀事止於清康熙二十五年(1686)丙寅。原志稿本,分志十一、列目二十九。於「黎岐」一門,記述黎峒分佈、道里,官黎紛爭,以及官府議黎,諸端甚詳。

「康熙刻本」,係知縣董興祚氏,就前令張文豹「志稿」續

修，釐為四卷。內分：輿圖、星野、氣候、疆域、沿革、形勝、山川、津梁、水利、鄉都、風俗、古蹟、物產、城池、公署、學校、祠祀、驛鋪、墟市、兵屯、災異、戶口、田糧、秩官、宦績、選舉、例監、封贈、恩廕、宦監、掾吏、人物、節烈、坊表、丘墓、藝文、黎岐等目，紀事止於清康熙二十九年(1690)歲次庚午。

「乾隆增刻本」，係以「康熙刻本」為藍本，於清乾隆五十二年(1787)增修，其志分卷、列目，與「康熙刻本」（董興祚續修）同，紀事至清乾隆五十一年(1786)丙午。於輿圖三幀：定邑繪圖、廨圖、廟圖。卷之四「黎岐」條下一幀：全島黎岐峒圖。

「光緒修本」，凡十卷，首一卷，正文分九門（志）七十目。新增雜志一門，人物、節列由列傳門統之，輿地門之星野、疆域、山川三目附有圖錄，藝文門舊例生人之文不錄，此志不拘其人存殁，凡有切於定邑之作與眾目共睹之文，概行登錄（載有清初番禺屈大均哀文二篇，均涉及明末抗清事迹）。黎岐門記黎族村峒、里至、風俗，歷朝官黎紛爭及平黎之議殊詳。

「宣統修本」，凡十卷，計分：輿地、建置、經政、職官、選舉、列傳、藝文、黎岐、雜志等九門（與「光緒修本」同），九十八目。於今見藏板（缺卷首：序、凡例、修志職名、目錄），其內容增入清宣統三年(1911)前政治、經濟、軍事、文化等史事。尤以輿地門（物產）目，記載當地農、林、木、禽、水產等資源甚詳。

就史料價值言之，定安縣志，於今海內外知見之藏板（公藏者），計有「康熙稿本」（張文豹修）、「康熙刊本」（董興祚續修）、「乾隆增刻本」（五十二年增修）、「光緒刊本」（吳

應廉修）、「宣統刊本」（宋席珍修）五種。諸修本《定安縣志》於修志時，力搜遺帙，採輯舊聞，廣徵文獻，以備考正參訂。尤以藝文門，蒐錄邑事相關資料特多，殊具史料價值矣。

　　張文豹「康熙稿本」《定安縣志》（縣修），紀事止於清康熙二十五年(1686)丙寅。於〈黎岐志〉（卷之八）一門，記述黎峒分布、道里、官黎之爭，暨官府議黎，致為詳實。

　　董興祚「康熙刊本」《定安縣志》（續修），紀事止於清康熙二十九年(1690)庚午。是志雖與前編（張志）迥別，而採訪數年，參稽有日，刪補訂訛，以成此帙（四卷）。於各門目，詳查省郡志，參稽鄰邑各志，博采輿論，闕者補之，疑者闕之，足以傳信垂永矣。

　　是「乾隆增刻本」《定安縣志》（增修），紀事止於清乾隆五十一年(1786)丙午。增紀清代康熙（二十九年）、雍正、乾隆（五十一年）三朝之事迹資料，對此期間(1690～1786)大約百年之史實研究，殊有莫大助益焉。

　　吳應廉「光緒刊本」《定安縣志》（縣修），刊於清光緒四年(1878)戊寅，紀事止於清光緒五年(1879)己卯。是志與舊志迥異，其門目稍作調整，設雜志一門。人物、節烈，由列傳門統之。輿地門之星野、疆域、山川、皆附有圖。於藝文門，載有清初番禺高士屈大均哀辭二篇，均涉及明末抗清事迹。黎岐門，於黎俗、村峒、關隘、平黎、黎議，紀事殊詳。

　　宋席珍「宣統刊本」《定安縣志》（縣修），刊於清宣統三年(1911)，紀事止於是年（辛亥）。是志綱舉目張，增補清宣統三年前之政治、經濟、文化、軍事等史事。於輿地志物產目，對當地農、林、木、禽、水產等資源，紀載殊詳。

結　論

　　綜觀《定安縣志》諸修本，於今海內外圖書館，暨文教機構庋藏者稀尠，罕見藏板。其「康熙稿本」（原稿本，八卷），係定安縣知見藏板，最早之志書。「宣統修本」（原刻本、十卷），是志乃定邑最新一部縣志。此外，「康熙刊本」（續修）、「乾隆增刻本」（增修），雖有鋟板，惟流傳欠廣。於今知見藏板，大都是唯一「孤本」，彌足珍貴，視同瑰寶。

　　按《定安縣志》，「康熙修本」（張志、董志）、暨「乾隆增修本」（佚名），諸家「方志書目」刊載資料，大都混淆不清，誤導讀眾認知。於今就知見藏板，臚著如次，以符事實矣。

　　「康熙稿本」《定安縣志》（張文豹修），清康熙二十五年(1686)修（張序），原稿本（八卷）、線裝四冊。庋藏者：北京圖書館（清抄本・亦就手稿本、未刊）。

　　「康熙刊本」《定安縣志》（董興祚續修），清康熙二十九年(1690)續成（董序），清康熙三十年(1691)刊本（梁後序），原刻本（四卷），線裝四冊。庋藏者：臺灣・國立故宮博物院，中國・北京圖書館、故宮博物院。

　　「乾隆增刻本」《定安縣志》（佚　名增修），清乾隆五十二年(1787)增刻，紀事止於清乾隆五十一年(1786)。原增刻本（四卷）、線裝八冊。庋藏者：中國・北京圖書館（今名：國家圖書館）、故宮博物院。

　　清・吳應廉《光緒　定安縣志》（凡十卷、首一卷），其資料豐實，內容富美，體例完備。是志於民國五十七年(1968)戊申

歲十月，臺北市定安縣志重印委員會，就中央研究院傅斯年圖書館（缺：卷首、卷九、卷十），暨日本東洋文庫（凡十卷）藏板「光緒刊本」（舊志），詳加審校，互補闕軼，重新影印出版，以廣流傳矣。

　　從文獻整體性來說，《定安縣志》，乃海南地方志書之一種，亦係海南的文化資產。在史學（文獻）上，實具有特殊的歷史背景，並反映其當時社會實況。於學術研究，深具史料價值，不僅是研究「定安縣地方制度」，必需具備之珍貴史料，同時亦係治「海南方隅史」，不可缺少的參考資料，彌足珍貴，視同瑰寶耶。

參考文獻資料

《道光　廣東通志》　　清‧阮　元修

　　民國五十七年(1968)十月　臺北市　華文書局　影印本

　　（據清道光二年修　同治三年　重刊本）

《道光　瓊州府志》　　清‧張岳崧纂

　　民國五十六年(1967)十二月　臺北市　成文出版社　影印本

　　（據清道光二十一年修　光緒十六年　補刊本）

《康熙　定安縣志》　　清‧張文豹修

　　清康熙二十五年(1686)抄本（手稿、未梓）

《康熙　定安縣志》　　清‧董興祚續修

　　清康熙二十九年(1690)刊本　乾隆五十二年(1787)增刻本

《光緒　定安縣志》　　清‧吳應廉修

　　民國五十七年(1968)十月　臺北市　影印本

（據清光緒四年　刊本）

《宣統　定安縣志》　　宋席珍修

　　清宣統三年(1911)　刊本（殘缺：卷首）

《宣統　定安鄉土志》　　莫家桐纂

　　清宣統元年(1909)手抄本

《海南方志資料綜錄》　王會均著

　　民國八十三年(1994)十月　臺北市　文史哲出版社

中華民國九十一年(2002)壬午九月六日章樂克颱風夜

中華民國九十七年(2008)歲次戊子四月十日　修訂稿

　　　　　　臺北市「海南文獻史料研究室」

五、文昌縣志

　　文昌縣，史名久遠，漢為珠崖郡（紫貝縣）地。於唐高祖武德五年(622)，分置平昌縣（隋代武德縣地）屬崖州。至太宗貞觀元年(627)，更名文昌縣，乃屬崖州。五代，屬南漢（劉隱創建，都廣州，轄嶺南）。宋太祖開寶五年(972)廢崖州，改屬瓊州。元明宗天曆二年(1329)，改屬乾寧軍。明太祖洪武二年(1370)，屬瓊州府。清因襲之，民國肇立，邑制仍舊，今稱：文昌市。

　　文昌縣志之纂修，昉自明季嘉靖始修，續而崇禎，中經清代康熙、咸豐、同治三朝，以逮民國，其間約三百六十年，先後纂修大凡八次。中以李鍾嶽修《民國　文昌縣志》（凡十八卷），所繫邑事詳備富美，最具史料參考價值耶。

　　文昌縣志，雖有稿本、繕本，或梓本面世，由於年代久遠，間遭兵戈之災，抑蟲蛀之害，致藏板稀少，流傳欠廣。於今國內外見藏者，祇有康熙修本（馬志）、咸豐修本（張志）、民國修本（李志）三種而已，餘者恐佚，殊為憾惜矣。

　　今以《文昌縣志》為論旨，就相關文獻史料，作系統化分析，暨綜合性研究。其主要內容，計分：修志源流、待訪志書、康熙修本、咸豐修本、民國修本、綜合評析等六大部分。

修志源流

　　文昌縣志書，其纂修源流有自，證諸文獻，有史稽考者，始自明季嘉靖，續而崇禎。在明嘉靖以前，由於史籍缺軼，無從查考矣。

　　迨清一代，修志風尚蔚成，尤以康熙朝，最為鼎盛。中經咸豐、同治，而迄民國九年(1920)止。其間約近三百六十年，先後修志，大凡八次，內分：明季二修（嘉靖、崇禎，各一修）、遜清五修（康熙四修、咸豐一修、同治重刊），民國一修。茲依修志年次，分別著述於次，以供方家參考。

　　文昌縣之有志，緣自明世宗嘉靖年間，始由縣學教諭李遇春氏，與訓導葉懋，同修邑志，是乃文昌縣志之創修本，史稱：「嘉靖修本」（李遇春志）。

　　案：清·張霈修《咸豐　文昌縣志》（卷之三·建置志·學校）載：嘉靖四十年，訓導葉　懋修櫺星門、泮池，趙志科記。據此推測，李遇春、葉　懋，同修邑志，約在是年(1561)辛酉（先後），唯其正確年次，尚待查考。

　　續於明毅宗（莊烈帝）崇禎年間，由文昌縣知縣周廷鳳修、教諭林夢貞纂《崇禎　文昌縣志》，史稱：「崇禎修本」（周廷鳳志），而與「嘉靖修本」（李遇春志），其纂修時間，相距近八十年矣。

　　案：清·張霈修《咸豐　文昌縣志》（卷之三·建置志·城池·邑城）載：崇禎十二年，知縣周廷鳳增築月城。據以推測，周廷鳳、林夢貞，續修邑志，約在崇禎十二年(1639)己卯（先後），唯其正確年次，尚待查考。

　　迨清康熙元年(1662)壬寅，由文昌縣知縣鄧生柏氏，與儒學訓導吳廷縉氏，倡修邑志，是為《康熙　文昌縣志》（稿本、未梓），史稱：「康熙稿本」（鄧生柏志），而與「崇禎修本」（周廷鳳志），其修志時間，相距約二十有三年也。

　　清康熙九年(1670)庚戌，續由文昌縣知縣沈　㲄修，縣學訓

導歐陽敬纂《康熙　文昌縣志》，史稱：「康熙修本」（沈　彪志），其修志時間與「康熙稿本」（鄧生柏志），相距僅有八年而已。

　　清康熙二十七年(1688)戊辰，由文昌縣知縣何　斌、縣學教諭郭炳如，續修邑志，是乃《康熙　文昌縣志》，史稱：「康熙修本」（何　斌志），其纂修時間，相距亦只一十八年。

　　清康熙五十七年(1718)戊戌，文昌縣知縣馬日炳纂修、縣學教諭朱順昌、訓導伍　瑞，同修邑志，此即《康熙　文昌縣志》（凡十卷），史稱：「康熙修本」（馬日炳志），其修志時間，而與「康熙修本」（何　斌志），相距大約三十年耶。

　　清咸豐六年(1856)丙辰，首由署文昌知縣張　霈倡修，嗣由署文昌縣事王　坦續修，於清咸豐八年(1858)戊午，書成刊行，是為《咸豐　文昌縣志》（凡十六卷、首一卷），史稱：「咸豐修本」（張　霈志）。其修志時間與「康熙修本」（馬日炳志），相距約一百四十餘年之久矣。

　　清同治年間(1862～1874)，劉彬華纂修《文昌縣志》（未見修本）。依據王君偉〈解放前海南修志簡介〉，附「解放前海南地方志統計表」：文昌縣志，劉彬華纂修，清同治年間，附注：疑為重刊舊本（見邢益森編《海南鄉情攬勝》〈寶島風姿錄〉續集二・頁九十八，海南出版公司，一九九三年十二月）。特著於此，以供查考。

　　民國七年(1918)戊午，續由文昌縣知事李鍾嶽等重修，於民國九年(1920)刊行，是為《民國　文昌縣志》（凡一十八卷、首一卷），史稱：「民國修本」（李鍾嶽志）。其修志時間與清「咸豐修本」（張　霈志），相距約有六十二年。

綜觀《文昌縣志》纂修源流，緣自明嘉靖年間，首由李遇春、葉　懋同修《文昌縣志》肇始，迄民國九年(1920)庚申，李鍾嶽修、林帶英纂《文昌縣志》（凡十八卷、首一卷）為止。大凡八修，中經遜清一代，約有三百六十年，其間清季，修志風尚鼎盛，牒本豐碩，義例稱備。尤以「民國修本」（李鍾嶽志），其資料新穎，內容翔實而富美，深具史料價值，殊為珍貴矣。

待訪志書

《文昌縣志》，雖有稿本或梓本，但因年代久遠，間遭兵火之災，或蠹魚之害，致牒本湮沒朽蝕，罕見藏板。於散佚待訪者，計有：「明修本」（李志、周志）二種。「清修本」（鄧志、沈志、何志、劉志）四種。就依修志年次，分別析著於次，以供方家參考。

《嘉靖　文昌縣志》　　明·李遇春　葉　懋修　嘉靖年間　佚

(一)、知見書目

阮　元修《道光　廣東通志》（卷一百九十二·藝文略四）：　　《文昌縣志》　　明·李遇春　葉　懋同修　佚

　　　　馬志：葉懋，南海人，嘉靖間任訓導，與教諭
　　　　李遇春，同修邑乘。

　　案：馬志，係指馬日炳《康熙　文昌縣志》

杜定友《廣東方志目錄》（頁十七）：

　　　　《文昌縣志》　　李遇春　葉　懋　　嘉靖年　佚

邢益森《海南鄉情攬勝》（寶島風姿錄·續集二·頁九十七）：　　《文昌縣志》　　李遇春　葉　懋纂修

　　　　明嘉靖間　　佚　　附注：《阮通志》存書目
　　王會均《海南方志資料綜錄》（總目錄・頁二十三）
　　　　〔嘉靖〕文昌縣志　　明・李遇春　葉　戀修
　　明嘉靖年間（年次未詳）修　佚

㈡、纂者事略

　　依據清康熙五十七年(1718)戊戌，馬日炳修《康熙　文昌縣志》載：〈舊志原本〉（修志姓氏），參與修志事務者，計六人。其里籍及事略，分別臚著於次，以供方家參考。

　　李遇春，字心宇，宜山（廣西省宜山縣）人。明嘉靖年間，任文昌縣學教諭，與訓導葉　戀，同修邑志。於明萬曆十九年(1591)辛卯署知縣，與訓導蒙中道，重修學宮，並記。

　　案：清・張　霈修《咸豐　文昌縣志》（卷之三・建置志・
　　　　學校），詳誌。李遇春〈重修學宮記〉全文，載於《咸
　　　　豐　文昌縣志》（卷之十四・藝文志）。

　　葉　戀，號右倉，廣東省南海人。明嘉靖年間，任縣學訓導，手不釋卷，口不言利，捐俸修理學宮齋舍泮池，與教諭李遇春同修邑志。資濟貧生，表揚節烈，嘗率諸生躬祭水北烈婦邢氏，並為詩文褒美之（青燈獨誓冊，瓊士夫悲邢氏之死而作也）。所著〈青燈獨誓序〉，載於《咸豐　文昌縣志》（卷之十三・藝文志）。

　　清・蕭應植《乾隆　瓊州府志》（卷之五・秩官志・名宦）、張岳崧《道光　瓊州府志》（卷之三十・官師志・宦績中）、張　霈《咸豐　文昌縣志》（卷之十・宦績志・名臣）、李鍾嶽《民國　文昌縣志》（卷之十・宦績志・名

宦），皆載有事略。祀名宦

　　趙志科（榜姓劉，後復趙姓），字清軒，前山都人。明嘉靖
十年(1531)辛卯科舉人，以母老侍養不仕。性沖淡，榮利無染，
結廬山中，歌詠自樂，嘗修本縣志，為周守柳塘所重，扁旌曰
「清脩博雅」云。祀鄉賢

　　明・戴熺《萬曆　瓊州府志》（卷之十・人物志・鄉賢），
　　清・牛天宿《康熙　瓊郡志》（卷之七・人物志・鄉賢）、張
　　岳崧《道光　瓊州府志》（卷之三十四・人物志・名賢三）、
　　張　霈《咸豐　文昌縣志》（卷之十・人物志・鄉賢）、李鍾
　　嶽《民國　文昌縣志》（卷之十・人物志・鄉賢），皆載有事
　　略。祀書院

　　張以誨，字禮軒，廩生（文昌縣學歲貢），坊廂都人。

　　廖元勳，字欽吾，增生，邑人。

　　李　復，字葵廷，庠生，邑人。

《崇禎　文昌縣志》　明・周廷鳳修　林夢貞纂　崇禎間修　佚

(一)、知見書目

　　阮　元《道光　廣東通志》（卷一百九十二・藝文略四）：
　　　　《文昌縣志》　明・周廷鳳修　林夢正輯　佚
　　　　　　馬志：廷鳳四川廣元人，孝廉，崇禎間任，曾修
　　　　　　　　邑志。夢正，時任教諭。
　　　　案：馬志，係指清・馬日炳修《康熙　文昌縣志》
　　杜定友《廣東方志目錄》（頁十七）：
　　　　　文昌縣志　佚　　周廷鳳　林夢正　　明崇禎年
　　邢益森《海南鄉情攬勝》（寶島風姿錄・續集二・頁九十

七）：　　《文昌縣志》　周廷鳳　林夢正　明崇禎間　佚
　　　　　附注：《阮通志》存書目
　　王會均《海南方志資料綜錄》（總目錄・頁二十三）：
　　　　　〔崇禎〕文昌縣志　　明・周廷鳳修　林夢貞纂
　　　　　明崇禎年間（年次未詳）修　佚

(二)、纂者事略

　　依據清康熙五十七年(1718)戊戌，馬日炳修《康熙　文昌縣志》載：〈重修姓氏〉，參與修志事務者，計有一十五人。其里籍及事略，分著於次，以供查考。

　　周廷鳳，四川廣元人。於明崇禎六年(1633)癸酉科舉人，銓授文昌知縣。操守廉潔，視民如子。按額徵解，竟無逋欠，蓋撫字勞，故催科易。入覲，復任半戴，陞泗州守，士民群送至海浦，無不泣涕。

　　清・蕭應植《乾隆　瓊州府志》（卷之五・職官志・名宦）、張岳崧《道光　瓊州府志》（府之三十・官師志・宦績中）、張　霈《咸豐　文昌縣志》（卷之十・宦績志・名宦）、李鍾嶽《民國　文昌縣志》（卷之十・宦績志・名宦），皆載有事略。祀名臣，並祀書院

　　林夢貞，字用周，福建長樂人。明天啟七年(1627)丁卯科舉人，銓任文昌縣學教諭，纂輯邑志。

　　案：夢貞，舊志作正。徐景熹《乾隆　福州府志》作禎，陳
　　　　壽祺《道光　福建通志》亦作禎。

　　孫如學，舊志作澩，浙江省餘姚縣人。明崇禎間任文昌縣丞，協修邑志。

邢世炅，何恭都人。明熹宗天啟四年(1624)甲子科舉人，參修邑志。

張承預，坊廂都人。明熹宗天啟四年(1624)甲子科舉人，參修邑志。

陳瑚璉，南溪都人。明毅宗崇禎三年(1630)庚午科舉人，參修邑志。

邢之顯，何恭都人。明毅宗崇禎十二年(1639)己卯科舉人，參修邑志。

林兆甲，白延都人。明·恩貢，與修邑志。

李天佑，何恭都人。明·恩貢，選恭城知縣。

潘一梅，邑人。明，歲貢。

林　翰，邑人，庠生。

林兆一，邑人，庠生。

冼昌陽，邑人，庠生。

黃玉龍，邑人，庠生。

王守純，邑人，庠生。

《康熙　文昌縣志》　　清·鄧生柏修　　吳廷縉纂

清康熙元年(1662)　　佚

(一)、知見書目

阮　元《道光　廣東通志》（卷一百九十二·藝文略四）：

　　《文昌縣志》　國朝·鄧生柏修

　　　　吳廷縉輯　未見

　　　　見馬志（馬日炳《康熙　文昌縣志》載）

　案：生柏康熙元年任知縣，廷縉時任訓導。

小葉田淳《海南島史》（頁三〇三）：

　　　　《文昌縣志》　　　鄧生柏　　　吳廷縉

杜定友《廣東方志目錄》（頁一十七）：

　　　　《文昌縣志》　　　鄧生柏　吳廷縉　　康熙元年

陳劍流《海南簡史》（頁八十二）：

　　　　《文昌縣志》（十卷）　　康熙八年

　　　　　清・邛生柏、吳廷縉編

　　案：陳著（十卷），康熙八年，未知所據何本，尚待

　　　　方家查考。且鄧生柏亦誤作邛生柏，宜補正之。

楊德春《海南島古代簡史》（頁一五七）：

　　　　《文昌縣志》（卷數未詳）　　已佚

　　　　　清・鄧生柏、吳廷縉編纂

邢益森《海南鄉情攬勝》（寶島風姿錄・續集二・頁九十

七）：　　《文昌縣志》　　　鄧生柏　　　吳廷縉

　　　　清康熙元年(1662)未刊

　　　　　附注：《阮通志》存書目

王會均《海南方志資料綜錄》（總目錄・頁二十三）：

　　　　〔康熙〕《文昌縣志》（未刊）

　　　　　清・鄧生柏修　　　吳廷縉纂

　　　　清康熙元年(1662)修　　佚

㈡、纂者事略

　　據清康熙五十七年(1718)歲次戊戌，知縣馬日炳修《康熙

文昌縣志》載：〈三修姓氏〉，參與修志事務者，只有二人，

分著於次，以供參考。

　　鄧生柏，廣西全州人。清順治十七年(1660)庚子科舉人，於清康熙元年(1662)銓授文昌知縣，與縣學訓導吳廷縉倡修邑志。在任丈出糧，修邑城、縣署、監獄，後以告劾去職。

　　吳廷縉，廣東高要人。以歲貢授文昌縣學訓導，在任修學宮。於清康熙元年(1662)，協修邑志。

《康熙　文昌縣志》　　清・沈　彪修　　歐陽敬纂

清康熙九年(1670)　佚

(一)、知見書目

阮　元《道光　廣東通志》（卷一百九十二・藝文略四）：

　　　　《文昌縣志》　　沈　彪修　歐陽敬纂　未見
　　　　　康熙庚戌，序載馬志，敬時任訓導。
　　案：康熙庚戌，即康熙九年(1670)。馬志，係指清・
　　　　馬日炳修《康熙　文昌縣志》。

小葉田淳《海南島史》（頁三〇三）：

　　　　《文昌縣志》　　沈　彤　歐陽敬　康熙十年
　　案：小葉田淳，作：康熙十年，未知所據何本，尚待
　　　　方家查考。且沈　彪亦誤作沈　彤，宜補正之。

杜定友《廣東方志目錄》（頁一十七）：

　　　　《文昌縣志》　　沈　彤　歐陽敬　　康熙九年

陳劍流《海南簡史》（頁八十二）：

　　　　文昌縣志（十卷）

　　　　　沈　彤　歐陽敬等編　　康熙十年

楊德春《海南島古代簡史》（頁一五七）：

　　　　《文昌縣志》（卷數未詳）　沈　彬　歐陽敬編纂

康熙十年(1671年)　刻本

依據清・馬日炳修《康熙　文昌縣志》載：康熙九年(1670)沈　飈〈舊志序〉觀之，陳劍流《海南簡史》、楊德春《海南島古代簡史》二書，所著錄：卷數、沈　彤或沈　彬，康熙十年等資料，似有舛誤，未知所據何本，尚待方家查考。

邢益森《海南鄉情攬勝》（寶島風姿錄・續集二・頁九十七）：　　《文昌縣志》　沈　飈　歐陽敬纂修

　　　　清康熙九年(1670)　失

　　　　　附注：《阮通志》存書目

王會均《海南方志資料綜錄》（總目錄・頁二十三）：

　　　　〔康熙〕文昌縣志　沈　飈修　歐陽敬纂

　　　　清康熙九年(1670)　佚

(二)、修志始末

按《康熙　文昌縣志》，係上臺下取圖乘，於是邑令沈　飈氏，乃取新舊二稿，參酌而刪補之，以呈上憲。惟罕見牒本，恐已佚傳於世，殊深憾惜矣。

依據清康熙九年(1670)庚戌，文昌知縣沈　飈〈舊志序〉云：「……愚初渡海抵郡，即索郡志閱之，嘆其繁雜，抵邑即索邑志閱之，繁雜猶故也。而藝文以後，闕而無存，更索舊刊閱之，匪特雜也，俚鄙有甚焉。」

又云：「會上臺下取圖乘，乃取新舊二稿，參合而刪補之，即未敢居潤色之功，然頗有芟除之力矣。雖然文人相非，自古而然，記載之文，尤難偏愜。」

末云：「陸士衡云，笑他人之未工，忘己事之已拙，將無後

之視今，亦猶今之視昔乎，而義不敢辭也。至於其名存其實亡，目則猶是也，而生齒加耗矣，此則愚之所不忍言，而覽者亦將有感於斯矣。」

綜窺沈　彪〈舊志序〉（全文載於張　霈《咸豐　文昌縣志》之首），是志乃沈氏就新舊二稿，參合刪補而成，其修志意旨及始末，大略如斯矣。

(三)、纂者事略

依據清康熙五十七年(1718)戊戌，知縣馬日炳《康熙　文昌縣志》載：〈四修姓氏〉，參與修志事務者，計有一十九人，分著於次，以供參考。

沈　彪，字澄思、號詹山，浙江歸安人。清順治十二年(1655)乙未科進士（三甲一四四名），清康熙六年(1667)任文昌知縣。於清康熙九年(1670)庚戌，倡修邑志。在任修邑城、縣署、學宮，俱捐廉俸。折獄平允，案無留牘，為政寬猛得宜，從無擾民，愛民重士，去日行李蕭然，闔邑號泣，送至郡城，樵夫牧豎，皆出錢為贐，一無所受。所著〈謝雨文〉（丁未五月）、〈澄思堂銘〉、〈寓居郡城文邑父老擁迎回邑〉（次林晦生韻），載於張霈修《咸豐　文昌縣志》（卷之十五・藝文志・文、詩）。

清・阮　元《道光　廣東通志》（卷二六〇・宦績錄三〇・國朝六）、張岳崧《道光　瓊州府志》（卷之三十一・官師志・宦績下）、張　霈《咸豐　文昌縣志》（卷之十・宦績志・名宦）、李鍾嶽《民國　文昌縣志》（卷之十・宦績志・名宦），皆有事略。阮通志，祀名宦

歐陽敬，廣東省肇慶府四會縣人。清世祖順治十七年(1660)

庚子科歲貢，銓選文昌縣學訓導，協修邑志。在任與知縣沈
彪，捐俸重修學宮、明倫堂，士林重之。

此外，尚有邑庠，計一十七人，分述於次，以供參考。

陳人駒，邑人，庠生。

林昌烇，字晦生，號伯甫，白延都人。明·恩貢，自少嗜
學，工於詩文，遠近傳之，卒年七十。

清·張岳崧《道光　瓊州府志》（卷之三十五·人物志·文
苑）、張　霈《咸豐　文昌縣志》（卷之十·人物志·文
苑）、李鍾嶽《民國　文昌縣志》（卷之十·人物志·文
苑），載有事略。

林時棟，邑人，庠生。

廖緒耀，本姓黃，坊廂都人。歲貢，吳川訓導。

張維宏，邑人，庠生。

王　維，邑人，庠生。

韓之謙，青藍都人。縣學，歲貢。

王纘祖，邑人，庠生。

王紹祖，邑人，庠生。

邢　錦，邑人，庠生。

王宗陽，水北都人。府學，恩貢。

王宗華，邑人，庠生。

陳士琛，前山都人。附生，例監。

陳鼎新，邑人，庠生。

王應秋，邑人，庠生。

林昌煜，字昭生、號潛菴，白延都人。歲貢，海康訓導，扶
獎士類。素性儉樸，褆躬謙謹，署邑篆，清白自持，捐修文昌

閣，士皆口碑，鄉宦洪泮洙甚重之。

　　清・張岳崧《道光　瓊州府志》（卷之三十五・人物志・篤行）、張　霈《咸豐　文昌縣志》（卷之十・人物志。懿行）、李鍾嶽《民國　文昌縣志》（卷之十・人物志・懿行），載有事略。

　　林　桃，邑人，庠生。

《康熙　文昌縣志》　　清・何　斌修　　郭炳如纂

清康熙二十七年(1688)刻本　佚

(一)、知見書目

　　阮　元《道光　廣東通志》（卷一百九十二・藝文略四）：
　　　　文昌縣志　　國朝・何　斌修　　郭炳如輯　存
　　　　康熙戊辰　　序載馬志，炳如時任教諭。
　　　　案：馬志，係指清・馬日炳修《康熙　文昌縣志》
　　小葉田淳《海南島史》（頁三〇三）：
　　　　文昌縣志　　何　斌　　郭炳如　　康熙二十七年
　　杜定友《廣東方志目錄》（頁一十七）：
　　　　文昌縣志　　何　斌　　郭炳如　　康熙二十七年
　　陳劍流《海南簡史》（頁八十三）：
　　　　文昌縣志（十卷）　　何　斌　　郭炳如等編
　　　　康熙二十七年
　　楊德春《海南島古代簡史》（頁一五七）：
　　　　文昌縣志　十卷　　清・何　斌　　郭炳如編纂
　　　　康熙二十七年(1688)刻本
　　　　案：陳劍流、楊德春著錄：此志十卷，未知所據何

本，尚待方家查考。

邢益森《海南鄉情攬勝》（寶島風姿錄・續集二・頁九十
七）：　　文昌縣志　　何　斌　　郭炳如纂修

清康熙二十七年(1688)　失

附注：《阮通志》存書目

王會均《海南方志資料綜錄》（總目錄・頁二十三）：

〔康熙〕文昌縣志　　清・何　斌修　　郭炳如纂

清康熙二十七年(1688)刻本　佚

(二)、修志始末

按《康熙　文昌縣志》，乃大中丞李公，奉詔令修粵志，檄
諸郡邑。知縣何　斌（仁和人）氏，受命而邀集邑紳耆老，亟謀
從事，分司其任。於清康熙二十七年(1688)戊辰，志成而付諸梓
刊矣。

依據清康熙二十七年邑令何　斌〈舊志序〉云：「……志則
有新舊周、鄧二編，至康熙庚戌，沈公騰斟酌纂輯之，刊爲全
帙，此邑志之源流所由來也。」

次云：「余承乏斯邑，值海氛遭兵燹，兢兢業業，懼弗克
勝，念夫學校荒蕪而弗加興，祠廟傾圮而弗加葺，城郭頹壞而弗
加築，邑志缺略而弗加修，皆守土者之責也。用是朝夕黽勉，量
捐薄俸，次第舉行，雖不敢謂百廢俱興，庶幾圖其新而不失其
舊，但於邑志則尚謝不敏，非特力有未逮，誠愼之也。」

復云：「今大中丞李公，奉詔令修粵志，檄諸郡邑，余受命
日，亟謀從事，擇邑之老成練達，通曉典故者，分其任焉。因念
山川如故，井里依然，而兵防賦役之制，不無變通也。田廬宮

室，不知幾易其居守也。坊表人物之若存若亡，不忍其湮沒無聞也。勢與時異，情隨事遷，一切建置沿革、戶口增耗，不免今昔頓殊。」

又云：「故凡庚戌以後志所未載，考焉唯恐不詳，錄焉必求其確。總使今日之及見者曉然可信，即今後日之傳聞者，亦灼然不疑。是雖一邑之志乎，將以備太史之採風，登盛朝之史冊，職司其事者，敢弗慎且重與。」

末云：「至於舊志原本，細為校讐，俚者潤之，雜者汰之，舛者正之，非敢訾議前人，妄加意斷。蓋考其失，以求其是，正欲使周、鄧二公創造之意，與沈公鑒定之功，藉此重光，共傳不朽，則述而不作，亦猶行古之道也，是為序。」（序載張　霈《咸豐　文昌縣志》之首）

綜從邑令何　斌〈舊志序〉窺之，於是顯見，是志修輯之源流及意旨，歷程與始末，大略如斯矣。

㈢、纂者事略

依據清康熙五十七年(1718)戊戌，知縣馬日炳修《康熙　文昌縣志》載：〈五修姓氏〉，其參與修志事務者，計有一十六人。分著於次，以供參考。

何　斌，浙江仁和人。監生，選文昌知縣，清康熙十九年(1680)庚申抵任。續修邑志，修學宮、設社學，延師以教童穉。移建城隍廟、修衙署，諸務畢舉，…陞瓊州府同知，後以黎案告劾去職。所著〈重修學宮並兩廡碑記〉、〈重建城隍廟碑記〉、〈建立義學記〉、〈均圖甲記〉、〈建造衙宇記〉，載於張　霈《咸豐　文昌縣志》（卷之十四・藝文志・記）。

　　清・張　霈《咸豐　文昌縣志》（卷之十・宦績志・名
宦）、李鍾嶽《民國　文昌縣志》（卷之十・宦績志・名
宦），載有事略。

　　郭炳如，廣東番禺人。清康熙年間歲貢，於康熙二十年(1681)
銓授縣學教諭，清康熙二十七年(1688)協修邑志。在任內與邑令
何　斌、訓導毛　翊，同修學宮殿廡。

　　毛　翊，廣東東莞人。時任文昌縣儒學訓導，於清康熙二十
七年(1688)協修邑志。任內與邑令何　斌、教諭郭炳如，同修學
宮殿廡。

　　貢生：有四人，其里籍及事略，分著於次，以供參考。

　　林家堡，字君衛、號屏湖，白延都人。恩貢生，性穎敏，年
十四，受知於太守梅公，學道王公咸以國器期之。事二親，承順
顏色，親病劇，累日不改帶，不交睫，居喪哀毀骨立，服闋後尚
有戚容。與兄弟相友愛，一生無間言，族中貧者，賴以舉火，有
不能婚葬，必厚資之不責報。後進有志者，多方獎勸，以成其
志，鄉黨咸服。工詩文，教誨子姪，文字必師先輩，喜讀秦漢諸
書，至老諷誦不倦。

　　清・張　霈《咸豐　文昌縣志》（卷之十・人物志・懿
行）、李鍾嶽《民國　文昌縣志》（卷之十・人物志・懿
行），載有事略。

　　鍾振宇，北山都人，歲貢生。

　　陳學昭，字潛夫、號梅溪，南溪都人。府學歲貢，少孤力
學，博極群書，老而不倦，邑人士子，多出其門。

　　張岳崧《道光　瓊州府志》（卷之三十五・人物志・文
苑）、馬日炳《康熙　文昌縣志》（卷之七・人物志・儒

林）、張　霈《咸豐　文昌縣志》（卷之十・人物志・文苑）、李鍾嶽《民國　文昌縣志》（卷之十・人物志・文苑），有事略。

林　遠，白延都人。縣學歲貢，開建訓導。

生員：計十人，其里籍及事略，分著於次，以供參考。

陳洪材，南溪都人。府學，歲貢。

林家堥，白延都人。縣學，歲貢。

林行嘉，邑人，生員。

翁公輔，邑人，生員。

韓峻德，本姓邢，青一人。縣學，歲貢。

陳美先，邑人。縣學，歲貢（乾隆）。

王宗周，水一人。府學，歲貢。

梁宗海，邑人，生員。

韓之謙，青藍都人。縣學，歲貢。

廖緒灼，本姓黃，坊二人。縣學，歲貢。

《同治　文昌縣志》十六卷　　清・劉彬華纂修

清同治年(1862～1874)間　刻本　佚

㈠、知見書目

小葉田淳《海南島史》（頁三〇三）：

　　　　文昌縣志　十六卷　　劉彬華　　同治年間

杜定友《廣東方志目錄》（頁一十七）：

　　　　文昌縣志　十六卷　　劉彬年　　同治年

　　案：杜著劉彬年，或係手抄錯失，宜補正之。

陳劍流《海南簡史》（頁八十五）：

　　　　文昌縣志　十六卷　　劉彬華修　　同治Ｘ年

　李景新《廣東方志總目提要》（頁一二一）：

　　　　文昌縣志　十六卷　　劉彬華纂修

　　　　同治年刊本　　八冊　　嶺南

　朱士嘉《中國地方志綜錄》（冊二・頁一十四）：

　　　　文昌縣志　十六卷　　劉彬華纂修　　同治年

　　　　嶺南大學圖書館藏

　楊德春《海南島古代簡史》（頁一五八）：

　　　　文昌縣志　十六卷　　清・劉彬華修

　　　　同治年間(1862～1874)刊行

　邢益森《海南鄉情攬勝》（寶島風姿錄・續集二・頁九十

八）：　　文昌縣志　十卷　　劉彬華纂修　　清同治年間

　　　　附注：疑為重刊舊本

　　案：邢著此志十卷，未知所據何本，尚待方家查考。

　王會均《海南方志資料綜錄》（總目錄・頁二十四）：

　　　　〔同治〕文昌縣志　十六卷　　清・劉彬華纂修

　　　　同治年間（年次未詳）刊本　　佚

(二)、纂者事略

劉彬華，里籍、事略未詳，亦無相關佐證資料查考。

　　案：非《廣東文徵作者考》（卷九），所載「劉彬華」。

按《文昌縣志》（待訪志書），計有「明修本」（李志、周志），「清修本」（鄧志、沈志、何志）。唯劉彬華《同治　文昌縣志》（未見藏板），王君偉注：疑為重刊舊本，尚待查考。

康熙修本

《康熙　文昌縣志》十卷　　清·馬日炳修　　朱順昌纂

清康熙五十七年(1718)序　刻本

4冊　有圖表　26公分　線裝

㈠、知見書目

阮　元《道光　廣東通志》（卷一百九十二·藝文略四）：

文昌縣志　十卷　　馬日炳修　　朱順昌輯　存

康熙戊戌　　順昌時任教諭

江　瀚《故宮方志目》（頁七十二）：

文昌縣志　十卷　　清·馬日炳纂修

康熙五十七年刻本　四冊

小葉田淳《海南島史》（頁三〇三）：

文昌縣志　十卷　　馬日炳　　朱順昌

康熙五十七年

杜定友《廣東方志目錄》（頁一十七）：

文昌縣志　十卷　　馬日炳　　朱順昌

康熙五十七年

陳劍流《海南簡史》（頁八十四）：

文昌縣志　十卷　　馮日炳編

康熙五十七年（故宮博物館藏）

李景新《廣東方志總目提要》（頁一二一）：

文昌縣志　十卷　　馮日炳纂修

康熙五十七年

　　　　　　　　　東方　　故宮㈡　　劉氏

黃蔭普《廣東文獻書目知見錄》（頁六十二）：

　　　　文昌縣志　十卷　　清・馮日炳

　　　　康熙五十七年(1718)刊本　　故宮

朱士嘉《中國地方志綜錄》（冊二・頁一十三）：

　　　　文昌縣志　十卷　　馮日炳纂修

　　　　康熙五十七年　　東方　　故宮㈡　　劉氏

國立故宮博物院《國立故宮博物院善本舊籍總目》（頁五二

一）：　　文昌縣志　十卷　　清・馬日炳纂修

　　　　康熙五十七年　刊本　　四冊

中國科學院北京天文臺《中國地方志聯合目錄》（頁七〇

一）：　　〔康熙〕文昌縣志　十卷　　清・馬日炳纂修

　　　　清康熙五十七年(1718)刻本　　　故宮　浙江

　　　　抄　本　　民院

王德毅《中華民國臺灣地區公藏方志目錄》（頁一二九）：

　　　　康熙　文昌縣志　十卷　　清・馬日炳纂修

　　　　清康熙五十七年(1718)刊本　　故宮

張世泰《館藏廣東地方志目錄》（頁一四一）：

　　　　〔康熙〕文昌縣志　十卷　　清・馬日炳纂修

　　　　清康熙五十七年(1718)刻本　　未入藏

陳光貽《稀見地方志提要》（古今圖書集成方志輯目・頁一

二三八）：文昌縣志　十卷　　馮日炳纂修

　　　　清康熙五十七年修　存

楊德春《海南島古代簡史》（頁一五七）：

　　　　文昌縣志　十卷　　清・馬日炳　朱順昌編纂

康熙五十七年(1718)　刻本

邢益森《海南鄉情攬勝》（寶島風姿錄・續集二・頁九十七）：　　文昌縣志　十卷　　馬日炳　　朱順昌纂修

清康熙五十七年(1718)　　故宮博物院等藏

附注：另有乾隆年間刊本

王會均《海南方志資料綜錄》（總目錄・頁二十四）：

文昌縣志　十卷　　清・馬日炳修　　朱順昌纂

清康熙五十七年(1718)序　刻本

依據臺灣國立故宮博物院藏《康熙　文昌縣志》〈增訂縣志姓氏〉載，是志係知縣馬日炳纂修，惟有多家方志書目資料，著錄爲「馮日炳」纂修，似有手誤，宜補正之。

(二)、修志始末

按《康熙　文昌縣志》（凡十卷），係文昌縣知縣馬日炳氏，於清康熙四十八年(1709)己丑抵任，邀集紳耆士庶，力爲諮訪，謀議續修。並以前令何　斌修《文昌縣志》爲底本，在清康熙二十七年(1688)戊辰以後，凡三十年來，未收而應入志者，悉增入卷末，以補前人所未逮。於清康熙五十七年(1718)，歲在戊戌孟夏梓刊。

依據邑令馬日炳〈採訪修志引〉云：「……文邑志權輿於周、鄧新舊二編，繼修於沈公灝，再修於何公斌，經今二十餘年。余初承乏抵邑，取而閱之，瑜瑕不相掩，頗思纂修，而有志未逮。數年來民情士俗，耳目資其見聞，事稍就理，因念徵往詔來，一需於志。」

次云：「今者變增如土田、物產等分，或名存而實亡，或昔

無而今有，居乎變之類也。山海之濱，實鍾靈秀，忠臣、孝子、貞夫、節婦，與夫文人學士，不無震發其間，而吏於是，寓於是者，以懸日之數也。其賢者亦往往而有，居乎增之類也。使載紀泯玷，編輯無聞，而又益之以風雨飄搖，蟲鼠攻齧，板刷字漫，愈久而愈失其序，如各心何。」

又云：「余惟志百世以為量也，取乎至賾之分，與至大且重之圖而任之，而覽其緒鉤其元，必識足以顯微，詞足以見極，而乃云文飾。不然則操觚也難，然執是以為言，則事事皆可已，事不可已而已，又與於頹靡，而便安之甚者。」

末云：「……余誠自信於心，則可以信人之心，而服人之心，而見聞終疑其未真，耳目終疑其未廣，是是非非，終疑寡昧，而未當所望。邑之儒宿，淵通博雅，及耆舊之生於斯、長於斯者，相與分其任，旁搜近討，除舊志已載外，凡二十餘年中，諸生所宜志，各據其鄉都，耳聞目見之真，纖悉備錄，以資於余。余將不揣愚陋，斟酌損益，集毳成裘，一舉手而至賾之分，與至大且重之圖可就，是亦一邑風勵之微權，而光昭盛事也，余豈以是沽名哉。用約其例，幸期同心，矢慎矢公，毋濫毋忽。」（參見《咸豐　文昌縣志》卷之十四‧藝文志‧引）

復據清康熙五十七年(1718)孟夏，知文昌縣事馬日炳〈增訂《文昌縣志》序〉云：「……計何公於我皇上御極之二十七年修志以來，歷今已三十載。其間山川風土猶然如昨，而政令之沿革者有焉，賦役之增損者有焉，建置之廢興者有焉，官紳幾人，節孝幾人，禎祥某事，災異某事，蓋亦難於僕數矣。使闕焉勿書，前無以繼，後無以徵，守土者能無滋媿乎！」

次云：「予初抵任閱邑志，深嘆沈、何兩公留心纂輯，而於

二十七年以後視事諸公，未免有遺憾焉。因於接見紳耆士庶時，力爲諮訪，凡二十七年以後未及志而應入志者，悉以告我，我將不揣愚陋，互相考訂，求其確有據，援就班按部，增入卷末，以補前人所未逮。無如歷年久，則知焉勿詳，老成沒，則無徵不信，今雖博採遐搜，附錄數事入卷，然已什亡八九矣。」

末云：「至予初抵任後，所躬行親歷之事，一惟據實直書，寧嚴毋濫，寧質毋華，不至同歸湮沒而不可考，庶使輶軒問俗，得以知三十年來，時事之可紀有如此，而沈、何兩公纂輯深心，或亦相得益彰云爾。」

綜就邑令馬日炳〈採訪修志引〉、〈增訂文昌縣志序〉細窺之，於是顯見，其修志意旨及始末，大略如斯矣。

(三)、纂者事略

本《康熙 文昌縣志》，參與修志事務者，依〈增訂邑志姓氏〉載，分別著述於次，以供方家查考。

纂修：馬日炳，號芝塵，室名：誠求堂，鑲紅旗奉天（今遼寧省）襄平人。監生，清康熙四十八年(1709)任文昌知縣，續修邑志，修學宮、建龍王廟、遷建義學、修南北二城樓及衙署大門、開東門，田賦荒蕪，賠累已久，乃召墾補額，詳報以墾抵荒，陸續得六十餘頃。壬辰夏六月大旱，親禱於玉陽山，甘雨立應，人謂其誠所致云。

清‧張 霈《咸豐 文昌縣志》（卷之十‧宦績志‧名宦）、李鍾嶽《民國 文昌縣志》（卷之十‧宦績志‧名宦），載有事略。

同修：計二員，其里籍及事略，分著於次，以供查考。

朱順昌，號北渚，廣東南海人。拔貢，文昌縣教諭。所著〈東門記〉（康熙五十九年）、〈七言律詩〉（續擬文昌八景）：「紫貝晴雲」、「清瀾夜月」、「天塘瀑布」、「龍潭釣竿」、「石鼓湧泉」、「霞洞絢錦」、「長岐濟渡」、「分水飛帆」，載於張　霈《咸豐　文昌縣志》（卷之十四・藝文志・記、詩）。

伍　瑞（郡志作：五　瑞），號仲倫，廣東新會人。歲貢，文昌縣訓導。著有〈玉陽書院和許旬南韻寄懷馬明府〉（七言律詩），載於張　霈《咸豐　文昌縣志》（卷之十四・藝文志・詩）。

校閱：計貢生四人、生員一人，分別著述於次，以供查考。

林遇錦，字尚白，一字文江，白延都人。清康熙五十二年(1713)癸巳恩科副榜（府學副貢），少與兄運鑑共學，以古人相期，勉兄出宰高安。生平溫讓簡直，遇物以誠，羞談人短，樂於獎成善類。至事關公道，守正不阿，晚年益講求心性，不與外事。而學淹博，家有藏書樓，昕夕吟其中，終身不倦。

清・張　霈《咸豐　文昌縣志》（卷之十・人物志・儒林）、李鍾嶽《民國　文昌縣志》（卷之十・人物志・儒林），載有事略。

陳洪材，南溪都人。府學，歲貢。

邢爾錦，何恭都人。縣學歲貢，端方和易，國初鹽戶殘絕，課無所出，錦集市通商，以充課額，官民稱便。生平以利物濟人為務，全活甚眾。

清・張　霈《咸豐　文昌縣志》（卷之十・人物志・懿行）、李鍾嶽《民國　文昌縣志》（卷之十・人物志・懿

行），載有事略。

韓丕顯，南溪都人。縣學，歲貢。

陳美先，邑人，乾隆歲貢。

編輯：計有貢生一人、生員三人，分著於次，以供參考。

雲志漣，水一都人，附貢。

韓敬時，字欽中，號義峰，青五人。清雍正元年(1723)癸卯科恩貢生，淹通經史，志潔行芳，開東門砌門外路，力肩其任。

清・張　霈《咸豐　文昌縣志》（卷之十・人物志・懿行）、李鍾嶽《民國　文昌縣志》（卷之十・人物志・懿行），載有事略。

鄭炷儒，字亦闇，號玉峰，水一人。增生，少時父兄被人誣陷以枉死，炷儒稍長，直訴上憲，冤乃白。事母及寡嫂，曲盡孝敬，撫姪如子，置產與均。遇人困乏與志學而貧者，悉為資助。邑舊有儒圖，徭役不均，炷儒請罷之。至其建祖祠、置祭產，皆竭力以成。

清・張　霈《咸豐　文昌縣志》（卷之十・人物志・懿行）、李鍾嶽《民國　文昌縣志》（卷之十・人物志・懿行），載有事略。

黃錦璋，字峨尹，號宜軒，北山都人。清雍正元年(1723)癸卯恩科舉人，修仁知縣，在任斐聲。

清・張　霈《咸豐　文昌縣志》（卷之十・人物志・懿行）、李鍾嶽《民國　文昌縣志》（卷之十・人物志・懿行），載有事略。

四、志書內容

馬日炳修《康熙　文昌縣志》（凡十卷），分十志（門），計八十二目。首刊序文、目錄、修志姓氏、凡例（十四條）。其主要內容，依卷次，分述於次，以供參考。

卷之一　疆域志
　　　　　輿圖　沿革　星野　氣候　風候　潮候附　地里
　　　　　形勝　山川　附井泉　鄉都　風俗　節序
卷之二　建置志
　　　　　城池　公署　附鋪舍　壇廟　祠　菴附　樓閣
　　　　　亭附　坊表　橋渡　　陂塘　墟市
卷之三　賦役志
　　　　　戶口　附見行丁口　土田　科則　稅課　起運
　　　　　存留　徭役
卷之四　學校志
　　　　　學宮　附名宦、鄉賢祠、祭儀、祭器、祭品　社學
　　　　　附名額　書院　義學　　義田
卷之五　兵防志
　　　　　兵官　兵制　兵餉　屯田　兵署　營寨　烽堠
　　　　　塘堡　臺墩　教場　兵器　兵船　險要　洋汛新增
卷之六　秩官志
　　　　　官師　名宦
卷之七　人物志
　　　　　古科　鄉舉　進士　武科　附武職　副榜　恩拔
　　　　　歲貢　例貢　例監　掾吏　封蔭　鄉賢　孝義

　　　　　儒林　懿行　高逸　耆老　方伎附　節烈
卷之八　海黎志
　　　　　海寇　黎情　土寇
卷之九　雜　志
　　　　　災祥　紀異　古蹟　塚墓附　土產　遺事　外國
卷之十　藝文志
　　　　　誥　疏　序　記　文　跋　銘　引　箋　詩　詞

㈤、修志體例

　　清‧馬日炳《康熙　文昌縣志》，係以清康熙二十七年
(1688)，前令何　斌修「舊志」為底本，並仿清康熙四十五年
(1706)，瓊州府知府賈　棠修「郡志」之義例，編訂〈修志凡例〉
（計十四條），就其相關者，分別臚述於次，以供方家查考。

　　首條：「志所紀事歷時遞增，邑志自前令何公重修，至今已
三十年，此中應志事宜，不亟為編餘將自入，事湮徵詔何據。至
舊志間有錯綜滲漏，訛以傳訛之處，略為訂正餘悉依舊。」於是
顯見，是志乃沿何志之舊本。

　　次條：「邑志與國史相表裏，邑統于郡、郡統於國，合邑與
郡與國之志，而吏因之，故邑志須宗府志，府志自四十五年，郡
守賈公重修以後，綱舉目張燦然明偏，今新志條目悉遵府志編
次。」於是顯示，此志係仿賈公郡志之義例矣。

　　末條：「志分綱領條目，其中後先位置、高下提款，體裁各
別、眉目必清，每提一綱約撮數語于前，而一篇之旨洞然。然後
綱舉目張條分縷析，間或意有未盡後加論斷，務俾明白簡易不漏
不支。至於每條項下，有應續紀事宜各留餘地，以便後來隨時補

入，亦一勞永逸之意。」

　　次從馬日炳《康熙　文昌縣志》（目錄、內容）窺之，是志先行分卷，並總以綱（亦就志或類），而後羅列條目，提綱挈領，門目井然。其修志體裁，係採「分志體」，亦就「按類分目法」也。

　　按《康熙　文昌縣》（凡十卷），各門目所繫邑事，係以明季與清初（康熙朝之前）較詳，其紀事斷限年代，最遲止於清聖祖康熙五十五年(1716)丙申。茲依卷第、門目、年代，分別著述於次，以供方家查考。

　　卷之二　建置志

　　　　壇廟・真武廟：在鎮田山上，…康熙五十五年，知縣馬日炳捐俸鼎新。

　　　　橋渡・便民橋：在城南門外，宋建，名曰新安。明正德間圮，縣丞汪章更造，典史汪世芳重修。康熙五十五年，大水漲壞，知縣馬日炳捐建。

　　　　橋渡・錦山橋：郎邊港，在縣北一百二十里南溪都。康熙五十五年，貢生韓毓華捐建。

　　卷之三　賦役志

　　　　戶口：康熙五十五年，奉旨將丁糧攤入地糧，永行遵照。

　　卷之九　雜志

　　　　災祥：康熙五十五年十月，霖雨旬日，南門外溪水驟漲，漂流橋上石欄杆，兩岸居民房舍，間遭淹沒，有浸斃者，知縣馬日炳為施棺給米，並發銀修造民房，人獲安居焉。

㈥、刊版年代

　　馬日炳修《文昌縣志》（凡十卷），其梓刊年代，海內外各家書目資料，大都署著為清康熙五十七年(1718)刻本。於今只有「原刻本」三部，暨「抄本」乙部，流傳在世。

　　臺灣國立故宮物院藏《康熙　文昌縣志》原刻本，白口，上魚尾，四週雙邊。全書線裝四冊，書高二十六公分、寬一十七公分，板框高二十‧二公分、寬一十四‧五公分。仿宋體字，注為雙行。每卷首行暨版心，皆題《文昌縣志》。

　　按《康熙　文昌縣志》（凡十卷），除「疆域志‧輿圖」（卷之一）〈縣境圖〉、〈縣城圖〉、〈清瀾所城圖〉、〈舖前巡司圖〉外，餘如：何　斌〈舊志序〉、〈目錄〉、〈凡例〉，以及各卷之「內文」，每半葉九行，每行最多不超過二十二字。

　　馬日炳〈增訂文昌縣志序〉（刊在志之首），每半葉七行，每行最多不超過一十八字。於序文之末，蓋有：「馬日炳印」（篆字、陰文）方形私章（每邊三‧三公分）、暨「文林郎柬」（小篆、陽文）方章（四週框邊、每邊三‧四公分）各乙枚。

　　馬日炳《文昌縣志》，於清康熙五十七年(1718)歲在戊戌孟夏穀旦（馬序）告成，付諸刊梓耶。是志雖有梓本，唯因年代久遠，致流傳欠廣，於今國內外圖書館，暨文教機構庋藏者稀尠，罕見藏板，就其知見者，分別列著於次，以供方家查考。

原刻本　清康熙五十七年(1718)序刊本

　　臺灣：國立故宮博物院　172

　　中國：北京故宮博物院

　　　　　浙江省圖書館

馬序末葉　　　　　　　　所城圖

凡例末葉　　　　　　　　雜志·災祥目

康熙《文昌縣志》書影

（國立故宮博物院藏板）

抄　本　（年代及所據母本未詳）
中國：中央民族學院圖書館

咸豐修本

《咸豐　文昌縣志》十六卷　卷首一卷
　　　　清・張　霈　陳起禮修　　林燕典纂
清咸豐八年(1858)刻本　蔚文書院藏板
16 冊　有圖表　26 公分　線裝

㈠、知見書目

小葉田淳《海南島史》（頁三〇三）：
　　　　文昌縣志　十六卷　　張　霈　　咸豐八年
杜定友《廣東方志目錄》（頁一十七）：
　　　　文昌縣志　十六卷　　張　霈　　林燕典
　　　　咸豐八年　　16 冊　存
朱士嘉《國會圖書館藏中國方志目錄》（頁四二八）：
　　　　文昌縣志　十六卷　卷首一卷
　　　　清・張　霈修　　林燕典纂
　　　　咸豐八年(1858)刻本　十二冊
莫　頓《英國各圖書館所藏中國地方志總目錄》（頁
九〇）：　文昌縣志　十六卷
　　　　　　一八五八年　倫敦大學（微縮捲片）　251
陳劍流《海南簡史》（頁八十五）：
　　　　文昌縣志（十六卷　八冊）
　　　　張　霈、林燕典編　　咸豐八年

日本國會圖書館《中國地方志總合目錄》（頁二七五）：

　　　文昌縣志　十六卷　　　張　霈　　林燕典等

　　　咸豐八年(1858)刊本　　東洋　10 冊　q-107

李景新《廣東方志總目提要》（頁一二一）：

　　　文昌縣志　十六卷　　　張　霈纂修　　咸豐八年

黃蔭普《廣東文獻書目知見錄》（頁六十二）：

　　　文昌縣志　十六卷　　清・張　霈

　　　咸豐八年(1858)刊本　　北京　廣東　東洋 10 冊

朱士嘉《中國地方志綜錄》（冊二・頁一十四）：

　　　文昌縣志　十六卷　　　張　霈纂修　　咸豐八年

　　　中山　東方　金陵　徐匯

　　　南洋　　日本（大連）

美國史丹福大學《中國方志目錄》（頁二五六）：

　　　文昌縣志　十六卷　卷首

　　　張　霈等鑒修　　林燕典等纂輯

　　　咸豐八年(1858)　　蔚文書院藏板

　　　柏克萊分校　3230/0060.86

中國科學院北京天文臺《中國地方志聯合目錄》（頁七〇一）：　　〔咸豐〕文昌縣志　十六卷　首一卷

　　　張　霈　陳起禮修　　林燕典纂

　　　清咸豐八年(1858)刻本

　　　北京　科學　北大　旅大　南大　南京

　　　湖南　廣東　中大　暨大　一史館

　　　上海（有抄本）　華南師院　南京地理所

王德毅《中華民國臺灣地區公藏方志目錄》（頁一二九）：

　　　文昌縣志　十六卷　首一卷　　清・張　霈纂修
　　　民國七十年(1981)影印清咸豐八年(1858)本
張世泰《館藏廣東地方志目錄》（頁一四一）：
　　　〔咸豐〕文昌縣志　十六卷　首一卷
　　　　清・張　霈鑒修　　林燕典纂輯
　　　清咸豐八年(1858)刻本　16冊　線裝　K/7.3/7
楊德春《海南島古代簡史》（頁一五七）：
　　　《文昌縣志》十六卷　　張　霈、林燕典編纂
　　　清咸豐七年(1857)修成，次年刊行。
王志斌《館藏海南文獻資料目錄》（頁五十三）：
　　　〔咸豐〕文昌縣志　十六卷　首一卷
　　　　清・張　霈　陳起禮修　　林燕典纂
　　　清咸豐八年刻本　線裝　十二冊　E24/26（古）
邢益森《海南鄉情攬勝》（寶島風姿錄・續集二・頁九十
八）：　　文昌縣志　十六卷　首一卷
　　　　清・張　霈　　林燕典纂修
　　　清咸豐八年(1858)　　廣東中山圖書館等藏
王會均《海南方志資料綜錄》（總目錄・頁二十四）：
　　　〔咸豐〕文昌縣志　十六卷　首一卷
　　　　清・張　霈　陳起禮修　　林燕典纂
　　　清咸豐八年(1858)刻本　　蔚文書院藏板
　　　民國七十年(1981)重印本　　精裝一冊

㈡、修志始末

按《咸豐　文昌縣志》（凡十六卷），係由署文昌縣知縣張

霈氏，於清咸豐五年(1855)乙卯之秋署任，爰集邑紳倡議重修，分由孝廉（舉人）雲茂璸、吳憬平、雲有慶協纂，前江西永豐令林燕典（進士）纂輯，逾年告成。於清咸豐八年(1858)，歲在戊午剞劂矣。

依據清咸豐七年(1857)署文昌縣知縣張　霈〈序〉云：「……余乙卯之秋，權纂斯土，官在親民，即宜有以稱其職，舉凡山川之險要，……政事之張弛，亟取志書翻閱，思所以整頓而維持之，而字跡模糊，板多朽蠹，且溯自康熙五十七年，襄平馬公續修而後，迄今百四十餘年。其間沿革興衰之故，漸就湮汲，爰集議重修，輿情悉協。」

次云：「余因捐廉爲倡，諸紳士分路採訪，前永豐令林賜階服闋，尚未赴部。孝廉雲惺吾、吳南洲、雲廣伯，均需次家居，屬以纂輯，凡其門類或沿或增，逾年告成。而余以瓜期代至，應以數言弁首。」

復云：「竊維志與史同例，史以備事，仿史以備義，其蒐輯宜勤，其紀載宜詳，其勸懲宜著。昔華陽志成於常璩，武功志成於康對山，以邑人而言邑事，故事核而足徵。今諸君廣搜博訪，公心核纂，上以備一統志之採擇，不以垂百世之文獻，必臻完善矣。」

末云：「若夫占星野則思修省，覽山川則思經畫，稽戶口則思安全，視城池則思保固，觀學校則思教化，考賦役則思均平，文風民俗何如振興，正士名媛何如表闡，此則余所日夜講求，而期一當者，茲將行矣。因書之簡端，願以告後之官斯土者。」

綜以邑侯張　霈〈重修文昌縣志序〉窺之，於是顯見，其修志之意旨動機與歷程始末，大略如斯矣。

㈢、纂者事略

本《咸豐　文昌縣志》，雖無〈修志職名姓氏〉，唯從李鍾嶽《民國　文昌縣志》（卷首）載〈七修姓氏〉觀之，其參與修志各項事務者，逐項臚著於次，以供方家查考。

鑒修：計三員，就其姓氏、里籍、事略，分別著述如次，以供方家參考。

張　霈，字浴汀，直隸遵化州（今河北省遵化縣）人。清道光五年(1825)乙酉拔貢，於清咸豐五年(1855)乙卯署文昌知縣。潔己愛民，政簡刑清。捐廉重修縣志，士紳稱祝。在任二年，循聲丕著，邑人豎去思碑于景曦門，以誌不忘。

李鍾嶽《民國　文昌縣志》（卷之十‧宦績志‧名宦），載有事略。

王　坦，浙江紹興人。監生，署文昌縣知縣，續修縣志。

陳起禮，湖南郴州（今郴縣）人。拔貢，清咸豐三年(1853)癸丑，任文昌縣知縣。於咸豐九年(1859)己未，補授文昌縣知縣，鑒修邑志。

纂輯：計一員，就其姓氏，里籍、事略，臚述於次：

林燕典，原名：英級，字賜階、號躋堂，室名：志親堂，白延都人。聰慧好學，為文清真雅正，名躁一時。清道光二十四年(1844)甲辰科進士（二甲十七名），即用知縣，籤掣江西，初署崇義繼補永豐，加知州銜。於清道光二十九年(1849)己酉，江西房考官，所得皆知名士。以丁艱歸，盡禮三年。主講定安尚友、瓊山雁峰、文昌蔚文書院，明實學去華浮，士風為之一變。晚年纂縣志修宗譜，書志在敦實行，不慕著述虛名，士論偉之。

定　祥《光緒　吉安府志》（卷十四‧秩官志‧永豐縣名宦）、李鍾嶽《民國　文昌縣志》（卷之十‧人物志‧鄉賢），載有事略。

協纂：計四員，就其姓氏、里籍、事略，分著於次：

雲茂瓆，字惺吾，茂琦從弟，水一都頭苑村人。清道光二十六年(1846)丙午科舉人（大桃二等），授廣東三水訓導。諸生謁見，每以器識文藝，勸敬惜字紙，嘗出貲收拾，日不暇給，首捐俸創建倉沮廟，三水紳民踴躍湊至巨萬，擇日卜地，皆自主焉。後文風不振，人皆德之，卒於官，柩旋幸歸檆時，宦囊如洗，邑人感其惠，賻贈數百金，旌車發日，嶂民哀送之，相屬於道。

李鍾嶽《民國　文昌縣志》（卷之十‧人物志‧儒林），載有事略。

吳憬平，原名：聲平，字秩卿、號南洲、又號南嶕，水一都人。清道光二十六年(1846)丙午科舉人，兵部候補主事，供職秋官，咸豐九年(1859)已未充順天鄉試，內收掌十餘載，晦跡潛郎不干權貴，而都人士多與之遊，鴻臚寺卿鄧承修、殿撰梁燿樞咸推重之。

逮燿樞視學山左，慰問不輟，辭官歸里，主講瓊臺、蘇泉、蔚文書院。教授生徒，以講明性理為宗旨，一時士習為之丕變，登科第者多出其門。

晚歲以醫術濟世扶危，起病全活甚眾，而酬值不取分文。北沖溪原收路攔稅，請官豎碑示禁，蓋郡便之。其生平為人，至今稱頌不絕，卒年七十六。所著有〈朱子學的序〉、〈二十二史感〉，應《四十八孝圖譜》撰序，暨《南嶕遺稿》傳世。民國九年，祀鄉賢

李鍾嶽《民國 文昌縣志》（卷之十・人物志・鄉賢），載有事略。

雲有慶，字紫貝、號賡伯，水一都（東區新村）人。清道光二十九年(1849)己酉科舉人，主本邑及儋縣、定安、徐聞教席，化雨春風，士皆景仰。奈赴禮闈，薦卷不售，復因旅囊匱乏，鬱鬱南歸，竟卒於大沽旅次。

李鍾嶽《民國 文昌縣志》（卷之十・人物志・文苑），載有事略。

葉棲鷥，字鏡洲，天潤五子，邁犢都人。清道光二十三年(1843)癸卯科舉人（大桃二等），司鐸西寧縣學教諭。長樂崇正，黜邪廉能自勵，與三兄棲鳳齊名，時有聯珠之譽。其孝友一堂，書香繼世，忠厚傳家。

李鍾嶽《民國 文昌縣志》（卷之十・人物志・孝友），載有事略。

編校：計十九人，就其姓氏、里籍、事略，分述於次：

邢樹燕，字賡堂，青五都（東區白土）人。清咸豐八年(1858)戊午科順天榜舉人，天姿豪邁，穎悟絕倫，博極群書，工楷草。主講蔚文、萬山書院，敦崇實學，邑中俊秀，多出其門。晚年詩酒為樂，有超然之概。

李鍾嶽《民國 文昌縣志》（卷之十・人物志・文苑），載有事略。

林　箕，字輯五，白延都（南區湖村）人。清咸豐二年(1852)壬子科恩貢，候選教諭。天資聰穎，品行端方，鄉黨有不平事，得片言立解，修家乘、編邑志，凡有義舉，無不竭力成之。從姪燕典任永豐令，延至署勷理政務，永邑人士皆愛敬焉。生平兼精

歧黃，全活者眾，邑令陳如嵩，以良相推稱。

李鍾嶽《民國 文昌縣志》（卷之十・人物志・懿行），暨（卷之十一・人物志・方伎），載有事略。

韓景潮，青五都人，清咸豐四年(1854)甲寅科恩貢。

符命杰，字昭如，青一都（東區良畝）人。廩貢生，署徐聞、連州訓導。沈樸好學，少失怙，遵慈訓，益感奮，晚居鄉，有奉甚約，厚培後進，凡義學賓興諸美舉，必提創而籌善後，寒士德之。

李鍾嶽《民國 文昌縣志》（卷之十・人物志・懿行），載有事略。

邢詔申，字克紹，水一都（東區南文）人。清咸豐七年(1857)丁巳科歲貢，授海康、三水訓導。以廉正端士習，解組傾囊善舉，修文廟城池，勸捐蔚文膏火，皆與有力。嘗立宗法以睦宗族，建社會立條規以和鄉里。壽九十一，年高德劭，至今稱之。

李鍾嶽《民國 文昌縣志》（卷之十・人物志・懿行），載有事略。

林光岳，人香子，白延都人，清咸豐七年(1857)丁巳科歲貢。

雲茂琛，字鏡吾，水一都頭苑村人。清道光二十六年(1846)丙午舉優貢，於清道光二十九年(1849)己酉挑謄錄。督學載熙深為器重，順德龍元僖督學山西，延聘校士拔取英俊，設教龍門、徐門等縣。主講邑蔚文書院，訓以正誼明道之學，士林宗仰。生平存忠厚、重禮教，以孝弟傳家焉。

李鍾嶽《民國 文昌縣志》（卷之十・人物志・懿行），載有事略。

韓翰臣，邁犢一都人。附貢生，署雷州府訓導。

　　林壽祺，宇仁圃，水一都竹峴村人。廩貢，生有異質，篤行嗜學，至老不倦，凡諸子百家，無不囊括，雲茂琦器重之。族燕典亦重其人，友之甚善。生平授徒諄諄誘掖，品評諸生試後屢驗，人服其冰鑑。至修邑志，建鄉社圖約等義舉，亦仗其力焉。

　　李鍾嶽《民國　文昌縣志》（卷之十・人物志・文苑），載有事略。

　　馮儒重，字靜仙，西區美德人。清咸豐十年(1860)庚申廩貢，於咸豐十一年(1861)辛酉應試京兆，為太史彭桂馨所優異，常相過從，籍以講道論德，學益進。歸教鄉里，以心性論理為本。嘗置田為祖，津貼學子膏火，邀築西亭洋石隄及溪涅溝橋，行人便之。咸豐年間，襄修縣志，與有力焉。晚年構鬧杏書室于半湖旁，籍以自隱，著有《半湖山館集》。

　　李鍾嶽《民國　文昌縣志》（卷之十・人物志・懿行），載有事略。

　　雲茂瑯，字友珊，中區頭苑人。附生，直隸州州判，廣西按察使司經歷。

　　陳文鼎，增生。

　　陳德孚，東區豹山人。歲貢，部選本班，儘先選訓導。

　　韓昺翼，增生。

　　葉敬霖，廩生。

　　林清徽，字書圃，青四都（東區春桃）人。優增貢，性渾厚，處家敦倫和睦，建銅鼓、銅山書院，創文教等賓興，以培士子。編校邑志，修整城垣，亦與有力，卒年八十一。

　　李鍾嶽《民國　文昌縣志》（卷之十・人物志・懿行），載有事略。

　　李紹龍，字驊圃，中區龍塘人。增貢，候選訓導。少失恃，事父及繼母，侍奉惟謹，友愛兄弟，治家嚴肅，訓誨子姪有方，延師課讀成材。至造祖祠創賓興，以及勸捐膏火，移造城內武帝廟，修邑志，皆與有力。

　　李鍾嶽《民國　文昌縣志》（卷之十‧人物志‧懿行），載有事略。

　　鄭紹南，附生。

　　雲　鵬，字健飛，中區頭苑人。附生，江蘇候用縣丞。

　　參校：計十人，就其姓氏，里籍、事略，列著於次：

　　姚　玘，清道光十七年(1837)丁酉科拔貢，候選直隸州州判。

　　黃宣海，字子達，青三都人。附貢生，議敘訓導。性和厚，多才藝。清咸豐七年(1857)丁巳，同修邑志。又築縣城垣，建清瀾烟墩礮臺，江觀察以「誼敦桑梓」匾表之。

　　李鍾嶽《民國　文昌縣志》（卷之十‧人物志‧懿行），載有事略。

　　王希周，號企濂，水一都東區昌發人。清道光二十九年(1849)己酉科拔貢生，府學中式，候選直隸州州判。性敏慧，家貧力學，淹博群書，所著《大學纂義》，散失無傳。

　　李鍾嶽《民國　文昌縣志》（卷之十‧人物志‧文苑），載有事略。

　　林開頤，青四都人，清咸豐二年(1852)壬子科歲貢。

　　符朝選，東區文炳人，清咸豐十一年(1861)辛酉恩貢。

　　謝　肫，廩生。

　　潘有綸，附生。

　　韓翰佳，廩生。

潘伯鯤，廩生。

林鳴珂，字垣卿，南區湖村人。增貢，就職訓導。性溫厚行端方，少失怙事母孝謹。生平口不言利，凡義舉必傾囊相助，遇人有競爭，持正排解，片言立決。

李鍾嶽《民國　文昌縣志》（卷之十・人物志・篤善），載有事略。

採訪：計六十八人，就其姓氏、里籍、事略，分述於次，以供查考。

林鳳鳴，邁犢都人。清道光二十九年(1849)己酉科拔貢，候選主事。

符振桐，水一都人，清咸豐元年(1851)辛亥科歲貢。

詹　魁，水二都人。清道光三十年(1850)庚戌科歲貢，府學中式。

邢　浩，青五都人，清咸豐七年(1857)丁巳科恩貢。

陳簡在，青三都人，清咸豐四年(1854)甲寅科歲貢。

葉華岳，邁犢都人。清咸豐二年(1852)壬子科恩貢，候選教諭。

黃紀雲，北山都人。廩貢，候選訓導。

黃玉修，原名：泊，邁犢都人。廩貢，嘉應訓導。

張耀垣，增貢，候選直隸州州判，以孫啟邁贈奉政大夫。

符騰桂，原名：學江，水一都人，增貢。

林開戀，附生。

林霽昇，字月臣，白延都（南區邁瀛）人。附貢，候選訓導。敦孝友崇信義，事親豫順，居喪如禮。平生重然諾，樂於為善，鄉黨吉凶緩急及一切義舉，無不慷慨輸濟，族里有爭端片言

立折，事無大小咸屬焉。以子熙邵晉贈通議大夫，廣西江州州同。

李鍾嶽《民國　文昌縣志》（卷之十・人物志・懿行），載有事略。

邢福山，白延都人，附貢。

高青雲，白延都人。附貢，任新會教諭。

符輝德，青一都人。附貢，候選訓導。

符顯勳，南溪都人。附貢，候選訓導。

范宗諤，字直廷，西區霞鳳人。廩貢，天資聰穎，謹承庭訓，居今稽古，品學兼優。課讀鄉里，學規嚴整，造就生徒，類多賢達，學者稱之。

李鍾嶽《民國　文昌縣志》（卷之十・人物志・懿行），載有事略。

林雋英，字子俊，南區祿篤人。優廩生，任合浦、靈山儒學，所至訓迪精祥士林欽佩。教授生徒從遊者眾，知名之士多出其門，其文稿流傳今尚爭誦焉。

李鍾嶽《民國　文昌縣志》（卷之十・人物志・文苑），載有事略。

黃應昌，廩生。

韓錦章，廩生。

林　栢，廩生。

伍元音，字書甫，南區周紫嶺人。恩貢，性好學，遵守正道，不事奇邪，持家勤儉，待人溫厚，訓子有義方，里中義舉極力為之。

李鍾嶽《民國　文昌縣志》（卷之十・人物志・篤善），載

有事略。

　韓之甲，廩生。

　陳太鏞，廩生。

　雲逢俊，廩生。

　林德一，廩生。

　符慶文，增生。

　林崇雲，增生。

　陶開立，增生。

　李大衍，字數吾，中區龍塘人。附生，善屬文，因困棘闈，絕意進取，授徒為業。平生好義，立鄉約、修橋梁、撥庵田，以助蔚文膏火，聯十排捐貲以充糧費，至今北山圖免徭役之苦，皆衍賜也。

　李鍾嶽《民國　文昌縣志》（卷之十・人物志・篤善），載有事略。

　林騰芳（民國《文昌縣志》卷首〈七修姓氏〉作：李騰芳），字子大，南區福田園村人。附生，少魯鈍，弱冠後智鑰方開，倍加乾惕，真積力久，一旦豁然，其學問深邃，竟以魯得之。晚年設帳教授，因材其蒙蔽弟子，自從提命無不頓開茅塞，一時稱為良師，著有《四書講解》。

　李鍾嶽《民國　文昌縣志》（卷之十・人物志・篤善），載有事略。

　鄭漢卿，西區福田人，歲貢。

　蔡其昌，青四都人，附貢。

　侯任承，附生。

　雲逢鸞，附生。

符振采,附生。

鍾綽然,字玉圃,中區文修坡人。附貢,少力學,父業農,家貧課徒藉以障之,獨任其勞,轉鹹斥為膏腴,鄉人德焉。

李鍾嶽《民國 文昌縣志》(卷之十·人物志·篤善),載有事略。

吳龍光,原名:坤㻞,北區軒頭人。附生,布政司經歷。

林　耀,附生。

符開文,附生。

符著南,附生。

王訪範,附生。

韓成文,附生。

吳文明,附生。

韓藩翼,附生。

張耀極,附生。

邢煥南,附生。

梁　成,附生。

雲　翱,附生。

雲錦三,附生。

韓超翼,北區新宅人,歲貢。

齊文振,附生。

韓　桐,附生。

王昌明,附生。

林蔚炳,附生。

方時亨,附生。

林之穎,附生。

丁文桐，附生。

鄭窗南，字介甫，中區官僚人，附生。

林之鄂，字同輝，南區福田園村人。附生，以子帶英贈奉直大夫，廉州府教授。

林玉輝，職同知。

詹　純，職縣丞。

邢保嚴，監生。

韓翔翼，監生。

莊　誦，監生。

邢　琮，監生。

邢國賓，監生。

祝　振，監生。

就李鍾嶽《民國　文昌縣志》（卷之首）載〈七修姓氏〉窺之，參與「咸豐修本」（張霈志）修志各項事務者，計有：監修三員，纂輯一員，協纂四員，編校十九員，採訪六十八員，共九十五人。其規模宏大，參修人員之眾，實為昔所未有也。

㈣、志書內容

清・張　霈修《咸豐　文昌縣志》，凡十六卷、卷首一卷，分十志（門），列七十七目。除〈訓典志〉刊於卷首外，全志內容，依其卷次，列著於次，以供查考。

訓典志　卷之首

輿地志　卷之一、卷之二

　　輿圖　沿革　星野　晷度　氣候　節序附　疆域　形勝

　　山川　陂隄　風俗　物產

建置志　卷之三

　城池　公署附　學校　書院　各鄉社學賓興附　壇廟

　各鄉廟附　鄉都　墟市　橋渡　道路　坊表　古蹟

經政志　卷之四至卷之六

　戶口　田賦　雜稅　鹽課　荒糧　魚課　荒稅　耤田附

　倉儲　社倉　祿餉　祀典　釋奠　釋奠考　學制　兵制

　旗軍　民壯　黎兵　弓兵　鄉兵　營寨烽堠　兵器　兵船

　砲臺

海防志　卷之七

　關隘　占驗　風潮附　潮汐　海寇　土寇　黎寇附　條議

職官志　卷之八

　官師　知縣　縣丞　教諭　訓導　主簿　巡檢　典史

　營弁　千戶　百戶　鎮撫　城守

選舉志　卷之九

　籍官　仕進　進士　舉人　武科　貢選　例員　掾吏

　例職　武職　封贈　廕襲　例監

宦績志　卷之十

　名宦　籍官

人物志

　鄉賢　儒林　孝友　忠義　懿行　文苑　篤善　高逸

人物志　卷之十一至卷十二（上、下）

　耆舊　耆老　方伎　烈女　節烈　貞婦　節婦

藝文志　卷之十三至卷之十五

　敕　疏　序　引　記　傳　文　跋　銘　箴　賦　詩

雜　志　卷之十六

紀事　遺事　災祥　紀異　塋墓　志餘

㈤、修志體例

本《咸豐　文昌縣志》（縣修），係以「清康熙修本」（馬志）續修，其修志之義例，乃採「分志體」，亦就「按類分目法」也。

依據李鍾嶽《民國　文昌縣志》（卷首）載〈舊志凡例〉（計十四條），選著其相關者於次，以供方家參考。

第一條：邑志自康熙五十七年，馬邑令續修後，迄今百四十餘年，中間事蹟半就湮沒，茲就採訪所及與郡志已載者訂正編次，其中挂漏固知不免，要以事必有徵，不敢參以臆見爾。

第二條：邑統於郡，今新志門類皆遵明郡志，編次與舊志不無同異。

第九條：蕭郡志作於乾隆年間，明郡志作於道光庚子年，其時邑志未修，又未設採訪，故多遺漏舛誤，今詳加採訪未載者為增入，已載者或遵郡志，而與郡志有互異之處，要歸於明確取信云爾。

第十二條：志書分為十門，餘項各以類附，并有小引，以見作志分門之意。

次就張　霈《咸豐　文昌縣志》（內文）窺之，乃先行分卷，並總以綱（志），而類下羅列條目，提綱挈領，門目井然，是乃沿襲其舊志或遵明郡志之義例耶。

按《咸豐　文昌縣志》，凡一十六卷，分門（志）有十，列目八十一。所繫邑事，按年增入清咸豐朝以前（一百四十餘年）史實，其紀事斷限年代，最遲止於清文宗咸豐八年(1858)戊午。

依其卷次及門目，分別臚著於次，以供方家查考。

建置志（卷之三）‧橋渡：

邁犢橋，在邑北一百三十里。崇禎間，黃瑚芳募建。康熙間，鄧國卿、張起英移建，監生張開國重修。…咸豐八年，國曾孫附生朝敬，國子監典籍衛廷俊增修。……

鐵爐橋，在縣南五十里多尋圖。咸豐八年，訓導林之璇邀建。

青藍坡橋，在邑北百里南一圖。咸豐八年，邢修國邀建。

職官志（卷之八）‧署教諭‧國朝（清）：

胡經墳，翁源。附貢，咸豐八年署。

選舉志（卷之九）‧舉人：

國朝（清）咸豐八年戊午本科，本省停鄉試。俱順天榜

葉晃佩，犢都人，優貢。

邢樹燕，青五人，廩貢。

㈥、刊版年代

張　霈、陳起禮修、林燕典纂《咸豐　文昌縣志》，於署文昌縣知縣張　霈〈序〉（文末），未著「咸豐年月」或「干支歲次」。惟書前牌記，右行上署「咸豐八年重修」，左行下著「蔚文書院藏板」。而諸家《方志書目》，大都署著「咸豐八年(1858)刻本」。

依據各家《方志書目》資料刊載，於海內外計有「原刻本」（蔚文書院藏板）、「重印本」（據美國國會圖書館藏，「原刻本」打字重印）、「微捲片」（英國倫敦大學圖書館藏）三種，廣傳於世。

　　是志「原刻本」（蔚文書院藏板），全書線裝十六冊（廣東省中山圖書館藏），書高二十六公分、寬一十七公分，板框高二〇公分、寬十三‧八公分。白口，上魚尾，四週雙邊。除署知縣張　霈〈序〉（每半葉七行、行十六字）外，舊志序、目錄、正文（除〈縣境全圖〉、〈雲漢坤……十二方位分野圖〉、〈地正圖〉外），每半葉十一行、每行二十一字。仿宋體字，注分雙行。於各卷首行暨版心，皆題《文昌縣志》。書前牌記中行，亦大書《文昌縣志》（楷體手書）。

　　中華民國七十年(1981)十二月，臺北市：文昌縣志重印暨續修資料搜輯委員會，依據美國國會圖書館藏，清咸豐八年(1858)，蔚文書院藏板（木刻本、計十六卷及首一卷，共十二冊）影本，打字製版重印，燙金精裝乙冊（計五〇七面），二十五開本（書高二十一‧五公分、寬十五‧三公分）。於正文前首載〈文昌縣志重印暨續修資料蒐輯緣起〉（發起人一二六員）、〈委員會〉（主任委員：陳洪範）、〈資料編纂工作者〉（計分：六階段）、〈文昌縣志重印凡例〉（共五條），書末附錄〈樂助印刷費徵信錄〉。封面及內封大書《文昌縣志》（楷字），恭請海南女彥蔣宋美齡題，並蓋「蔣宋美齡」（篆字、陽文）方章（每邊一‧八公分、四週框邊）乙枚。

　　海南師範大學圖書館藏「原刻本」（蔚文書院藏板），凡十六卷、首一卷，線裝十二冊。於書前牌記中行《文昌縣志》，暨每冊首頁框上方，各蓋有「海南師專圖書館圖書章」（簡體字、陽文）圓戳（直徑三‧五公分）乙枚。並在每冊首頁第一行至第四行下方，蓋有「廣東省立第六師範學校圖書館之印」（篆字、陽文，文分三行、行各五字）方章（每邊五公分，四週框邊，邊

寬○‧五公分）各乙枚。於張　霈〈序〉下，手書「詹盧川堂藏本」（行體字），並蓋有「詹行烷」（篆字、陽文）小方章（框邊，每邊一‧五公分）乙枚。

　　案：詹行烷(1894～1974)，字竹溪，文昌縣人。國立廣東高等師範學校（後改名：中山大學）畢業，歷任新加坡育英學校、文昌中學、瓊崖師範校長。

　　此《咸豐　文昌縣志》梓本，流傳頗廣，於今海內外各圖書館暨文教機構庋藏者，就其知見藏板，臚著於次，以供查考。

原刻本　清咸豐八年(1858)刊本　蔚文書院藏板

　　美國：國會圖書館　　　柏克萊分校：3230/0060.86

　　日本：東洋文庫　q-107

　　中國：北大　科學　旅大　南京　南大　中大　暨大
　　　　　一史館　南京地理所　華南師院
　　　　　廣東省中山圖書館：k17.3/7
　　　　　海南師範大學圖書館：E24/26（古）

微捲片　據清咸豐八年(1858)刻本攝製

　　英國：倫敦大學：SM251

重印本　民國七十年(1981)　臺北市文昌縣志重印委員會
　　　　　（據美國國會圖書館藏，咸豐八年刊本，蔚文書院藏板）打字製版重印

　　臺灣：各文教機構暨圖書館有藏
　　　　　國立臺灣圖書館：673.79109/0664

序

文昌隸瓊東北三面環海內據紫貝
玉陽諸勝自來名賢碩彥與夫科甲
之盛輝映後先且其風俗茂美人敦
廉節視通都大邑猶將過之蓋山川
秀靈所毓積久必興重以
國家雅化覃敷無遠弗屆辮髮久

唐雲川李藏本

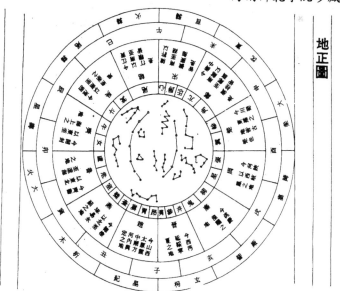

建置志

也必有建置城池公署而外則學校書院祖學廟
廟典之鉅者仙至鄉都以別居塘市橋渡以利濟
坊表以激揚皆關於民生國政者歷年旣久代
有廢興而規制所得失之林也者見者於篇則繼
持整頓之道與變遷釐剔之官背順爲於志建置
城池公署
學校
書院祖學
鄉都壇廟壇亭附鄉
墟市
橋渡
坊表
古蹟

咸豐「原刻本」書影
海南師範學院珍藏

地正圖

臺北「重印本」書影
國立臺灣圖書館藏板

民國修本

《民國 文昌縣志》十八卷 首一卷 李鍾嶽修 林帶英纂

民國九年(1920) 刻本

12 冊 有圖表 25 公分 線裝

㈠、知見書目

杜定友《廣東方志目錄》（頁一十七）：

　　　　文昌縣志 十八卷 李鍾嶽 林帶英

　　　　民國八年 12 冊 存（綜錄未列）

　　　案：杜著：民國八年，似據伍毓崧〈志敘〉著錄。

黃蔭普《廣東文獻書目知見錄》（頁一二一）：

　　　　文昌縣志 十八卷 李鍾嶽

　　　　民國九年(1920) 刊本 廣東 中大

中國科學院北京天文臺《中國地方志聯合目錄》（頁七〇

二）： 〔民國〕 文昌縣志 十八卷

　　　　林帶英修 李鍾嶽纂

　　　　民國九年(1920) 刻本 廣東 中大

張世泰《館藏廣東地方志目錄》（頁一四一）：

　　　　〔民國〕文昌縣志 十八卷 首一卷

　　　　李鍾嶽鑒修 林帶英纂修

　　　　民國九年(1920)刻本 12 冊 線裝 K/7.3/9

　　　　1984 年本館 油印本 10 冊 線裝 K/7.3/2[2]

王志斌《館藏海南文獻資料目錄》（頁五十三）：

　　　　〔民國〕 文昌縣志 十八卷 首一卷

　　　　林帶英　　李鍾嶽纂

　　　海口：影印一九二〇年　蔚文公所藏板

　　　1991・12　線裝　十冊　E24/25（古）

　　邢益森《海南鄉情攬勝》（寶島風姿錄・續集二・頁九十

八）：　　文昌縣志　十八卷　首一卷

　　　　李鍾嶽　　林帶英纂修

　　　民國七年修　民國九年刊

　　　　廣東中山圖書館等藏

　　王會均《海南方志資料綜錄》（總目錄・頁二十四）：

　　　〔民國〕文昌縣志　十八卷

　　　　李鍾嶽修　　林帶英纂

　　　民國九年(1920)刻本

(二)、修志始末

　　按《民國　文昌縣志》（凡十八卷），係由文昌縣知事李鍾
嶽、李蔭穠、蔣登鰲、鄔光物、李柏存、趙德恒等修、邑紳林帶
英、鄭應星、李榮慶、黃日驥等纂。於民國八年(1919)己未歲孟
秋月（伍毓崧序）書成，次年(1920)庚申歲刊行。

　　依據《民國　文昌縣志》〈續修凡例〉（首條）云：「邑志
重修，成於咸豐八年，張邑令霈及林紳燕典纂輯梓行，迄今六十
餘年。其間人事嬗邅、滄桑改變、興廢沿革、損益事宜，殊多互
異，亟應分門別類，廣搜博採，續成全書，庶可備採風而徵聞見
焉爾。」

　　次據民國八年(1919)己未孟秋，伍毓崧（總校）〈續修邑志
敍〉云：「……文邑志經七修卷凡十六，閣深所以志其前後散佚

何哉，此續修之役所由汲汲也。夫續修之恉，非在矜奇炫異角勝前人，蓋爲續此六十餘年中之事實，紀其所可紀，傳其所必傳，無闕無濫以與前志相承，如車接軫如步連武，而無事改絃易轍之爲，孔氏之所謂述，班昭之所謂踵，而成意在斯乎。」

次云：「崧官游瓊數載，所與交游多文邑知名士，山海淑氣挺爲人文信不誣矣。茲與諸君子參預斯事，深虞謭腐無能爲役，顧念志之名義原以廣傳流，故采之宜博，志之功用所以昭信實，故取之宜嚴，權於博與嚴之間，庶不與前志相刺謬，而異日志與志相演、邑與邑相積，輶史蒐及即據以成全國之一統志焉。」

末云：「是則諸括肅擇精語詳，一邑之典章文物盡在是與然。自咸豐八年重修，距今六十餘載，功令所著，議興議罷，倏弛倏張，事閱四朝矣。其人物之進化，風教之漸摩，與夫陰陽休咎，陵谷升沈，月異而歲不同，加以戊戌變法百度更新，文學一塗窠臼大易中原，文獻斷續之交，未有甚於斯者，及時而不謀君子纂輯之力也。」

綜窺伍毓崧〈續修邑志敘〉（文載於卷之首），其修志之緣由及旨意，經過與始末，大略如斯矣。

㈢、纂者事略

依據《民國　文昌縣志》（卷首）〈續修姓氏〉載，參與修志者，包括：鑑定、鑑修、總校、纂修、採訪、編校，逐項分著於次，以供方家查考。

鑑定：饒芙裳，廣東梅縣人，瓊崖道道尹。

鑑修：計六人，皆文昌縣知事，分述於次，以供參考。

李鍾嶽，安徽桐城人。附生，日本明治大學醫科畢業，民國

五年(1916)冬，署任文昌縣知事。

李蔭穠，京兆（今河北省）大興人。記名道尹，民國七年(1918)代理文昌縣知事。

蔣登鰲，廣東合浦人。民國七年(1918)冬，署任文昌縣知事。

鄔光物，廣西雒容人。民國八年(1919)，署任文昌縣知事。

李柏存，廣東梅縣人。民國八年(1919)冬，署任文昌縣知事。

趙德恒，雲南騰衝人，文昌縣知事。

總校：計十二人，就其姓氏、里籍、事略，分述於次：

伍毓崧，字香珊，湖南新化人。清光緒二十四年(1898)戊戌科進士（二甲三十四名），授翰林院庶吉士、兵部主事。歷任雲南建水、邱北、太和縣，鎮南州事，民國署理昌江縣知事。

韓卓泰，原名：芍春。清光緒十四年(1888)戊子科舉人，新會教諭。

陸京平，附生，廣東優級師範學校畢業。

馮官堯，譜名：裕笏，字對吾、號端溪、諡文端，北區托羅市里隆村人。清宣統元年(1909)己酉科拔貢，兩廣師範簡易科畢業。終生致力教育事業，培養後輩。講學文昌縣立中學、廣東省立瓊崖中學、瓊山縣立中學、瓊海中學等校二十餘年，海南俊彥多出其門。

陳 俊《海南近代人物誌》（頁三五三～三五五），載有事略。

林頌歲，字俊三，南區柳家村人。附生，蔚文初級師範簡易科畢業。

符登龍，附生。

雲茂鉢，字冠標，頭苑下村人。北京法政學堂畢業，民國二

十二年(1933)任感恩縣縣長。

　　陳綴瀛，兩廣優級師範畢業。

　　邢定鵬，附生，兩廣師範簡易科畢業。

　　陳丕欽，字明初，中區里仁村人。附生，兩廣師範簡易科畢業。

　　馮生驥，附生，兩廣師範簡易科畢業。

　　詹繼昌，附生，兩廣師範簡易科畢業。

　　纂修：計三十六人，就其姓氏、里籍、事略，分述於次：

　　林帶英，字訪樵，南區福田園人。附生，歷任廉州教授、廣寧訓導。

　　鄭應星，原廩名：繼僑，東區調炳人。清光緒十一年(1885)乙酉科拔貢，即用內閣中書，授電白教諭，候選知縣。

　　李榮慶，號賜臣，中區上田人。任福建永福、甯德縣典史，武平縣象洞巖前巡檢，鹽法道庫大使，議敘知縣，加五品銜。

　　黃日驥，增生，兩廣師範簡易科畢業。

　　林天巍，文昌人，昌化籍。清光緒二十三年(1897)丁酉科順天榜舉人，兵部員外郎、法部副郎，福建候補道。

　　陳　俊《海南近代人物誌》（頁二一五），載有事略。

　　張　壽，西區南來人。歲貢，饒平教諭。

　　吳坤璠，字玉雙，北區軒頭人。文成子，優增生。

　　韓衍桐，廩貢生，富宅村人。

　　邢穀芃，字樸山，昌洒市昌烈村人。廩生，兩廣師範簡易科畢業，曾任廣東省議會省議員，並任文昌縣立舊制中學校長多年，桃李眾多。

　　雲逢景，候選教諭。

謝承宣，附貢，鹽庫大使。

林　起，北區人，歲貢。

黃　鐘，字少懷，東區鰲頭人。附生，兩廣師範選科畢業，考取大理院陸軍部錄事。

周榮封，北區南一人，歲貢。

黃官雲，南區上苑人，清宣統三年(1911)辛亥科恩貢。

葉澤春，北區田良尾村人。用霖子，廩生。

伍秀偉，東區福城人。廩生，廣東公立法政專門畢業。

馮輔翼，上海民國法律科畢業。

王平戎，廣西賀縣縣丞。

韓芍華，兩廣優級師範畢業。

雲昌後，北區山堀人。歲貢，廣西候補州判，委軍醫官。

鄭炳文，字羽儀，西區福田人，增貢。

王國杰，字應旌，東區圓堆人，廩生。

李運雯，中區名門人。廩生，候補訓導。

林廷鎮，字簡舫，南區邁瀛人。熙部子，上海民國法律科畢業。授宣化三官堡巡檢，捐陞提舉銜，廣西補用通判。

李澤隨，中區龍池人。優附生，蔚文初級師範簡易科畢業。

邢定年，字申孚，東區三加人。歷任廣西鬱林直隸州吏目兼州判，博白縣周羅寨、沙河寨巡檢。

雲若霖，字子榮，中區頭苑人。附貢，廣東補用巡檢。

陳　灼，字光修，中區霞塲人。密子，附貢，任昌化教諭。

林孟傳，字佐尼，號五指逸樵，南區篤家人。清宣統元年(1909)己酉科拔貢，廣西直隸州州判。

陳　俊《海南近代人物誌》（頁二一八），載有事略。

潘鏡川，字璧侯，北區頭嶺人，廩生。

陳　寶，字先庭，東區文明人，兩廣方言專科畢業。

潘梓林，附貢，崖州直隸州學正。

邢詒燕，字星垣，西區雁塔人。廩貢，廣東補用縣丞。

雲昌鑾，字翰波，中區頭苑上村人。監生，瓊崖行政研究所畢業。

陳　俊《海南近代人物誌》（頁三四七），載有事略。

林幹年，廣東警察正科畢業。

採訪：計四十四人，就其姓氏、里籍、事略，分述於次：

祝心傳，中區官僚人。清光緒十一年(1885)乙酉科拔貢，任連山教諭。

林樹芹，字景山，東區東魯山人。歲貢，廣雅中學畢業。

林國柱，附貢，雷州府訓導。

韓鳳翔，字毓麟，北區嶺內人，增生。

雲昌鈒，字蓉生，中區頭苑人。逢暲子，江蘇補用巡檢。

林藻陽，廣西法政畢業。

陳玉沖，附貢。

黃仲循，字少尹，東區福城人。伯循弟，附生。

符登瀛，字樸謙，東區官僚村人。附貢，任遂溪縣教諭，調雷州府訓導。

林明昇，字日初，東區茂亭人，廣東公立法政正科畢業。

陳廷式，字舫雲，東區連榜人。廩生，兩廣師範簡易科畢業。

林兆豐，湖北中華法政畢業。

黃紀官，字汝明，東區鰲頭人，太常寺博士銜。

韓榮豐，廩生。

吳尊周，字子佩，北區中台人。附貢，高州電白縣教諭。

黃大珍，字聘三，湖鏡村人。附貢，候選訓導。

林海瀛，附貢，選用訓導。

韓五章，增生。

鍾應清，北京大學畢業。

韓續休，廩貢。

雲茂芳，廣東優級師範畢業。

陳邦光，中區深田村人。任福建永春州吏目，大田縣桃源巡檢兼典史。

詹開俊，廣西道庫大使。

林國榮，庠生。

張從森，廣東蠶業畢業。

林尊中，廣東法政畢業。

韓拔珊，蔚文初級師範簡易科畢業。

陳杏榮，中一區西園村人，職同知。

雲昌祚，東區新村人，附貢。

黃鼎章，廩貢，兩廣師範簡易科畢業。

林鵬張，附生。

雲昌沅，字雨田，中區頭苑人。茂璠孫，附貢。

潘子江，增生。

符得鶚，字巨翔，東區舊村人。廣西法政學校畢業，廣西補用巡檢，署鬱林直隸州吏目。

陳夢丙，字元章，南區趙嶺人，附生。

林安瀾，字斗南，東區良墩人。廩生，即用訓導。

邢詒恩，字覺軒，東區美柳人。附生，兩廣師範簡易科畢業。

潘之鎣，字統軒，東區嘉田人。廩貢，候委訓導。

林逢春，字佩臣，東區嶺仔人。附生，上海民國法律特別科畢業。

伍鳳翔，中區名門人。附生，廣東公立法政畢業，獎勵副貢。

邢德焱，廣東公立法政畢業。

何寶森，字少橋，中區大群人。由附生考職，授廣東典史。

楊丙華，監生。

侯鵬藻，附貢，即用訓導。

編校：計四十二人，就其姓氏、里籍、事略，分述於次：

陳炳鑾，附貢，選用訓導。

林魁乙，蔚文初級師範簡易科畢業。

雲昌鉢，逢暲子，字傳予，中區頭苑人。附貢，選用訓導。

李麒興，字毓麟，號居廉，中區美昌村人。縣中學畢業，廣東候補巡檢。

林春榮，字蔭湖，中區黑石人，縣中學畢業。

邢穀瀛，字仙嶠，東區墩上人，附貢。

張　瑞，字對侯，東區排榜人，附生。

林有鶴，字海橋，又字琴樵，中區白沙坑村人。清光緒二十九年(1903)癸卯恩科鄉試巡綽官，任福建侯官縣巡檢、閩縣典史，藍翎。

陳麟經，字彬儒，北區白茅人，附生。

伍天海，中區名門人，增生。

　　林毓荃，字少蘭，北區三榜人。五品銜廣西補用按察司司獄，任鬱林直隸州州判及沙河喇崮巡檢，貴縣典史兼五山汛巡檢。

　　韓錦章，又作錦璋，字仁山，中區水北人。五品銜藍翎，福建候補縣丞。

　　雲　梧，江蘇補用巡檢，上海監獄畢業。

　　林　勳，嶺上梅村人，縣中學畢業。

　　王雲章，增生。

　　李晏瓊，增生。

　　林熙補，監生。

　　林天標，監生。

　　雲昌慈，自治研究所畢業。

　　林樹璜，監生。

　　黃承徽，監生。

　　林鎮英，師範傳習所畢業。

　　韓軍焱，獎附生。

　　雲維翰，獎廩生。

　　何玉書，監生。

　　嚴孔殷，師範傳習所畢業。

　　李國民，瓊崖中學畢業。

　　凌天福，蔚文初級師範簡易科畢業。

　　葉賀春，字學階，北區高峰人。瓊子，瓊崖中學畢業。

　　周鏡清，蔚文初級師範簡易科畢業。

　　吳步雲，字裕卿，西區文室人，廣東補用巡檢。

　　黃得燊，字殖民，中區拔萃山人，廣西試用巡檢。

　　伍松榮，字建臣，南區周紫嶺人。五品銜職，中書補用，分城兵馬吏目。

　　林廷光，師範傳習所畢業。

　　翁德尊，監生。

　　李應蓮，師範傳習所畢業。

　　趙仲景，監生。

　　范明梅，獎附生。

　　余賡揚，字謨卿，東區地祿人。附貢，光祿寺署正，加五品銜。

　　朱薪傳，蔚文初級師範簡易科畢業。

　　陳錦霞，監生。

　　謝岱崧，附生。

　　就李鐘嶽《民國　文昌縣志》（卷之首）〈續修姓氏〉窺之，參與各項修志事務者，計有：監定一員、監修六員、總校十二員，纂修三十六員，採訪四十四員，編校四十二員，共一百四十一人。其規模之宏大，動用人員之眾多，實乃歷次之冠也。

㈣、志書內容

　　李鐘嶽修《民國　文昌縣志》，凡十八卷、首一卷，分志十（門）、列目八十七，除序、凡例、姓氏、目錄，載於卷首外，主要內容，就依卷次，列著於次，以供查考。

　　輿地志

卷	一	輿圖	沿革	星野	晷度	氣候	節序附	疆域
		形勝	山川	港澳	池塘	井泉石	陂隄	風俗
卷	二	物產	穀類	蔬類	果類	花類	木類	草類

官蹟志

　　卷　十（上）　　名宦　籍官　**府名賢**

人物志

　　卷　十（下）　　鄉賢　儒林　孝友　忠義　懿行　文苑

　　　　　　　　　　篤善　高逸

　　卷十一　耆舊　**耆老**　**壽婦**　方伎

　　卷十二　列女　節烈　貞婦　節婦

　　卷十三　節婦

　　卷十四　節婦

藝文志

　　卷十五　敕　疏　序

　　卷十六　引　記

　　卷十七　傳　文　誄　跋　銘　**廟碑**　箴　賦　詩

雜　志

　　卷十八　紀事　遺事　災祥　紀異　塋墓　志餘

　　按《民國　文昌縣志》（李鍾嶽修），於卷首〈目錄〉所
載，各志列目與正文內容，差異極大，特採用「楷字」（黑體）
補記，以臻完美矣。

㈤、修志體例

　　李鍾嶽《民國　文昌縣志》（縣修），係仿「咸豐修本」
（張志）之義例，仍採「分志體」，亦就「按類分目法」也。就
志書內容窺之，各門目編次簡明，其間參補注紀，各核其實矣。

　　按《民國　文昌縣志》，雖以舊志（咸豐修本）續修而成，
然因時變境遷，其纂修體裁，亦與舊志略異。依據〈續修凡例〉

（計八條）所述，著其相關者於次，以供方家查考。

　　第二條：續修體裁，悉本舊志，不事改作。惟舊志首卷所載訓典，係清代尊重君權，不合時宜概從刪除，餘依原印刊行。

　　第三條：編次門類，率從舊志，舉凡事項，或昔有今無者胥沿之，或今有昔無者參補之，惟援類增入不另立名目。

　　是《民國　文昌縣志》，凡十八卷，舉綱十志（門）、列目九十一，提綱挈領，門目簡明。然所繫邑事，續修自清咸豐八年(1858)戊午，迄清宣統三年(1911)辛亥，俱依舊志分類記刊。民國改元後，人品時事均未錄載，非略之也，蓋事關褒貶慎於去取，以俟後賢予奪。惟建置、經政、職官及畢業、貞節等類，無分先後凡有合例者，民國亦從登載矣。

　　本《民國　文昌縣志》，係按年紀事，其斷限年代，最遲止於民國九年(1920)庚申。茲依卷次、門目、紀事年次，分著於次：

　　卷之十‧人物志‧鄉賢：

　　吳憬平，原名：聲平，字秩卿，號南洲、又號南嶕，由廩生登道光丙午賢書（舉人），供職秋官，咸豐己未充順天鄉試。……主講瓊臺、蘇泉、蔚文書院，教授生徒以講明性理為宗旨。……其生平為人，至今稱頌不絕，卒年七十六。所著有：〈朱子學的序〉、〈二十二史感〉、〈應《四十八孝圖譜》撰序〉、《南嶕遺稿》傳世。民國九年，祀鄉賢。

　　卷之十八‧雜　志‧災祥：

　　民國九年二月十八夜，雨雹下降，小者二、三方寸，大者可滿方尺。北區一帶屋瓦多被破壞，有至椽桷露出者，庭間大雹堆積水溝為之不通，一切牆壁花碎痕如斧琢。至草木諸芋蓋無完葉，其鳥蛇動物亦間有擊斃者，自來雹災此為特甚。

㈥、徵引典籍

　　李鍾嶽修、林帶英纂《民國　文昌縣志》，凡十八卷、分門十志（類）、列九十一目。於各門目間，廣徵典籍，核實參補，除註記〈參修〉、〈採訪〉者外，舉凡徵引文獻，大都注於各條之末。茲仿「四部分類法」，概作分類，著述於次，以供查考。

　　甲、經　部：

　　　春秋‧元命苞：於星野目，注引。

　　　周禮疏：於星野目，注考。

　　　左傳注：晉‧杜　預注，於星野目引。

　　　正義：於星野目，有引。

　　　星經‧淮南星部名：於星野目，注引。

　　　爾雅‧釋天：於星野目，注引。

　　　石經：於釋奠考目，注考。

　　　禮記：又名《小戴記》或《小戴禮記》，舊題：西漢‧戴聖編。於釋奠考目，引考。

　　　論語：儒家經典，於釋奠考目，注考。

　　　毛詩箋：鄭康成撰，於釋奠考目，注考。

　　　周易鄭康成注：宋‧王應麟撰，於釋奠考目，有引。

　　　鄭康成注：於釋奠考目，廣泛注考。

　　　廣韻注：於釋奠考目，注考。

　　　說文：即《說文解字》，東漢‧許　慎撰。於釋奠考目，注考。

　　乙、史　部：按《民國　文昌縣志》，徵引史籍最多，就其類屬，分著於次，以供查考。

史地之屬：

  史記：西漢‧司馬遷撰，於釋奠考目，注考。

  索隱：就史記索隱，唐‧司馬貞撰，於釋奠考目。

  左傳：又名左氏春秋、春秋左氏傳、左氏傳，舊題：春秋
　　　　魯‧左丘明撰。於釋奠考目，注考。

  前漢書‧地理志：東漢‧班　固，於星野目，注引。

  前漢書‧昭帝紀：於沿革目，有引。

  漢書：又名：前漢書，於釋奠考目，注考。

  漢書‧地理志：於釋奠考目，注考。

  漢書‧古今人表：於釋奠考目，注考。

  漢書注：顏師古注，於釋奠考目，引考。

  後漢書‧伏　湛傳：於釋奠考目，注考。

  月令章句：後漢‧蔡　邕撰，於星野目有引。

  帝王世紀：晉‧皇甫謐撰，於星野目，有引。

  漢藝文志考證：宋‧王應麟撰，於釋奠考目，有引。

  魏志：宋‧陳　卓撰，於沿革目，注引。

  晉書‧地理志：唐‧房　喬撰，於沿革目注引。

  文帝紀：係指南朝‧宋文帝，於沿革目注引。

  南齊書‧州郡志：梁‧蕭子顯撰，於沿革目引。

  宋書‧州郡志：梁‧沈　約撰，於沿革目引。

  隋書‧地理志：唐‧魏　徵撰，於沿革目引。

  唐書‧地理志：宋‧歐陽修撰，於星野目引。

  唐書‧天文志：於星野目，注引。

  宋史：元‧托克托撰，於星野目，注引。

  宋史：寧宗紀：於土寇目，有引。

元史·天文志：明·宋　濂奉敕撰，於晷度目，注引。

明史：清·張廷玉奉敕撰，於鄉賢目，有引。

明史·天文志：於晷度目，注引。

明史·劉　孜傳：於鄉賢目，有引。

通志：即通史，宋·鄭　樵撰。於晷度、祿餉、釋奠考、
　　　學制、關隘、占驗、海寇、土寇、名宦、仕進、藝
　　　文志（小引），諸門目廣泛注引。

輿地紀勝：宋·王象之撰，於沿革目有引。

方輿勝覽：宋·祝　穆撰，於黎寇目有引。

外海紀要：於風潮目，有引。

方志之屬：

元和志：係《元和郡縣志》簡稱，唐·李吉甫奉敕撰，於
　　　沿革目引。

明一統志：明·李　賢奉敕撰，於星野目引。

大清一統志：未指何本，於沿革目引。

南越志：劉宋·沈懷遠撰，於星野目引。

宋咸淳志：於釋奠考目，注考。

闕里志：於釋奠考目，注考。

山東志：未指何本，於釋奠考目，注考。

雷陽志：未指何本，於晷度目注引。

黃通志：係指明·黃　佐《嘉靖　廣東通志》，於風俗、
　　　學校、鄉賢、孝友、遺事，五目有引。

郝通志：係指清·郝玉麟《雍正　廣東通志》，於沿革、
　　　星野、籍官、鄉賢，四目廣引。

阮通志：係指清·阮　元《道光　廣東通志》，於沿革、

　　　晷度、學制、營寨烽堠、保甲鄉兵、砲臺、知
　　　縣、籍官、舉人、鄉賢諸目，廣泛注引。

省志：未指何本，於耆老目，有引。

郡志：未指何本，於山川、祿餉、營寨烽堠、兵器、關
　　　隘、海寇、教諭、訓導、籍官、恩貢、名宦、鄉
　　　賢、耆老諸目，廣泛注引。

牛志：係指清・牛天宿《康熙　瓊郡志》（又名：瓊州府
　　　志），於鄉賢目有引。

蕭志：係指清・蕭應植《乾隆　瓊州府志》，於晷度、學
　　　校、鄉賢三目有引。

瓊州府志稿：清・呂子班（道光稿本），於沿革目引。

明府志：於沿革目，有引。

明郡志：於星野、形勝、山川、池塘、井泉、陂隄、學
　　　制、兵制、民壯機兵、保甲鄉兵、關隘、海寇、
　　　黎寇、知縣、教諭、籍官、恩貢、副榜、歲貢、
　　　職官、廕襲、鄉賢、儒林、懿行、文苑、節烈、
　　　貞婦、節婦諸目，廣泛注引。

　案：係指清・明　誼《道光　瓊州府志》，史稱《明
　　　府志》，亦稱《明郡志》。

舊府志：未指何本，於星野目，有引。

府志：未指何本，於陂隄、風潮、知縣、守禦所、籍官、
　　　仕進、舉人，武進士、恩貢、歲貢、職官，封贈、
　　　孝友、耆舊、耆老、節婦諸目，廣泛注引。

瓊山志：係瓊山縣志，未指何本，於海寇目引。

臨高志：係臨高縣志，未指何本，於晷度目引。

沈志：係清·沈　豳《康熙　文昌縣志》（佚），於恩
　　　貢、歲貢、籍官（府名宦）三目有引。

馬志：係清·馬日炳《康熙　文昌縣志》，於風俗、營寨
　　　烽堠二目有引。

舊志：未指何本，於沿革、星野、形勝、山川、池塘、井
　　　泉、石、陂隄、風俗、學校、書院、田賦、釋奠、
　　　兵制、營寨烽堠、保甲鄉兵、兵船、砲臺、海寇、
　　　土寇、黎寇、知縣、縣丞、教諭、訓導、主簿、典
　　　史、守禦所、縣城守、籍官、仕進、舉人、武進
　　　士、恩貢、副榜、歲貢、廩增附貢、職官、掾吏、
　　　武職、例員、武例職、封贈、廕襲、名宦、籍官
　　　（府名宦）、鄉賢、儒林、孝友、忠義、懿行、文
　　　苑、高逸、耆舊、耆老、壽婦、方伎、烈女、節
　　　烈、節婦、藝文志（小引）、記、紀事、遺事、災
　　　祥、紀異諸目，廣泛注引。

　　案：似指清·張　霈《咸豐　文昌縣志》

採訪冊：於占驗目，有引。

傳記之屬：

通志·氏族略：宋·鄭　樵撰，於釋奠考目廣考。

通志略：於釋奠考目，有引。

儒林傳注：唐·顏師古注，於釋奠考目，注考。

卻金傳：王世懋撰（張　霈修《咸豐　文昌縣志》卷之十
　　　　五·藝文志·傳，載有全文），於紀事目，摘
　　　　引。

墓誌銘：係明·邱　濬撰〈邢湄邱墓誌銘〉，於鄉賢目

　　　　（邢宥），摘引。

　　先賢像贊碑：於釋奠考目，注考。

　　曲阜碑：於釋奠考目，廣泛注考。

　　白水碑：於釋奠考目，注考。

　　杭碑：於釋奠考目，引考。

　　後漢王政碑：於釋奠考目，有引。

　　朱竹垞弟子考：於釋奠考目，有引。

　　朱考：於釋奠考目，廣泛注考。

　　趙岐注牧皮事孔子：於釋奠考目，有引。

　　趙氏注：於釋奠考目，廣泛注考。

政書之屬：

　　周官傳：後漢・馬　融撰，於釋奠考目，注考。

　　周官注：鄭康成注，於釋奠考目，引考。

　　周官解：後漢・賈　逵撰，於釋奠考目，注考。

　　通典：唐・杜　佑撰，於星野目，引考。

　　通典通考：於釋奠考目，注考。

　　明會典：於進士、舉人二目，廣泛注考。

　　大清會典：於釋奠、學制目，注考。

　　會典：於祀典、進士、舉人目，廣泛注考。

　　賦役全書：於戶口、田賦目，有引。

　　全書：於田賦目，有引。

　　則例：於祿餉目，有引。

　　江西省例：於祀典目，有引。

　　洪武詔旨：於風俗目，有引。

　　水師營冊：於關隘、占驗（風潮）目，有引。

營冊：於占驗（風潮）目，有引。

檔冊：於田賦（耤田）、社倉、祀典、兵船、舉人目引。

房冊：於田賦、兵制、營寨烽墩、兵器目，有引。

貢舉考：於進士目，廣引。

題名碑：於舉人目，有引。

題名冊：於進士、舉人目，廣泛注考。

類書之屬：

太平御覽・仇讐部：北宋，李　昉奉敕撰，於釋奠考目，
注考。

山堂考索：宋・章如愚撰，於釋奠考目，注考。

丙、子　部：

孔子家語：又名：家語，舊題：周・孔　丘門人撰。於釋
奠考目，廣泛注考。

古本家語：於釋奠考目，廣泛注考。

今本家語：三國（魏）・王蕭偽撰。於釋奠考目，廣考。

呂氏春秋：又名：呂覽，秦・呂不韋撰。於釋奠考目，廣
泛注考。

孔叢子：舊題秦・孔　鮒撰。於釋奠考目，廣泛注考。

淮南子：漢・劉　安撰，於釋奠考目，注考。

顏氏家訓：北朝（北齊）・顏之推撰。釋奠考目，注考。

丁、集　部：

別集之屬：

文行集：於進士、舉人二目，引考。

本集：似指明・陳是集撰《中秘稿》而言，於鄉賢目（陳
是集條），注引。

霍渭厓集：又名：霍文敏公全集，明・霍　韜撰，於海防
　　條議目，有引。

雜著之屬：

廣陽雜記：釋奠考目，有引。

文翁石室圖：於釋奠考目，有引。

丹沿錄：似係《丹鉛餘錄》，明・楊　慎撰。於釋奠考
　　目，有引。

詩文之屬：於風俗、文廟、學校三目中，廣引郡賢、邑紳、
　　官宦之詩、文、序、記，不勝枚舉。

㈦、刊版年代

本《民國　文昌縣志》，於書前牌記，右署「中華民國七年
重修」，而伍毓崧（署理昌江縣事）撰書〈續修邑志敘〉，末著
「民國八年己未孟秋」，惟諸家方志書目，皆署「民國九年(1920)
刻本」，且紀事斷限年次，最遲亦止於民國九年庚申。

從各家方志書目資料窺知，此志計有「原刻本」（蔚文公所
藏板），「油印本」（廣東省中山圖書館，據民國九年刻本掃
描）、「影印本」（據民國九年，蔚文公所藏板，於海口影印，
線裝十冊）三種，流傳於世。

是志「原刻本」（蔚文公所藏板），線裝十二冊，書高二十
五公分、寬一十六公分，板框高二〇公分、寬一十四・二公分。
白口，上魚尾，四周雙邊。除伍毓崧撰書〈續修邑志敘〉（每半
葉七行、行十六字）外，凡例（續修凡例、舊志凡例）、舊志
序、續修姓氏、舊志原本姓氏、目錄、正文，半葉十一行，每行
二十一字。仿宋體字，注分雙行。於目錄、各卷首行暨版心，皆

題《文昌縣志》，書前牌記分三行，中行大書《文昌縣志》，右署「中華民國七年重修」，左著「蔚文公所藏板」，楷體手書。

　　按《民國　文昌縣志》（原刻本），首載總校伍毓崧氏〈續修邑志敘〉（手書），末蓋有「伍毓崧印」（篆字、陰文），「戊戌翰林」（篆字、陽文，四周有邊）方章（每邊三公分）各乙枚。

　　廣東省中山圖書館藏「原刻本」（蔚文公所藏板），凡十八卷、首一卷，線裝十二冊。於卷首〈續修邑志敘〉（頁一），卷一：輿地志〈風俗〉（頁五十二），蓋有「廣東省立圖書館○○○○○○○○○○○○」（三行十九字，中有二行十二字，模糊頗難辨認）長方章（寬二・五公分，長四・四公分，四周有邊，篆字、陽文）各乙枚。卷一：輿地志〈輿圖・文昌縣圖〉（頁二・牌記）、〈沿革〉（頁八）、〈風俗〉（頁五十一）三目，蓋有「廣東人民圖書館圖書」（隸字、陽文）方章（每邊二・六公分，四周框邊）各乙枚。另卷一：輿地志〈山川〉（頁三十一、行六、字七～八間）目，亦蓋有「○○○○」（篆字、陰文，字跡模糊難認）小圓章（直徑一・四公分，圓週雙邊）乙枚。本藏板之索書號：k/7.3/9

　　李鍾嶽《民國　文昌縣志》，雖有梓刊（蔚文公所藏板）行世，唯流傳欠廣，罕見梓本。於今國內外公藏者，就知見藏板，分別臚著於次，以供方家查考。

　　原刻本　民國九年(1920)　刻本　蔚文公所藏板

　　　中國：廣東省中山圖書館　　中山大學圖書館

　　油印本　一九八四年廣東省中山圖書館掃描油印本

　　　中國：廣東省中山圖書館：k/7.3/9[2]　線裝十冊

影印本　一九九一年據蔚文公所藏板　影印本
中國：海南師範學院圖書館：E24（古）25　線裝十冊

銘　謝

本《民國　文昌縣志》（凡十八卷）珍貴資料，承蒙海南師範學院圖書館王志斌先生鼎力相助，無勝感激，特致謝忱，以表敬意。

文昌縣治地圖

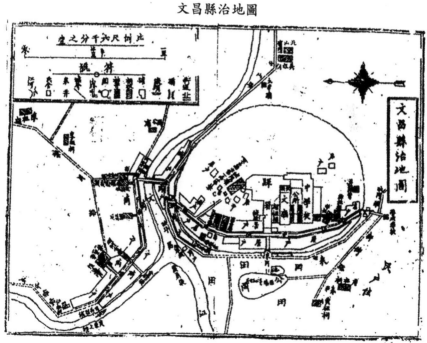

民國《文昌縣志》書影

（廣東省中山圖書館珍藏）

綜合評析

　　夫文昌縣志書，緣自明代肇始，大凡二修。計有：「嘉靖修本」（李遇春志）、「崇禎修本」（周廷鳳志）。於明季中葉以前，史籍莫載，無從查考。

　　迨清一代，相續鼎修，尤以康熙朝最盛。中經咸豐、同治，而迄民國九年(1920)止。先後修志，大凡七次（內有：康熙四修、咸豐一修、同治一修、民國一修），然因年代久遠，間遭兵災或火焚，抑被水漬或蟲害，有些牒本湮沒佚傳，罕見藏板，殊深憾惜矣。於今海內外各圖書館，暨文教機構庋藏者（藏板），只存「康熙修本」（馬日炳志）、「咸豐修本」（張　霈志）、「民國修本」（李鍾嶽志）三種，彌足珍貴，視同瑰寶。

　　就修志源流言之，文昌縣有志，昉自明・李遇春《嘉靖　文昌縣志》創始，繼有周廷鳳《崇禎　文昌縣志》續修。於清一代，修志風尚鼎盛（康熙朝更熾），其牒本極為豐碩，誠如：鄧生柏《文昌縣志》（康熙元年）、沈　彪《文昌縣志》（康熙九年）、何　斌《文昌縣志》（康熙二十七年）、馬日炳《文昌縣志》（康熙五十七年），張　霈《文昌縣志》（咸豐八年）、劉彬華《文昌縣志》（同治年間）。迨中華民國肇造，續有李鍾嶽《文昌縣志》（民國七年重修，民國九年刊行）。從文獻整體性來說，各志相承相傳，構成完整的脈絡體系。

　　馬日炳《康熙　文昌縣志》，係以前令何　斌《文昌縣志》為底本。凡清康熙二十七年(1688)之後，未收而應入志者，悉據實考訂按部就班增入卷末，以補前人所未逮也。

　　張　霈《咸豐　文昌縣志》，係以「康熙修本」（馬日炳

志）為藍本，增入清文宗咸豐八年(1858)前，約一百四十餘年間，有關政治、經濟、軍事、教育、文化等史實。

　　李鍾嶽《民國　文昌縣志》，於清「咸豐修本」（張　霈志）基礎上重修，廣搜博採，補入清咸豐八年(1858)，至清宣統三年(1911)間，迄民國九年(1920)止，約六十餘年之史事。

　　就修志體例言之，《文昌縣志》（諸修本），大都按年紀事，各在舊志基礎上，遵宗通志、郡志，參訪查核，刪繁補漏，訂訛正謬。然細窺各志，雖卷數增減不一，門目繁簡有別，唯皆綱舉目張，編次燦明，其義例至為完備矣。

　　再從各志書〈凡例〉（條文），或〈目錄〉（內文）析觀，其修志體例，大都採用「分志體」，亦就「按類分目法」也。

　　馬日炳《康熙　文昌縣志》（凡例十四條），志分綱領條目，其中後先位置，高下提款，體裁各別，眉目必清，每提一綱約撮數語于前，而一篇之旨洞然。然後綱舉目張、條分縷析，間或意有未盡後加論斷，務俾明白簡易不漏不支。至於每條項下，有應續紀事宜各留餘地，以便後來隨時補入，亦一勞永逸之意（第十四條）。

　　張　霈《咸豐　文昌縣志》（凡例十四條），是志自康熙五十七年(1718)，馬（日炳）邑令續修後，迄今百四十餘年，中間事蹟半就湮沒，茲就採訪所及，與郡志已載者，訂正編次，其中挂漏固知不免，要以事必有徵，不敢參以臆見爾（第一條）。按志書分為十門，餘項各以類附，并有小引，以見作志分門之意（第十二條）。

　　李鍾嶽《民國　文昌縣志》（凡例八條），是志之體例、編次，悉從舊志之義例。然園苑、閘門舊志缺如，今考其工程與城

池同，因編入建置類（第五條）。廩增附舊志未載，自科舉停廢院試，名目恐歷久難稽，今依輿論，凡廩增附亦從錄載，以便觀覽（第六條）。學校畢業中學以上，悉編入選舉類，蓋因科舉廢後，士子出身概由學校，名稱雖異性質本同（第七條）矣。

就志書內容言之，文昌縣志書，大凡九修，雖付諸梓版，唯鈔本甚罕。於今海內外知見者（藏板），祇有「康熙修本」（馬志）、「咸豐修本」（張志）、「民國修本」（李志）三種，惟其內容，各具特色。

馬日炳《康熙　文昌縣志》，凡十卷，計分十志：疆域、建置、賦役、學校、兵防、秩官、人物、海黎、雜志、藝文等十門，於門下列目八十有二。舊志原列「輿圖」（圖繪數紙）、「沿革」（紀事數條），不成卷冊，是志遵宗府志，合輿圖、沿革於疆域志內并為一卷。

張　霈《咸豐　文昌縣志》（縣修），凡十六卷、首一卷，正文計分：輿地、建置、經政、海防、職官、選舉、宦績、人物、藝文、雜志等十志（門）八十一目。於經政志之祀典、釋奠等目，係據通禮、通志諸書編補。海防志附清道光二十八年(1848)戊申，雲茂琦《安全社團練章程》，有助於清代中葉「鄉勇制度」研究。藝文志載有大量「敕、疏、碑、記」，詳敘文邑黎人活動情況，於海南黎族研究，提供最珍貴之資料。

李鍾嶽《民國　文昌縣志》（縣修），凡十八卷、首一卷，正文計分：輿地、建置、經政、海防、職官、選舉、宦績、人物、藝文、雜志等十門（志）、八十七目。

於民國改元後之人品、時事均未錄載，惟建置、經政、職官、畢業（選舉）、貞節（人物）等類，大致載至民國七年

(1918)。舊志首卷訓典志，係屬尊崇君權，不合時宜概從刪除。而輿圖仍保留舊署所四幀（縣境全圖、縣治圖、舊青藍所城圖、舊舖前巡司圖）外，增制新圖二幅〈文昌縣全境圖〉、〈文昌縣治地圖〉，酌加圖例、符號、開方（比例尺），正式注明都市，俾廣袤遠近里數覽圖便明矣。

就史料價值言之，文昌縣志牒，於今海內外文教機構，暨各圖書館知見藏板（公藏者），計有：「康熙修本」（馬志）、「咸豐修本」（張志）、「民國修本」（李志）三種。諸修本《文昌縣志》於修志時，力蒐遺帙，採輯舊聞，廣徵文獻，以備參訂考正。尤以〈藝文志〉一門，搜錄相關邑事之資料特多，殊具史料價值矣。

馬日炳《康熙 文昌縣志》，係在何斌《文昌縣志》基礎上，增入康熙二十七年(1688)戊辰，至康熙五十五年(1716年)丙申歲間之史事。於「藝文」一門，今新志仍其舊，而比附以新增用遵府志，叢集卷末以殿全書。

張 霈《咸豐 文昌縣志》，於〈輿地志〉（卷之一）「輿圖」目，除「縣境全圖」外，尚有「雲漢坤首以次就十二方位分野圖」、「地正圖」。〈海防志〉（卷之七）「海防條議」附雲茂琦《安全社團練章程》，有助清中葉「鄉勇制度」研究。於〈藝文志〉中，載有大量「敕、疏、碑、記」，詳敘文昌縣黎人活動情事，就海南黎族研究，提供最珍貴史料。

李鍾嶽《民國 文昌縣志》，於〈輿地志〉（卷一）「輿圖」目，增製新圖二幅〈文昌縣全境圖〉、〈文昌縣治地圖〉，加繪圖例、符號、比例尺（六千分之一），正式標注都市，俾使廣袤遠近里數覽圖便明矣。

民國改元後之建置、經政、職官、畢業（選舉）、貞節（人物）等類（志），大致載至民國七年(1918)戊午，惟亦有最遲止於民國九年(1920)庚申。尤其是志各門目，廣泛徵引文獻典籍，更具史料參考價值。

從文獻整體性（價值）來說，文昌縣志書乃海南方志之一種，亦係海南文化資產。在史學上，實具有特殊的歷史文化背景，並反映當時社會動態情況。於學術研究，深具史料價值，不但是研究「文昌縣地方制度史」，必需具備之珍貴史料，同時亦係治「海南方隅史」，不可缺少的參考資料，殊為珍貴耳。

結　語

綜觀《文昌縣志》諸修本，其中「康熙修本」（馬志），乃文昌縣知見藏板，最早之邑志，係以「何志」（清康熙二十七年修，佚傳）為底本。尤以「咸豐修本」（張志、凡一十六卷），於民國七十年(1981)十二月，臺北市「文昌縣志重印委員會」，依據美國國會圖書館藏，清咸豐八年(1858)刊本（蔚文書院藏板）打字排版重印，以廣流傳，有益學者專家、邦人士子研究參考。

民國改元之後，李鍾嶽《民國　文昌縣志》（凡十八卷），於清「咸豐修本」（張志）基礎上重修，廣搜博採補入清咸豐八年(1858)，迄民國九年(1920)間，最新資料，續成全書（凡十八卷）。於今僅有廣東中山圖書館、廣州中山大學，各藏乙部「孤本」，彌足珍貴，視同瑰寶。

參考書目

《道光　廣東通志》　　清・阮　元

　　民國五十七年(1968)十月　臺北市　華文書局　影印本

　　（據清道光二年修　同治三年重刊本）

《道光　瓊州府志》　　清・張岳崧

　　民國五十六年(1967)十二月　臺北市　成文出版社　影印本

　　（據清道光二十一年修　光緒十六年補刊本）

《康熙　文昌縣志》　　清・馬日炳

　　清康熙五十七年(1718)序刻本　　線裝　四冊

《咸豐　文昌縣志》　　清・張　霈

　　清咸豐八年(1858)刻本　蔚文書院藏板　　線裝　十冊

《民國　文昌縣志》　　李鍾嶽

　　民國九年(1920)刻本　蔚文公所藏板　　線裝　十二冊

《海南島史》　　日・小葉田淳

　　日本昭和十八年(1943)十二月　東都書籍株式會社　臺北支店

《海南方志資料綜錄》　　王會均

　　民國八十三年(1994)十月　臺北市　文史哲出版社　全一冊

　　　中華民國九十一年(2002)壬午歲五月十日　增補稿

　　　中華民國九十九年(2010)庚寅歲九月十日　修校稿

　　　　　　臺北市：海南文獻史料研究室

六、會同縣志

瓊東縣，本稱：會同縣，今名：瓊海市。唐虞三代為揚越荒徼，秦末為象郡（南越）外域，漢屬珠崖郡（玳瑁縣）境地。

唐宋二代，乃樂會縣地。元至元二十九年(1292)壬辰，分置會同縣，屬乾寧軍。明洪武三年(1370)，屬瓊州府，清沿其制。民國三年(1914)一月，以與湖南會同縣名重複，改稱：瓊東縣。

民國三十九年(1950)五月，海南易幟，政制更變，一九五八年十二月，由瓊東、樂會、萬寧三縣，合置瓊海縣。次年(1959)十一月，復置萬寧縣。瓊海縣，今名：瓊海市，治設嘉積鎮。

瓊東縣志，原稱：會同縣志。其志書纂修，源流久遠，然有史稽考者，緣自明《會同志略》肇始，中經清代康熙、乾隆、嘉慶三朝，約一百五十餘年間，先後五修。於清光緒二十七年(1901)補刊乙次，迨民國十四年(1925)乙丑，就其舊志重印，並更名《瓊東縣志》，是為重印「清嘉慶本」，亦稱「石印本」。

民國七十三年(1984)仲秋，由旅臺港邑紳李遜漢等十四人倡議，乃就舊志重新打字製版刊行，並附：《續編增補資料》，其內容計分十一篇，雖非完美無缺，誠亦難可貴也。

是以《會同縣志》為論旨，就其文獻史料，進行綜合性研究。其主要內容，概分：修志源流、待訪志書、乾隆修本、嘉慶修本、續編增補資料，暨綜合評析等六大部分。

修志源流

瓊東縣志，原名會同縣志，其志牒纂修，源流久遠，然有史

籍稽考者，緣自明萬曆四十一年(1613)始修，中經清代之康熙、
乾隆、嘉慶三朝，約一百五十餘年間，共五次纂修。於光緒二十
七年(1901)補刊一次，迨民國七十三年(1984)續編增補資料一次。
茲著述於次，以供參考。

　　始修於明神宗（朱翊鈞）萬曆四十一年(1613)間，由邑長鄧
侯桂芳、陳丞宏周等纂輯《會同志略》，梓於萬曆四十七年(1619)
歲在己未。是以志略具備，其文獻有所紀載而可考矣。

　　加修於清聖祖（玄燁）康熙八年(1669)己酉，由知縣曹之秀
修，儒學訓導梁英裘纂輯《會同縣志》，以流傳於世。是為「康
熙修本」（曹志），而與明萬曆四十一年（癸丑），陳宏周纂
《會同志略》，相距約五十六年之久。

　　復修於清康熙二十六年(1687)丁卯，由知縣胥錫祚修、儒學
教諭吳雋纂《會同縣志》。是乃「康熙修本」（胥志），俗稱
〈舊志〉，與曹之秀修《會同縣志》纂修時間，相距僅有一十八
載而已。

　　增修於清高宗（弘曆）乾隆三年(1738)戊午，由知縣于暲修，
儒學教諭盧日光纂《會同縣志》，是為「乾隆修本」（于志）。
而與胥錫祚修《會同縣志》，其纂修時間，相距約五十二年矣。

　　重修於清乾隆三十八年(1773)癸巳，知縣于煌修、儒學教諭
楊縉銓纂《會同縣志》。於次歲(1774)甲午，由新任知縣萬卜爵，
修飾考訂付梓，故誤稱為「乾隆修本」（萬志）。是志與于暲修
《會同縣志》，其纂修時間，亦僅相距三十五載。

　　續修於清仁宗（顒琰）嘉慶二十五年(1820)歲在庚辰，由知
縣陳述芹修、儒學教諭周瀚纂《會同縣志》，此為「嘉慶修本」
（陳志）。是志與于煌修《會同縣志》，其纂修時間，相距亦有

四十八年。

補刊於清德宗（載湉）光緒二十七年(1901)辛丑秋八月，知會同縣事宋恒坊，就舊志蟲蛀殘本，訂補重刊，並非重修，是為「光緒補刻本」。

重印於民國十四年(1925)乙丑，由選任縣長王大鵬氏，就其舊志重印，並更名為《瓊東縣志》，除另附「新圖」乙幅外，亦無增補，是為鉛印「清嘉慶本」，亦稱「石印本」。

景印於民國六十三年(1974)甲寅，臺北市成文出版社，據清嘉慶二十五年(1820)修，民國十四年(1925)石印本影印，「影印本」列《中國方志叢書》（華南地方：第一七〇號），精裝二冊。

增補於民國七十三年(1984)甲子仲秋，由李遜漢、孔鑄禹、麥谷登、周長耀、黃守漢等四十二人倡議，乃就舊志重新打字製版印刷，暨《續編增補資料》，其內容計分十一篇。雖非完美無缺，誠亦難能可貴也。

瓊東縣志，原名：會同縣志。鑑其纂修始末，肇始於明萬曆四十一年(1613)鄧桂芳、陳宏周纂輯《會同志略》，中經清代：康熙八年(1669)、二十六年(1687)，乾隆三年(1738)、三十九年(1774)，暨嘉慶二十五年(1820)，約一百五十餘年，先後五次續修。中以（清）陳述芹修、周瀚纂《嘉慶　會同縣志》，凡一〇卷，內容最為詳備富美，亦深具史料價值，極為珍貴。

待訪志書

會同縣志，雖有牒本，惟由於年代久遠，間遭兵災蟲害，致湮滅散佚者泰半，其原刻梓本，流傳欠廣，罕見藏版。茲據諸家

方志目錄資料，就其會同縣待訪志乘，依刊版年代，著述於次，以供參考。

《會同志略》　　明·鄧桂芳修　　陳宏周纂

明萬曆四十一年(1613)修　四十七年(1619)梓本　原佚

本《會同志略》，各家方志書目，皆無紀載。其志略題名、修梓年代，纂者事略等問題，僅參證相關資料，分別析論於次：

甲、志略題名：按《會同志略》，係自訂書名，其正確題名，尚待方家查考。

據明萬曆四十一年(1613)癸丑仲冬月〈志略說〉云：「……夫與其為不可考，以俟之後人，而後愈不可考，輾轉相沿曷其有既，孰若及今考其可考，而置其不可考，以俟後之日增日續，終不為一邑缺典，則志略之所由作也。志首稱版籍湮沒者幾八十年，則前此非盡無志也，其首之可考者，今且化為不可考，奈何更以不可考者遺之後人，而無既也，是刻也。形勝、風俗、財賦、建置，目前大概略備，惜無文獻耳。文獻非目可覩記，然志略既具，纂修者將以為度之，有分將以為衡之，有銖將以為量之，有千二百黍，踵而效焉。不可謂不文也，孰創始，是孰摭拾而紀載，是不可不謂獻也……」

次據明萬曆四十三年(1615)乙卯歲仲春月，姚履素（南海）〈重建平政橋記〉有云：「……陳丞名宏周，金陵人。起家典客於余舅氏，其家累葉皆文人，宦蹟所至有聲。舅氏署會同，纂修志略……」

乙、修梓年代：係指《會同志略》纂修與付梓之年代而言，然各家方志書目，皆無著錄。而各志序記載，亦略為迴異，謹臚述於次，以供參考。

　　清康熙二十六年(1687)丁卯，知縣胥錫祚〈舊志序〉：「會同一志，梓於萬曆之己未。」亦即明神宗萬曆四十七年(1619)歲次己未，付梓之意。

　　清乾隆三十九年(1774)甲午仲冬，知會同縣事萬卜爵〈重修縣志序〉：「邑之有志，昉於明萬曆四十七年。」亦即會同邑志，創始之意也。

　　民國十四年(1925)乙丑，選任縣長王大鵬〈重印瓊東縣縣志序〉：「我縣縣志，始於明萬曆四十七年。」亦即《瓊東縣志》，纂修之始耶。

　　民國七十三年(1984)甲子仲秋，邑人李遴漢（國大代表）〈瓊東縣志重印暨續編增補資料總序〉：「吾瓊東縣志，原名會同縣志，始纂於明代萬曆四十七年。」

　　綜觀各序所載，明萬曆四十七年(1619)己未，究係《會同志略》之付梓年代，抑纂修年代，茲參證〈志略說〉，暨姚履素〈重建平政橋記〉等相關資料，析論於次，以供參考。

(一)、纂修年代

　　首就明萬曆四十一年(1613)癸丑仲冬月〈志略說〉析觀：摘云「……則《志略》所由作，然《志略》既具，不可謂不文也。孰創始是孰摭拾而紀載，是不可不謂獻也。……」於是顯見，《會同志略》纂修於萬曆四十一年間，其證一也。

　　次從明萬曆四十三年(1615)乙卯歲仲春月，姚履素〈重建平政橋記〉析論：據云「會同縣平政橋，今以署邑事臨高陳丞重建，邑長鄧候踵而成之。其工興於萬曆癸丑年十二月十五日，成於甲寅年七月十九日。然陳丞在事一載，於署會同纂修志略。」

按萬曆癸丑年即四十一年(1613)，甲寅年亦就萬曆四十二年
(1614)。於是顯見《會同志略》，纂修於明萬曆四十一年間，其
證二也。

(二)、刊梓年代

明萬曆四十七年(1619)己未，係《會同志略》付梓年代，並
非纂修年代。誠如：清康熙二十六年(1687)丁卯，知縣胥錫祚〈舊
志序〉云：「會同一志，梓於萬曆之己未。」

參證〈志略說〉，暨姚履素〈重建平政橋記〉等相關資料，
顯見《會同志略》，係臨高縣丞陳宏周氏，於萬曆四十一年（癸
丑）間，署會同邑事任內纂修。於是足證，萬曆四十七年(1619)
己未，係《會同志略》付梓年代，並非纂修年代。

綜合言之，各志序有云：「邑之有志昉於明萬曆四十七
年」，或言：「我縣縣志始於明萬曆四十七年」，抑曰：「吾瓊
東縣志，原名會同縣志，始纂於明代萬曆四十七年」者，似屬舛
誤，誠當正之，俾免「以訛傳訛」，而失史實耳。

(三)、纂者事略

本《會同志略》，乃明萬曆四十一年（癸丑）間，於邑侯鄧
桂芳任內，由臨高縣丞陳宏周氏（署會同邑事時）纂修其志略。

鄧桂芳，四川資縣（成都）人。明萬曆二十二年(1594)甲午
科舉人。於萬曆四十年(1612)，知會同縣事。平易廉明，愛民懲
惡，頌聲載道。丁艱離任，闔邑豎碑以志去思。

清・陳述芹修《嘉慶　會同縣志》（卷之七：秩官志・名
宦），張岳崧纂《道光　瓊州府志》（卷之三十：官師二・宦

續中），皆有傳略。

陳宏周，江蘇金陵人。本府臨高縣丞，於明萬曆四十一年(1613)間，署會同邑事，纂修志略，重建平政橋，利禪於民，頌聲同口，語具去思碑中。所修〈會稽老人故事〉，未見流傳。

《康熙　會同縣志》　　清・曹之秀修　　梁英裘纂

清康熙八年(1669)梓本　佚

㈠、知見書目

阮　元《道光　廣東通志》（卷一百九十二・藝文略四）：

　　　　會同縣志　　國朝曹之秀修　　梁英裘輯　　未見

杜定友《廣東方志目錄》（頁十八）：

　　　　會同縣志　　曹之秀修　　梁英裘纂

　　　　清康熙八年(1669)　（佚傳）

陳劍流《海南簡史》（頁八十二）：

　　　　會同縣志（五卷）　　曹之秀　　梁英裘編

　　　　康熙八年（己酉）　（佚傳）

楊德春《海南島古代簡史》（頁一五八）：

　　　　《會同縣志》卷數未詳　　曹之秀　　梁英裘編纂

　　　　清康熙八年(1669)刊行（佚傳）

王會均《海南方志資料綜錄》（總目錄・頁二五）：

　　　　會同縣志　　清・曹之秀修　　梁英裘纂

　　　　清康熙八年(1669)梓本　佚

㈡、纂者事略

主修者：曹之秀，奉天府（遼寧省）蓋平縣人。廩生（通志

作監生），清康熙七年(1668)涖任，康熙十四年（乙卯）陞瓊州府同知，離任。著有：會同縣八景詩〈端山聳翠〉、〈佛子露頭〉，刊於《嘉慶　會同縣志》（卷之九：藝文志）。

纂輯者：梁英裘，字治為，廣東省順德縣（番禺籍：見番禺志，阮通志職官表作順德）人。順治歲貢，康熙四年(1665)任會同儒學訓導，於康熙八年（己酉）纂修邑志。端莊範士，訓迪有方，每捐貲刻置書籍，以給士之貧乏者，清復學田，士林悅服，皆其事之素著者也。所著：〈峒主王公傳〉、〈節婦楊氏傳〉、〈會同八景〉詩：端山聳翠、奇峰多異，刊於《嘉慶　會同縣志》（卷之九：藝文志）。

清・陳述芹修《嘉慶　會同縣志》（卷之七：秩官志・名宦），張岳崧纂《道光　瓊州府志》（卷之三十一：官師志・宦績下），有傳略。

《康熙　會同縣志》　　清・胥錫祚修　　吳　雋纂
清康熙二十六年(1687)修　佚

(一)、知見書目

阮　元《道光　廣東通志》（卷一百九十二・藝文略四）：
　　　　會同縣志　　國朝胥錫祚修　　吳　雋輯　未見
　　　　康熙丁卯　　序載萬志　雋時任訓導
杜定友《廣東方志目錄》（頁十八）：
　　　　會同縣志　　胥錫祚修　　吳　雋纂
　　　　康熙二十六年
陳劍流《海南簡史》（頁八二）：
　　　　會同縣志（十卷）　　胥錫祚　　吳　雋編

康熙二十六年

楊德春《海南島古代簡史》（頁一五八）：

　　《會同縣志》卷數未詳　　胥錫祚　　吳　雋編纂

康熙二十六年(1687)刊行

王會均《海南方志資料綜錄》（總目錄・頁二五）：

　　會同縣志　　清・胥錫祚修　　吳　雋纂

清康熙二十六年(1687)修　　佚

㈡、修志始末

　　按《會同縣志》，乃知縣胥錫祚氏，於清聖祖（玄燁）康熙二十年(1682)壬戌，承乏茲土，甫下車即欲詳一邑之典故。爰取舊志而翻閱之，見其文義非不富也，事蹟非不詳也。然富失之靡，詳失之瑣，甚且義類不屬，簡編失序，欲釐正之未逮也。

　　迨康熙二十五年(1686)丙寅秋，會院檄督補郡縣志，爰是毅然有修葺之舉。上奉憲令，下酌己志，乃集紳士共謀修之。遂屬紳採訪數十餘年來人物事蹟，以及興廢損益，增補詳慎，無遺無濫。取舊志裁其靡者而使之健，正其瑣者而歸之雅，分析有偏，編次有序，事增於前，文減於舊。一覽之而一邑之山川文物，以及典制興廢之故，燦如指掌。然邑小事簡，記載無多，惟余與吳君之事畢矣。

　　胥錫祚修《康熙　會同縣志》，以其半屬之邑博吳君分任，是志成於康熙二十六年(1687)丁卯。並由胥氏親撰〈舊志序〉，原文刊載於陳述芹《嘉慶　會同縣志》（卷首）。

㈢、纂者事略

本《會同縣志》之纂修者，據陳述芹《嘉慶　會同縣志》刊載：康熙二十六年〈修志姓名〉，參證相關資料，分別著述於次，以供方家參考。

纂修者：胥錫祚，山東濰縣人。附監，康熙二十一年(1682)任會同知縣，在職六年，政聲斐然。於康熙二十七年(1688)陞湖廣荊州同知，離任。所著：〈重修學宮記〉、〈會同縣八景〉詩：趙水凝香，刊載《嘉慶　會同縣志》（卷之九·藝文志）。

同修者：依《嘉慶　會同縣志》載：康熙二十六年（丁卯）修志姓名，計同修二人。茲參證相關資料，分別著述於次：

吳　雋：廣東番禺人。拔貢，康熙二十一年(1682)任會同縣儒學教諭。於三十一年(1692)丁艱，離任。留心造士，捐俸置田，資助賓興，士子霑恩。所著：〈新建泮池記〉、〈建儒學衙署記〉、〈會同縣儒義田記〉、〈遊海潮巖記〉，〈會同八景〉：端山聳翠、趙水凝香、奎塔凌霄、瀁溪瀉碧、奇峰多異（七言詩）五首，刊於《嘉慶　會同縣志》（卷之九：藝文志）。崇祀名宦

清·陳述芹修《嘉慶　會同縣志》（卷之七：秩官志·名宦），有事略。

鍾昌齡，廣東合浦人。康熙二十五年(1686)任會同縣儒學訓導，於二十九年(1690)離任。

校閱者：依《嘉慶　會同縣志》載：康熙二十六年〈修志姓名〉，計有：仕宦一人，貢生五人，生員二十人。

仕宦：王啟輔，會同積善人。清順治十七年(1660)歲貢，於

康熙六年(1667)任廉州府靈山縣訓導。致休後,通學舉祀名宦（詳載省志）。所著:〈會同八景〉詩:趙水凝香,載於《嘉慶 會同縣志》（卷之九:藝文志）。

貢生:計五人,其事略,分述於次,以供參考。

王基壽,會同永安人。清康熙二十一年(1682)歲貢,任惠州府長寧（今新豐）縣儒學訓導。所著〈會同八景〉詩:佛子露頭,刊於《嘉慶 會同縣志》（卷之九‧藝文志）。

江思典,本姓黎,會同積善人。清康熙十七年(1678)歲貢,任韶州府樂昌縣儒學訓導。

黎 鼎,本姓林,會同積善人。清康熙十五年(1676)歲貢。

覃煒猷,本姓王,字振素,會同永安人。清康熙十五年(1676)歲貢（樂會縣學）,任廣東普寧儒學訓導。秉性和厚,立品端方,休官而歸,囊無餘物,壽八秩而終。

清‧陳述芹《嘉慶 會同縣志》（卷之八:人物志‧懿行）、張岳崧纂《道光 瓊州府志》（卷之三十六:人物志‧篤行）,皆有傳略。

黎昌祖,會同積善人。清康熙二十五年(1686)歲貢。

生員:計二十人,除黎公鏞,楊焴、施學慣、黃旒、李祖宣、邱酈聖、邱挺聖、王永熙、王永寧、黃正泓、李世顯、凌升、黎曉、符篆文等十四員,其年籍事略,尚待查考外,餘者分述於次,以供參考。

王賡昌,會同端趙人。清康熙二十七年(1688)歲貢,著有:〈會同八景〉詩:奇峰多異,刊於《嘉慶 會同縣志》（卷之九:藝文志）。

甘雨潤,字恩及,會同永安人。清康熙三十五年(1696)歲貢

（先明季恩貢，奉裁，繼出國朝歲貢），博通史書，廣授生徒。

清・陳述芹《嘉慶　會同縣志》（卷之八：人物志・文學），有傳略。

王晉藻，會同端趙人。清康熙二十九年(1690)歲貢。著有：〈會同八景〉詩：奇峰多異一首，載於《嘉慶　會同縣志》（卷之九：藝文志）。

王元錄，會同積善人。清康熙四十三年(1704)歲貢，剛直好義。

周師斌，會同積善人。清康熙三十九年(1700)歲貢，於雍正四年(1726)任肇慶府學訓導。

王庚生，字印白，號雲溪，會同積善人。清康熙四十七年(1708)恩貢，任廣東靈山儒學訓導。乃啟輔子，為人居家有禮，處世溫和，樂琴書自適，惜晚景窮約以終。所著：〈會同八景〉詩：奎塔凌霄、溢溪瀉碧，載於《嘉慶　會同縣志》（卷之九：藝文志）。

清・陳述芹修《嘉慶　會同縣志》（卷之八：人物志・懿行），有傳略。

《乾隆　會同縣志》　　清・于　暭修　　盧日光纂

清乾隆三年(1738)　佚

(一)、知見書目

阮　元《道光　廣東通志》（卷一百九十二・藝文略四）：

　　會同縣志　　國朝于　暭修　　盧日光輯　未見

　　乾隆戊午　　序載萬志　　　　日光時任教諭

陳劍流《海南簡史》（頁八四）：

　　　　會同縣志（五卷）　　　于　暄　　盧日光編

　　　　乾隆三年

　　楊德春《海南島古代簡史》（頁一五八）：

　　　　《會同縣志》十卷　　于　暄　　盧日光編纂

　　　　乾隆三年(1738)刊本

　　王會均《海南方志資料綜錄》（總目錄・頁二五）：

　　　　會同縣志　　清・于　暄修　　盧日光纂

　　　　清乾隆三年(1738)刻本　　佚

(二)、修志始末

　　按《乾隆　會同縣志》，於清乾隆三年(1738)戊午，由知縣于暄氏，博採邑紳公議，增補修葺。至於參訂考正，編次審閱，悉由儒學教諭盧日光氏，總司其責，亦有勞矣。

　　清乾隆三年（戊午）知縣于暄〈舊志序〉云：「…丙辰歲，予選授斯邑，見版籍朽蠹，每思重付梓人。況逢聖天子在上，德洋恩溥，仁心善政，疊沛寰區，更宜修列縣志。以一時之紀載，揚萬載之殊恩，會志自聖祖仁皇帝御極之二十有六載。其間建置之廢興，秩官之交代，人物之繼起，盡缺略而弗傳。闔邑紳士公議，增補纂葺，俾舊志煥然改觀，緣列數言於首，以誌一時之盛，後之宰斯邑者，遞加修纂，閱世常新，庶斯編永藉以不朽，是則有望也夫。」

　　綜觀于暄〈舊志序〉，足堪悉悟其修志始末與宗旨動機。是志書成於清乾隆三年(1738)戊午，梓本原佚，罕見流傳。於今僅見知縣于暄〈舊志序〉，載於《嘉慶　會同縣志》（卷首）。

㈢、纂者事略

本《乾隆　會同縣志》，參與纂修者，依據《嘉慶　會同縣志》刊載：乾隆三年〈修志姓名〉，計有：主修一人，同修一人，校閱十五人。茲參證相關資料，分別著述於次：

主修：于　暲，北直（今河北省）順天府大興縣人。清雍正十一年(1733)癸丑科進士（三甲），於乾隆元年(1736)十二月任會同知縣。明決清廉，案無留牘，嚴飭吏役，戶頌平寧。乾隆七年(1742)八月，陞理猺同知，離任。

同修：盧日光，本姓梁，廣東省廣州府順德縣人。清康熙五十年(1711)辛卯科副榜，於雍正十年(1732)任會同縣學教諭，乾隆三年(1738)纂修邑志，至十三年(1748)四月卒於任。

校閱：依據《嘉慶　會同縣志》刊載：乾隆三年〈修志姓名〉，計有：仕官一人，貢生七人，生員七人。

仕官：王　翼，字圖南，會同端趙人。清康熙五十九年(1720)歲貢，乾隆元年(1736)任徐聞儒學訓導。學問老成，經史博洽，設帳多年，從遊者指不勝屈。所著〈會同八景〉詩：奎塔凌霄、白鶴摩空，載於《嘉慶　會同縣志》（卷之九：藝文志）。

清・陳述芹《嘉慶　會同縣志》（卷之八：人物志・文學），有載。

貢生：依乾隆三年〈修志姓名〉，司校閱之貢生，計七人。其事略，分述於次，以供查考。

黎　爌，會同積善人。清雍正四年(1726)歲貢，選授廣東四會儒學訓導。所著：〈題大奇石〉七律詩，載於《嘉慶　會同縣志》（卷之九：藝文志）。

　　歐震時，會同太平人。清康熙六十一年(1722)歲貢。所著：
〈題大奇石〉（白沙洲）七律詩，載於《嘉慶　會同縣志》（卷
之九：藝文志）。

　　楊大鴻，字朝賓，會同太平人。清雍正三年(1725)歲貢（瓊
州府學）。博學能文，屢試冠軍，學臺惠大人，甚器重之。著
有：〈會同八景〉詩：趙水凝香、奇峰多異，載於《嘉慶　會同
縣志》（卷之九：藝文志）。

　　清‧陳述芹《嘉慶　會同縣志》（卷之八：人物志‧文
學），有事略。

　　劉運生，會同太平人。清雍正元年(1723)拔貢，任翁源儒學
教諭。秉性慷慨，平易近人。所著〈會同八景〉詩：奎塔凌霄、
奇峰多異，載於《嘉慶　會同縣志》（卷之九：藝文志）。

　　張名運，本姓王，會同積善人。清雍正六年(1728)歲貢，任
廣東普寧儒學訓導。廉靜恬淡，不涉紛華。

　　何爾燦，會同嘉會人。清雍正十二年(1734)拔貢。

　　楊公科，字朝九，會同太平人，清乾隆三年(1738)歲貢。芸
窗刻志，穎悟性生，博洽經史，詩文立就。所著：〈會同八景〉
詩：端山聳翠、奎塔凌霄、奇峰多異，刊載於《嘉慶　會同縣
志》（卷之九：藝文志）。

　　清‧陳述芹《嘉慶　會同縣志》（卷之八：人物志‧文
學），有載。

　　生員：計有七人，除黎以瑄、黎肇炘二員外，餘者之事略，
分述於次，以供查考。

　　林光亨，會同端趙人。清乾隆九年(1744)歲貢。聰明鍊達，
博洽群書，不徇勢利，不履公庭，其梗概有如此者。所著：〈會

同八景〉詩：趙水凝香、溢溪瀉碧，載於《嘉慶　會同縣志》
（卷之九：藝文志）。

　　周　正，會同端趙人。清乾隆十五年(1750)歲貢。

　　周　珮，廩生。

　　王　淮，乃王翼之子，會同端趙人。清乾隆十三年(1748)歲
貢，任廣東豐順儒學教諭。忠誠醇素，屏跡公庭。

　　毛聯狒，字振雲，會同端趙人。清乾隆初年廩生，學識淵
深，才思雄博，為文筆如湧泉，且嚴氣正性，梗概獨機，為生徒
所矜式焉。

　　清・陳述芹《嘉慶　會同縣志》（卷之八：人物志・文
學），有傳略。

　　綜觀待訪各志（知見書目），所列著「卷數」，各家略有不
同，由於年代久遠，梓本失傳，罕見藏版，且亦無相關佐證資
料，僅分別析論於次，以待方家查考。

　　曹之秀修《康熙　會同縣志》，於清・阮　元《廣東通
志》、杜定友《廣東方志目錄》，未著卷數。楊德春《海南島古
代簡史》，著稱「卷數未詳」。惟陳劍流《海南簡史》，則著有
「五卷」，又未註資料來源，尚待稽考。

　　胥錫祚修《康熙　會同縣志》，於清・阮　元《廣東通
志》、杜定友《廣東方志目錄》，亦未著卷數。楊德春《海南島
古代簡史》，亦係著稱「卷數未詳」。唯有陳劍流《海南簡
史》，則著有「十卷」，亦無相關佐證資料，實令人置疑。

　　于　暲修《乾隆　會同縣志》，於清・阮　元《廣東通
志》，未著有卷數。陳劍流《海南簡史》，著為「五卷」。楊德
春《海南島古代簡史》，則著有「十卷」。其各家著錄，迥然不

同，尚待方家查考。

乾隆修本

《乾隆 會同縣志》十卷 清·于 煌修 楊緝銓等纂

清乾隆三十八年(1773)刊本

4冊 有圖表 25公分 線裝

㈠、知見書目

阮 元《道光 廣東通志》（卷一百九十二·藝文略四）：

　　　會同縣志十卷 萬卜爵 于煌 楊緝銓同修 存

　　　乾隆甲午 緝銓時任教諭

江 瀚《故宮方志目》（頁七十二）：

　　　會同縣志十卷 清·于 煌纂修

　　　乾隆三十八年刻本 四冊 今名瓊東縣

杜定友《廣東方志目錄》（頁十八）：

　　　會同縣志10卷 于 煌 楊緝銓纂修

　　　乾隆三十六年

　　案：次條又著錄：會同縣志10卷 萬卜爵等纂修 乾

　　　隆三十九年

朱士嘉《中國地方志綜錄》（冊二·頁十四）：

　　　會同縣志10卷 于 煌纂修

　　　乾隆三十八年 現稱瓊東縣

李景新《廣東方志總目提要》（頁一二二）：

　　　會同縣志（現稱瓊東縣）十卷 于 煌纂修

　　　乾隆三十八年 五冊

陳劍流《海南簡史》（頁八四）：

　　　會同縣志（十卷）　　于　煌編

　　　乾隆三十八年（故宮博物館藏）

黃蔭普《廣東文獻書目知見錄》（頁六十二）：

　　　會同縣志十卷　　清・于　煌

　　　乾隆三十八年(1773)刊本　　故宮

中國科學院北京天文臺《中國地方志聯合目錄》（頁七〇

二）：　　〔乾隆〕會同縣志　十卷　　　清・于　煌纂修

　　　乾隆三十八年(1773)刻本　　註：今併入瓊海縣

楊德春《海南島古代簡史》（頁一五八）：

　　　《會同縣志》10卷　　萬卜爵　于　煌　楊緒銓

　　　乾隆三十九年(1774)刊行

　　　　北京故宮博物館、上海圖書館收藏

王會均《海南方志資料綜錄》（總目錄・頁二五）：

　　　會同縣志　　清・于　煌修　　楊緒銓纂

　　　清乾隆三十八年(1773)修（于序）

　　　清乾隆三十九年(1774)序（萬序）刻本

　　綜觀各家方志書目資料，於《乾隆　會同縣志》之纂修人及刊行年代，公私著錄略有不同，茲證諸相關資料，分別補正於次，以供方家參考。

　　按《乾隆　會同縣志》，係署會同知縣于煌氏纂修，教諭楊緒銓、訓導鄧逢秋、典史朱再鋒等同修，並非知縣「萬卜爵」氏纂修。於壬辰歲次，適奉憲檄，重修郡志，通行各屬修葺縣志，都為一帙上之。萬氏時任會同知縣，欲自謀纂輯，以會纂萬安未逮。故署著「萬卜爵」、于　煌、楊緒銓同修，或「萬卜爵」等

纂修者，誠屬舛誤，依據清乾隆三十八年(1773)〈修志姓名〉表，以補正之。

本《乾隆　會同縣志》，始修於清乾隆三十八年(1773)癸巳十月，書竣於臘月之杪，其志未付梨棗。歲次甲午（乾隆三十九年）冬，始由知縣萬卜爵（復任）氏，重行修飾考訂而付梓，遂有成書也。杜定友《廣東方志目錄》（會同縣志十卷　乾隆三十六年），似有錯謬，或為手民之誤。依據清乾隆三十九年(1775)甲午仲冬月，知縣萬卜爵〈續修縣志序〉，以補正之。

綜合言之，其纂修人及刊行年代，應著錄：《嘉慶　會同縣志》，于　煌修、楊縉銓　鄧逢秋　朱再鋒同纂，清乾隆三十八年修，乾隆三十九年刊本，方為正確。特加補正，以供參考。

㈡、修志始末

本《乾隆　會同縣志》，書修於清高宗乾隆三十八年(1773)癸巳十月，竣於臘月之杪，為文數十萬言，其志未付梨棗。次年(1774)甲午冬，始復修飾考訂而付梓，遂有成書矣。

清乾隆三十七年(1772)壬辰，適逢憲檄，有重修郡志之舉。時知縣萬卜爵氏，欲自謀纂輯，以會篆萬安未逮。乃由接任者，署會同知縣于煌氏，因而成之。且各有序文，爰言其修志始末，庶斯永藉不朽也。並摘錄其梗概於次，以供參考。

依據清乾隆三十八年(1773)癸巳臘月，署瓊州府會同縣知縣于　煌〈續修縣志序〉云：「……歲壬辰，煌恭逢恩命，簡發粵東，其明年檄委茲土，時值郡憲增修志乘，通行各屬採輯遺聞。邑之人士，咸踴躍急公，請重葺其縣志，公務傯猝，愧未遑也。已而歲稔人和，庶政粗舉，乃爲檢點舊章，補苴掇拾，其自乾隆

三年以後，則考諸故老之流傳。按諸名山之紀載，微顯闡幽其詳其慎，夫而後數十年來，典章文獻興廢損益之沿流，於是乎略備。嗟呼！擇焉不精，語焉不詳，以荀楊之淹博，尚貽笑於昌黎，況風塵俗吏腹笥枵，然望大雅之門墻而不得入，不知而作行自愧己，書修於癸巳之十月，竣於臘月之杪，爲文數十萬言。尸祝代庖，閱時無幾，爲此碌碌，知不免爲識者噱，然吾聞古人於郵亭驛館，雖信宿必修葺而後去，則是役也，或亦此物此志云爾。」

　　次據清乾隆三十九年歲次甲午仲冬月，知會同縣事萬卜爵氏〈重修會同縣志序〉云：「邑之有志，昉於明萬曆四十七年，至國朝……不惟修飾而考訂之，非敢曰事增於前文減於後也。亦以事關美刺，必兢兢以考信焉耳，既付梓，鄉士夫群請序於予。予曰：邑素稱易治，予蒞事之初，尚恐民未與吏習，既而案牘不勞，訟獄不興，予乃樂其地僻而事簡，又愛其俗之安閒，因得採訪於籃輿風日之中，搜討於父老縉紳之輩，問奴以耕，問婢以織，日積月累，迄有成書，今竊喜初志之得遂，而樂觀其成也。爰弁數言於首，俾後之視今，亦猶今之視昔，踵三十餘年之事雖盛弗傳，將舊版日就朽蠹，前數百年之事，亦漸湮沒而無可稽矣。」

　　末云：「壬辰春，予奉命承乏茲邑，甫下車索舊志閱之，即有續修之志，公餘之暇，博採廣諮，得其梗概。適奉憲檄，有重修郡志之舉，都爲一帙上之，欲自謀纂輯，會署篆萬安未遑也。接任于君雅有同心，因而成之彬彬然綱舉目張矣。甲午冬，予旋邑視事，鄉士夫董其事者，以新志示，細加考閱，因就見聞所及，復而修之有舉莫墜，庶幾士庶觀之以變其俗，官師考之以修其政，太史採之以備其風，於以佐聖朝一統同文之志，是則區區之意云爾。」

(三)、纂者事略

本《乾隆　會同縣志》之纂修者，依〈乾隆三十八年修志姓名〉，計有：纂修一員，同修三員，校閱十四員，分述於次：

纂修：知縣于　煌，字桐岡，浙江歸安人。清乾隆十八年(1753)癸酉科舉人，於乾隆三十八年(1773)四月署會同縣事。次年(1774)甲午十月，題調廣東高明知縣「庚子(1780)、癸卯(1783)鄉房考官，乾隆四十八年（癸卯）解餉入京，回復任」離任。在任一年半，因奉檄纂修縣志，並清復久沒賓興義田，為多士無窮之惠，有立定賓興田案，田坵段遵行章程，（見學校志）。又有查復吳公賓興田記。所著：〈會同八景〉詩：端山聳翠、趙水凝香、奎塔凌霄、溢溪瀉碧、白鶴摩空、佛子露頭、奇峰多異、大海澄潭，載於《嘉慶　會同縣志》（卷之九：藝文志）。

同修：依〈修志姓名〉（乾隆三十八年）刊載，計三員，分著於次，以供參考。

楊縉銓，廣東省潮州府大埔縣人。清乾隆十二年(1747)丁卯科舉人，於乾隆三十八年(1773)閏三月初三，任會同縣儒學教諭，四十四年(1779)十二月離任。

鄧逢秋，廣東省三水縣人。清乾隆二十一年(1756)丙子科舉人，由舉人借補，乾隆三十三年(1768)任本學訓導，於四十年(1775)調萬州。所著：〈會同八景〉詩：端山聳翠、趙水凝香、奎塔凌霄、溢溪瀉碧、白鶴摩空、佛子露頭、奇峰多異、大海澄潭，載於《嘉慶　會同縣志》（卷之九：藝文志）。

朱再鋒，湖南省瀏陽縣人。吏員，於清乾隆三十八年(1773)，任會同縣典史。

校閱：依〈修志姓名〉（乾隆三十八年）載，計仕官二員、貢生六員、生員六人。其事略分述於次，以供參考。

仕官：計二員，其事略，分述如次：

符漢琦，會同端趙人。廩貢，於清乾隆十四年(1749)，捐任廣東省肇慶府高要縣儒學訓導。有〈會同八景〉詩：端山聳翠，載於《嘉慶　會同縣志》（卷之九：藝文志）。

許　浩，會同永安人。清乾隆二十五年(1760)庚辰恩科舉人，截選知縣，由優貢中舉，挑選肇慶府鶴山縣儒學教諭。有〈會同八景〉詩：端山聳翠，溢溪瀉碧，載於《嘉慶　會同縣志》（卷之九：藝文志）。

貢生：計六員，其事略，分述於次：

王兆鶴，會同端趙人。清乾隆二十五年(1750)歲貢，任廣東平遠儒學訓導。醇謹老成，品行端方。

歐之型，會同太平人。清乾隆二十五年(1760)恩貢。有〈會同八景〉詩：趙水凝香，載於《嘉慶　會同縣志》（卷之九：藝文志）。

林　源，會同端趙人。附貢，有〈會同八景〉詩：趙水凝香，載於《嘉慶　會同縣志》（卷之九：藝文志）。

馮日琛，會同太平人。清乾隆二十七年(1762)歲貢，姿性穎敏。

江振元，會同端趙人。廩貢，赴監肄業，班滿銓選訓導。有〈會同八景〉詩：端山聳翠，載於《嘉慶　會同縣志》（卷之九：藝文志）。

王宇海，會同端趙人，例貢。

生員：亦有六員，其事略，分述於次：

　　黃　璸，會同太平人，附貢。

　　黎啟炊，邑人，生員。

　　楊可三，字元第，會同太平人。清高宗乾隆五十年(1785)恩貢。淡泊寡營，友睦昆秀。生平無他嗜好，唯以詩酒自娛。教授生徒，成就甚多。雖困於棘闈，而小試輒冠軍焉。其〈會同八景〉詩：奇峰多異，載於《嘉慶　會同縣志》（卷之九：藝文志）。

　　清・陳述芹修《嘉慶　會同縣志》（卷之八：人物志・文學），有載。

　　吳嗣德，會同太平人。清高宗乾隆四十七年(1782)歲貢。天性沉潛，文思刻苦。

　　施之岱，會同積善人。清高宗乾隆五十七年(1792)歲貢，聰明鍊達。有〈會同八景〉詩：奎塔凌霄，載於《嘉慶　會同縣志》（卷之九：藝文志）。

　　王大德，邑人，生員。

（四）、志書內容

　　于　煌修，楊繒銓纂《嘉慶　會同縣志》，凡十卷。其志書之內容，除首載：清・萬卜爵〈續修縣志序〉、于　煌〈重修會同縣志序〉、胥錫祚〈舊志序〉（康熙二十六年）、于　暲〈舊志序〉（乾隆三年）、暨〈增訂邑志凡例〉、〈康熙二十六年修志姓名〉、〈乾隆三年修志姓名〉、〈乾隆三十八年修志姓名〉、〈捐資修志姓名〉外，依據〈目錄〉，臚述於次，以供參考。

　　天文卷一

　　　　星野　氣候　風候　潮汐　節序

　　地里卷二

綜觀目錄內容，其志計分十大類門，共有八十九綱目。凡自清高宗乾隆三年(1738)以後，三十餘年之邑事，諸如：天文、地里、建置、賦役、學校、兵防、秩官、人物、藝文等典章文獻，

人文事蹟，必亦考正，分門別類，廣徵慎紀，以備資考。

㈤、修志體例

于　煌修《乾隆　會同縣志》（奉檄修志），其修志體例，係採「分志體」，亦就「按類分目法」。原志增訂邑志〈凡例〉七條，其與修志體裁相關者，摘述於次，以供參考。

> 一、志分十卷，每卷各標其綱，而係之以目，於目之中，又各從其類，而考核精詳，以便披覽。

> 一、舊志以輿圖地里為二綱，今遵府志以疆域為綱，而輿圖地里并列於內。又於舊志地里目中，抽出星野、氣候、風候、潮汐、節序數項，彙為天文，弁於篇首。地里次之，而土產列於其內，仍足十卷之數。

按《乾隆　會同縣志》，所繫邑事，以明、清二代，較為豐實，尤於清乾隆三年（戊午）以後，迄乾隆三十八年(1773)，其三十餘年間，會同紀事，頗為詳備。其斷限年代，最遲止於清乾隆三十九年(1774)甲午，茲著於次，以供參考。

學校卷五：

> 書院：原在東關外舊學地址，……乾隆三十八年，署縣于煌請於本府尊蕭諱應植書題區曰：端山書院。……

> 義田：乾隆三十九年十月十七日，查復吳公賓興田懸案。署會同縣正堂于煌，查准儒學牒送前任吳教諭捐置土名烟塘上溪等處田丁，資助士子賓興緣由一案。……

秩官卷七：

> 知縣：萬卜爵，舉人……乾隆三十七年三月任，乾隆三十

八年四月委署萬州，三十九年十月復任。

署知縣：于　煌，舉人。……乾隆三十八年四月署縣事，三十九年十月題調高明縣離任。在任一年半，奉檄纂修邑志。……

㈥、刊本年代

于　煌修《乾隆　會同縣志》（清刊本），凡十卷，全書線裝四冊。白口，上魚尾，四週雙邊。除知縣萬卜爵〈重修會同縣志序〉，暨署知縣于　煌〈續修縣志序〉（署名下有「臣煌之印」、「彤光」篆字、陰文方章二枚，二·五公分），每半葉六行，每行最多十六字外，其餘皆係每半葉九行，每行不超過二十二字。書高二十五公分、寬十五公分，版框高二十二公分、寬十四公分。楷字刊印，版心大題《會同縣志》。

于　煌修《乾隆　會同縣志》，書修於清乾隆三十八年(1773)癸巳之十月，竣於臘月之杪，其志未付梨棗。次年(1774)甲午仲冬月（萬序），始復修飾考訂而付梓，方有成書傳世。故其志之刊行年代，係清乾隆三十八年修，乾隆三十九年刊行，然諸家方志書目，著錄頗不一致，大都署著為乾隆三十八年，亦有著為乾隆三十九年。惟杜定友《廣東方志目》著為乾隆三十六年(1771)，實屬舛錯，或係手民之誤，誠加補正之。

于　煌修《乾隆　會同縣志》，雖有梓本，唯流傳欠廣。於今國內外文教機構，或圖書館庋藏者稀少，茲就知見藏板，臚列於次，以供參考。

清乾隆三十八年（于序）修　乾隆三十九年（萬序）刊本

臺灣：國立故宮博物院　172

中國：故宮　　旅大

增訂邑志凡例

會同縣志　志例　卷之一　八

一志分子卷每卷各標其綱而係之以目於目之中
又各從其類而考校精詳以便披覽
一會志自元明以及
國朝纂修已經兩舉一在於康熙丁卯年前令喬公一
在於乾隆戊午年前令于公越今三十餘載其中應
書事宜不續加編算思年久事軼後無可稽至於舊
志容有殘缺失序氪略為釐定餘概照舊
一會志開載一邑成書但其中沿革廢興不無更

即如賦役一項上關國課下係民生其年某十二五
入田畝其年條工價而歸米石逐一條書以俟稽考
至如建
先農壇以寓足食興節孝忠義祠以崇表章民社以恩
朝恩之特舉事之宜著者也不可以不書
一舊志以興圖地里為二綱今遵府志以疆域為綱
而興圖地里并列抗內又抗舊志地里目中抽出星

裕聖以尊師而重道此皆我
患而預防封

天文志卷一

會同縣志　天文　卷之一

陰陽之精其夯在地而上發於天周禮馮相保章二
以主恒度一以占變動蓋經星常宿以及伏見廣慑
陵適散犯無不有州官宮物類之可考乎呂覽九野
纂露十端詳哉言之會同海隅下邑何敢修陳然覆
要成編推以占步未必無當也志天文

星野

瓊自漢隸交州隋隸楊州其為楊州之域無疑考厥
分星寶云星紀漢天文志及杜祐通典皆以牽牛婺

神升天除夕掃室洗爐設酒饌祭祖具牲粿辭歲於
神曰圍爐燃火懸燈排紅利試錢換桃符貼對聯
釘赤口燒爆竹又以竿掛經錢并敝箕實燈籠燃燭
燈遠拋門路口十字慶曰送窮兜童則向尊長討銅
錢如其年庚以帶曰守藏

乾隆《會同縣志》書影

（臺灣故宮博物院藏板）

嘉慶修本

《嘉慶　會同縣志》十卷　　清・陳述芹修　周　瀚　梁達廷纂

清嘉慶二十五年(1820)　刊本

4冊　有圖表　25公分　線裝

(一)、知見書目

杜定友《廣東方志目錄》（頁一十八）：

　　　　會同縣志　10卷　　陳述芹　　周　瀚纂修

　　　　嘉慶二十五年　4冊　存

朱士嘉《中國地方志綜錄》（冊二・頁一十四）：

　　　　會同縣志　10卷　　陳述芹纂修

　　　　嘉慶二十五年　　（南洋）作瓊東縣志

朱士嘉《美國國會圖書館藏中國方志目錄》（頁四二八）：

　　　　會同縣志　十卷　　清・陳述芹纂修

　　　　嘉慶二十五年(1820)刻本　四冊

　　　　　現稱：瓊東縣

陳劍流《海南簡史》（頁八四）：

　　　　會同縣志（十卷）　　陳述芹修　　嘉慶二十五年

李景新《廣東方志總目提要》（頁一二八）：

　　　　會同縣志　十卷　　陳述芹纂修　　嘉慶二十五年

黃蔭普《廣東文獻書目知見錄》（頁六二）：

　　　　會同縣志　十卷　　清・陳述芹

　　　　嘉慶四年(1799)刊本

莫　頓（Morton）《英國各圖書館所藏中國地方志總目錄》

（頁九○）：會同縣志　十卷　1799　(1820)

　　　案：嘉慶二十五年即西元一八二○年，所著嘉慶四年(1799)
　　　有誤。

　　楊德春《海南島古代簡史》（頁一五八）：
　　　　　《會同縣志》10卷　　清・陳述芹編纂
　　　　　嘉慶四年修成　嘉慶二十五年(1820)刊行
　　　　　中山圖書館藏

　　中國科學院北京天文臺編《中國地方志聯合目錄》（頁七○
二）：　　〔嘉慶〕會同縣志十卷　　清・陳述芹修
　　　　　清嘉慶二十五年(1820)刻本

　　王會均《海南方志資料綜錄》（總目錄・頁二六）：
　　　　　會同縣志　十卷　　清・陳述芹修
　　　　　清嘉慶二十五年(1820)原刻本
　　　　　清光緒二十七年(1901)補刊本

　　陳述芹修《嘉慶　會同縣志》，其修志年代，諸家方志書
目，著錄頗不一致，以署著清嘉慶四年(1799)修成，有待商榷。
依據相關資料，析論於次，以供參考。

　　首依《嘉慶　會同縣志》卷首刊載：〈修志姓名〉嘉慶二十
五年，係由會同知縣陳述芹纂修，儒學教諭周瀚，訓導梁達廷同
修，故非嘉慶四年(1799)修成，此佐證一也。

　　次據《嘉慶　會同縣志》卷之七（秩官志）刊載：國朝知縣
陳述芹嘉慶二十年十月到任，教諭周瀚嘉慶二十三年三月任，訓
導梁達廷嘉慶二十三年任。於是顯見，其志非嘉慶四年修成，此
佐證二也。

　　又據陳述芹〈續修縣志序〉云：「歲乙亥，予幸捷南宮，即

膺簡命，出宰是邦。」又云：「值己卯之秋，憲檄督續縣志。」
按清嘉慶二十年(1815)歲次乙亥，陳氏蒞任。於嘉慶二十四年
(1819)歲次己卯秋月，奉憲檄督續縣志。故志非嘉慶四年(1799)修
成，此佐證三也。

末據《嘉慶　會同縣志》（卷之四・賦役志・田賦）刊載：
「……嘉慶二十五年續修縣志，查實徵冊，通縣田地，連墾復所
征熟稅、荒稅，與額外陞科，焻前志書無異。」故其志非嘉慶四
年修成，此佐證四也。

㈡、修志始末

嘉慶《會同縣志》（奉檄督修），首由知縣陳述芹纂修（原
刻本）、次由知縣宋恒坊補刻（補刊本），續由選任縣長王大鵬
重印（鉛印本），復由臺北市成文出版社景印（影印本）。茲分
述其修志、補刊、重印、影印之始末，以供參考。

嘉慶《會同縣志》（原刻本），係會同知縣陳述芹氏，於清
嘉慶二十四年(1819)己卯之秋，奉憲檄督續縣志，邀請邑紳商議，
開館續修邑乘，俾期閱世常新。依卷首〈修志姓名〉刊載，其志
書成於嘉慶二十五年(1820)，並由陳氏親譔〈續修縣志序〉，爰
述修志之始末。

據知縣陳述芹〈續修縣志序〉云：「……歲乙亥，予幸捷南
宮，即膺簡命，出宰是邦。甫下車，搜羅往事，即皇狀有缺軼之
虞，奈數年來水旱蝗蟲風雨之災，連迫於境。而又以文廟公堂一
切大務，事較有急於此者，此志乘之所以姑有待焉也。值己卯之
秋，憲檄督續縣志，予躊躇者久之，既苦於簿書之旁午，而又困
於剞劂之艱難。爰集紳士共謀所以修之者，因以從前已志之舊

章，親自檢校，至厥後未修之事蹟，則屬紳士留心採訪。舉凡山川之險易，風俗之淳漓，人才之盛衰，物產之盈縮，以及秩官、政治、節義、文行，無不謹書而備錄之，以貽後世，使後之覽者，因是以變其俗，因是呂修其政，更因是以採其風，則是書固爲一邑之文獻，未必無佐于聖朝一統同文之盛也。」（其序全文，刊於志之卷首）

嘉慶《會同縣志》（補刊本），係會同縣知事宋恒坊氏，於清光緒二十七年(1901)辛丑歲五月，搜得陳述芹修《嘉慶舊志》一部，附之手民，精心修補，限三個月鐫刻成功，令刷印多部，廣爲流傳。並由宋氏譔〈重修會同縣志序〉，爰述其志補刊之緣由始末。

依據清光緒二十七年(1901)辛丑秋八月既望，知會同縣事宋恒坊〈重修會同縣志序〉云：「……庚子冬，奉檄權篆是邦，下車伊始，接見士紳，採風問俗，諮詢利弊，談論之餘，並及志乘，僉云：多年失修，版存有限，即仕宦世家所藏舊志者，亦甚寥寥。予竊憂文獻之無徵，若不及時修輯，再閱數十載，將會同山川形勝，官制人物，忠孝節義，土俗民風，與夫文教之盛衰，政治之得失，不幾漫無稽考乎！乃約諸紳，咸有難色，予不之信也。因毅然獨爲之，憂籌集款資，搜檢舊版數十片，實多朽蠹，又徧託士人搜求。今年始得舊志書一部，閱之亦已殘缺失次，半剝蝕於蠹魚中，遂於五月間附之手民，精心修補，又足以百數十頁，限三箇月鐫刻成功，公餘覆親校閱，令刷印多部廣爲流傳，士皆欣慰，以爲天下事有志者竟成焉。惟擬另續新編附後，因光緒二十一年間，曾遭颶風暴雨，衙署各房全行吹倒，歷任案卷均已霉爛損失，無從檢查，尚須細心博採周諮，寬以時日，而非倉

狩所能幾，倘都人士有相助為理者，俾得於近數十年，文物典章、政事興廢、官吏賢否、習俗遷移，均能瞭如指掌，以貽後人，庶有裨於官民，誠非淺鮮，是尤會同闔邑之幸，非第予之私願也夫。」（詳見宋序全文，刊於民國十四年海南書局鉛印本）。

宋恒坊，中州人。誥授奉政大夫，補用同知直隸州，光緒二十六年（庚子）知會同縣事。次年(1901)辛丑歲之五月，補刊《嘉慶　會同縣志》。

嘉慶《會同縣志》（鉛印本，亦有方志書目註為石印本），係會同縣選任縣長王大鵬氏，於民國十四年(1925)，據「嘉慶刊本」，亦就宋恒坊「光緒補刊本」，委由海口海南書局承印，俗稱「鉛印本」（亦稱民國本），其志題名：《瓊東縣志》，此〔民國〕鉛印本，最廣為流傳。

依據民國十四年（乙丑）選任縣長王大鵬〈重印瓊東縣縣志序〉云：「……鵬自被民選為桑梓服務，四年於茲，凡百事宜，在在待舉，如學校、如路政，先所必先，急所必急，加以地方久亂，事每掣肘，又值年大凶荒，事尤棘手，此邀我父老子弟，續修縣志，所以有志未逮也。如使舊志，日就朽蠹，使後失傳，縣長罪也。爰為重印，公諸縣中，守先待後，庶輕我過，志中舊地圖，除保存外，另附新圖，邦人君子，其共諒之。」是乃《嘉慶　會同縣志》（鉛印本），王氏重印之緣由始末也（王序刊於卷首）。

王大鵬，瓊東縣第二區（嘉積市週圍，即前積善都）人。民國十年(1921)任第一屆民選縣長，後又續被派任，十四年(1925)交御，於民國十六年(1927)被捕槍決。（續編增補資料：縣長表）

　　嘉慶《會同縣志》（影印本），於民國六十三年(1974)，臺北市成文出版社，依據清嘉慶二十五年(1820)修，光緒二十七年(1901)補刊，民國十四年(1925)石印本影印（中國方志叢書　華南地方：第一七〇號），精裝二冊（頁五四四），以廣流傳。

(三)、纂者事略

　　按《嘉慶　會同縣志》，參與修志者，依卷首〈嘉慶二十五年修志姓名〉刊載，計：纂修一員，同修二員，分校、謄錄、採訪二十四員，暨〈續修縣志捐資姓氏〉九員，就其事略，分著於次，以供參考。

　　纂修：陳述芹，山東省萊州府濰縣人。清嘉慶十九年(1814)甲戌科進士（三甲、十八名），於二十年(1815)十月到任（會同縣知縣），續修縣志。

　　同修：計二員，分述於次，以供查考。

　　周　瀚，福建省福州府長樂縣人。由副榜，於清嘉慶二十二年(1817)三月，任會同縣儒學教諭，同修縣志。

　　梁達廷，廣東省羅定縣人。清乾隆五十五年(1790)庚戌科歲貢，於清嘉慶二十三年(1818)，任會同縣儒學訓導，同修縣志。

　　分校　謄錄　採訪：計有貢生五員，廩生六人，增生三人，附生八人，監生二人，分述於次：

　　楊永傳，太平人。清嘉慶七年(1802)壬戌科，歲貢。著有〈會同八景統詠〉，刊於卷九：藝文志。

　　王湖文，端趙人。清嘉慶六年(1801)辛酉科，拔貢。著有〈會同八景〉詩：端山聳翠，刊於卷九：藝文志。

　　陳開千，積善人。清嘉慶十九年(1814)甲戌科，歲貢。著有

〈會同八景〉詩：端山聳翠，刊於卷九：藝文志。

　　楊永忠，太平人。廩生，於清嘉慶十五年(1810)庚午科中式，副榜（副貢）。所著〈會同八景〉詩：端山聳翠、趙水凝香，刊於卷九：藝文志。

　　王紹烈，積善人。清嘉慶十八年(1813)癸酉科，拔貢。

　　吳徽鍇，太平人，廩生。

　　楊永寬，太平人，廩生。有〈會同八景〉詩：奎塔凌霄，載於卷九：藝文志。

　　王永寬，積善人，廩生。有〈會同八景〉詩：奎塔凌霄，載於卷九：藝文志。

　　楊桂芳，太平人，廩生。

　　黎翼朝，積善人，廩生。

　　馮昌河，太平人，廩生。

　　凌以寧，增生。有〈會同八景〉詩：端山聳翠，載於卷九：藝文志。

　　黎大桂，積善人，例監（附生）。有〈會同八景〉詩：端山聳翠，載於卷九：藝文志。

　　林景清，附生。有〈會同八景〉詩：趙水凝香，載於卷九：藝文志。

　　楊家齡，附生。

　　王更德，附生。有〈會同八景〉詩：奇峰多異，載於卷九：藝文志。

　　黃元善，附生。有〈會同八景〉詩：奇峰多異，載於卷九：藝文志。

　　許國英，附生。

　　王昌灼，附生。

　　施安仁，附生。

　　李傳炳，增生。有〈會同八景〉詩：奇峰多異、奎塔凌霄，載於卷九：藝文志。

　　施富仁，增生。

　　符　棟，端趙人，監生。有〈會同八景歌〉，載於卷九：藝文志。

　　王標先，端趙人，監生。

　　續修縣志捐資：計九員，分述於次，以供參考。

　　周汝翼，端趙人。監生，忠厚正直，濟物利人，邑候江秋，贈以「西銘遺範」匾額，享壽八十有六。

　　王式丹，永安人，附生。

　　王國楨，積善人，廩生。

　　凌以清，永安人，增生。有〈會同八景〉詩：趙水凝香，載於卷九：藝文志。

　　彭家培，太平人，附生。

　　彭傳銘，太平人，附生。

　　岑玉璋，永安人，武生。

　　林學超，永安人，武生。

　　周鴻亨，端趙人，吏員。

㈣、志書內容

　　陳述芹修，周瀚、梁達廷纂《嘉慶　會同縣志》，凡十卷。其志書內容，依〈目錄〉卷次，臚述於次，以供參考。

　　天文志　卷一

　　　例監　掾史　封贈　鄉賢　孝子　忠義　武勇　懿行

　　　文學　隱逸　耆老　貞節　筮仕

　藝文志　卷九

　　　宸翰　記序　傳銘　詩賦

雜　志　卷十

　　　紀祥　紀災　紀異

　　本《嘉慶　會同縣志》之內容，凡十卷，計十大類門，共一〇〇綱目。於地理志（卷二）：鄉都，並無詳載，惟從〈輿圖〉觀之，會同縣計分：端趙、積善、永安、太平、嘉會五都。

　　　就各類紀事言之，其地理志（卷二）：沿革，建置志（卷三）：壇廟，學校志（卷五）：樂器、學齋，藝文志（卷九）：宸翰、記序、傳銘、詩賦。紀事雖詳，然綱目未標明，於查考時，深感不便。

㈤、修志體例

　　按《嘉慶　會同縣志》（續修本），其志並無「凡例」條文，惟從志之〈目錄〉（內容）觀之，纂修體例，係採「分志體」，亦就「按類分目法」。是志自乾隆三十八年(1773)續修，至嘉慶二十五年(1820)，相距約四十有七載，其間山川、風俗、人才、物產、秩官、政治、文行、節義，於足當載而待紀者多矣。因以前志之舊章，檢校考正，有厥後未修之事蹟，分由邑紳留心採訪，謹書而備錄之，裨文獻有徵也。

　　陳述芹修《嘉慶　會同縣志》凡十卷，所繫會同邑事，大都記載元明清三代，中以清代康熙、乾隆、嘉慶諸朝，紀事最為詳備。其斷限年代，最遲止於清嘉慶二十五年(1820)，分述於次：

秩官志（卷之七）署典史：

　　覃光昺，湖南武陵人，由增生捐從九品，嘉慶二十五年署。

人物志（卷之八）歲貢：

　　符元煦，端趙人，嘉慶二十五年貢。

㈥、刊本年代

　　本《嘉慶　會同縣志》之刊行年代，公私方志書目，大都署著為清嘉慶二十五年(1820)修。雖有刻本，唯流傳欠廣，於今國內外圖書館及文教機構，所知見之藏板，計有：原刻本、補刊本、鉛印本、影印本。依其刊行年代，分述於次，以供查考。

原刻本　清嘉慶二十五年(1820)修　刊本

　　美國：國會圖書館（四冊）

　　英國：倫敦大學東方研究學院（縮影捲片）

　　中國：北京（存卷四～十）　北大　北師大　浙江　廣東

補刊本　清光緒二十七年(1901)宋恒坊補刻本

　　　　依據清嘉慶二十五年(1820)陳述芹原修本補刊

　　日本：東洋文庫（四冊）：q－108

　　中國：一史館　　上海　　天津　　南京地理所

　　　　　南京　　　廣東　　中大　　華南師院

鉛印本　民國十四年(1925)海南書局鉛印嘉慶本

　　　　據清光緒二十七年(1901)補刊本重刊，按「民國本」，書名題《瓊東縣志》，附〈瓊東縣全圖〉，是本亦有方志書目著稱：石印本或重刊本

　　英國：英吉利圖書館　　劍橋大學　　倫敦大學

　　臺灣：中央研究院傅斯年圖書館　545

　　　中國：北京　一史館　上海　上海師院　東北師大　南大
　　　　　　南京地理所　湖北　廣東　中大　華南師院　重慶
　　影印本　民國六十三年(1974)　臺北市　成文出版社
　　　　　依據清嘉慶二十五年(1820)修，光緒二十七年(1901)
　　　　　補刊，民國十四年(1925)鉛印本影印
　　　　　　　（中國方志叢書　華南地方：第一七〇號）
　　美國：史丹福大學東亞圖書館：3230/1450.84
　　　　　加州大學柏克萊分校：3230/1450.84/1974
　　臺灣：國立臺灣圖書館：673.79111/7534

續編增補資料

《瓊東縣志重印暨續編增補資料》十一篇

　　　瓊東縣志重印暨續編增補資料委員會編纂
　　民國七十三年(1984)十月　臺北市　編纂會
　　(370)面　有圖表　27公分　精裝
　　附：瓊東縣全圖乙葉
　　本志書名不一，其封面題名《瓊東縣志》，內封題名《瓊東縣志　附續編增補資料》，目錄及版權頁題名《瓊東縣志重印暨續編增補資料》。

(一)、纂補始末

　　《瓊東縣志重印暨續編增補資料》，其重印及增補，係瓊東縣旅臺鄉親李遜漢、孔鑄禹、麥谷登、周長耀、黃守漢等數十人，於民國七十年(1981)春，假臺北集會，倡議：重印瓊東縣志暨續編增補資料。決定成立委員會，公推國大代表李遜漢為主任

地里志：土產

介屬
山龜
蟹　車白
貨物
檳榔

蠔
蜂　蛺蝶　青蜓　蟬　螇蚸
蝸牛　蜘蛛　蚯蚓　蜈蚣　蛙　雷公馬　錦蛇
青竹蛇　山烏蟲　羅裙帶　七寸　倒根　佛蛇
四足蛇　納蛇

水龜　螺　蚌　蜆

楊子　南瓜
布類
二絲　土葛　蕉布　蘇布　棉布
皮類
牛皮　麖皮　山馬皮　納蛇皮　獺皮
油類
山柚　海棠　桐子　籐倒
酒饌
水酒　燒酒　荔枝　山柑　黃桐　黏酒
養堆　米花　蜜浸　油餅　米粉　米粿

嘉慶《會同縣志》書影（成文影印版）

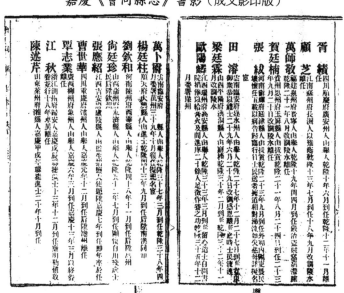

秩官志：知縣

委員，主持其事，詹尊泮任總幹事，著手蒐集資料，進行纂補事宜。中經二載有餘，終獲編纂成帙，於民國七十三年(1984)甲子歲十月付印出版，以廣流傳。

《瓊東縣志重印暨續編增補資料》，顧名思義，其編務計分重印與增補二大部份，分述於次：

甲、舊志重印：原擬影印舊志，僉認所購《瓊東縣志》，已係影印本（成文出版社據清嘉慶修民國海南書局鉛印本），若再複印，唯恐字跡模糊，效果欠佳。兼以舊志並無標點符號，閱讀深感不便，且間有錯漏，為求損益，乃加以整理、校正、斷句，重新打字製版印刷。

乙、續編纂補：原亦僅擬增補人物志列傳，藝文志資料，以及附錄旅外鄉親概況表三項。然為窺覽全貌，乃決將歷史地理、建置沿革、人口政制、文教、財政、經濟、交通、職官、晚清科舉仕宦人物、民國公職人員，以及大事記，皆予扼述補列，力求資料完美，以作續志參考。

《瓊東縣志重印暨續編增補資料》，分由李遴漢氏親撰〈總序〉（刊於志首），詹尊泮氏謹誌〈編後記〉，詳述其重印及纂補之始末。

(二)、纂補成員

瓊東縣旅臺鄉親李遴漢、孔鑄禹、麥谷登、周長耀、黃守漢、李超傑、吳仁光等四十餘人，於民國七十年(1981)春，假臺北集會，僉認有重印及續修《瓊東縣志》必要。及決議成立「瓊東縣志重印暨續編增補資料委員會」，以蒐集資料，進行纂補，期作續修參考。

　　依「瓊東縣志重印暨續編增補資料發起人表」計四十二人，大抵與委員會成員雷同，致不臚列，以免重複。唯〈贊助人〉：鄧華（廣東東莞人）、符致興（海南文昌人）、吳乾華（海南瓊山人），王萬福（海南樂會人），並非本籍人士，是以誌之。

　　就「瓊東縣志重印暨續編增補資料委員會」（職名表）觀之，體制規模宏大，組織成員甚眾。其事略，大都載於人物：列傳，暨附錄：當代鄉親事略，不再重複，僅依〈職名表〉，臚列於次，以供參考。

　　主任委員：李遴漢

　　副主任委員：孔鑄禹　吳仁光　周長耀　麥谷登
　　　　　　　　詹尊泮兼總幹事

　　常務委員：李超傑　李異鑑　李多輝　黃守漢　黃昌炳
　　　　　　　馮學炎　黎德劭

　　委　　員：孔憲禮　孔憲詔　王振廷　王國瑞　伍書漢
　　　　　　　伍書燕　伍建華　伍書樊　李異友　李選章
　　　　　　　李選能　吳澤焆　吳澤景　吳天曉　吳文垂
　　　　　　　吳文興　吳日健　吳文江　吳運琴　吳運寧
　　　　　　　吳祝嬌　吳卓波　林儒行　林書玉　林樹培
　　　　　　　符顯俊　陳宜中　陳振標　馮業浩　馮欽松
　　　　　　　黃心正　黃心忠　黃心漢　黃心植　詹尊德
　　　　　　　詹尊興　詹衍明　楊任之　董業書　黎　昂
　　　　　　　黎裕章

　　編纂委員：周長耀　麥谷登　李超傑　黎德劭

　　校對委員：馮學炎　黃昌炳　李異鑑

㈢、續編增補內容

就〈續編增補資料目錄〉觀之，除首刊〈縣境全圖〉〈總序〉（李遜漢序）、〈瓊東縣志重印暨續編增補資料發起人表〉、〈委員會職名表〉、〈樂助縣志印製費芳名表〉、〈瓊東縣志重印凡例〉、〈續編增補資料凡例〉，暨〈縣志重印篇目〉（根據清嘉慶二十五年重修，民國十四年重行鉛印本，打字重印，卷數內容相同，不再臚列以免重複），後有〈編後記〉外，其增補內容，依〈瓊東縣志續編增補資料篇目〉，分列於次：

第一篇：地理

　　一、沿革　二、疆域　三、面積　四、山嶺

　　五、河川、港口

第二篇：人口政制

　　壹、人口

　　貳、政制

　　一、縣政府　二、縣議會　三、縣黨部

　　四、縣司法組織　五、縣地方財稅征收管理委員會

　　六、區鄉鎮公所　七、警察機構　八、地方自衛組織

　　九、保甲組織

第三篇：文教

　　一、教育沿革　二、各級學校統計表

　　三、各級在學學生統計表

第四篇：財政

　　一、本縣收支預算　二、本縣田賦征收情形

　　三、本縣實際收支概況　四、本縣自治經費

　　　　貳、贊助人事略

　　　　參、旅居外地鄉親概況表

　　綜觀《瓊東縣志續編增補資料》內容，共分十一大項（篇），其中「人物」所佔篇幅最多，而「藝文」則以內容有與瓊東之人事物相關者為主。然「黨務」係新增條目，在歷代從未列入志書，惟於政制與職官篇中，列有縣黨部組織及重要黨工人員表，此亦獨創一格也。

（四）、纂補凡例

　　按《瓊東縣志續編增補資料》，計有「凡例」七條，分別敘論〈縣志續編增補資料〉來源及動機，列傳（事略）修輯原則、體裁與次序。其纂補體例，於凡例條文中，未詳說明，惟就「篇目」（內容）觀之，各篇（類門）下，分列綱目，是有「分志體」特質，亦有「章節體」屬性，係仿「按類分目法」。

　　瓊東縣志《續編增補資料》，所繫縣事，緣自漢武帝元鼎六年(111 B.C)，中繼晚清，以民國紀事較詳，其斷限年代，截於民國三十九年(1950)四月，海南易幟止。列著於次：

　　　政制・縣黨部組織：民國三十七年，由黃守漢任書記長，直
　　　　　至三十九年夏海南撤退為止。

　　　職官・民國縣長表：葉崇峻，文昌人。三十八年任，三十九
　　　　　年四月底，海南奉命撤退。

　　　職官・縣立校長表：周德鑒，附城鎮，簡師校長，民三十四
　　　　　年十月至三十九年夏。

　　就《縣志續編增補資料》內容言之，所紀縣事，大抵止於民國三十九年夏，海南奉命撤守。惟「第十篇〈大事記〉：重印

《瓊東縣志暨續編增補資料》，於民國七十三年(1984)十月付印出版。」此亦瓊東縣一大事也，特誌於次，以告示後輩。

　　是《續編增補資料》之輯成，除依據海內外各鄉親所憶述提供者外，主要參考典藉，著錄於次，以供參考。

　　《道光　瓊州府志》　張岳崧纂，清道光二十一年(1841)修，光緒十六年(1890)補刊本

　　《嘉慶　會同縣志》　陳述芹修，清嘉慶二十五年(1820)修，民國十四年(1925)鉛印本

　　《海南島志》　陳銘樞纂，民國二十二年(1933)，上海市神州國光社印行

　　《海南島》　臺灣總督官房調查課編，昭和十四年(1939)臺北市　南洋協會臺灣支部印行　　日文版

　　《海南抗戰紀要》　海南抗戰卅週年紀念會編，民國六十年(1971)二月　臺北市　編輯者印行

　　《龍州縣志》（廣東省）　民國七十年(1981)在臺重印及續編增補資料本

　　《咸豐　文昌縣志》　張　霈修　清咸豐八年(1858)修　民國七十年(1981)打字製版重印本

㈤、刊行年代

　　《瓊東縣志》（前監察院長余俊賢題簽），其主要內容，計分：重印《嘉慶　會同縣志》，暨《續編增補資料》兩大部份。全書精裝乙冊（三七〇面、摺圖乙葉），十六開本（書高二六・五公分，寬一九・五公分），打字製版重印，於民國七十三年(1984)十月十日出版。

《瓊東縣志》（縣志重印暨續編增補資料），其刊本，普遍贈送邦人君子，暨國內外各大圖書館與文教機構，以廣流傳，裨益學界，頗獲好評。

綜合評析

會同縣志之纂修，肇始於明萬曆間，鄧桂芳、陳宏周《會同志略》（書名係筆者自訂），中經清代康熙、乾隆、嘉慶三朝，約一百五十餘年間，共修五次。迨民國七十三年(1984)，方由旅居臺港邑彥李遜漢（國大代表）、孔鑄禹（香港僑領）、麥谷登（空軍中將）等四十餘人，倡議《續編增補資料》一次。

會同縣志牒，其待訪者，計有：鄧桂芳修《會同志略》，曹之秀修《康熙　會同縣志》，胥錫祚修《康熙　會同縣志》，于暲修、盧日光纂《乾隆　會同縣志》等四種。內關志牒書名、卷數、纂修人，以及修梓年代，諸家方志書目著錄若有迥異者，已於各志中悉就置疑要點，佐證相關文獻史料，詳作分析說明，此不再贅言，以免重複。

就修志源流言之，會同縣志之纂修，其源流久遠，於今有史稽考者，肇始於（明）鄧桂芳修《會同志略》（萬曆四十一年），雖屬首度纂葺，然亦志略既具，乃會同志乘之濫觴。迨清代康熙年修「曹志」、「胥志」，則略備方志之雛型。於清乾隆年間，奉檄所修「于志」（乾隆三年于暲修），尤以乾隆三十八年(1773)，于煌《乾隆　會同縣志》《重修》，更具志書體裁（增訂邑志凡例七條）。迄清嘉慶二十五年(1820)，陳述芹《嘉慶　會同縣志》，更為詳備。就《會同縣志》之纂修源流言，各志相承相傳，俾構成完整性脈絡體系。

職官：國大代表、省議員表

姓名	鄉貫	職稱	選任年月	備考
黎宗黔	志忠鄉	廣東臨時省議員	民國元年間	
周士坊	附城鎮	廣東省議員	民國初及八年	
王炎洲	第二區樹孝鄉	廣東省議員	民國八至十年	
周航堅	第一區坡寨村	廣東省參議員	民國廿三年	
李遜漢	第六區福和鄉	廣東省參議員	民國卅四年	
王開藩	第二區志忠鄉	第一屆國民大會代表	民國卅六年十二月	未來台，卅九年被共匪殺害。
李遜漢	第六區福和鄉	第一屆國民大會代表	民國四十二年遞補	

《續編增補資料》

（編纂會版）

　　就志書內容言之，於《會同縣志》中，除待訪志書外，今所見藏者，祇有于煌《乾隆　會同縣志》，暨陳述芹《嘉慶　會同縣志》二種而已，尤以「嘉慶修本」（陳志），最為詳備富美。於民國七十三年(1984)仲秋，李遜漢倡議《瓊東縣志續編增補資料》，其內容分十一篇，雖非完美無缺，誠亦難能可貴也。

會同縣志內容分析表

卷次　　　　區分	乾隆修本（于志）	嘉慶修本（陳志）	說明
卷　一	分五目	分四目	陳志：以氣候、風候二目、合為風氣一目
卷　二	分十一目，其中山川、堤岸、港埠、各自刊載。	分十一目，其中嶺山、川河、堤岸，分別紀事。	陳志：分山川為嶺山、川河二目，以堤岸、港埠二目併為堤岸（實載堤港埠）
卷　三	分八目	分八目	綱目相同，僅貯倉、墟市，次序有別。
卷　四	分五目	分八目	陳志於雜稅下，增加倉儲、額穀、屯米三目。
卷　五	分十九目	分十七目，無列節孝祠、學塘二目。	陳志節孝祠載於建置志（卷三）壇廟，而學塘亦於學地後列載。
卷　六	分七目	分七目	綱目相同，但兵署、兵營，實即營署。
卷　七	分八目，其中署印、按部二目，於陳志無列載。	分十一目，增列城守千總、把總、專防、協防四目。	陳志以官師統稱，另增署知縣。署教諭、署訓導、署典史四目。

卷　八	分十六目，其中貢副、廩監二目，紀事較簡。	分二十九目，增列廩生、職監、肄業監、武聯、例監、筮仕等六目。	陳志分列：恩貢、拔貢、副榜、優貢、歲貢、廩貢、增貢、附貢、例貢、較于志貢副更詳實。
卷　九	分四目	分四目	綱目相同，惟未詳列。
卷　十	分三目	分三目	綱目相同，並分別列載。
備　考（卷一至卷九）	目錄各類門無稱志（誠如：地里卷二），但內文，以志列載。	每卷各類門皆冠稱志，誠如：地理志卷二。	類門及卷數相同，但陳志於各類門皆冠稱志。

　　就學術價值言之，無論從史學理念或方志學角度析觀，於屬性上，會同縣志乃海南地方志書之一種。不僅是「海南文化」資產，暨「海南文獻」根源。同時亦係研究海南史之重要文獻，以及探討瓊東縣典章制度之珍貴史料，殊具學術研究參考價值。

參考文獻資料

《道光　瓊州府志》　　清・明　誼修　張岳崧纂　林隆斌校補
　　民國五十六年(1967)　臺北市　成文出版社　影印本
　　　據清道光二十一年(1841)修　光緒十六年(1890)補刊本
《乾隆　會同縣志》　　清・于　煌修　楊繒銓纂
　　清乾隆三十八年(1773)　刊本
《嘉慶　會同縣志》　　清・陳述芹修　周　瀚纂
　　民國六十三年(1974)　臺北市　成文出版社　影印本

據嘉慶二十五年(1820)修　民國十四年(1925)鉛印本
《瓊東縣志續編增補資料》　　李遜漢等纂
民國七十三年(1984)十月　臺北市　編纂會刊本

中華民國八十一年(1992)壬申歲四月五日　脫稿
中華民國八十三年(1994)歲次甲戌之春節　校補
中華民國九十九年(2010)庚寅歲十月十日　修訂
臺北市：海南文獻史料研究室

七、樂會縣志

樂會縣之史名，其來由久遠。唐虞三代在荒服之外，乃南微絕域。秦末為南越（象郡）外境，漢屬珠崖郡（玳瑁縣）地。

唐初為瓊山縣地，於高宗顯慶五年(660)庚申，析置樂會縣，屬瓊州。五代屬南漢（劉隱建，都廣州，轄嶺南），仍沿襲唐制。宋大觀三年(1109)割樂會縣，改屬萬安軍。尋於政和元年(1111)辛卯，復舊置仍隸瓊州。元天曆二年(1329)己巳，屬乾寧軍。明洪武三年(1370)庚戌，改屬瓊州府。清因襲之，民國仍舊。

迨民國三十九年(1950)五月，海南易幟，政制更迭。於一九五八年十二月，由瓊東、樂會、萬寧三縣，合置瓊海縣（一九五九年十一月，萬寧縣復舊），治設嘉積鎮，今名：瓊海市。

樂會縣志之纂修，考其修志源流，有史籍稽證者，大凡四修。始自明嘉靖年間起，迄清宣統三年(1911)止，期間約三百六十餘載，計有：明代一次，清代三次。中以林大華修《宣統　樂會縣志》，內容最為詳備而富美，殊具史料參考價值。

　　樂會縣之志乘，除明・魯　彭《嘉靖修本》（佚傳），清・
林子蘭《康熙修本》（殘缺）外，其餘存者：程秉慥《康熙修
本》，林大華《宣統修本》二種，悉由樂邑耆碩：龔少俠（國大
代表）捐資，先後重印出版，贈送國內外圖書館與文教機構，裨
益學界，深獲讚譽與佳評。

　　今以《樂會縣志》為論旨，就其相關文獻史料，作系統化分
析，暨綜合性研究。主要內容，計分：修志源流、待訪志書、林
子蘭志、程秉慥志、林大華志、綜合評論等六大部分。

　　於文中各志書，所探討主旨，除首著「目片格式」外，依
次：知見書目、修志始末、纂者事略、志書內容、纂修體例（斷
限年次）、刊本年代。就文獻典籍言之，實具有史料價值，乃治
〈海南方隅史〉者，不可缺少的珍貴史料矣。

修志源流

　　樂會縣志之纂修，考其源流，有史籍稽證者，大凡四修。始
自明嘉靖年間起，迄於清宣統三年（辛亥）止，其間約三百六十
餘載，計有：明代一次，清代三次。

　　初修始於明世宗（朱厚熜）嘉靖間，知縣魯　彭修《嘉靖
樂會縣志》，凡八卷，俗稱「嘉靖修本」（魯志）。

　　二修為清聖祖（玄燁）康熙八年(1669)，知縣林子蘭修《康
熙　樂會縣志》，計十一類，簡稱「康熙修本」（林志），而與
「嘉靖修本」（魯志）之纂修時間，相距約一百十餘年。

　　重修于清康熙二十六年(1687)丁卯，知縣程秉慥修《康熙
樂會縣志》，凡四卷，簡稱「康熙修本」（程志），與「康熙修
本」（林志），其纂修時間，相距僅有十八年。

　　續修於清宣統帝（溥儀）宣統三年(1911)，邑紳林大華纂修
《宣統　樂會縣志》，凡八卷，史稱「宣統修本」（林志）。其
纂修時間，與「康熙修本」（程志）相距約三百二十餘年之久。
然是《宣統　樂會縣志》，內容亦最為詳備而富美，深具史料參
考價值。

　　樂邑之志乘，於今庋藏者，唯有「清修本」三志而已。明本
（魯志），罕見刻本，恐已佚傳久矣。經查各家方志書目資料，
有關「明修本」（魯志），各家鮮有著錄。惟其民國三十五年
(1946)九月，廣東省立圖書館印行，杜定友編《廣東方志目錄》
有載，僅誌於次，以供方家參考。

待訪志書

《嘉靖　樂會縣志》八卷　　明・魯　彭修

　　明嘉靖年間　刊本　原佚

　　案：樂會縣知縣魯彭氏，於明嘉靖三十年(1551)至三十三年
　　　　(1554)間（任內）創修。

㈠、知見書目

　　阮　元《道光　廣東通志》（卷一百九十二・藝文略四）：

　　　　樂會縣志　八卷　　　明・魯　彭撰　佚　黃志有

　　　　案：黃志，係指明・黃　佐《嘉靖　廣東通志》。

　　杜定友《廣東方志目錄》（頁十七）：

　　　　樂會縣志　8卷　　　魯　彭修　原佚

　　王會均《海南方志資料綜錄》（總目錄・頁二七）：

　　　　樂會縣志　八卷　　明・魯　彭　嘉靖間修　佚

㈡、修志始末

本《樂會縣志》（創修），凡八卷。係邑令魯彭氏，於明世宗（朱厚熜）嘉靖三十年(1551)，歲次辛亥春涖篆邑事，在其任內創修，且有梓本。

於明莊烈帝（南都諡思宗，改諡毅宗，名由檢）崇禎十四年(1641)間，知縣王懷仁氏，以其漫滅過半之底本，屬孝廉韋君章玉，操觚董成，再閱月而帙成，邑侯懷仁得細加較削焉。

根據明毅宗（史稱莊烈帝）崇禎十四年(1641)辛巳孟春月，瓊州府樂會縣知縣王懷仁《樂會縣志》舊序：「……懷仁初涖茲土，……亟探邑乘爲指南，則已蠹蝕煙消久矣。博求諸學士家藏，得其梓本，雖半漫滅，奉之如曾子家冊，然乃自前令魯君彭，而後無復載。」

又依舊序摘其要義：「筆者雖○○增修，而底本……有待焉。更採旦評巷論以廣之，開局○鐫，屬孝廉韋君章玉操觚董成，奉揚上命告之，曰不佞之，借二三君子以成茲帙也。…」（有○記者，底本蟲蝕，字跡難認。）

就王懷仁〈樂會縣志舊序〉析論，邑侯王懷仁涖任伊始，探得前令魯彭修《樂會縣志》梓本，由於泰半漫滅，乃屬孝廉韋章玉，據此底本增修，或補刊，抑校梓。因其纂修年代久遠，原梓本佚傳，罕見藏板，殊深憾惜。然又欠缺相關史料查考，今僅置疑於茲，期待方家先進，暨邦人士子稽證也。

㈢、纂者事略

主修者：魯　彭，字壽卿、別號夢墊，湖廣興都景陵（今湖

北省天門縣）人。明世宗嘉靖年間舉人，於嘉靖三十年(1551)辛亥春，銓任樂會縣知縣。

邑侯魯彭，乃大司成魯鐸（文恪）公長嗣，家學淵博，以道學文章飾吏治，在任廉明節愛，多所興革。以撤萬州沙牛壋鄉兵，回守博鰲港，設立在官夫馬，立定章程藉里甲之用，又鼎修縣志。

知縣魯彭，明嘉靖三十二年(1553)癸丑，復建南天廟及天妃廟。三十三年(1554)甲寅，遷名宦祠於戟門東（縣儒學）。所著〈邑八景詩〉（八首）、〈問海賦〉，載於程秉慥修《康熙 樂會縣志》（卷之四：藝文志・詩、賦）。

程秉慥修《康熙 樂會縣志》（卷之三・秩官志：官師），有傳略。明員外郎胡公路〈魯侯去思碑文〉，載於程秉慥修《康熙 樂會縣志》（卷之四：藝文志・文）。

總纂者：林　耀，字德華，福建省侯官縣人。明世宗嘉靖二十五年(1546)丙午科舉人，太平知縣（今安徽省開江縣）。於嘉靖年間，任樂會縣學教諭，創修邑志，陞南京禮部司務。

依據清程秉慥修《康熙 樂會縣志》（卷之三・秩官志：官師）明朝教諭條載：「林耀，侯官舉人，博學洽聞，創修邑志，陞南京禮部司務。」

按明世宗嘉靖三十年(1551)至三十三年(1554)間，知縣魯彭創修《樂會縣志》，於明毅宗（莊烈帝）崇禎十四年(1641)辛巳，邑令王懷仁，邑紳韋章玉，據其底本增補、校刊，僅著述其事略於次，以供查考。

王懷仁，四川省新寧縣人。選貢，明毅宗崇禎年間，銓任樂會縣知縣。所撰〈樂會縣志舊序〉，載於清林子蘭修《康熙 樂

會縣志》之首。著有：邑八景（詩）〈爐峰生煙〉、〈聖石捍海〉二首，載於清程秉慥修《康熙　樂會縣志》（卷之四：藝文志・詩）。

韋章玉，字麟吉，上大（原崇文鄉，今陽江鎮）人。由拔貢入太學，薦崇禎九年(1636)丙子科順天榜舉人。家學淵博，先達賢卿第四子，素孝友端厚，出學士黃東崖先生門下，淹博經史，長於詩賦，著《燕遊草》、《搜餘集》，梓刊未究而卒。

清・程秉慥修《康熙　樂會縣志》（卷之三・人物志：卓行），有事略。

（四）、纂修敍例

魯彭修、林耀纂《嘉靖　樂會縣志》，由於創修年代久遠，梓本佚傳。其纂修敍例，雖無法究考，惟從相關資料，亦可窺其大略矣。

依據知縣王懷仁〈樂會縣志舊序〉（明崇禎十四年孟春）云：「……寧直簿書吏，文飾固陋，是爲將國之信史，實資採擇焉。其事寧詳毋略，庶免事增文省之譏。於人寧嚴毋濫，力洗索米作傳之穢。藝文雖倣班氏，非語關風化彩發山川者弗收。黷富或掇左丘，有滅質彰文誣人裂事者必戒。……」於是可見，其修志敍例之嚴謹也。

魯彭修、林耀纂《嘉靖　樂會縣志》，凡八卷。其創修年次，約在明嘉靖三十年(1551)至三十三年(1554)間。惟確實年次，無法查考，故杜定友編《廣東方志目錄》，亦祇著錄爲「嘉靖年間刊本」，雖無大錯，然嘉靖年號，計四十有五年，其差距頗大矣。明知縣魯彭〈問海賦〉引言：「余自辛亥春，綰符茲土。

……」又據明員外郎胡公路〈魯侯去思碑文〉云：「梦埜魯侯治樂四年而去，人士咸思之。……」

　　按明世宗嘉靖三十年(1551)，歲次就是辛亥，於春汹任，治樂四年而去，亦就嘉靖三十三年（甲寅）。同年知縣魯彭，復建南天廟及天妃廟（林大華纂修《宣統　樂會縣志》，卷三：建置略·廟壇，有載）。故魯侯鼎修邑志，當在嘉靖三十年(1551)至三十三年(1554)間，毌庸置疑矣。

林子蘭志

《康熙　樂會縣志》十一類　　清·林子蘭修　　陳宗琛纂

　　清康熙八年(1669)　手繕本

　　乙冊（未標頁數）　有圖　25公分　線裝

㈠、知見書目

　　譚其驤《國立北平圖書館方志目錄》（冊四）：

　　　　　樂會縣志　　清·林子蘭修　　陳宗琛纂

　　　　　康熙八年刻本　殘存一冊　書口爛

　　杜定友《廣東方志目錄》（頁十七）：

　　　　　樂會縣志　　林子蘭　　陳宗琛　　康熙8年

　　朱士嘉《中國地方志綜錄》（冊二·頁十三）：

　　　　　樂會縣志　　林子蘭修　　陳宗琛纂　　康熙八年

　　　　　　北平　　原分十一類，缺秩官人物藝文災異四類

　　陳劍流《海南簡史》（頁八二）：

　　　　　樂會縣志（五卷）　　林子蘭、陳宗琛編

　　　　　康熙八年

　案：林子蘭修《樂會縣志》，原分十一類，陳著稱
　　（五卷），誠屬舛錯。

李景新《廣東方志總目提要》（頁一二四）：

　　　樂會縣志　　林子蘭修　　陳宗琛纂　　康熙八年

　　　北平　　原分十一類，缺秩官人物藝文災異四類

黃蔭普《廣東文獻書目知見錄》（頁六二）：

　　　樂會縣志　　清・林子蘭　　康熙八年(1669)刊本

　　　北京　　原分十一類，缺人物秩官藝文災異四類

　　　一九五六年油印本　　杭大

中國科學院北京天文臺《中國地方志聯合目錄》（頁七○
二）：　　〔康熙〕樂會縣志　十一類

　　　清・林子蘭修　　陳宗琛纂

　　　清康熙八年(1669)刻本

　　　　北京　　　上海　　　廣東（膠卷）

　　　註：今併入瓊海縣

楊德春《海南島古代簡史》（頁一五八）：

　　　《樂會縣志》4卷　　清・林子蘭　　陳琛深等編

　　　康熙八年（公元1669年）刻本

　　　　北京圖書館收藏　　中山圖書館有縮微膠卷

　案：林子蘭修《樂會縣志》，原分十一類，楊著為
　　「四卷」，誠屬舛錯。

王會均《海南方志資料綜錄》（總目錄・頁二七）：

　　　樂會縣志　十一類　　清・林子蘭　　陳宗琛

　　　清康熙八年(1669)序　抄本

　　　一九五六年油印本（據康熙八年抄本）

缺：秩官、人物、藝文、災異四類

(二)、修志始末

本《康熙　樂會縣志》（重修），乃邑侯林子蘭氏，於清聖祖（玄燁）康熙三年(1664)至七年(1668)間，樂會知縣任內，邀集邑中紳士，重修成稿未梓。

清聖祖康熙七年(1668)，知縣劉思專受命來宰樂邑，甫及期月，於康熙八年(1669)己酉春分，付梓並作跋。

依據康熙八年(1669)己酉春分，知縣劉思專〈重修樂會縣誌跋〉云：「……余奉檄來宰，下車覽其山川、人物、版圖、戶口，低徊弗置，爰搜訪邑乘，梓版無存，舊尹林君出所集邑紳士，重修成稿示予。予唯唯射曰：此舊令尹所告之政也，因細加校閱付諸梓而跋之。……」是乃林子蘭修、陳宗琛纂《康熙　樂會縣志》之纂修始末，而與「嘉靖修本」（魯志）纂修時間，相距約一百十餘年之久。

(三)、纂者事略

按《康熙　樂會縣志》（重修本），其志之纂修者，依據〈修志姓氏〉，就纂輯者事略，分著於次，以供參考。

總輯：林子蘭，福建福州人。清順治八年(1651)辛卯科舉人，選廣東開平知縣。於清康熙三年(1664)至七年(1668)，任樂會縣知縣。力能禦強靖畏，人知愛民造士，德政與氣節重著，當路重之，士民感之。在任內邀集邑紳，重修志乘，未梓。

林子蘭受任樂會知縣之年次，各志著載不同，然林子蘭修《康熙　樂會縣志》，秩官志闕如。唯從相關資料引證，分別著

述於次，以供方家查考。

甲、各志著錄涖任年次：

（甲）、林大華《宣統　樂會縣志》，卷五（職官表：文職）知縣（國朝）條載：「林子蘭，舉人，福建福州人，康熙三年任」

（乙）、程秉慥《康熙　樂會縣志》，卷之三（秩官志：官師）知縣（本朝）條載：「林子蘭，福建人，舉人，康熙五年任」

乙、相關佐證資料年次：於林子蘭《康熙　樂會縣志》（橋梁津渡）、程秉慥《康熙　樂會縣志》（橋渡），林大華《宣統　樂會縣志》（津梁）三志，皆有相關資料佐證，茲依紀事年次，分別臚述於次，以供方家查考。

（甲）、得環橋：縣東十里，海潮通漲，屢修屢壞，康熙三年，知縣林子蘭捐修。

（乙）、歐公橋：縣西南四里，久廢。康熙三年，知縣林子蘭捐資率鄉人陳出奇重修。

（丙）、流馬渡：縣南一里許，康熙四年，知縣林子蘭重設，每歲挨門量捐渡夫工食。

（丁）、麥郎渡：縣西二里，康熙四年，知縣林子蘭詳訂歲照門牌，挨門量捐渡夫工食。

綜觀三志相關資料，紀事年次，皆在清康熙三年或四年間。據此推計，林子蘭氏署理（涖任）樂會知縣之年次，應係康熙三年，非為康熙五年，更具證據力。

分纂：依據〈修志姓氏〉，計有貢生：陳宗琛、韋昌詔、黃鼎，生員：歐鏘、王啟宏、陳出奇等六人。由於林子蘭《康熙

樂會縣志》（人物志：選舉）欠缺，僅從其他邑乘，所載相關資料，補述於次，以供參考。

陳宗琛，東榮鄉（原東隅鄉）人，歲貢。

韋昌詔，歲貢。

黃　鼎，字調伯，尚忠鄉（原上小鄉）人。明毅宗崇禎六年(1633)癸酉科副榜，任廣東陽江教諭，代理知縣。少力學，好古文辭，篤行孝弟，生平淡泊明志。歷任十五年，為門弟子勉留，卒於官署，二子奔喪扶櫬，囊索蕭然，圖書數筐而已。

程秉慥修《康熙　樂會縣志》（卷之三：人物志・卓行），有事略。祀鄉賢

王啟宏，崇文鄉（原上大鄉）人。歲貢。歷廣東增城、陽春二縣訓導。以子時烟任定襄（山西省）知縣，封文林郎。耆年遊鄉校，試輒冠軍，賢名太學。善解紛，力引善事，食其德者，稱道弗衰。

林大華修《宣統　樂會縣志》，卷之八：列傳（名賢），有事略。祀鄉賢

歐　鏘，生員。

陳出奇，生員。於清康熙三年(1664)，重修歐公橋（縣西南四里）。

（四）、志書內容

林子蘭修《康熙　樂會縣志》，凡十一類，不分卷。首載：王懷仁〈樂會縣志舊序〉、劉思專〈重修樂會縣誌跋〉、〈修志姓氏〉外，其主要內容，依〈樂會縣志目錄〉，臚述於次，以供參考。

興圖志：繪境內山川、疆域圖

沿革志：附鼎革

地理志：星野　疆域　形勝　氣候　海潮　山川　水利
　　　　坊鄉　風俗　土產

建置志：城池　公署　倉場　舖舍　秩祀　橋渡　墟市

賦役志：戶口　田賦　土貢　雜賦

學校志：儒學　學田　社學

兵防志：營哨　屯戍　民壯　黎情

秩官志：官師　武職　職役　名宦　僑寓

人物志：特奏　鄉賢　卓行　孝友　隱逸　耆舊　節烈

藝文志：記　　序　　議　　賦　　詩

災異志

綜觀原志牒本，其志之內容（不分卷），計分十一類（志），共有四十六目。惟缺〈秩官志〉、〈人物志〉、〈藝文志〉、〈災異志〉等四類門，計十七目，殊深憾惜。

㈤、纂修敍例

林子蘭修《康熙　樂會縣志》（奉憲命修），其纂修體例，雖無〈修志凡例〉（條文）查考，唯從〈目錄〉窺之，是志之體例，係採「分志體」，亦就「按類分目法」。

本《康熙　樂會縣志》，凡十一類（不分卷），各類目所繫邑事，其斷限年代，除〈沿革志〉，溯自唐虞三代及秦末外，實有紀年者，緣於漢武帝元鼎六年(111 B.C)平南越，始以其地，置珠崖、儋耳二郡，督於交州。

迨宋、元、明、清四代，所繫邑事亦多，而以明清（康熙六

年前）較實，尤於清順治一朝，至清康熙六年(1667)以前為詳。

　　茲以〈學校志〉（儒學）為例，就樂邑「文廟」論之，宋以前無史查考。於元仁宗延祐三年(1316)丙辰，海北廉訪司照磨范樟，始建廟學於邑治之東。……迄清聖祖康熙六年(1667)丁未，知縣林子蘭，率同訓導邵岑，集諸士捐貲建明倫堂後宅儀門，四月典工，至十月竣工。

　　從《康熙　樂會縣志》各類門細觀，其所誌邑事簡略，且條文綱目紊亂，前後倒置，蓋為繕寫本，或係手民有誤之故也。

㈥、刊行年代

　　林子蘭修《康熙　樂會縣志》（重修本），公私著錄多署為清康熙八年(1669)刊行。是志雖有繕（抄）本，然流通不廣，罕見藏板。於今公私庋藏者，依朱士嘉編《中國地方志綜錄》（民國六十四年，臺北市新文豐出版公司）、黃蔭普編《廣東文獻書目知見錄》（一九七二年二月，香港崇文書店）、中國科學院北京天文臺編《中國地方志聯合目錄》（一九八五年一月，北京中華書局）等書目資料，著錄於次：

　　手繕本　清康熙八年(1669)序　抄本
　　　中國：北京　　　上海　　　廣東（微縮捲片）
　　油印本　一九五六年（據康熙八年手繕本）油印
　　　中國：杭大
　　影印本　一九八九年依據北京圖書館藏，清康熙八年手繕本
　　　臺灣：私人藏書（海南文獻史料研究室）

土貢

明朝

麂皮一十七張

又生漆五十三斤　翠毛三個　魚膠四斤五兩零

翎毛一千四百八十八根　黃蠟三十斤　茶芽一十斤

羊皮八張　生漆二十斤

按方輿志永樂初瓊屬州縣各貢生物遂以為例

後癈貢只于存晉糧肉折徵解納弘治六年

用戶部尚書葉琪議過藏其恭壽自是解納

之額亦折矣

程秉慥志

《康熙 樂會縣志》四卷 清・程秉慥修 楊本蕃纂

清康熙二十六年(1687)修 崇文齋傳鈔本

4冊 有圖 26公分 線裝

(一)、知見書目

阮 元《道光 廣東通志》（卷一百九十二・藝文略四）：

　　樂會縣志 四卷 國朝程秉慥修 存 康熙丁卯

江 瀚《故宮方志目》（頁七十三）：

　　樂會縣志 四卷 清・程秉慥纂修

　　康熙年間修 鈔本 四冊

杜定友《廣東方志目錄》（頁十七）：

　　樂會縣志 4卷 程秉慥 康熙二十六年

朱士嘉《中國地方志綜錄》（冊二・頁十三）：

　　樂會縣志 4卷 程秉慥纂修

　　康熙二十六年 （北平）傳抄本 （故宮）抄本

　　廣東省立圖書館藏

朱士嘉《國會圖書館藏中國方志目錄》（頁四二九）：

　　樂會縣志 四卷 清・程秉慥纂修

　　康熙二十六年(1687)鈔本 一冊

陳劍流《海南簡史》（頁八十三）：

　　樂會縣志（四卷） 程秉慥 韋昌詒編

　　康熙二十六年

李景新《廣東方志總目提要》（頁一二三）：

　　　　樂會縣志　四卷　　程秉慥纂修

　　　　康熙二十六年

黃蔭普《廣東文獻書目知見錄》（頁六十二）：

　　　　樂會縣志　四卷　　清・程秉慥

　　　　康熙二十六年(1687)修　　嘉慶間鈔本

　　　　　崇文齋傳鈔本　　北京　廣東　北大

中國科學院北京天文臺《中國地方志聯合目錄》（頁七〇

二）：　　〔康熙〕樂會縣志　四卷　　　清・程秉慥纂修

　　　　清康熙二十六年(1687)修　清抄本　故宮　北大

楊德春《海南島古代簡史》（頁一五八）：

　　　　《樂會縣志》4卷　　清・程秉慥編纂

　　　　康熙二十六年（公元1687年）刻本

　　　　中山圖書館有油印本

王會均《海南方志資料綜錄》（總目錄・頁二七）：

　　　　樂會縣志　四卷　　清・程秉慥修　　楊本蕃纂

　　　　清康熙二十六年(1687)修　崇文齋傳鈔本

　　　　手抄本（據崇文齋傳鈔本）

　　　　清抄本（年次及母本未詳）　殘存卷一、卷二

　　　　民國七十三年(1984)四月　影印本　精裝乙冊

　　　　民國十六年(1927)油印本（母本未詳）

　　　　一九五八年廣東省圖書館油印本（鋼板字）

㈡、修志始末

　　本《康熙　樂會縣志》，係樂會縣知縣程秉慥、儒學教諭楊本蕃、訓導黎知逢、典史陳法，邀同樂邑諸紳韋昌詒等十三員。

於清康熙二十六年(1687)，奉檄開局重修，秋七月書成付梓。

　　誠據清康熙二十六年歲次丁卯秋七月，勅封文林郎知樂會縣事程秉愱〈重修樂會縣志序〉云：「……丁卯春，秉愱承天子命來宰樂邑，到未匝月，撫粵大中丞李公，命所屬郡縣，纂集志書，以備觀覽。……」

　　又云：「……公檄既下，秉愱不敏，裒採舊帙，與諸紳士商榷，刪繁去濫，增益時聞，不揣固陋，修葺成書。……」此乃「康熙修本」（程志），纂修始末也。

　　次據〈修志姓氏〉載，除知縣程秉愱、儒學教諭楊本蕃、訓導黎知逢、典史陳法外，尚有貢生五人，生員八人，共有一十七員。足見當年修志，頗具規模。而與林子蘭修《康熙　樂會縣志》，其間相距僅有一十八年矣。

㈢、纂者事略

　　按《康熙　樂會縣志》（重修），其參與修志事務者，依據〈修志姓氏〉（崇文齋傳鈔本）臚列，分著於次，以供參考。

　　知縣：程秉愱，字履常，江南休寧（今安徽省休寧縣）新安榆村人。拔貢（舍選），勅封文林郎。於清康熙二十六年(1687)春月，涖任樂會縣知縣，奉檄重修縣志。

　　教諭：楊本蕃，廣東清遠縣人。清康熙十二年(1673)癸丑科拔貢，銓選樂會縣學教諭。康熙二十六年（丁卯），協修縣志。

　　訓導：黎知逢，廣東高要縣人。清康熙十年(1671)辛亥科歲貢，選任樂會縣儒學訓導。於康熙二十六年(1687)丁卯，協修縣志。

　　典史：陳　法，浙江省人。清康熙年間，任樂會縣典史。於

康熙二十六年(1687)丁卯，協修縣志。

　　貢生：計五員，依〈修志姓氏〉次序，分著於次：

　　韋昌詒，字燕及，篤行鄉（原下大鄉）人。歲貢，部推廷試不赴。為人孝友清介，克復先人舊業，凡族屬子弟，教養備至。所著詩文，衷然成帙。於康熙二十六年（丁卯），纂修邑志，士論重之。

　　張岳崧纂《道光　瓊州府志》（卷三十五：人物志・文苑）、林大華纂修《宣統　樂會縣志》（卷之八：列傳・文苑），載有事略。

　　黃見禎，尚忠鄉（原上小鄉）人。歲貢，任廣東省仁化縣儒學訓導。清康熙二十六年（丁卯），協修邑志。

　　何大擢，中珠鄉人。歲貢，曾應試。於清康熙二十六年（丁卯），協修邑志。

　　王佳先，府志作：維先，崇文鄉（原上大鄉）人，歲貢。清康熙二十六年（丁卯），協修邑志

　　李騰雲；執禮鄉（原莫七鄉）人。歲貢，任廣東省樂昌縣儒學訓導。清康熙二十六年（丁卯），協修邑志。

　　生員：計八員，依〈修志姓氏〉次序，就其相關資料，分述於次，以供參考。

　　覃長清，順義鄉（原下北鄉）人，歲貢。於清康熙二十六年（丁卯），協修邑志。

　　歐　錦，尚忠鄉（原上小鄉）人，生員。於清康熙二十六年（丁卯），協修邑志。

　　龐一龍，崇文鄉（原上大鄉）人，附生。於清康熙二十六年（丁卯），協修邑志。

　　黎　琛，採訪稿作：獻琛（修志姓氏亦作獻琛），秉信鄉（原下小鄉）人。歲貢，清康熙二十六年（丁卯），協修邑志。

　　黃　銓，尚忠鄉（原上小鄉）人，附生。於清康熙二十六年（丁卯），協修邑志。

　　陳宗瑋，白石鄉人，廩生。於清康熙二十六年（丁卯），協修邑志。

　　翁宰輔，歸仁鄉（原上北鄉）人，附生。於清康熙二十六年（丁卯），協修邑志。

　　李　彬，歸仁鄉（原上北鄉）人。歲貢，任廣東省龍門縣儒學訓導。清康熙二十六年（丁卯），協修邑志。

㈣、志書內容

　　程秉慥修《康熙　樂會縣志》，凡四卷，計十一志，分四十五目。其志首載：程秉慥〈重修樂會縣志序〉、〈修志姓氏〉、〈樂會縣志目錄〉外，主要內容，依其目錄，臚列於次：

　　卷之一

　　　興圖志：樂會縣總圖

　　　沿革志

　　　鼎革志

　　　地理志：星野　疆域　形勝　氣候　海潮　山川　水利
　　　　　　　坊鄉　風俗　土產

　　卷之二

　　　建置志：城池　公署　倉場　舖舍　秩祀　橋渡　墟市

　　　賦役志：戶口　田賦　土貢　雜賦

　　　學校志：儒學　學田　社學

卷之三

　　兵防志：營哨　屯戍　民壯　黎情

　　秩官志：官師　武職　職役　名宦　僑寓

　　人物志：選舉　鄉賢　卓行　孝友　隱逸　耆舊　節烈

卷之四

　　藝文志：制　　文　　議　　詩　　賦

　　綜觀《康熙　樂會縣志》（程修本），其志之內容，災異志闕如，致災祥紀異，無所記載，亦無從查考，殊為憾惜。

　　次窺美國國會圖書館藏「手抄殘本二卷」，暨哈佛大學燕京圖書館藏「崇文齋傳鈔本」（四卷）。其志之內容，兩館藏板，而二卷之各類目記載，略有異同。尤其「崇文齋傳鈔本」，於程秉慥〈重修樂會縣志序〉、卷之四（兵防志：營哨），原文欠缺不全。又卷之二（學校志）各目，更全為闕如。

　　就美國國會圖書館藏「手抄殘本」論之，亦因藏用年久，蠹蝕水漬，污點累累，致字跡模糊難認，亦無相關資料勘校，殊深憾惜。

㈤、纂修敍例

　　程秉慥修《康熙　樂會縣志》（奉憲命修），仍沿舊志重修，雖無修志凡例，唯從志之目錄析觀，其纂修體例，係採「分志體」，亦就「按類分目法」。

　　誠如程秉慥〈重修樂會縣志序〉云：「……其地理沿革，與夫學校、兵防、官師、賦役、人物、藝文之類，有借資於考鏡者，仍其舊目，凡一百二十篇，分爲四卷。……」是乃「康熙修本」（程志），纂修之體例也。

按《康熙　樂會縣志》，所繫邑事，起迄（斷限）年代，有史查考者，以〈沿革志〉為例，始自唐虞三代，時樂會在荒服之外，為南徼絕境，至秦末為南越（象郡）外域。漢武帝元鼎六年(111 B.C)平南越，始以其地，置珠崖、儋耳二郡。迨唐高宗顯慶五年(660)庚申，析容瓊地置樂會縣，建治於黎黑村。迄清康熙二十六年(1687)止，中經漢唐宋元明清（康熙二十六年前）各代，內以明清兩代，繫事較詳。茲依年次，說明於次：

卷之二：賦役志（田賦）載：康熙二十六年，於（官田、學田、民田、鹹傷田、黎田、地苗、塘苗、魚課米、通縣官民稅）各條中，皆有詳記。

卷之二：賦役志（雜賦）載：康熙二十六年，除蠲免荒蕪無徵併裁扣各項，實共解司府銀二千五百三十四兩八錢二分二厘六毫八絲六忽，存留備支銀九百九十三兩七錢一分二厘七毫四絲。

㈥、刊本年代

本《康熙　樂會縣志》（重修）之刊行年代，公私著錄多署清康熙二十六年（丁卯）刻本。由於刊版頗多，致流通亦廣，於今國內外庋藏者，依其刊本及年代，著錄於次：

傳鈔本　康熙二十六年(1687)修　崇文齋傳鈔本

　美國：哈佛大學燕京圖書館

　中國：北大　故宮　北京（不全）　廣東（微縮捲片）

手抄本　依據「崇文齋傳鈔本」

　中國：北京　科學　文物　北大　上海　天津　湖北

　　　　廣東　川大　西北大

清抄本　年次及母本未詳

　　美國：國會圖書館（殘存：卷一及卷二）

影印本　民國七十三年(1984)四月，臺北縣新店市，龔少俠
　　　　（國大代表）先達，依據美國哈佛大學燕京圖書館
　　　　藏「崇文齋傳鈔本」，暨美國國會圖書館藏清抄本
　　　　（殘存二卷）影印（精裝一冊）

　　臺灣：國家圖書館　　　　　各文教機構暨圖書館
　　　　國立臺灣圖書館：　　673.79113/2629

油印本　民國十六年(1927)油印本

　　中國：東北師大　新疆博　華中師院
　　　　一九五八年廣東省中山圖書館油印本（鋼板字）

　　中國：北京　科學　文物　民宮　北師大　清華　上海
　　　　復旦　南開　內蒙大　吉林　青海　山大　南京
　　　　陝師大　南大　浙江　安徽　廈大　福師大
　　　　湖北　廣東　中大　四川　廣西一

林大華志

《宣統　樂會縣志》八卷　　林大華纂修

　　清宣統三年(1911)　石印本

　　8 冊　有圖表　　25 公分　　線裝

㈠、知見書目

　　杜定友《廣東方志目錄》（頁十七）：

　　　　樂會縣志　8 卷　　林大華　　宣統三年　8 冊
　　　　　　存（戰前嶺南、中大、中山、東方有藏本）

康熙《樂會縣志》書影

（崇文齋傳鈔本）

閒海賦

魯彭

余自辛亥奉翰苻莅土明年壬子秋九月乃遊
於中珠之墟金得救之城東空溟海杳無涯
除來酒扰狀煥然興陳作閒游賦以自廣其間
曰惟聖王之經土德兮表北救桄裳寓辰柱加
於兮莫兮金始莊兮誕土大海漭而臨眺兮見
地維之束坼游洛而無涯兮際衣空杭巨劂
時戲救以鳴筬兮藏事者兩若雷何通閒而修
合兮忽當南兮八荒直造化之間光兮肚大氣

閒世兮付吾道於盟堯學海之方踟躇兮總
百川而東之谿大度於汪洋兮實色荒而中之
亂曰大哉神手天之高兮地之厚兮穴大海而
為戶夫惟管樞寺閒闔兮形萬有於終古
白石山賦
二儀初列大塊鴻濛誰將卷石著彼虛空品品
落落嶙峋蕙蕙渾淪為質竅乃玲瓏庭臺門戶
位置西東天然結撰鬼斧神工或凝西山之炎
氣戎鎮南海之雄風或為域中之靈塊或為海

朱士嘉《中國地方志綜錄》（冊二・頁十三）：
　　樂會縣志　8卷　　林大華纂修　　宣統三年
　　東方　　廣東省立圖書館藏
陳劍流《海南簡史》（頁八十六）：
　　樂會縣志（八卷）　　林大華重修　　宣統三年
李景新《廣東方志總目提要》（頁一二四）：
　　樂會縣志　八卷　林大華纂修　　宣統三年
　　嶺南　中大　中山　東方
黃蔭普《廣東文獻書目知見錄》（頁六二）：
　　樂會縣志　八卷　清・林大華

　　　　　　宣統三年(1911)石印本　　廣東　八冊
　　中國科學院北京天文臺《中國地方志聯合目錄》（頁七〇
二）：　　　〔宣統〕樂會縣志　八卷　　清‧林大華纂修
　　　　　　清宣統三年(1911)石印本　　上海　　廣東
　　　　　　油印本　　廣東社科
　　楊德春《海南島古代簡史》（頁一五八）：
　　　　　　《樂會縣志》　8卷　　清‧林大華編纂
　　　　　　宣統三年（公元 1911 年）修成石印
　　　　　　中山圖書館存
　　王會均《海南方志資料綜錄》（總目錄‧頁二八）：
　　　　　　樂會縣志　八卷　　林大華纂修
　　　　　　清宣統三年(1911)石印本
　　　　　　民國七十五年(1986)十月　重印本　精裝乙冊

㈡、修志始末

　　按《宣統　樂會縣志》，係知縣唐咨夔氏，於清宣統元年
(1909)己酉秋，奉瓊崖觀察使君俞公函電，乃邀集邑紳磋商開局
纂葺，並由林孝廉大華，冀總其成，閱二載而志告竣。其纂修時
間，與「康熙修本」（程志），相距約二百二十餘年。
　　依據清宣統二年(1910)歲次庚戌孟冬月中浣，知縣唐咨夔〈續
修樂會縣志序〉云：「己酉夏予捧檄來宰是邦，下車而後博訪耆
儒，搜求志乘，……詎篇殘簡斷，杞宋無徵，代遠年湮，傳聞失
實，若長此終古，不惟此邦緣起末由考證，即百年前之名人碩彥
亦湮沒而不彰，文獻不足援據無資，固司牧者之責，抑亦都人士
之責也。適逢觀察使者俞公，飭修瓊崖合志，……函電交馳，搜

羅遺簡，邑中諸君子無以應其求，乃磋商開局編纂。……」

又云：「……余同十三鄉紳捐題以爲之倡，林孝廉博學能文，老成持重，實爲是邑之冠，提綱挈領，冀總其成。至調查民籍，採訪遺聞，則諸君子分任之。……惜功未告成，而予已去任，臨歧握別，諸君子雅囑懇懇，予雖不文，謹序修志之始末，而列諸篇首，固不以宏篇鉅製，未經寓目爲嫌也。」

次據清宣統三年(1911)歲次辛亥季春月，邑人林大華〈續修樂會縣志序〉略云：「……聖朝一統，車書之盛，事至要典至隆也。……我邑志之修，……嘗考康熙二十六年，邑貢生章公昌詒，嘗經纂修邑志。撫今追昔，相距有二百餘年。雲散風流，蠹蝕鼠蠹，概歸荒蕪，……因其賸帙遺書，存什一於千百，而重爲修輯。……適己酉秋，瓊崖俞觀察君，實以郡志之殘缺漫漶，不足以示旌別於將來。札飭十三州縣，照依所修邑志，繕錄彙繳，同編輯以成郡志。念我邑既同隸瓊島，何可甘於自外，況一邑之記載所關，即千古之勸懲所係，是邑志之不可不修也，明甚！爰集闔邑會同磋商，變通籌款，同人題之，欣然分任其事。而余以桑榆暮景，久荒學殖，竊謝無能爲役，群謂邑志之修，居是邦者與有責焉。於是力辭不得，更得闔邑諸公，同奮熱心不辭勞瘁，踴躍必圖蕆事，……閱二稔而書告竣。……」

末云：「……爰弁數言，以誌其緣起云。」是乃《宣統　樂會縣志》，纂修之緣由始末也。

(三)、纂者事略

本《宣統　樂會縣志》之纂輯，乃知縣唐咨虁氏，捐題以爲之倡，邑紳林大華冀總其成。至調查民籍、採訪遺聞，則由諸君

子分任之。

　　依據〈續修縣志名列〉，計九員，〈採訪名列〉，計二十六員，合共三十五人。其開局規模之大，參與修志者之眾，實為歷次纂修之冠也。茲依名列，就其事略，著述於次，以供參考。

　　知縣：唐咨夔，原名錫彤，廣西省靈川縣二都人。清光緒十一年(1885)乙酉科舉人，歷任廣東省藩康廳，樂會（宣統二年任）、廣寧、河源、合浦知縣。

　　依〈續修縣志名列〉，計有：林大華等九員，分著於次：

　　林大華，書法家，朝陽市（今朝陽鄉樂城村）人。清光緒元年(1875)乙亥恩科舉人。於宣統元年(1909)己酉秋，總纂邑志，並有序文傳世。

　　林大華氏，為清末著名書法家。其書法雋秀挺拔，飄逸起神，宛如龍飛鳳舞。有手草聯語下句“秋水玉為神”，留傳於世，今藏在瓊海市文化館（見《瓊海縣文物志》載）。

　　李大鍾，歸仁鄉（原上北鄉）人。增貢，任廣東石城（今廉江縣）儒學教諭。

　　何士旂，順義鄉（原下北鄉）人，恩貢。

　　王啟養，執禮鄉（原莫七鄉）人。增貢，歷任廣東省合浦縣教諭，徐聞縣訓導。

　　王安瑞，歲貢，銓選縣丞。

　　王惪耿，崇文鄉（原上大鄉）人。歲貢，廣東廉州府教諭。

　　周學實，西成鄉（原西隅鄉）人。恩貢，銓選直隸州州判。

　　王遠招，秉信鄉（原下小鄉）人，廩生。

　　符大傳，歸仁鄉（原上北鄉）人，附生。

　　依〈採訪名列〉：計二十六員，分述於次，以供查考。

王昌朝，歲貢，歷任廣東省合浦、饒平縣儒學訓導。

韋崇光，歲貢。

何達勳，中珠鄉人。附貢，分發江西省縣丞。

陳伯南，歲貢，銓選縣丞。

歐續修，尚忠鄉（原上小鄉）人，廩生。

王汝霖，篤行鄉（原下大鄉）人，廩貢。

覃光煜，順義鄉（原下北鄉）人，廩貢。

蘇桿標，歸仁鄉（原上北鄉）人，增貢。

陳有源，歲貢。

曾省吾，順義鄉（原下北鄉）人，廩貢。

梁汝舟，秉信鄉（原下小鄉）人，廩貢。

王裕猷，執禮鄉（原莫七鄉）人，附生。

黎錫榮，秉信鄉（原下小鄉）人，附貢。

陳士雅，西成鄉（原西隅鄉）人，附生。

梁廷獻，執禮鄉（原莫七鄉）人，附貢。

吳多烜，東榮鄉（原東隅鄉）人，附生。

莫泰亨，中珠鄉人，廩生。

馮錦伴，博鰲鄉人，附生。

莫同耀，博鰲鄉人，附生。

杜聯輝，嘉興屯人，增貢。

莫錦封，尚忠鄉（原上小鄉）人。增貢，例州判。

梁大宇，嘉興屯人，廩貢。

李業隆，歸仁鄉（原上北鄉）人，附生。

朱達錦，白石鄉人，附生。

王槐標，崇文鄉（原上大鄉）人，附貢。

蔡煥光，東榮鄉（原東隅鄉）人，武生。

㈣、志書內容

　　林大華纂修《宣統　樂會縣志》，凡八卷，計有十一門、分九十二目。其志之內容，與「康熙修本」較之，最為詳備富美。茲依目錄，臚述於次：

卷一　　　序：程秉懫〈重修樂會縣志序〉

　　　　　　　　唐咨虁〈續修樂會縣志序〉

　　　　　　　　林大華〈續修樂會縣志序〉

　　　　　圖：總圖　城廂圖　鄉屯圖

　　　　　表：歷代沿革表（乾隆《瓊州府志》蕭修）

　　　　　　　　沿革表（道光《廣東通志》阮修）

　　　　　　　　城市表

　　　　　　　　鄉村表

卷二　輿地略：疆域　沿革　鼎革　星野　山川　巖峒

　　　　　　　　河道　水利　井泉　墟市　廂鄉屯　物產

　　　　　　　　氣候　潮汐　風俗　方言

卷三　建置略：城池　署廨　學校　書院　學田　學山

　　　　　　　　學朗　學堂　廟壇　祀典　儀注　釋奠附

　　　　　　　　祠宇　津梁　道路

卷四　經政略：戶口　田賦　屯田　徭役　東西齋學田

　　　　　　　　雜稅　倉儲　義舉　鹽志　祿餉　武備

　　　　　　　　兵制附　巡警

　　　　海黎略：海防　海界附　黎防　村峒　平定黎匪

　　　　洋務略：口岸　出入口貨品

卷五　職官表：文職　武職

　　　　選舉表：封贈　欽賜　仕宦　例員附　進士　舉人
　　　　　　　　貢選

卷六　選舉表：文科　廩增附生　武科　職銜附

卷七　古蹟略：城址　署宅　亭樓臺閣　坊表　寺觀　塔附
　　　　　　　　塚墓　藝文

　　　　金石略

卷八　列　傳：宦績　武略　名賢　儒林　文苑　忠義
　　　　　　　　孝友　篤行　卓行　隱逸　耆壽　烈女
　　　　　　　　貞節　方伎

　　　　雜　錄：祥異附

綜觀《宣統　樂會縣志》，其內容與目錄，略有差異。茲核列於次，以供參考。

卷二　輿地略：〈山川〉目，缺〈巖峒〉。

卷三　建置略：內文有〈釋奠〉、〈釋奠考〉二目未列。

卷四　經政略：內文有〈教場〉、〈礮臺〉二目未列。

卷七　古蹟略：〈藝文〉目中，所載「賦、記、序、傳、碑
　　　　　　　　銘、詩、歌」各篇，欠缺次序，且條目不
　　　　　　　　清，參閱極為不便。

卷八　列　傳：〈武略〉目，亦未列誌，有待後人補刊。

㈤、纂修體例

林大華《宣統　樂會縣志》（奉憲命修），其纂修之體例，係採「紀傳體」，亦稱「仿正史體」，亦就「按體分目法」。

本《宣統　樂會縣志》（續修），雖無修志〈凡例〉，唯依

據林大華〈續修樂會縣志序〉云：「……復憂先後闕失，撰著無所著手，遂依仿郡志舊本，沿流討源，並採求近時新編事類，參考互證。且於各鄉屯採訪所經錄送事蹟，尤兢兢焉。詳查核實，夫而後缺者補之，略者詳之，訛者正之，疑者闕之，均能出其平生之學問精力，分部署以編纂成帙。……」

次據《宣統　樂會縣志》（目錄），亦可窺其體例，乃先行分卷，並總以綱（亦就門或類），而後羅列條目，提綱挈領，門目井然，是沿其舊志也。

按《宣統　樂會縣志》，凡八卷，分門十一、計目九十有二，所繫邑事，以明清二代最詳，其記事斷限年代，最遲止於清宣統三年(1911)辛亥。茲依紀事年次，分述於次：

卷五　職官表（知縣）：解祥燁，湖南人，宣統二年任。

卷八　雜　錄（祥異）：宣統二年（庚戌）夏，亢旱過甚，秋季復遭淫雨漲溢。水旱交災，高低田業僅收三成。

卷四　經政略（戶口）：宣統三年，編查門戶二萬一千四百一十八，丁口九萬一千七百九十五。

㈥、刊行年代

本《宣統　樂會縣志》，乃「奉憲命修」。其刊行年代，原書封面著錄，刊於清宣統三年孟夏月續修，係「石印本」。

按《宣統　樂會縣志》（續修本），雖有刊行，唯刻本不多，流傳欠廣，於今知見（庋藏）者，依其刊本及年代，著錄於次，以供查考。

石印本　清宣統三年(1911)孟夏月（續修）

　　中國：上海　　廣東

油印本　（年代未詳）

　中國：廣東社科

手抄本　據清宣統三年會文石印本

　汶萊：樂邑僑領符大煥氏藏板

重印本　民國七十五年(1986)十月　龔少俠（國大代表）印

　　　　據符大煥藏「手抄本」打字製版重印（精裝）

　臺灣：國家圖書館　　　各文教機構暨圖書館

　　　　國立臺灣圖書館：673.79113/4444

綜合評論

　　樂邑之有志乘，緣自明世宗嘉靖年間，知縣魯彭修《樂會縣志》始，是乃「明嘉靖修本」（魯志），惜因年代久遠，梓本湮滅，罕見藏板。於今知見（庋藏）者，僅有「清修本」：林子蘭《樂會縣志》（康熙八年）、程秉慥《樂會縣志》（康熙二十六年重修）、林大華《樂會縣志》（宣統三年續修）三種。

　　就志書內容言，林大華《宣統　樂會縣志》，最為詳備而富美，深具參考價值。茲舉例說明於次：

卷一　城廂圖、鄉屯圖、沿革表、城市表、鄉村表，皆係新增，且記載甚詳，最具價值。

卷二　物產，記載詳實，辭簡意賅，形狀作用，表達無遺。方言，新增條目，於語言學研究，具有參考價值。

卷三　學校、書院、學堂，乃教育制度。學田、學山、學朗，係經費來源，皆教化必備條件。

卷四　洋務略，口岸、出入口貨品，記載博鰲港關務。

卷六　選舉表，文科（廩生、增生、附生），武科（武

宣統《樂會縣志》書影
（會文石印本）

古蹟署

城址
樂會城城唐顯慶五年置縣治在黎黑村〔為縣志瑣管志〕
云令海南管村輿地紀勝元至元二十四年從調懶村
在會同縣東南大德六年王文河之亂丞統萬泉渡南
之蔗陽山即令治〔一統志〕

署宅
布政分司行署在縣署西明正統間建今廢
按察分司行署在布政分司署東後改為海南道行署……

城寶書目／圖別	方向位置	離城里數	戶數	丁口
城內	在城廂南	十里	八十六戶	二百二十七
廂東西北			五十二戶	一百一十二
朝陽市	在城西		二百六戶	四百八十
中原市	在縣西	十里	民戶二百七十　舖戶二十五	
子蔡市	在縣西	三十八里	民戶二百四十七　舖戶八十二	
博蔡市	在縣東	十五里	民戶一十五　舖戶二十四	
陽江市	在縣西	四十八里	民舖戶八十五	

　　生），職銜，皆新增條目，分鄉詳載。
　　卷八　列傳，各目所誌人物，乃樂邑先人懿行之表彰，足為後人矜式。
　　就史料價值言，除魯彭修《嘉靖　樂會縣志》（佚傳）外，今存者「清修本」三志，在史學上，深具史料價值。尤其林大華《宣統　樂會縣志》，其資料新穎，內容富美，門目完備，係研究樂邑古制，必需具備參考史料。
　　就文獻整體言，魯彭《嘉靖　樂會縣志》（創修），林子蘭

《康熙　樂會縣志》（二修），程秉慥《康熙　樂會縣志》（重修），林大華《宣統　樂會縣志》（續修）。於文獻整體性言，相傳相承，構成完整性脈絡體系，亦係研究「樂會縣地方史」之重要文獻。

參考文獻資料：

《道光　瓊州府志》　　清・張岳崧纂　　林隆斌校補
　　民國五十六年(1967)　臺北市　成文出版社　影印本
　　　據清道光二十一年修　光緒十六年　補刻本
《康熙　樂會縣志》　林子蘭修　清康熙八年(1669)　手繕本
《康熙　樂會縣志》　　清・程秉慥修
　　民國七十三年(1984)四月　臺北縣新店市　龔少俠　影印本
　　　據清康熙二十六年(1687)修　崇文齋傳鈔本
《宣統　樂會縣志》　林大華纂修
　　清宣統三年(1911)會文　石印本
《海南方志資料綜錄》　　王會均
　　民國八十三年(1994)十月　臺北市　文史哲出版社

　　中華民國九十九年(2010)庚寅五月五日　校補稿
　　中華民國八十一年(1992)壬申三月八日　初修稿
　　中華民國八十二年(1993)癸酉八月十日　增修稿
　　　　臺北市：海南文獻史料研究室

八、昌化縣志

　　昌化縣，現名：昌江縣，在兩漢屬儋耳郡（至來縣）地，隸交趾刺史部。隋大業三年(607)丁卯，由吉安縣分置昌化縣，改屬珠崖郡，隸揚州刺史。唐武德五年(622)壬午，析置儋州，昌化縣屬之。至五代屬南漢（劉隱建、都廣州、轄嶺南），並因襲唐代建制。

　　宋熙寧六年(1073)癸丑，以儋州改名昌化軍，省昌化入宜倫縣。於元豐三年(1080)庚申，復置昌化縣，仍屬昌化軍。南宋理宗端平二年(1235)乙未，改昌化軍稱南寧軍，仍領昌化縣。元代，因之。

　　明洪武三年(1370)庚戌，屬瓊州府。清順治九年(1652)八月，清兵渡瓊，建置因沿明制。於光緒三十一年(1905)乙巳，改置瓊崖道，升崖州為直隸州，昌化縣屬之。

　　中華民國肇立，其建置仍舊，惟以昌化縣與浙江省昌化縣名重複，乃於民國三年(1914)一月，改名昌江縣，現治設石碌鎮。位於海南西部，面臨東京灣，與越南相望。

　　昌化縣之邑乘，其修志源流，考諸文獻有徵者，創修於清康熙二十六年(1687)菊月，昌化縣尹方　岱氏。書成於清康熙三十年(1691)菊月，知昌化縣事璩之璨氏。重修於清光緒二十三年(1897)丁酉，昌化縣令李有益氏。其間二百十餘年，大凡二修，計康熙一次，光緒一次，中以李有益《光緒　昌化縣志》（重修本），志書之內容，較為詳備而富美，亦具有史料參考價值矣。

　　今以《昌化縣志》為主旨，就其相關文獻史料，作綜合性研

究。主要內容，計分：修志源流、康熙修本、光緒修本，綜合析論等四大部分。

於文中各志書之論旨，除首著「目片格式」外，依次：知見書目、修志始末、纂者事略、志書內容、修志體例（斷限年次）、刊本年代（庋藏單位）。於文獻整體性言之，構成相傳相承脈絡體系，具有史料與學術性多重價值，乃治「海南方隅史」，暨「昌化縣地方制度史」，最重要而珍貴之文獻史料。

修志源流

昌化縣之志牒，其纂修源流，考諸文獻史籍，有所稽徵者，大凡二修矣。始自清康熙二十六年(1687)丁卯菊月，迄於清光緒二十三年(1897)丁酉歲止，其間二百十餘載，計康熙年修一次，光緒年修一次。

創修於清康熙二十六年(1687)丁卯菊月，昌化縣尹方　岱氏，書成於清康熙三十年(1691)辛未菊月，知昌化縣事璩之璨氏（校正增補付刊）。是《康熙　昌化縣志》，凡五卷。史稱「康熙修本」（方志），俗稱（舊志）。

重修於清光緒二十三年(1897)丁酉，昌化縣令李有益修《光緒　昌化縣志》，凡十一卷。史稱「光緒修本」（李志），其纂修時間，與「康熙修本」（方志）相距有二百十餘年之久。

李有益纂修《光緒　昌化縣志》（重修本），其志之內容，最為詳備而富美，亦殊具史料參考價值矣。

昌化縣邑乘，於今廣為流傳者，就目前國內外各圖書館暨文教機構，所知見藏版，計有：方　岱「康熙修本」、李有益「光緒修本」二志，依其刊版年代，分別析論於次，以供方家參考。

康熙修本（方志）

《康熙　昌化縣志》五卷　　清・方　岱　　璩之璨纂修

清康熙三十年(1691)刻本

2 冊　有圖表　25公分　線裝

(一)、知見書目

阮　元《道光　廣東通志》（卷一百九十二・藝文略四）：
　　　昌化縣志　五卷　　國朝方　岱撰　存
　　　　康熙丁卯

江　瀚《故宮方志目》（頁七十三）：
　　　昌化縣志　五卷　　清・璩之璨纂修
　　　　清康熙三十年　刻本　二冊　　今名：昌江縣

杜定友《廣東方志目錄》（頁十九）：
　　　昌江縣志　五卷　　方　岱纂修
　　　　康熙二十六年　　舊名：昌化

朱士嘉《中國地方志綜錄》（冊二・頁十四）：
　　　昌化縣志　五卷　　璩之璨纂修　　康熙三十年
　　　　傳鈔本（北平）　現稱：昌江縣

陳劍流《海南簡史》（頁八三）：
　　　昌化縣志（五卷）　　方　岱等編　　康熙十六年
　　　昌化縣志（五卷）　　璩之璨等編　　康熙三十年
　　案：本《昌化縣志》（五卷），乃縣尹方　岱纂修於
　　　　清康熙二十六年（方序），書成於康熙三十年
　　　　（璩序），由縣令璩之璨校正重刊。陳著康熙十

　　　　　　六年，有誤。

　　李景新《廣東方志總目提要》（頁一二八）：

　　　　　昌化縣志　五卷　　璩之璨纂修　　康熙三十年

　　　　　　　　北平（抄本）　　東方　　故宮

　　小葉田淳《海南島史》（頁三〇四）：

　　　　　昌化縣志　五卷　　方　岱　康熙二十六年

　　黃蔭普《廣東文獻書目知見錄》（頁六三）：

　　　　　昌化縣志（今昌江）　五卷　　清・璩之璨

　　　　康熙三十年(1691)刊本　　北平

　　　　民國二十二年(1933)傳鈔本　　上海

　　中國科學院北京天文臺《中國地方志聯合目錄》（頁七〇

四）：　〔康熙〕昌化縣志　五卷　　方　岱　璩之璨纂修

　　　　清康熙三十年(1691)刻本　　廣東博

　　　　抄　本　　北京　　故宮　　一史館　　上海

　　　　油印本（1963 年　廣東省中山圖書館本）

　　　　　　註：今昌江縣

　　楊德春《海南島簡史》（頁一五九）：

　　　　　《昌化縣志》　五卷　　清・方　岱編纂

　　　　康熙二十六年（公元 1687 年）刻本

　　　　　《昌化縣志》五卷　　清・璩之璨編纂

　　　　康熙三十年（公元 1691 年）刻本

　　　　案：參見陳劍流《海南簡史》條。

　　邢益森《海南鄉情攬勝》（寶島風姿錄・續集二・頁一〇

五）：　　昌化縣志　五卷　　方　岱　　璩之璨纂修

　　　　清康熙三十年(1691)　　廣東博物館等藏

案：康熙二十六年方　岱始修，三十年璩之璨校補。

王會均《海南方志資料綜錄》（總目錄・頁二十九）：

　　〔康熙〕昌化縣志　五卷　　　方　岱　璩之璨纂修

　　清康熙二十六年(1687)菊月始修

　　清康熙三十年(1691)菊月書成（璩之璨校正）

　　民國二十二年(1933)傳鈔本

　　一九六三年油印本　　廣東省中山圖書館

　　（依據清康熙三十年璩之璨校正本）

㈡、修志始末

　　本《康熙　昌化縣志》，乃縣尹方　岱氏，邀集邑中紳士，於清康熙二十六年(1687)丁卯菊月倡修，迨康熙三十年(1691)辛未菊月告成（昌化縣知事璩之璨氏校正增補重刊）。

　　首據清康熙二十六年(1687)丁卯菊月，知昌化縣事方　岱〈昌化縣誌序〉云：「邑之有乘，無乎不載，所以備鑒觀而察虛實，審風尚而辨得失，定美惡而別上下，稽興替而知否泰，鉅典攸關非淺鮮也。況于昌化殘疆，尤爲不可缺者。」

　　又云：「今歲在丁卯，陽明之中，燥金之主，感收氣之運行，識地脉之有偏，覺風土之不調，川原遞爲改易，事物頓生變遷，蓋有古今異時，燥濕異地。昔有而今無，此盛而彼衰者，苟不算推往古，採輯舊聞，核一邑之士習民情，驗四境之樂利材用，亦何以備著篇帙，俾達下情而宣上德者之有所周覽乎。此昌化版圖以內之所可志者，從新備錄之不容已也。」

　　復云：「……凡夫古今異時，燥濕異地，或古有而今無，此盛而彼衰者，按其圖而稽其籍，究其源而窮其委，事之可據者志

之，事之無可憑者略之，理之所可信者志之，理之所可疑者闕之，以爲必如是斯。……」

末云：「……故昌化自明季荒殘以來，誰不欲興復曩徽，乃至今未能興復者失之，於當更化而不更化也。更化則可致之，治效莫不畢至，嘉祥有不可勝志者矣。」

次依清康熙三十年(1691)辛未菊月，知昌化縣事璩之璨〈重修昌化縣誌序〉云：「……瓊之昌化，濱海錯山，民黎雜處，雖云蕞爾，顧其中詎無山川星野之足述者乎，詎無戶口稅糧之當爲記載者乎，詎無土產人物，以及風俗民情之可以傳聞而不容泯沒者乎，然則他邑有誌，昌不可以無誌也。」

再云：「今日之昌，山川猶是也，而荒涼愈甚。星野猶是也，而凶災頻仍。戶口有成憲，而殘子寥寥。稅糧有定額，而懸缺景景。土產人物何以盡皆消耗，風俗民情何以日流澆薄，此豈天之所致歟，抑亦人事之未善也。」

復云：「余庚午歲，始蒞茲土，見地皆沙磧，荊棘叢篁，交列於道。西環大海，東拱崇山，人煙村落，蓽戶茅簷，不蔽風雨，滿目休囚，驚心幾絕。視事後即詢之父老，考之舊籍，知昌之爲邑，當極窮之地，處極困之時，而有萬不能勘者，以浮糧六百爲之累也。」

又云：「夫昌邑正供每歲不過一千三百有零，內加浮糧六百，欲問之民，則無田而稅，民何以堪。欲問之官，則無術點金，官何從辦，此誠心力交困之秋，亦官民兩疲之日也。嗚呼！皇恩屢下有不便於民者，許其據實瀝陳，昌之浮糧，非不便之最者乎，豈終壅于上聞乎！普天盡蒙聖澤，而昌獨以山城荒邑，不獲邀恩，當亦採風問俗者之所惕，然惻念也。」

末云：「遠倣陳詩納賈之意，以上達九重，使昌邑得免賠累之苦，於以取斯民而噢咻之庶幾。生聚之效可冀有成，則是誌爲昌邑，至明至切之證，可以見艱難之形，可以聞疾苦之聲，是下情之得以上達者，端賴有此誌也。誌之于昌，誠重矣哉！」

綜從方　岱〈昌化縣誌序〉，暨璩之璨〈重修昌化縣誌序〉析觀，其修志之緣由動機，宗旨目的，過程始末，大略如斯矣。

㈢、纂者事略

按《康熙　昌化縣志》（創修本），其志之纂修者，因無修志姓氏表，亦無相關佐證資料查考，僅就昌化縣先後任縣令，概述於次，以供參考。

方　岱，順天府（河北省）宛平縣人。清康熙二十二年(1683)任，於二十六年(1687)丁卯，創修縣志，有序刊於卷首。

璩之璨，字含光，河南（懷慶府）孟縣人。清康熙二年(1663)癸卯科舉人，於二十九年(1690)任昌化縣令，廢浮糧，捐廉修葺城垣，修建宮廟，校正重刊縣志，有序刊於卷首。

李有益修《光緒　昌化縣志》（卷之八・職官志：名宦），有事略。

㈣、志書內容

清・方　岱修《康熙　昌化縣志》，凡五卷，計分二十有八目，除首載：方　岱〈昌化縣誌序〉、璩之璨〈重修昌化縣誌序〉外，其志書之內容，依目錄及卷次，臚述於次，以供查考。

卷一　輿圖　沿革　星野　地理　疆域　山川　海港
　　　潮汐　風土　城池　公署　祀典

卷二　都圖　賦役　戶口附

卷三　物產　古蹟　橋渡　墟市　亭坊　兵防　原黎
　　　平黎　平亂

卷四　秩官　附武職　附遊宦　鄉紳

卷五　藝文

㈤、修志體例

清‧方　岱、璩之璨《昌化縣志》（創修），其纂修體例，雖無〈修志凡例〉條文稽考，唯從各〈序〉文，暨〈目錄〉觀之，亦可略窺其梗慨矣。

首據清康熙二十六年歲在丁卯菊月，知昌化縣事方　岱〈昌化縣誌序〉云：「……爰集士人而考之，曰爾其學校之興衰者幾何年。集野農而詢之，曰爾其田里之荒墾者幾何日。集保五甲長而察之，曰爾其排戶之增減者幾何家。集海島山陬之浦老黎人而詰之，曰爾其山水之所產者幾何物。……」

又云：「……一民一物不致壅於上聞，一情一形不致難以上達，庶幾利可興而害可革，弊可救而偏可補，將見人才之振興，田里之開闢，小民之生聚，物產之殷盈，未必無可致之期也。……」

次據清康熙三十年歲次辛未菊月，知昌化縣事璩之璨〈重修昌化縣誌序〉云：「粵稽古昔盛時，天子巡行方岳，則陳詩以觀民風，納賈以觀民好，藹藹然下情無不上達也，狩歟休哉。後世深居簡出，而姝方絕域日深，君門萬里之思，然而山川分野、戶口稅糧，以及土產人物、風俗民情，可以一覽而知者，莫如誌書，以故天府藏之大，臣採之誌之於邑誠重矣。」

復從本〈昌化縣誌書目錄〉窺之，是志之修志體例，係採「門目體」，亦就是「按事分目法」也。

本《康熙 昌化縣志》，凡五卷，各門目所繫邑事，其斷限年代，除卷一〈沿革〉目，溯自唐虞三代及秦末外，實有紀年者，緣於漢武帝元鼎六年(111 B.C)庚午歲平南越，始以瓊地，置珠崖、儋耳二郡，督於交州。

迨宋、元、明、清四代，所繫縣事亦多，但以明清（康熙二十六年前）較實，尤於清世祖順治一朝，至清聖祖康熙二十六年(1687)以前為詳。

茲就方 岱纂修《康熙 昌化縣志》（璩之璨校刊），紀事斷限年代，依其門目卷第，分著於次，以供參考。

卷四 秩官：知縣（國朝）

方 岱，順天宛平人，康熙二十二年任。

李若淵，山西武鄉貢生，康熙二十六年任。

㈥、刊行年代

本《康熙 昌化縣志》（凡五卷、線裝二冊），於清康熙二十六年（丁卯），由縣令方 岱氏創修（繕稿未梓），迨清康熙三十年（辛未）告成（係由縣尹璩之璨氏校正增補重刊）。致其刊行年代，亦有著錄清康熙二十六年(1687)者，惟以署著清康熙三十年(1691)刊本（校正重刊本）為宜。

按《康熙 昌化縣志》（油印本），係廣東省中山圖書館參考研究部，於一九六三年六月，依據廣東省博物館藏「清康熙三十年(1691)辛未璩之璨較正本」抄印。由於母本殘損，部分字句，乃參考該館藏《光緒 昌化縣志》(K7.59/3)，清·李有益修，光

緒二十三年(1897)丁酉「刻本」校補，其校補之字句，概加括號
（　）表示。

　　是「油印本」，全書線裝二冊。白口，上魚尾，四週雙邊。
序每半葉七行，每行最多十四字，但正文每半葉為九行，每行為
二十字。書高二十五公分、寬十七公分，版框高二〇・五公分、
寬十六公分。此本悉依原書格式，楷字謄寫（鋼板），注分雙
行，各卷首行暨版心大題《昌化縣誌》。

　　是志雖有繕（抄）本，然流通欠廣，罕見傳本，公私藏板稀
少，於今知見（庋藏）者，依其刊本及年代，分別臚述於次：

原刻本　清康熙三十年(1691)　較正重刊本
　　中國：北京　　廣東博
傳鈔本　民國二十二年(1933)　抄本
　　中國：北京　　　故宮　　　一史館　　　上海
油印本　一九六三年（癸卯）六月　抄印本
　　中國：北京　科學　　　上海　復旦
　　　　　中大　廣西二　貴州　華南師院　北師大
　　　　　南開　湖北　　廣東

光緒修本（李志）

《光緒　昌化縣志》十一卷　首一卷　　　清・李有益纂修
　　清光緒二十三年(1897)　刻本
　　4冊　有圖表　25.5公分　線裝

㈠、知見書目

譚其驤《國立北平圖書館方志目錄》（冊四）：

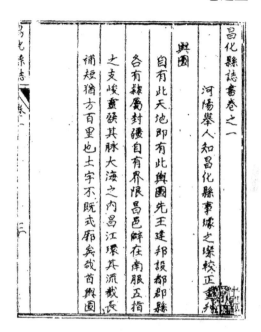

康熙《昌化縣志》書影

廣東省中山圖書館抄印本

中國科學院圖書館藏

　　昌化縣志　十一卷　卷首一卷　　清李有益纂修

　　　　光緒二十三年刻本　四冊

　　　　　今曰：昌江縣

　　杜定友《廣東方志目錄》（頁十八）：

　　　　昌化縣志　十一卷　　李有益纂修

　　　　　光緒二十三年刻本　四冊

　　　　　　存（原有四冊，缺二、四兩冊）

　　朱士嘉《中國地方志綜錄》（冊二・頁十四）：

　　　　昌化縣志　十一卷　首一卷　　李有益纂修

　　　　光緒二十三年

　　朱士嘉《美國國會圖書館藏中國方志目錄》（頁四二九）：

　　　　昌化縣志　十一卷　卷首一卷　　李有益纂修

　　　　清光緒二十三年(1897)刻本　四冊

　　　　　　現稱：昌江縣　附石祿山案

　　陳劍流《海南簡史》（頁八五）：

　　　　昌化縣志（十一卷　四冊）　　李有益等修

　　　　光緒二十三年

　　日本國會圖書館《中國地方志總合目錄》（頁二七六）：

　　　　昌化縣志　十一卷　首一卷　　李有益等

　　　　光緒二十三年(1897)刊本　四冊　　東洋 q-136

　　李景新《廣東方志總目提要》（頁一二七）：

　　　　昌化縣志　十一卷　　李有益纂修

　　　　光緒丁酉二十三年刊　八冊　現稱：昌江縣

　　黃蔭普《廣東文獻書目知見錄》（頁六三）：

　　　　昌化縣志　十一卷　　清‧李有益

　　　　光緒二十三年(1897)刊本　四冊

　　　　　　北京　廣東　　日本國會

　　莫頓(Morton)《英國各圖書館所藏中國地方志總目錄》（頁
八一）：　昌化縣志　十一卷　1897

　　　　　　倫敦大學（微縮捲片）

　　小葉田淳《海南島史》（頁三〇五）：

　　　　昌化縣志　十一卷　別一冊　　李有益

　　　　光緒二十三年

　　中國科學院北京天文臺《中國地方志聯合目錄》（頁七〇

四）：　　〔光緒〕昌化縣志　十一卷　首一卷

清・李有益纂修　　光緒二十三年(1897)刻本

北京　科學　北大　民院　南京地理所

南大　廣東　中大　廣東博

楊德春《海南島古代簡史》（頁一五九）：

《昌化縣志》十一卷　　清・李有益等編纂

光緒二十三年修成刊行　　中山圖書館收藏

現本島各地圖書館，地方志辦公室有複製本。

邢益森《海南鄉情攬勝》（寶島風姿錄・續集二・頁一〇

五）：　　昌化縣志　十一卷　首一卷　　李有益纂修

清光緒二十三年(1897)　　廣東中山圖書館藏

王會均《海南方志資料綜錄》（總目錄・頁三〇）：

〔光緒〕昌化縣志　十一卷　首一卷

清・李有益纂修　光緒二十三年(1897)序刻本

㈡、修志始末

清《光緒　昌化縣志》，係昌化知縣李有益氏，於清光緒二十三年(1897)歲次丁酉，爰邀邑紳，勤加採訪，繕寫成帙。並復輔以府志，編附於瓊志之末，以備後人博覽。

依據清光緒二十三年丁酉，昌化知縣李有益〈昌化縣志〉序云：「皇上御桓之二十三年夏，余奉檄昌化，甫下車觀風問俗，考獻徵文，就鄉紳而索邑乘，越月有邑明經吉君檢呈舊本，並告余曰：是板得自縣房禮科，從而印刷。其間篇幅殘缺，字跡模糊，在所不免，余取而讀之，見其志創修於康熙二十六年縣尹方公，告成於康熙三十年縣尹璩公。以時考之，多歷年所無，怪其

蠹蝕殆盡也。」

又云：「自瓘公而後，莅茲土者，尚不乏教事文章之選，足以旁搜博覽，薈萃成言，增輝史冊，何乃無一留意，而今二百年來之故事，湮沒而弗彰，其時勢使然，抑以著述不易耶。」

末云：「爰命邑紳，勤加採訪，各抒見聞，繕寫成帙，就其可疑者闕之，可信者錄之，而復輔以府志，編附瓘志之末，不參臆斷，不事增芟，雖本顯微闡幽之心，仍謹寧闕毋濫之例，後有作者，當亦曲諒焉。」

就李有益〈昌化縣志序〉觀之，其重修縣志之動機與宗旨，修志過程及始末，大略如斯矣。

（三）、纂者事略

按《光緒　昌化縣志》（重修本），其志之纂修者，因無修志姓氏表，亦無相關佐證資料查考，僅就知縣李有益氏事略，概述於次，以供參考。

知縣：李有益，湖北省黃州府蘄州（蘄春縣）人，舉孝廉方正，清光緒二十三年(1897)任，重修邑志，顯彰史冊，重建儒學署，士紳咸重之。所著〈招民歌〉，載於（卷之九‧人物志‧藝文）。

（四）、志書內容

本《光緒　昌化縣志》，凡十一卷，計分六門（志），共六十有八目。除卷首刊載：序、圖、表之外，其志書內容，依目錄臚著於次，以供方家參考。

輿地志

　　綜觀《光緒　昌化縣志》，其內容（門目）分屬各志，部分綱目欠當，於志乘續修時，宜重作調整，俾使全志內容完備富美，茲就內容性質相屬者，依其卷次，記於門目下，以構成完整性脈絡體系。

　　卷之六　經政志　祀典　釋奠

卷之七　職官志　文職　武職　名宦　流寓

卷之八　選舉志　進士　舉人　貢選　封蔭

卷之九　人物志　名賢　孝友　篤行　卓行　節孝　方伎

卷之十　藝文志　勅　疏　記　詩　金石

卷之十一　雜志　所志　災異　紀事（歷任時政）

附石祿山案

㈤、修志體例

李有益《光緒　昌化縣志》，其纂修之體例，雖無修志敘例〈條文〉查考，惟從志書〈目錄〉觀之，亦可窺其纂修體例，係採「分志體」，亦就是「按類分目法」。

據李有益〈昌化縣志序〉（重修）云：「爰命邑紳，勤加採訪，各抒見聞，繕寫成帙，就其可疑者闕之，可信者錄之，而復輔以府志，編附瓊志之末，不參臆斷，不事增芟，雖本顯微闡幽之心，仍謹寧闕毋濫之例，後有作者，當亦曲諒焉。」

次就《光緒　昌化縣志》（目錄、內容）觀之，亦可窺其修志體例，乃先行分卷，並總以綱（亦就類或門），而後羅列條目，提綱挈領，門目井然有序，是沿其「分志體」之義例者也。

本《光緒　昌化縣志》，凡十一卷，分六門（志），計目六十有八，所繫邑事，以明清二代較詳，其紀事斷限年代，最遲止於清光緒二十三年(1897)丁酉，茲依紀事年次，著述於次：

卷之二　建置志（公署‧儒學署）：光緒二十三年，益蒞茲　　　　　　土，邑紳公議，請於老城重建公署。

卷之五　經政志（海寇）：光緒二十三年十月初九日，江門　　　　　　商船行至四更洋面遇盜，礮鬨三時之久，被

戕七十餘人，縣累牘申聞鎮憲。

卷之六　職官志（文職・知縣）：李有益，湖北蘄州人，孝
　　廉方正，光緒二十三年任。

㈥、刊行年代

按《光緒　昌化縣志》（重修本），凡十一卷，線裝四冊。
白口，上魚尾，四週雙邊。每半葉十行，每行二十二字。仿宋體
字，注分雙行。各卷首行及版心大題《昌化縣志》，每冊封面手
書《昌化縣志》。

李有益修《昌化縣志》，於清光緒二十三年（丁酉）刊行。
雖有梓本，惟流傳欠廣。於今國內外圖書館，暨文教機構庋藏
者，分別臚述於次，以供查考。

原刻本　清光緒二十三年(1897)刊本
　美國：國會圖書館
　日本：東洋文庫（四冊）q-136
　中國：北京　科學　北大　民院　上海　南大
　　　　南京地理所　廣東　中大　廣東博
微捲片　依據清光緒二十三年(1897)刊本，攝製微縮捲片
　英國：倫敦大學圖書館
　臺灣：學者私藏（臺北市・海南文獻史料研究室）

綜合析論

昌化縣志乘，其纂修源流，證諸史籍，有文獻稽考者，大凡
二修矣。亦就清「康熙修本」（方　岳纂修、璩之璨校刊），俗
稱「舊志」，亦稱「方志」或「璩志」。暨清「光緒修本」（李

有益修），俗稱「新志」，亦稱「李志」。兩志之纂修時間，相距約二百十餘年之久。

　　就修志體例言：兩志（方志、李志）皆無修志〈凡例〉（條文，稽考，唯從誌書〈目錄〉窺之，方　岱纂修《康熙　昌化縣志》（璩之璨校刊），係採「門目體」，亦就「按事分目法」。而李有益修《光緒　昌化縣志》，則採「分志體」，亦就「按類分目法」。於是顯見，兩志纂修體例，迥然不同。

　　就志書內容言：方　岱纂修《康熙　昌化縣志》（創修），凡五卷（線裝二冊）：計分二十八目。然李有益修《光緒　昌化縣志》（重修），凡十一卷（線裝四冊），分目六十有八。於是顯見，清「光緒修本」（李志），其資料較為新穎而充實，內容亦較詳備而富美。茲就新增門目，分著於次，以供參考。

建置志：

　　卷之二　學校、書院、義學、壇廟、村坊、寺觀、塋墓，皆係新增條目。於學制及宗教研究，具有助益。

經政志：

　　卷之三　銓選、祿餉、附二程婚祭禮，係新增條目。

　　卷之四　土田、屯田、科則，亦係新增條目。於賦役目下，附倉儲、鹽政、榷稅、豁免，對地方稅政研究，最具參考價值。

　　卷之五　學制、學田附、郵政、船政、海防、海寇、黎情（原黎）、村崗、防黎、時事，亦係新增條目，且記載甚詳，當具史料研究價值。

　　卷之七　釋奠，亦為新增條目。

職官志：

卷之六　進士、舉人，亦係新增條目。

卷之八　貢選、封蔭、名宦、流寓，亦係新增條目。

人物志：

卷之九　名賢、孝友、篤行、卓行、節孝、方伎，亦係新增條目，所誌人物，暨邑人懿行表彰，足為後人矜式。

雜　志：

卷之十　　所志、金石、災異。

卷之十一　紀事（歷任時政）、附石祿山案。

就史料價值言，兩志在史學上，殊具史料價值，乃研究昌邑古代制度，必需具備參考史料，亦係研究昌化縣地方史，最重要之文獻資料。

方　岱纂修（璩之璨校刊）《康熙　昌化縣志》（草創），內容雖稍欠充實，唯有關此前昌邑之山川地理、歷史沿革、人文概況，賴以裒集記載，亦屬可貴。且是志詳於戶口、賦役，修志人不厭其煩列舉天災人禍，不斷加諸昌化，導致其丁口銳減，田園荒蕪，但浮丁、浮糧歷經呈報不獲豁免，一字一淚刻畫出縣民之悲痛慘況，可供史家參考。

李有益修《光緒　昌化縣志》，內容比舊志較為充實。是志載〈禁止奪牛〉、〈禁賣生妻〉、〈禁輕生〉等多種告示，並附〈二程婚祭禮〉，反映當地居民陋習之嚴重，暨官府移風易俗之用心。於志書附載清同治五年(1866)丙寅〈闔府呈請封禁昌化石祿山全案〉，以「破壞地脈」為由，禁止開採石祿山礦，則可發現海南礦業之萌芽，為當時愚昧無知之官吏所扼殺，實屬難得之史料。

　　綜以「文獻整體性」觀之，方　岱纂修（璩之璨校刊）「康熙修本」（創修），是志為草創，內容稍欠充實，然難能可貴也。李有益修「光緒修本」（重修），是志內容主要係採自「康熙修本」（方志），輔以《乾隆　瓊州府志》（蕭志）中有關昌化史事，以及採訪所獲見聞等為補充。於是顯見，二志相承相傳，構成文獻完整性脈絡體系。

參考文獻史料

《乾隆　瓊州府志》　　清・蕭應植修
　　清乾隆三十九年(1774)刊本
《道光　瓊州府志》　　清・明誼修　張岳崧纂　林隆斌校補
　　民國五十六年(1967)　臺北市　成文出版社　影印本
　　　據清道光二十一年(1841)修　光緒十六年(1890)補刊本
《康熙　昌化縣志》　　清・方　岱纂修
　　清康熙三十年(1691)　璩之璨校正本
《光緒　昌化縣志》　　清・李有益纂修
　　清光緒二十三年(1897)　刊本
《海南方志資料綜錄》　　王會均著
　　民國八十三年(1994)十月　臺北市　文史哲出版社

　　中華民國一〇〇年(2011)辛卯八月十日　修訂稿
　　　　臺北市：海南文獻史料研究室

九、陵水縣志

　　陵水縣史名，其來由久遠，在西漢屬儋耳郡（至來縣）地。於隋大業六年(610)庚午，始析珠崖郡西南地，置臨振郡，領延德、寧遠（即陵水縣境）五縣。迨唐武德五年(622)壬午，新置陵水縣，初屬振州。唐高宗龍朔二年(662)壬戌，增置萬安州，以陵水縣屬之。五代屬南漢（劉隱創、都廣州、轄嶺南），沿襲其制。宋神宗熙寧六年(1073)癸丑，以萬安州改萬安軍，陵水縣屬之。元仍萬安軍，稱陵水縣。明屬瓊州府，清因之。中華民國肇立，仍沿舊制名陵水縣。

　　陵水縣志之纂修，源流久遠，其有史稽考者，緣自宋・劉伋《陵水圖志》創始。於元明兩代，邑乘輟修。迨清季修志風尚鼎盛，計有：康熙朝二次、乾隆朝二次、道光朝一次。

　　於今國內外見藏者，唯有「康熙修本」（高首標纂修、潘廷候補訂）、「乾隆修本」（瞿雲魁修、蔡　群纂）二志而已。宋代《陵水圖志》（劉　伋纂）、《陵水縣志》（劉　奕序）二志（纂本），均未親見藏版，致志書內容及其義例，無從查考。

　　按「道光修本」，亦未見藏板，於諸家方志書目資料，大都著錄：《道光　陵水縣志》（六卷、首一卷），清・曾燦奎修、甘家斌纂，道光十五年(1835)刻本，北京大學圖書館、金陵大學圖書館（戰前）有藏本。恐係四川省《道光　隣水縣志》（其卷數、修纂者、刊本年次、庋藏所，完全相同）之誤。於「待訪志書」《道光　陵水縣志》，詳加查證闡述，以免「以訛傳訛」。

　　今以《陵水縣志》為主旨，就其相關文獻史料，作綜合性研

究。其主要內容，計分：修志源流、待訪志書、康熙修本、乾隆修本、綜合析論等五大部分。茲著述如次，以供查考。

修志源流

夫陵水縣志，纂修源流久遠，在宋代以前，史帙無載，實難稽考。唯有文獻足徵者，依據各方志書目資料刊載，大凡六修，其邑志創始於宋人劉伋《陵水圖志》（三卷），元、明兩代邑乘失修。迨遜清一代，修志風尚鼎盛，計有：康熙朝二次，乾隆朝二次，道光朝一次（似係四川《道光　隣水縣志》之誤）。

高首標《康熙　陵水縣志》（史稱：高志），清康熙十年(1671)辛亥，高氏任陵水縣知縣，遵檄纂輯，於清康熙十二年(1673)癸丑（高序）定稿，未梓（亦有著：康熙十三年修成刊行），俗稱「康熙繕本」（高志）。

潘廷侯《康熙　陵水縣志》（俗稱：潘志），清康熙二十七年(1688)戊辰，潘廷侯奉攝陵水縣事（瓊州府海防清軍糧捕撫黎同知，署陵水知縣），奉敕修志，以「高志」補訂付梓。是屬清刊首本，亦稱：「康熙刻本」（潘志）。其纂修時間，而與「康熙繕本」（高志）相距只有十又五載。

衛晞駿《乾隆　陵水縣志》（俗稱：衛志），清乾隆四十一年(1776)丙申，調任陵水縣知縣，於乾隆四十三年(1778)戊戌，輯成是編（未刊），俗稱：「乾隆稿本」（衛志）。其纂修時間，相距「康熙刻本」（潘志）約有九十年之久。

瞿雲魁《乾隆　陵水縣志》（史稱：瞿志），清乾隆五十六年(1791)辛亥，升任陵水縣知縣，以「衛志」（稿本）為藍本，參互考正，增補成帙。於清乾隆五十七年(1792)壬子，付諸梓梨，

史稱：「乾隆刻本」（瞿志）。其纂修時間，僅與「乾隆稿本」（衛志），相距十四年而已。

　　曾燦奎《道光　陵水縣志》（俗稱：曾志），清道光十四年(1834)甲午，由陵水縣知縣曾燦奎等修成。於次歲(1835)乙未，付梓刊行，史稱：「道光刊本」（曾志），疑似四川《道光　隣水縣志》之誤。其纂修時間，而與「乾隆刻本」（瞿志），相距約有四十又三載。

　　按《陵水縣志》之纂本，於今國內外見藏者（公藏），祇有《康熙　陵水縣志》（高首標纂修、潘廷侯訂補）、《乾隆　陵水縣志》（瞿雲魁修、蔡群纂）二志而已。其《道光　陵水縣志》（曾燦奎修、甘家斌纂），經查各方志書目資料，大都著錄：「金陵」、「北大」有藏本（中日戰爭前），唯久訪未獲見藏板，似係《道光　隣水縣志》（六卷，首一卷），清·曾燦奎修、甘家斌纂，道光十五年(1835)刻本之誤，於「待訪志書」項詳釋之，避免「以訛傳訛」也。

待訪志書

　　按《陵水縣志》修本，大凡七種，由於年代久遠，間遭兵燹火焚，或被水漬蠹蛀，致藏板湮沒，罕見流傳（待訪）者頗眾，計有：宋代二種、清代三種「康熙本」（高志）「乾隆本」（衛志）、「道光本」（曾志），分著於次，以供查考。

《陵水圖志》三卷　　宋·劉佖撰　　宋本佚

　　案：作者事略未詳，就知見書目，列載於次，以供參考。

　　托克托《宋史·藝文志二》（卷二）：

　　　　陵水圖志　三卷　　劉佖撰　　宋佚

陳夢雷《古今圖書集成》（方志輯目）：

　　　　陵水圖志　三卷　　劉　仮撰　　宋佚

張國淦《中國古方志考》（頁六一六）：

　　　　陵水圖志　三卷　　宋・劉　仮撰　　宋佚

　　　　　《宋史・藝文志二》：劉仮《陵水圖志》三卷

陳光貽《稀見地方志提要》（下冊・頁一二三九）：

　　　　陵水圖志　三卷　　劉　仮撰　　宋本　佚

　　　　　《宋史・藝文志》、《古方志考》有載。

王會均《海南方志資料綜錄》（總目錄・頁三七）：

　　　　陵水圖志　三卷　　宋・劉　仮撰

　　　　宋本（年次未詳）　佚

《陵水縣志》　　宋　人纂　　宋本　佚

㈠、知見書目

阮　元《道光　廣東通志》（卷一百九十二・藝文略四）：

　　　　陵水縣志　　宋　人撰（未詳名氏）　佚

　　　　　《輿地紀勝》曰：劉　奕序

張國淦《中國古方志考》（頁六一七）：

　　　　陵水志　三卷　　宋・劉　奕纂　宋佚

　　　　　《郡齋讀書附志》五上：陵水志三卷，右慶元丙

　　　　辰，郡文學劉　奕修，詩文附。

　　　　　《輿地紀勝》卷一百十六：陵水志　劉　奕序

杜定友《廣東方志目錄》（頁十九）：

　　　　陵水縣志　　宋　人撰　原佚

邢益森《海南鄉情攬勝》（寶島風姿錄・續集二・頁一〇

三）：　　陵水縣志　　宋　失

　　　　注：《中國古方志考》，認為是化州之古方志。

王會均《海南方志資料綜錄》（總目錄・頁三一）：

　　　陵水縣志　　宋　人纂（未詳名氏）　佚

　　　　註：宋・王象之《輿地紀勝》曰：劉　奕序

㈡、序者事略

　　劉　奕(999～1051)，字象伯，一字蒙伯（若盧長子），閩縣人。宋天聖八年(1030)庚午科進士，歷知滎陽縣。慶曆間，韓琦為陝西經略使，辟奕鳳翔府判官，兵民事劇，多倚辦理。後通判漳州，移潤州，清廉愛民。宋皇祐三年(1051)辛卯，卒於官，年五十三。囊無餘資，斂無新衣，民集錢以賻，奕妻悉卻之。

　　宋・蔡襄《蔡忠惠集》（卷三二・祭劉屯田文），清・陸增祥《八瓊室金石補正》（卷十・劉君墓碣）、李清馥《閩中理學淵源考》（卷二十六）、梁克家《淳熙　三山志》（卷二十六・人物）、陳壽祺《同治　福建通志》（卷百七十二・人物・宋福州列傳）、徐景熹《乾隆　福州府志》（卷之四十九・人物一），載有傳略。

《康熙　陵水縣志》　　清・高首標修

清康熙十三年(1674)修成（未梓）　繕本　佚

㈠、知見書目

　　阮　元《道光　廣東通志》（卷一百九十二・藝文略四）：

　　　陵水縣志　　國朝・高首標撰　未見

　　　　瞿志：首標，山西汾州人。進士，康熙十年

任。是時天下初平，陵界海黎屢遭蹂
躪，文章漂沒，耆碩散亡，首標起而進
之，甲寅志成。

小葉田淳《海南島史》（頁三〇五）：

　　陵水縣志　　高首標　　康熙十三年

杜定友《廣東方志目錄》（頁十九）：

　　陵水縣志　　高首標　　康熙十年

　案：杜著，康熙十年，未知所據何本，尚待方家查
　　考。

陳劍流《海南簡史》（頁八十三）：

　　陵水縣志（十卷）　　高首標編　　康熙十三年

　案：陳著，十卷，未知所據何本，尚待方家查考。

楊德春《海南島古代簡史》（頁一五九）：

　　陵水縣志（未詳卷數）　　清・高首標編纂

　　康熙十三年(1674)修成刊行

邢益森《海南鄉情攬勝》（寶島風姿錄・續集二・頁一〇
三）：　　陵水縣志　　高首標　　清康熙十二年(1673)　失

王會均《海南方志資料綜錄》（總目錄・頁三一）：

　　【康熙】陵水縣志　　清・高首標修

　　康熙十三年(1674)修成（未梓）繕本　佚

(二)、修志始末

　　按《康熙　陵水縣志》，係陵水知縣高首標氏，遵檄纂輯，
於清康熙十二年(1673)癸丑（高序）定稿，唯未梓也。依據高首
標〈纂輯陵水縣誌序〉，綜著修志緣由及始末，以供方家參考。

首云：「國有史，郡邑有誌。誌者，備記一方人情、風俗、形勢、貢賦，佐國史之所不及採。雖山陬海澨各成一帙，所以垂來茲，備採求典纂鉅也。……」

次云：「……陵水一邑，又居瓊天末地盡之域，僅黑子中之一塵者，雖習俗不大逕庭中邦，而地僻典暗文獻。標受事閱月，即求舊志以廣見聞，邑父老概以裏無聞爲辭，標太息者久之，因而以目之所睹，耳之所聞及口之所諏，獲一言即投諸篋及舊志之曾收入者，細爲編輯，雖黎人風俗性情亦詳列之，乃分著各類，詳加較讎，欲授諸梓，以篇冊單塞，言詞荒俚，兼之剞劂乏工，方有行竣厥事，而遵諭條奏纂輯通誌，查取各屬志書之檄下也。」

末云：「標凜遵憲命，夙夜惟謹，取已編之冊，再加詳訂，自裏昔迄今，彙繕一冊，以應上憲封菲之採，以備後此採風之籍，然聞見淺解，羅列憑臆，不足稱志，鄙陋之誚知不能免也。語云：江海不擇細流，泰華不棄丘垤。下邑情形通誌當亦不遺採取乎，標不辭固陋而爲之言。」

(三)、纂者事略

高首標，字呂樑，山西省汾州府永寧州（今名：離石縣，原名：永寧縣）人。幼嗜學，以拔貢生考授通判，尋兩副山西榜，清順治十一年(1654)甲午，以第二人舉於鄉，順治十六年(1659)己亥科進士（三甲七七名），吏部主事，授江西廣昌縣知縣，內難歸。補廣東陵水縣知縣（清康熙十年任），是時天下初平，寧陵界海黎屢遭蹂躪，文章漂沒，耆碩散亡，首標獨能，尋什一於煨燼之中也。而修明之資，是亦哀遴輩以後之賢者也。惜陵未久，

志稿未成，即北渡，是不得不有賴於後起者（瞿志：卷之五・職官志・知縣）。

　　清・王　軒《光緒　山西通志》（卷一百十四・人物・汾州府）、趙之謙《光緒　江西通志》（卷一百三十一・宦績錄・建昌府）、曾毓章《同治　廣昌縣志》（卷之四・秩官志・宦績・國朝知縣），皆載有事略。

《乾隆　陵水縣志》　　清・衛晞駿修

清乾隆四十三年(1778)修成（未刊）　手稿本　佚

㈠、知見書目

阮　元《道光　廣東通志》（卷一百九十二・藝文略四）：

　　　　陵水縣志　　國朝・衛晞駿修　未見

　　　　　　乾隆癸未，序載瞿志

　　案：瞿志，係指瞿雲魁《乾隆　陵水縣志》。

小葉田淳《海南島史》（頁三〇五）：

　　　　陵水縣志　　衛晞駿　　乾隆二十八年

杜定友《廣東方志目錄》（頁一十九）：

　　　　陵水縣志　　衛晞駿　　乾隆二十八年

陳劍流《海南簡史》（頁八十四）：

　　　　陵水縣志（十卷）　　衛晞駿編　　乾隆二十八年

　　案：陳著十卷，未知所據何本，尚待方家查考。

楊德春《海南島古代簡史》（頁一六〇）：

　　　　陵水縣志（卷數未詳）　　清・衛晞駿編纂

　　　　乾隆二十八年(1763)　刻本

邢益森《海南鄉情攬勝》（寶島風姿錄・續集二・頁一〇

三）：　　　陵水縣志　十卷　　　衛晞駿修　　　曾日景纂

清乾隆四十三年(1778)　失

王會均《海南方志資料綜錄》（總目錄・頁三一）：

【乾隆】陵水縣志　　　清・衛晞駿修

乾隆四十三年(1778)　佚

清・衛晞駿修《乾隆　陵水縣志》，係清乾隆四十三年（戊戌）修成（未梓）。阮著：乾隆癸未（二十八年）、日人：小葉田淳、國人：杜定友、陳劍流、楊德春等著乾隆二十八年(1763)，似有舛誤，宜補正之。

(二)、修志始末

本《乾隆　陵水縣志》係衛晞駿氏，於清乾隆四十一年(1776)丙申秋，任陵水知縣倡修，越二年（亦就清乾隆四十三年）戊戌，始成是編（稿本），唯未梓也。依據衛晞駿〈重修原序〉（載《乾隆　陵水縣志》卷首），摘著其修志意旨及始末，以供方家參考。

首云：「國有史，省郡邑有志，省徵諸郡，郡徵諸邑，其足以不朽者，則附之史，是邑志者，省與郡之權輿，而史冊之根柢也。陵水居瓊郡之東南，舊隸珠崖，……至唐始有縣名，迄今千餘年矣。其間造物精氣之鍾，累朝教養之澤，當錄者應亦不少，何緊乎未有聞也。」

次云：「我朝康熙十二年，高公首標莅是邑，始有意乎此，公餘積所聞見，粗刓一冊，未及付梓去。越十五年，潘司馬廷侯攝纂，急就卷帙，殊寥寥然，紀什一於千百，俾後之人有所藉，手又未嘗不爲功也。」

復云：「夫人事迭興，英華漸溢，一邑之中，經二三十載，即有不勝書者，故續修之舉，極遲亦不過三紀。陵水自高公來，載逾九十，鉅典庋閣，無有人過而問者。歲乙未，余任文昌，適新輯郡志成，展閱之下，陵水事大少他邑，余竊怪之。」

再云：「次年夏，署崖州篆，過宿城中，縉紳見者，彬彬有士大夫風，書院掌教以課文示，亦多都雅者，閱其志則潘司馬所輯也。余曰：余自萬州來三十里，即牛嶺為此邑鎮，山氣勢盤紆古木轇轕，繞以大海原照備奇秀，而士夫又樸醇如此，何志之久不修也。」

又云：「比秋調任來，私幸有志可逑，乃留心採訪，二年始成編。邑小收錄者希，固不能頡頏，環瓊十二州邑之冊，而一再倍於高潘二公，將來國史或有采焉。其庶不至以寥寥，故盧而歸矣，抑余更有媿者。……」

末云：「……余籍陝，素見先民典型，縱自揣荒陋，亦不敢以此事讓人。但志乘貴簡質，而斯冊則冗長，不免蓋收葺難，斯不忍割舍者多也。且以見地雖瘴僻，實有可傳踵而增華，將以余所續為繼起，襲軒即供能者，竄削以作事多文省之助，是所望於邑紳士及後之蒞斯土者，是為序。」

(三)、纂者事略

按《乾隆　陵水縣志》，未見藏板，至未詳悉〈修志職名姓氏〉，亦無相關資料查考。僅著述其纂修者（陵水縣知縣）事略於次，以供方家參考。

衛晞駿，字卓少，號此苑，陝西省（同州）韓城縣人。清乾隆十九年(1754)甲戌科進士（二甲五十五名），由儀徵文昌（乾

隆四十年任）。於乾隆四十一年(1776)秋，調任陵水縣知縣，倡修邑志，越二年（戊戌）始成（稿本，未梓）。清乾隆四十五年(1780)庚子，見任興寧知縣，擢廣州府澳門同知。

衛氏才猷敏達，判決如流，每視事必坐堂，皇自胥吏以下，夾兩階而觀聽者數百人，摘伏發奸一時以為神。又博綜群書，為文證據今古，出入經史，尤工詩，時值花晨月夕，招書院生徒賦詩飲酒，時邑風雅未興，自公提倡後，士子翕然從風，在任七年，卒於省垣。

清・冀蘭泰《嘉慶　韓城縣續志》（卷三・續賢良傳・國朝）、張鶴齡《咸豐　興寧縣志》（卷之四・官師志・宦續），載有事略。

《道光　陵水縣志》六卷　首一卷　　清・曾燦奎修　甘家斌纂

清道光十五年(1835)　刻本（未見藏板）

案：疑似清・曾燦奎修、甘家斌纂《道光　隣水縣志》（四川）之誤

㈠、知見書目

小葉田淳《海南島史》（頁三〇五）：

陵水縣志　六卷（別冊一）　　曾燦奎

道光十四年

杜定友《廣東方志目錄》（頁十九）：

陵水縣志　六卷　　曾燦奎　　道光十四年

（戰前金陵有藏本）

陳劍流《海南簡史》（頁八五）：

陵水縣志（六卷）　　曾燦奎編　　道光十四年

李景新《廣東方志總目提要》（頁一二九）：

　　　陵水縣志　六卷　　曾燦奎纂修　　道光十四年

　　　金陵有藏本

黃蔭普《廣東文獻書目知見錄》（頁六三）：

　　　陵水縣志　六卷　　清‧甘家斌

　　　道光十五年(1835)刊本　　「北大」

朱士嘉《中國地方志綜錄》（冊二‧頁十四）：

　　　陵水縣志　六卷　首一卷　　曾燦奎纂修

　　　道光十四年　　金陵

邢益森《海南鄉情攬勝》（寶島風姿錄‧續集二‧頁一〇

四）：　　陵水縣志　六卷　　曾燦奎纂修

　　　清道光十五年(1835)　　北京大學圖書館

　　　附注：甘一作曾

王會均《海南方志資料綜錄》（總目錄‧頁三二）：

　　　〔道光〕陵水縣志　六卷　首一卷

　　　清‧曾燦奎修　甘家斌纂

　　　清道光十五年(1835)刊本

　　　案：二戰前，北京大學、金陵大學圖書館有藏板

（二）、曾志疑考

甲、就諸家方志書目著錄：《道光　隣水縣志》資料觀之，

諸如：　　《道光　隣水縣志》　六卷　首一卷

　　　清‧曾燦奎修　　甘家斌纂

　　　清道光十五年(1835)刻本

從上列資料析觀，除「書名」（類似）外，其卷數、修纂

人、刊版年次，則完全雷同，致誤認係《道光　陵水縣志》。

　　乙、依據〈修志職名〉資料顯示，於《道光　陵水縣志》（凡六卷、首一卷）未見藏板，其〈修志職名〉姓氏，無從查考。唯從《道光　隣水縣志》（重修縣志職名）窺之，並證諸相關資料，著述其修志者事略於次，以證其《道光　陵水縣志》，乃係《道光　隣水縣志》之誤。

　　纂修：甘家斌，字秩齋，四川（廣安州）隣水縣人。清乾隆五十八年(1793)癸丑科進士（三甲四四名），入詞林，官至大理寺卿。歷任翰林院庶吉士，刑部員外郎、考察院陝西道監察御史，內府工科、禮科掌印給中，內閣待讀學士、通政使司副使、太常寺少卿、光祿寺正卿、大理寺正卿署理順天府尹，巡視濟寧七省漕務、都察院稽察宗人府左翼宗教幫辦批本，丙子科順天鄉試監臨監放京城黃葛莊賑務。

　　總裁：計二人，係隣水縣知縣。其事略分述於次：

　　劉光第，直隸天津人。清道光十二年(1832)壬辰恩科進士（三甲八八名），於十三年任隣水知縣。居心仁厚，無枉法冤民，舉止從容，有純儒氣度，邑人頌「恭寬敏惠」匾。

　　甘家斌《道光　隣水縣志》（卷之四，職官志・政績・知縣・國朝），載有事略。

　　曾燦奎，字聚五，號星垣，貴州省（貴陽府）貴筑縣（今貴陽縣）人（其先江西人）。清嘉慶十八年(1813)癸酉科舉人，歷官四川省屏山、永灘、榮昌、開縣、隣水縣知縣（道光十四年任），攝懋功同知，以疾歸里，卒於家。

　　燦奎性豪爽，重然諾，急人之急，而自奉甚約。書法似黃庭堅，人得其片紙，皆珍藏之。

參訂：計三人，係隣水縣教諭、典史，其事略如次：

冉思儒，字鼎山，四川江津人。嘉慶庚申副貢，隣水縣教諭，道光十四年(1834)任。

吳映敏，字雨橋，四川崇寧人。廩貢，隣水縣教諭，道光十四年(1834)任。

李　鏵，河南祥符人，隣水縣典史。

綜窺《道光　隣水縣志》（重修縣志職名），除纂修、總裁、參訂外，尚有校正十一人、分校六人，總理經修三人、採輯六人、校對五人、協辦十一人，編次、繕寫各一人、梓人二人。從地緣關係言之，參與修志事務者，非「隣水縣」知縣、教諭、典史，便是地方耆碩、縉紳、生員，而與海南「陵水縣」毫無政教或地緣關係。於是顯見，清‧曾燦奎修、甘家斌纂《道光　陵水縣志》，疑似《道光　隣水縣志》之誤也。

康熙修本

《康熙　陵水縣志》不分卷　　高首標纂修　　潘廷侯訂補

清康熙二十七年(1688)　刻本

1 冊　有圖表　25 公分　線裝

(一)、知見書目

阮　元《道光　廣東通志》（卷一百九十二‧藝文略四）：

陵水縣志　　國朝‧潘廷侯修　未見

康熙戊辰　　序載瞿志

案：康熙戊辰，係康熙二十七年(1688)。

瞿志，係指瞿雲魁修《乾隆　陵水縣志》。

道光《陵水縣志》書影
孫逸仙圖書館藏板

江　瀚《故宮方志目》（頁七十三）：

　　陵水縣志　　清·潘廷侯纂修

　　康熙二十七年刻本　一冊

小葉田淳《海南島史》（頁三〇五）：

　　陵水縣志　　潘廷侯

　　康熙二十七年

杜定友《廣東方志目錄》（頁十九）：

　　陵水縣志　　潘廷侯

　　康熙三十七年　一冊　存

　　抄本（戰前北平故宮有藏本）

　　　案：杜著此志，康熙三十七年修，似有舛錯。

陳劍流《海南簡史》（頁八十三）：

　　　　陵水縣志（十卷）　　　潘廷侯編

　　　　康熙二十七年

　　　案：是志（不分卷），陳著（十卷），未知所據何

　　　　本，尚待方家查考。

　　李景新《廣東方志總目提要》（頁一二九）：

　　　　陵水縣志　不分卷　　　潘廷侯纂修

　　　　康熙二十七年

　　　　　　　國立北平圖書館傳鈔本　　故宮亦有藏本

　　黃蔭普《廣東文獻書目知見錄》（頁六十三）：

　　　　陵水縣志　　清・潘廷侯

　　　　康熙二十七年(1688)　修

　　　　傳鈔本　　北京　廣東

　　　　油印本（一九五七年）　　杭大

　　朱士嘉《中國地方志綜錄》（冊二・頁十四）：

　　　　陵水縣志　不分卷　　　潘廷侯纂修

　　　　康熙二十七年　　故宮　　北平（傳鈔本）

　　中國科學院北京天文臺《中國地方志聯合目錄》（頁七〇

　四）：　　【康熙】陵水縣志　不分卷

　　　　　　　清・高首標纂修　　潘廷侯訂補

　　　　　　　清康熙二十七年(1688)刻本　　故宮

　　　　　　　抄　本　　北京　湖北　廣東

　　　　　　　油印本（一九五七年　廣東省中山圖書館）

　　　　　　　　首都　川大（共五十六館庋藏）

　　張世泰《館藏廣東地方志目錄》（頁一五五）：

　　　　〔康熙〕陵水縣志　不分卷　　　清・潘廷侯纂修

清康熙二十七年(1688)刻本　未入藏

民國年間抄本　一冊　線裝　K/7.96/3[2]

1957年本館油印本　一冊　線裝　K/7.96/3[3]

楊德春《海南島古代簡史》（頁一五九）：

《陵水縣志》　不分卷　　清・潘廷侯等編纂

康熙二十七年(1688)刻本　　中山圖書館藏

王志斌《館藏海南文獻資料目錄》（頁六十四）：

〔康熙〕陵水縣志　不分卷　　清・高首標纂修

廣州：廣東中山圖書館油印　1957

線裝　1冊　E24/33（古）

邢益森《海南鄉情攬勝》（寶島風姿錄・續集二・頁一〇

三）：　陵水縣志　　潘廷侯　　清康熙二十七年(1688)

廣東中山圖書館等藏

附注：據《高志》訂補

王會均《海南方志資料綜錄》（總目錄・頁三一）：

〔康熙〕陵水縣志　不分卷

清・高首標纂修　　潘廷侯訂補

清康熙二十七年(1688)修　刻本

傳鈔本（年次及母本未詳）

油印本（一九五七年　廣東省中山圖書館）

(二)、修志始末

本《康熙　陵水縣志》，係遵奉憲檄敕修，陵水縣知縣（清康熙十年任）高首標始修，清康熙十二年(1673)癸丑定稿，未梓而去任。於清康熙二十七年(1688)戊辰，瓊州府海防清軍糧捕撫

黎同知（奉政大夫）潘廷侯氏，奉攝陵水縣事，予以訂補梨棗。

　　依據清康熙二十七年(1688)戊辰季夏，潘廷侯〈重修陵水縣誌序〉云：「陵邑原未有誌，有之自前令高首標始，歷今又拾有伍季矣。雖方域猶常，山川如故，而民風土俗戶口錢糧寧無臧否，增減於其間。且兵防之建設有殊，海黎之叛順毋同，即秩官人物公署壇廟之類不無少異，倘非隨時紀載，何以克備採覽。」

　　次云：「侯於戊辰春，奉攝縣事，履任方新，修誌檄下，退食之餘，輒耴高令所纂之志，而詳閱之，其亥豕之訛，與魯亳之失者，較之郡誌，合之訪求，不啻什佰已也。」

　　末云：「侯以事關鉅典，敢不殫精畢慮，以襄厥成。於是闕者補之，繁者刪之，訛者正之，略者詳之，字句之含糊者發明之，去耴損益之際要，皆見聞所真確，並未敢以己意而亂成憲，凡有搜羅不盡者，尚俟後之君子，是為序。」

　　綜觀清康熙十二年(1673)癸丑高首標〈纂輯陵水縣誌序〉，暨清康熙二十七年(1688)戊辰潘廷侯〈重修陵水縣誌序〉，是《康熙　陵水縣志》，係奉檄敕修，其纂輯緣由與意旨，歷程與始末，諸端大略如斯也。

㈢、纂者事略

　　按《康熙　陵水縣志》，未載〈修志職名姓氏〉，其參與修志事務者，亦無相關佐證資料，實難以查考。除陵水縣知縣高首標氏事略，已於「待訪志書」（頁八八五～八八六）中著述外，關於潘廷侯氏，概述里籍及事略於次，以供方家參考。

　　潘廷候，字次公，遼寧襄平（今遼陽縣）人（正黃旗人）。清康熙二年(1663)癸卯科舉人，清康熙二十五年(1686)任瓊州府

（海防清軍糧捕撫黎）同知，歷署瓊山（康熙二十五年丙寅）、陵水（康熙二十七年戊辰）縣事，敕修兩邑志乘，士林重之。

四、志書內容

高首標纂修、潘廷侯訂補《康熙　陵水縣志》（不分卷），除首載高、潘之序外，其主要內容，計分門十二志，列目五十有八，依〈陵水縣志目錄〉，臚著於次，以供查考。

輿圖志

　　繪境內疆域圖

沿革志

地理志

　　星野　　疆域　　形勝　　附八景　　氣候　　　附風候、潮候

　　山川　　水利　　鄉都　　風俗　　　附節序　　土產

建置志

　　城池　　公署　　壇祠　　寺觀　　　舖舍　　橋渡　　墟市

　　坊表　　古蹟　　墳墓

賦役志

　　戶口　　土田　　科則　　錢糧　　　雜稅

學校志

　　縣學　　講約　　名宦祠、鄉賢祠　　　社學久廢

　　義學未設　　書院未設

兵防志

　　兵官　　兵制　　營兵　　黎兵無額　　兵餉　　營寨　　兵器

海黎志

　　海防　　海寇　　平黎　　黎情　　生黎　　熟黎　　諸黎村峒

獄官志（正文，作：秩官志）

　　監司　**分巡道**　知縣　主簿　典史　教職　教諭　訓導
　　武職
人物志
　　諸科　鄉科　甲科　歲貢　恩貢　拔貢　例監　封蔭
　　名宦　鄉賢　列女
藝文志
　　傳　文（內文缺）　記　序
雜　志　災異（內文作：災異志）

㈤、修志體例

　　本《康熙　陵水縣志》，係奉檄敕修，初由知縣高首標氏始
修，於清康熙十二年(1673)癸丑定稿（未梓）。續由瓊州府（海
防清軍糧捕撫黎）同知潘廷侯氏，於清康熙二十七年(1688)戊辰
春，奉攝署理陵水縣事，就其前令高氏所纂「稿本」，仍沿「志
稿」義例，詳加審閱釐核，訂校增補，同歲季夏月竣事，而付諸
剞劂矣。

　　按《康熙　陵水縣志》（不分卷），正文內容，計分：門有
十二（志），列目五十有八。是志（梓本）雖無〈修志凡例〉稽
考，惟從〈內容目錄〉析窺，其修志義例，係採「分志體」，亦
就「按類分目法」也。

　　潘廷侯《康熙　陵水縣志》（訂補）所繫邑事，仍沿續清康
熙十二年(1673)癸丑，高首標氏「舊志稿本」之後，此十五年間，
舉凡：民風、土俗、戶口、錢糧之增減，兵防建設之有殊，海黎
叛順之毋同，就秩官、人物、公署、壇廟之類莫無少異，一切

「舊志稿本」所未載者，悉心訪求審定而訂補，務期刪偽存真，足以信今而傳後焉。

　　是《康熙　陵水縣志》（潘廷侯訂補），所誌陵水事物，係以明末清初（康熙二十四年前），較為翔實。其紀事斷限年代，最遲止於清康熙何年，根據各項文獻資料刊載，分著於次：

　　就金恩輝《中國地方志總目提要》（中冊·廣東省· 19 — 86頁）載：〔康熙〕陵水縣志　清·高首標纂修、潘廷侯訂補。康熙二十七年刊，記事止於二十四年(1685)乙丑。誠列《康熙陵水縣志》紀事如次：

地理志·山川：

　　山類·大小牛頭嶺，縣東北三十里，臨海，兩山對峙如牛，……康熙二十四年，知縣楊來鳳復平治之，如履坦道。

　　川類·加攝河，縣東北三十里，……康熙二十四年（乙丑），知縣楊來鳳復造舡二隻，以便來往。

兵防志·兵制：

　　營兵·三百名，守城防海。……康熙二十四年內，又裁汰四十三名，今實存二百零二名。

　　從清·高首標纂修、潘廷侯訂補《康熙　陵水縣志》（不分卷），康熙二十七年(1688)戊辰（潘序）刻本，於「正文」（內容）載：

秩官志·知縣·國朝（清）：（最末二人）

　　　　楊　楠　四川舉人

　　　　安國璽　山西平陽府蒲州人

人物志·列女：

　　　　陳氏，生員陳兆鼎之妹，年十六適王造龍為妻，踰年
　　　　夫亡，氏殯殮方完，即捐軀自縊，此崇禎年間事也。
　　　　康熙戊辰孟夏，通學舉報攝縣事本府同知潘廷侯為文
　　　　祭之，立匾於門。

　　案：康熙戊辰，亦就清康熙二十七年(1688)。

　　依清・瞿雲魁修、蔡　群纂《乾隆　陵水縣志》（卷之五・
職官志・文職・知縣・清），明　誼修、張岳崧纂《道光　瓊州
府志》（卷之二十四・職官志二・文職下・國朝・陵水縣・知
縣）載：楊　楠　四川內江　舉人　二十七年任（康熙）
　　　　　安國璽　山西蒲州　監生　二十九年任（康熙）

　　綜窺《乾隆　陵水縣志》，暨《道光　瓊州府志》所載之佐
證資料，是志斷限年次，似非止於清康熙二十四年(1685)乙丑，
亦非止於清康熙二十七年(1688)戊辰，更有紀事遲至清康熙二十
九年(1690)庚午。然清・高首標纂修、潘廷侯訂補《康熙　陵水
縣志》（不分卷），乃清康熙二十七年(1688)付梓（潘序），誠
亦置疑，尚待方家查考。

(六)、刊版年代

　　按《康熙　陵水縣志》修梓年代，依各方志書目資料，是志
係陵水縣知縣高首標氏，於清康熙十二年(1673)癸丑修成（定稿
未梓，去任北渡）。迨清康熙二十七年(1688)戊辰，續出瓊州府
同知潘廷侯氏，奉署陵水縣事，就高氏「舊志稿本」訂補付梓。

　　潘廷侯訂補《陵水縣志》「油印本」（不分卷），線裝乙冊
（計四十二頁，雙面）。書高二十六・五公分、寬一十六・二公
分，版心單邊。楷體字（鋼板手書油印），注分雙行。目錄、正

文頁首行暨版心，皆題《陵水縣志》。書末（四十二頁末行）下方，署著「一九五七年十二月廣東省中山圖書館復製」（二行，每行九字）。

是《康熙　陵水縣志》「油印本」，除缺〈輿圖志〉（繪境內疆域圖）外，餘如：高首標〈纂輯陵水縣誌序〉（康熙十二年）、潘廷侯〈重修陵水縣誌序〉（康熙戊辰季夏）、〈目錄〉及「內文」，每半葉十三行，每行最多不超過二十字。

海南師範學院圖書館藏板「油印本」（一九五七年十二月，廣東省中山圖書館復製），首頁高首標〈纂輯陵水縣誌序〉，第二至四行（上方書眉）原記018279號（橫線劃之），在第八至十行（上方書眉）登錄：32856。於二頁之第五至八行（上方書眉），蓋有「海南師範專科學校圖書館」（簡體字）圓章（有邊，直徑四公分）乙枚。

臺北：海南文獻史料研究室（私人藏書）藏板「影印本」（二〇〇三年八月，據海南師範學院圖書館藏「油印本」影印），平裝乙冊（十六開本），書高二十六公分、寬一十七公分。於書前牌記，右行上署「康熙二十七年」，左行下著「一九五七年十二月廣東省中山圖書館復製」（分二行，每行九字），中行暨封面大書《陵水縣志》（楷體字）。在書前牌記中行《陵水縣志》下方，蓋有「海南文獻史料研究室藏書章」（篆字，陽文）方章（框邊，每邊二‧五公分）乙枚（分三行，每行四字）。首頁（首行）〈纂輯陵水縣誌序〉（康熙十二年）下方與高首標上方，亦蓋有「海南文物史料研究室章」（篆字，陽文）橢圓章（長三‧五公分，寬一‧五公分，框邊）乙枚（分二行，每行五字）。書末注記「92.10.01 Taipei裝訂」，並加蓋「和怡書

屋」（長四・二公分、寬二・五公分），暨「王會均印」（長四・四公分、寬三・五公分）橢圓章各乙枚（篆文，陰文）。

　　潘廷侯《康熙　陵水縣志》（訂補），雖有「梓本」（原刻本）、「抄本」（傳鈔本），唯流傳欠廣，藏板稀尠。於今所見傳本，乃一九五七年（丁酉），廣東中山圖書館「油印本」（鋼板手書油印），廣傳於世。依刊版年代，分著於次：

原刻本　清康熙二十七年(1688)刊本
　中國：故宮（一冊）

傳鈔本（年次及母本未詳）　抄本（一冊）
　中國：北京　湖北　廣東（署作：民國年間抄本）

油印本　一九五七年廣東省中山圖書館油印本（一冊）
　中國：首都　科學　文物　歷博　民宮　北大　上海
　　　　南開　復旦　吉林　青海　山東　杭大　南京
　　　　甘肅　湖北　四川　川大　安大　安徽　廈大
　　　　廣東　中大　鄭大　海南師院（計五十七單位）

影印本　民國九十二年(2003)九月　　影本（一冊）
　　　　　（據海南師範學院圖書館藏板）
　臺灣：國立臺灣圖書館
　　　　臺北市・海南文獻史料研究室（私人藏板）

康熙《陵水縣志》書影
廣東省中山圖書館油印本

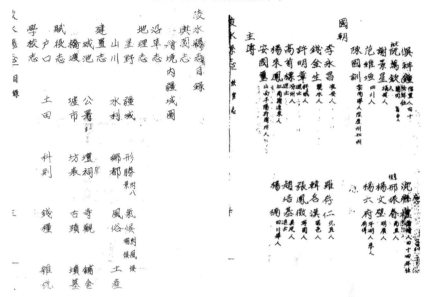

乾隆修本

《乾隆　陵水縣志》十卷　　清・瞿雲魁修　　蔡　群纂

清乾隆五十七年(1792)　刻本

6 冊　有圖表　24.5 公分　線裝

(一)、知見書目

阮　元《道光　廣東通志》（卷一百九十二・藝文略四）：

　　陵水縣志　　清・瞿雲魁修　　蔡　群輯　存

　　乾隆壬子　　群時任教諭

　　案：乾隆壬子，係清高宗乾隆五十七年(1792)。

江　瀚《故宮方志目》（頁七十三）：

　　　　陵水縣志　十卷　　清・瞿雲魁纂修

　　　　乾隆五十七年刻本　四冊

小葉田淳《海南島史》（頁三〇五）：

　　　　陵水縣志　一〇卷　　瞿雲魁

　　　　乾隆五十七年　存

杜定友《廣東方志目錄》（頁十九）：

　　　　陵水縣志　一〇卷　　瞿雲魁　乾隆五十七年

　　　　存（戰前東方、故宮有藏本）

陳劍流《海南簡史》（頁八十四）：

　　　　陵水縣志（十卷）　　瞿雲魁編　乾隆五十七年

李景新《廣東方志總目提要》（頁一二九）：

　　　　陵水縣志　十卷　　瞿雲魁纂修

　　　　乾隆五十七年　　東方、故宮均有藏本

黃蔭普《廣東文獻書目知見錄》（頁六十三）：

　　　　陵水縣志　十卷　　清・瞿雲魁

　　　　乾隆五十七年(1792)刊本　　故宮

朱士嘉《中國地方志綜錄》（冊二・頁十四）：

　　　　陵水縣志　十卷　　瞿雲魁纂修

　　　　乾隆五十七年　東方　　故宮

中國科學院北京天文臺《中國地方志聯合目錄》（頁七〇四）：　　　【乾隆】陵水縣志　十卷　　清・瞿雲魁纂修

　　　　清乾隆五十七年(1792)刻本

　　　　北京　　故宮　　天津　　科學（膠卷）

　　　　抄本　　廣東

張世泰《館藏廣東地方志目錄》（頁一五六）：

　　　　〔乾隆〕陵水縣志　十卷　　清‧瞿雲魁纂修

　　　　清乾隆五十七年(1972)刻本　未入藏

　　　　一九五八年　廣東省中山圖書館抄本

　　　　4冊　線裝　K/7.96/5[2]

楊德春《海南島古代簡史》（頁一六〇）：

　　　　《陵水縣志》　十卷　　瞿雲魁　蔡　群等編纂

　　　　乾隆五十七年(1972)刻本　　中山圖書館藏

王志斌《館藏海南文獻資料目錄》（頁六十四）：

　　　　〔乾隆〕陵水縣志　十卷　　清‧瞿雲魁纂修

　　　　廣州：影印清乾隆五十七年刻本

　　　　線裝　6冊　E24/33（古）

邢益森《海南鄉情攬勝》（寶島風姿錄‧續集二‧頁一〇
四）：　　陵水縣志　十卷　　瞿雲魁

　　　　清乾隆五十七年(1792)

　　　　北京圖書館等單位收藏

　　　　附注：廣東中山圖書館有傳抄本

王會均《海南方志資料綜錄》（總目錄‧頁三一）：

　　　　〔乾隆〕陵水縣志　十卷　　瞿雲魁修　　蔡群纂

　　　　清乾隆五十七年(1792)　刻本

　　　　抄本（年次未詳）　　廣東省中山圖書館藏

㈡、修志始末

　　按《乾隆　陵水縣志》，係知縣瞿雲魁氏，就前令衛晞駿所
纂「稿本」（未刊）增補，於清高宗乾隆五十七年(1792)壬子仲

秋付梓。

　　依據清乾隆五十七年八月上澣，廣東承宣布政使司布政使許祖京〈重修陵水縣志序〉云：「……凡疆理之改更，民居之聚散，土物之登耗，紀載闕焉，其軼附見通志而已，陵居邊遠，於瓊一緊邑也。……」

　　次云：「……國朝德威，南暨百五十年，恬海無氛，生黎憬化，編氓生聚，庶草蕃廡，而且人倚筆峰之秀，舟通桐港之津，和親康阜宜爲一書。而佚事遺聞，載加蒐輯，俾有善本以備采風，亦今日修明所有務也。」

　　末云：「康熙間志有高、潘舊本，言簡而事賅，衛令晞駿續增之，條目爲十，稿漸散失，瞿君雲魁之任，日取而補之正之，錄副本請序于余。今制陵以海疆烟瘴，令秩滿二年半，調內侯遷，今瞿君能以修志自任，可謂當務之急，則必其講求於弭盜源輯，黎情而以撫柔，我陵民可知也。爰舉其要，弁之卷端。」

　　次據清隆五十七年壬子仲秋，廣東分巡雷瓊道俞廷垣〈陵水縣志序〉云：「……瓊地僻居海外，而陵水尤爲蕞爾，邑以九州之輿圖視之，直猶馬體之一毛耳。然亦自有山川土田焉，風俗人物屬，戶口道里貢賦政治焉，我上聲教四訖，愷澤覃敷，凡海隅出日之鄉，罔不在韋冒之中而不遺於瓊，寧遺於陵耶。夫儒者學古入官，以文爲仕，亦即以文爲政耳。則是志纂修之後，而一邑中之風土人情，固已展卷而了然矣。……」

　　又云：「……俾後之人睹英才之蔚起，則曰此某邑宰之所作養也。思善政之留貽，則曰此某邑宰之所創舉也。撫戶口之殷繁，則曰此某邑宰之所生聚也。覽民人之熙穰，則曰此某邑宰之所安全也。則吾於此更不能無厚望焉，他日輶軒博採，即進而陳

諸太史，以備天祿石渠之選，則是邑志也，安在不與百代之國史而俱傳乎！余故因賢邑宰之請，而樂以數言，弁厥簡端，是爲序。」

復據清乾隆五十七年壬子仲秋，瓊州府知府葉汝蘭〈陵水縣志序〉云：「……瓊郡居極南之地，孤懸海外，領州三、領縣十，星羅棊布，不可謂非一大府會也。今季秋，余來守此邦，首縣瓊山以府志呈，取而閱之，其書已數十年矣。比詢及各州縣，僉曰有志者十不遑七八，可再者卒不得一貳，蓋闕爲不講亦已久矣。閱一月而陵水瞿令雲魁，因公晉謁，袖其重修縣志，而乞序於余，予亟嘉賢邑宰之勤於文治，而并喜彼都人士之能相與有成也，遂允其請。……」

又云：「……陵水縣始置於唐武德五年，其命名之意無可考，總之不離乎山與海者，近是瞿令因前令衛志重加搜羅，雖不可謂事增於後，文省於前，方駕廬陵。而記事之文，寧樸毋華，寧拙無巧，亦足以信今而傳後，……瞿令眞樂爲其難者哉，顧余尤有望焉。陵水東南至海，西北至黎岡，黎於今雖再肅帖，而防衛之法不可不預，前之人平黎有條，撫黎有議，既備較是編，尚不時披覽，因文見義，斟酌變通，以盡其宜，牽毋照爲陳言高庋一閣，則是志之成，其爲功不更偉歟。」

末據清乾隆五十七年壬子仲秋，知陵水縣事瞿雲魁（北平）〈續纂陵水縣志序〉云：「……陵邑之志，前令衛君曾就舊刻，重加考訂廣而增之，分其目爲十，曰地輿、……曰雜志，條分縷晰，上自分野躔度之差，下迄地理人事之宜，中及古今沿革之異，使閱者瞭如指掌，較之潘司馬之舊刻寥寥卷帙，斯誠堪稱美備，可備太史輶軒之採矣。乃當志書告成之日，適衛君瓜期已

及，欲付剞劂而未遑，遂手錄一冊悵然以去，於今已越十四年矣。」

又云：「余於上冬承乏斯土，……公餘展閱衛君所修之志，見前後散失已去其十之二三，若遲之又久，并此亦將飽蠹魚之腹，不幾泯沒不傳乎！是則續纂之舉，非余之責而誰責耶。然而深為慮載筆之事，非率爾搽觚所能任，余他日未嘗學問，今茲續纂斯志，知不免於貽譏大雅，亦惟是即衛君之篇目，補苴其罅漏，釐正其亥豕，更於十餘年中，人事之廢興，政治之損益，諮訪以載之，其有考覈不真者，則仍從其闕焉，未敢執一己之見，以沒前人著作之苦心也。」

末云：「竊幸邑之中，政事甚簡，余得殫精畢慮，參互考訂，數月間志已衰然成帙，爰付剞劂以成衛君之志，是為序。」

綜窺諸序，其修志之緣由及意旨，歷程及始末，數端大略如斯矣。

㈢、纂者事略

本《乾隆　陵水縣志》，依〈修志姓氏〉、〈修志銜名〉載，參與各項修志事務者，共有四十人。分著於次，以供查考。

鑒定：計三人，其姓氏里籍及事略，分別著述於次：

許祖京，字依之，號春巖，浙江省（湖州府）德清縣人。清乾隆三十四年(1769)己丑科進士（二甲三〇名），授內閣中書，擢侍讀，充《一統志》纂修官。又修《西域圖志》、《西域同文錄》、《勝朝殉臣錄》，皆一手成之。充四川鄉試正考官，清乾隆五十年(1785)乙巳，陞廣東布政使。以告養親歸，丁艱後不復出，著有《書經述》。

許宗彥〈行狀〉、宗源瀚《同治　湖州府志》（卷七十三・人物傳・政績三）、吳翯泉《民國　德清縣志》（卷八・人物二・名業），載有事略。

俞廷垣，字之琰，直隸（今河北）清苑縣人。清乾隆三十四年(1769)己丑科進士（三甲八十八名），清乾隆五十五年(1790)庚戌，任廣東分巡雷瓊道（亦就分巡海南道）。

案：文史哲《明清進士題名碑錄索引》（題名：俞之琰），金良驥《民國　清苑縣志》（卷二・教・科第表・清代・進士・名作：俞之炎）。

葉汝蘭，字香浦，號退庵，直隸（今河北）滄州（今滄縣）人。清乾隆四十二年(1777)丁酉科拔貢，於乾隆五十七年(1792)任瓊州府知府，後擢戶部郎中，改京秩後，買宅海波市街（朱彝尊古藤舊居）隱居。汝蘭操守堅定，非義無所取，平生致力於學，工書法，臨摹聖教序至數十過，其為詩格律謹嚴。

張　坪《民國　滄縣志》（卷之八・人物・賢能），有傳。

纂修：計一人，其姓氏、里籍、事略，著述於次：

瞿雲魁，字屺瞻，直隸（今河北）順天（今北平）籍，江蘇省陽湖縣（今武進縣）人。考職，清高宗乾隆五十六年(1791)辛亥，由廣東保昌（今南雄）縣丞，升任陵水縣知縣。

分纂：計六人，其姓氏、里籍、事略，分著於次：

呂　本，廣東省鶴山縣人。副榜，清高宗乾隆五十四年(1789)己酉，任陵水縣教諭，分纂邑志。

蔡　群，廣東商籍（德慶縣），浙江省德清縣人。德慶拔貢，清乾隆五十七年(1792)壬子，任陵水縣教諭，分纂邑志。

邱學裕，浙江省鄞縣人。生員，分纂邑志。

倪德慧，浙江省會稽縣人。生員，分纂邑志。

蔡如綸，浙江德清縣人。生員，分纂邑志。

瞿步蟾，直隸順天籍（今北平），江蘇省陽湖（今武進）縣人。監生，分纂邑志。

採輯：依〈修志姓氏〉載有十人，而〈修志銜名〉亦載有十人。內中相同者六人，實有十四人，分述於次，以供查考。

曾日景，本縣人。清高宗乾隆三十三年(1768)戊子科順天榜舉人，授直隸（今河北）保定縣知縣，現告終養。

黃際隆，本縣人。縣學恩貢，增城教諭。

曾化雨，本縣人，侯選訓導。

曾日靖，本縣人，縣學歲貢，電白訓導。

鄭之琁，本縣人，監生。

黃際昌，本縣人，貢生。

　　以上六人，於〈修志姓氏〉、〈修志銜名〉俱載。

林騰宵，本縣人，職員。

廖振文，本縣人，生員。

林　楓，本縣人，生員。

梁士元，本縣人，監生。

　　以上四人，於〈修志姓氏〉有載。

曾明淵，本縣人，縣學歲貢。

曾明曠，本縣人，廩貢生。

劉文郁，本縣人，縣學歲貢。

王大士，本縣人，增生。

　　以上四人，於〈修志銜名〉有載。

繕書：依〈修志姓氏〉載有四人，而〈修志銜名〉亦載四

人。內有相同者三人，實有五人，參與繕書事務，分述於次：

　　張玉桂，本縣人，生員。

　　庾友信，本縣人，縣學恩貢。

　　汪振緯，本縣人，縣學歲貢。

　　　　以上三人，於〈修志姓氏〉、〈修志銜名〉俱載。

　　葉文煥，本縣人，生員（於〈修志姓氏〉載）。

　　汪振綱，本縣人，童生（於〈修志銜名〉載）。

　　校對：依〈修志銜名〉載，計六人，分述於次，以供參考。

　　王明文，本縣人，縣學歲貢。

　　廖振文，本縣人，廩生。

　　黃際泰，本縣人，生員。

　　林　楓，本縣人，生員。

　　陳元凱，本縣人，監生。

　　梁士元，本縣人，監生。

　　監刻：依〈修志姓氏〉載有五人，而〈修志銜名〉只載三人，其中相同者三人，實為五人，分述於次，以供查考。

　　白應元，直隸（今河北）阜平縣人。萬州龍滾司巡檢，代理陵水縣寶停司巡檢。

　　施紹曾，浙江省會稽縣人。寶停司巡檢，清高宗乾隆五十九年(1794)甲寅任。

　　　案：施紹曾，於《道光　瓊州府志》（卷之二十四·職官志二·文職下），作：施紹增。

　　李耀瑄，浙江省山陰縣人。監生，陵水縣典史，清乾隆五十七年(1792)壬子任。

　　　　以上三人，於〈修志姓氏〉、〈修志銜名〉俱載。

劉○彬，本縣人，生員。

陳元凱，本縣人，監生。

　　以上二人，於〈修志姓氏〉載，〈修志銜名〉未載。

　　綜就〈修志姓氏〉、〈修志姓氏〉窺之，兩者重載人數不少，然實際上，參與各項修志事務者，計：監定三人、纂修一人、分纂六人、採輯十四人、繕書五人、核對六人、監刻五人，共四十人。於是顯見，此次修志，殊受官紳重視。

四、志書內容

　　瞿雲魁纂修《乾隆　陵水縣志》，凡十卷，計分門十志，列目有五十，除首載：許祖京〈重修陵水縣志序〉、俞廷垣〈陵水縣志序〉、葉汝蘭〈陵水縣志序〉、瞿雲魁〈續纂陵水縣志序〉、高首標〈原序〉、潘廷侯〈原序〉、衛晞駿〈重修原序〉，暨〈修志姓氏〉、〈修志銜名〉外，其正文內容，就〈陵水縣志目錄〉，依卷之次第，臚著於次，以供查考。

地輿志　卷之一

　　輿圖　星野　沿革　疆域　山川　八景附　都圖　物產

　　風俗　氣候　風候、潮候附

建置志　卷之二

　　城池　公署　學校　橋樑　井渡附　坊表

田賦志　卷之三

　　戶口　土田　科則　錢糧　積貯　鹽課　雜稅

祠祀志　卷之四

　　壇廟　寺祠附

職官志　卷之五

　文職　武職　武功、兵制、兵餉、屯田、營汛附

人物志　卷之六

　列傳　孝友　儒林　列女　名宦

選舉志　卷之七

　進士　鄉舉　徵辟　封廕　武科　貢選　捐職　例監

海黎志　卷之八

　防海　海寇　土寇附　邊海外番　黎岐情形　平黎、

撫黎、條議附

藝文志　卷之九

　賦　　記　　序　　文　　詩

雜　志　卷之十

　古蹟　遺事　仙釋　方伎　物異

㈤、修志體例

　　按《乾隆　陵水縣志》，雖無修志〈凡例〉（條文），可資查考，惟從清乾隆五十七年(1792)壬子，廣東承宣布政使司布政使許祖京〈重修陵水縣志序〉、廣東分巡雷瓊道俞廷垣〈陵水縣志序〉、瓊州府知府葉汝蘭〈陵水縣志序〉、知陵水縣事瞿雲魁〈續纂陵水縣志序〉析窺，是志係以前令衛志，重加搜羅，偏者正之，闕者補之，弊者救之，澆者渢之，醇者培之，沐浴涵濡，以底於有成，豈僅文獻之有徵已哉。

　　次就《乾隆　陵水縣志》（目錄、內容）觀之，是志凡十卷，分門為十志、列目有五十，條清縷晰，是以類聚，以群分也。其修志體裁，仍仿前令衛志義例，係採「分志體」，亦就是「按類分目法」也。

　　夫志之所繫「陵水縣」事，各門目多紀自宋、元二代，迄於清季中葉，以乾隆朝紀事較為翔實而富美矣。其斷限年代，各條目略有不同，但最遲止於清乾隆五十七年(1792)壬子。茲依門目、卷第，臚著於次，以供查考。

　　建置志（卷之二）：

公署‧縣署：國朝……乾隆五十七年，知縣瞿雲魁修大門、
　　　　　　儀門及甬道。改建土地祠，於大門內之左。

學校‧儒學：國朝……乾隆五十七年，知縣瞿雲魁，重修明
　　　　　　倫堂。

順湖書院：在城東，國朝……乾隆五十七年，知縣瞿雲魁為
　　　　　　之清理，每年僅有租錢五十八千九百四十文，其
　　　　　　餘園地亦皆荒蕪……。

橋梁‧大河渡：在城北里許，即博古渡。國朝乾隆五十七
　　　　　　年，知縣瞿雲魁修造渡船二隻，清查渡產、
　　　　　　券卷、鈐印存縣。

坊表‧養濟院：在城北門外，國朝乾隆三十二年，知縣陳名
　　　　　　儉捐建，收養孤貧。乾隆五十七年，知縣瞿
　　　　　　雲魁重修，有記載藝文志。

　　田賦志（卷之三）戶口：

國朝：乾隆四十年起至五十七年止，新增滋生人丁
　　　口四萬九千六百八十三（欽奉　恩詔永不加
　　　賦）。

　　　又乾隆三十七年起至五十七年止，新增滋生
　　　屯丁三百八十四（欽奉　恩詔永不加賦）。

　　祠祀志（卷之四）壇廟（寺祠附）：

文昌閣：三，一在北門外，國朝乾隆五十七年，知縣瞿雲魁
　　　　重修。一在東門外，一在南門外。

城隍廟：在北門內，明萬曆十年知縣周文仲建，……國朝乾
　　　　隆五十七年知縣瞿雲魁重修。

關帝廟：在海南道舊址，國朝康熙中知縣李　聘告歸，邑民
　　　　欲為立生祠，聘令以其村修廟。乾隆五十七年知縣
　　　　瞿雲魁重修，後有三寶殿同時修。

龍王廟：三，一在城南，國朝乾隆五十七年知縣瞿雲魁重
　　　　建，內有部主廟，一在赤嶺。

真武廟：在北門城樓，國朝乾隆四十六年建，五十七年重
　　　　修。

觀音廟：在城隍廟右，舊為縣鄉約所，國朝乾隆五十七年，
　　　　知縣瞿雲魁重修。

潘公祠：祀明知縣潘　瀾，國朝乾隆十六年知縣張　暐建，
　　　　後祠倒塌，五十七年知縣瞿雲魁重建，……。

汪鄭二公祠：在明倫堂側祀，……乾隆五十七年知縣瞿雲魁
　　　　重修。

㈥、刊版年代

　　清·瞿雲魁《乾隆　陵水縣志》，在中國文教機構珍藏「原
刻本」計有三部，分由北京圖書館（今改名：國家圖書館）、故
宮博物院圖書館、天津市人民圖書館（依據清乾隆五十七年刻
本，攝製「微捲片」乙捲，以利流傳閱覽）庋藏，彌足珍貴，視
同瑰寶耶。

　　本《乾隆　陵水縣志》，凡十卷，線裝六冊，前有：序（四

篇）、原序（三篇），修志姓氏、修志銜名，目錄。原刻本，書
高二十四・五公分、寬十七・五公分，版框高二十一・五公分、
寬十五公分，白口，上魚尾，四周雙邊。正文每半葉九行，行二
十一字，注分雙行，仿宋體字。各卷首行暨版心題名《陵水縣
志》。

　　許祖京（廣東承宣布政使司布政使）〈重修陵水縣志序〉，
末有「春巖」（篆字、陽文，框邊）、「祖京之印」（篆字、陰
文）。俞廷垣（廣東分巡雷瓊道）〈陵水縣志序〉，末有「俞廷
垣印」（篆文，陰文），「仰齋」（篆字、陽文、框邊）。葉汝
蘭（瓊州府知府）〈陵水縣志序〉，末蓋「葉汝蘭印」（篆字、
陰文）、「幈幄侍從之印」（篆字、陽文、框邊）。瞿雲魁（陵
水縣知縣）〈續纂陵水縣志序〉，末有「瞿雲魁印」（篆字，陰
文）、「屺瞻」（篆字、陽文、框邊），小方章各二枚。

　　北京故宮博物院圖書館藏板（清乾隆五十七年壬子，原刻
本），每冊首葉第一行下方（書框），有「故宮博物院藏書」、
「故宮博物館藏書」（篆字・陽文）小長方章（長四・八公分、
寬〇・八公分，四週框邊）各乙枚。天津市人民圖書館藏板（登
錄號：086713），亦於〈續纂陵水縣志序〉、《陵水縣志》（卷
之一、卷之二、卷之七、卷之九），首行下方角，各蓋有「天津
市人民圖書館〇〇〇〇藏書之章」（篆字、陽文）小長方章（四
週框邊）乙枚。海南師範學院圖書館藏「影印本」（依據北京故
宮博物院圖書館藏板「原刻本」），每冊亦蓋有「海南師專圖書
館圖書章」（簡體字、陽文）小圓戳（直徑三・五公分，有邊）
乙枚。登錄號：32858

　　按《乾隆　陵水縣志》（凡十卷），於清高宗乾隆五十七年

(1792)壬子仲秋（瞿雲魁序）刊行。雖有梓本，惟流傳欠廣，於今海內外圖書館，暨文教機構，公私庋藏者鮮尠，罕見藏板。就個人知見，分著於次，以供查考。

原刻本　清乾隆五十七年(1792)序　刻本
　中國：北京　故宮　天津（登錄號：086713）
微捲片　依據天津市人民圖書館藏板攝製
　中國：中國科學院圖書館
　臺灣：臺北市・海南文獻史料研究室
影印本　依據清乾隆五十七年(1792)刻本
　中國：海南師範大學　E24/34（古）
抄　本　一九五八年廣東省中山圖書館
　中國：廣東　K/7.96.5[2]

綜合析論

夫「陵水邑志」之纂修，其源流久遠焉。而有文獻足徵者，依據各方志書目資料，大凡六修，其邑志創始於宋人劉　伋《陵水圖志》，元明兩代邑乘輟修。

迨清一代，修志風尚鼎盛，計有：康熙朝二次，乾隆朝二次，道光朝一次。由於年代久遠，間被水漬或蠹蝕，抑遭兵災或火焚，致牒本大都湮沒佚傳，罕見藏板，殊深憾惜矣。

於今傳世（海內外知見）者（公藏），祇有「康熙修本」（高首標纂修，潘廷侯訂補），暨「乾隆修本」（瞿雲魁纂修）二志而已。其「道光修本」（曾燦奎修、甘家斌纂）一志，久訪未見，致志之內容及義例，無從查考。唯證諸相關文獻資料，疑似《道光　隣水縣志》（六卷、首一卷，曾燦奎修、甘家斌纂，

重修陵水縣志序

瓊州府孤懸海外在廣州南

距京師萬里而近陵水屬焉

府東南五百七十里嘗武德

置迄宋元明邑經屢徙而後

乃從南山所建設今理凡疆

瞿雲魁〈重修陵水縣志序〉書影
北京故宮博物院圖書館珍藏

乾隆《陵水縣志》書影
天津市人民圖書館珍藏

清道光十五年刊本）之誤，尚待方家查考。

　　就修志源流言之，陵水縣志牒，最早見自宋代《陵水圖志》
（劉伋纂）、《陵水縣志》（劉奕序）肇始。於元明兩代邑志輟
修。迨清一代，首由：高首標始修《陵水縣志》（康熙十二年，
定稿未梓），潘廷侯訂補《陵水縣志》（康熙二十七年，訂補付
梓）。續有：衛晞駿纂修《陵水縣志》（乾隆四十三年，未
刊），瞿雲魁續修《陵水縣志》（乾隆五十七年，付梓）。從文
獻整體性來說，各志相承相傳，構成完整性脈絡體系。

　　潘廷侯《陵水縣志》（訂補），係以前令高首標（手稿、未
梓）為底本（基礎），較之郡志，合之訪求。於是闕者補之，繁

者刪之，訛者正之，略者詳之，字句之含糊者發明之，去甄損益之際要，皆見聞所真確，未敢以己意而亂成憲。

瞿雲魁《乾隆　陵水縣志》，係以前令衛晞駿《陵水縣志》（稿本，未梓）為基礎（藍本），進行增補訂正之，續補入清康熙二十七年(1688)戊辰之後，約一百有五年之史事（邑事）也。

就修志體裁言之，陵水邑志，諸修本大都按年紀事，各以舊志為藍本，釐正增補。然細窺各志，雖無修志〈凡例〉（條文），唯其修志義例尚稱完備。從各志〈目錄〉（內文）析觀，分門（志）列目，繁簡有別，其纂修體裁，皆採「分志體」，亦就「按類分目法」也。

夫「康熙修本」，是志係由陵水縣令高首標始修（仿舊誌成例，細加編輯），清康熙十二年(1673)定稿，未梓。於清康熙二十七年(1688)戊辰，潘廷侯來攝縣事，奉檄敕修，就其高氏「稿本」，參校《郡誌》，補訂付梓。

按「乾隆修本」，是志首由前令衛晞駿氏，曾就舊刻重加考訂，廣而增之，於清乾隆四十三年(1778)戊戌，始成是編（志稿，未及付梓）。迨清乾隆五十六年(1791)辛亥，瞿雲魁氏由廣東保昌（今南雄）縣丞，升任陵水知縣，就其「衛志」（手稿，未刊）增補。次歲壬子(1792)仲秋付梓刊行，細窺修志體裁，乃沿襲舊志之義例也。

就志書內容言之，陵水縣志書，於今海內外各圖書館，暨文教機構知見者（公藏），計有：「康熙修本」、「乾隆修本」二種而已。惟其志書內容，亦各具特色。

高首標纂修、潘廷侯訂補《康熙　陵水縣志》（不分卷），正文分門（志）十二，列目五十有八，是志係奉檄敕修，且屬清

代草創，由於當時文獻無徵，故其內容較為簡略，唯當時所採得史料賴以保存，誠屬難能可貴矣。

瞿雲魁纂修《乾隆　陵水縣志》（凡十卷），正文分門為十志，列綱有五十目。按是志係根據清乾隆四十三年(1778)戊戌，衛晞駿「乾隆稿本」（未刊）增補，其內容較之「康熙修本」高志（草創）翔實而富美耶。

就史料價值言之，陵水縣志牒，於今海內外知見藏板（公藏者），祇有「康熙修本」、「乾隆修本」二種。諸修本《陵水縣志》於修志時，莫無力蒐遺帙，採輯舊聞，細心釐定，以成其志，備傳於世。

是「康熙修本」，係奉檄敕修，在高首標「稿本」基礎上，參校《郡志》訂補。正文計分：輿圖志、沿革志、地理志、建置志、賦役志、學校志、兵防志、海黎志、獄官志、人物志、藝文志、雜志十二門五十八目。其志屬草創，當時文獻無徵，故內容較簡略，惟能保存所獲史料，誠為難能可貴也。

於「乾隆修本」（瞿志），計分：地輿志、建置志、田賦志、祠祀志、職官志、人物志、選舉志、海黎志、藝文志、雜志等十門（類）。內以地輿志（卷之一）「物產」，田賦志（卷之三）「戶口」、「賦稅」，海黎志（卷之八）「海防」、「海寇」、「黎歧」，各目增益殊多，尤具資料價值，可供史家研究參考。

結　語

綜從文獻整體性來說，陵水縣志書，乃海南地方志之一種，

亦係「海南」文化資產。就史學角度窺之，實具有特殊的歷史背景，而反映其當時社會實況。對於學術研究，深具史料價值，不但是研究「陵水縣地方制度史」，必需具備之珍貴史料，同時亦係研究「海南方隅史」，不可缺少之參考資料，彌足珍貴，視為瑰寶。

按《陵水縣志》諸修本，於「康熙修本」（高首標纂修、潘廷侯訂補），乃陵水縣知見藏板，最早之邑志。瞿雲魁《乾隆陵水縣志》（凡十卷），係以「衛志」（清乾隆四十三年，未刊）為藍本。其修志規模宏大，編修人員亦眾，而門目井然，資料翔實，內容富美，殊為珍貴矣。

臺北「海南文獻史料研究室」藏，高首標纂修、潘廷侯訂補《陵水縣志》（清康熙二十七年）之「影印本」（據海南師院圖書館藏，一九五七年十二月，廣東省中山圖書館復制「油印本」影印），暨瞿雲魁纂修《乾隆　陵水縣志》（凡十卷）之「微捲片」（天津市人民圖書館，據清乾隆五十七年刻本，攝制三五糎微捲片），於臺灣來說，乃唯一藏板，亦係唯一「孤本」，彌足珍貴，視同瑰寶也。

此外，《道光　陵水縣志》（曾燦奎修、甘家斌纂），諸家方志書目，大多收錄（戰前「北京大學圖書館」、「金陵大學圖書館」有藏），然未見藏板。唯據諸方志資料載：《道光　隣水縣志》（凡六卷、首一卷），曾燦奎修、甘家斌纂，清道光十五年(1835)刻本。並佐證《道光　隣水縣志》〈重修縣志職名〉資料，其參與修志事務者，皆與海南「陵水縣」毫無地緣與政治關係。於是《道光　陵水縣志》，疑係《道光　隣水縣志》（四川）之誤，尚待方家查考。

感謝語

　　本《康熙　陵水縣志》（高首標纂修、潘廷侯訂補）「影印本」，蒙海南師院王志斌宗弟，鼎力協助，暨《乾隆　陵水縣志》（瞿雲魁纂修）「微捲片」，承北京中藥研究所曹　暉博士，全力協助。南北兩位「親朋好友」，盡心盡力，不辭辛勞，無勝感激，特致謝忱，聊表敬意耶。

參考書目

《大清一統志表》　　清・萬芝堂校
　　清乾隆五十八年(1793)　陳蘭森序　刊本
《道光　廣東通志》　　清・阮　元修
　　民國五十七年(1968)十月　臺北市：華文書局　影印本
　　（據清道光二年修　同治三年重刊本）
《道光　瓊州府志》　　清・張岳崧纂
　　民國五十六年(1967)十二月　臺北市：成文出版社　影印本
　　（據清道光二十一年修　光緒十六年補刊本）　精二冊
《康熙　陵水縣志》　　清・潘廷侯訂補
　　清康熙二十七年(1688)　刻本
《乾隆　陵水縣志》　　清・瞿雲魁纂修
　　清乾隆五十七年(1792)　刻本
《道光　隣水縣志》　　清・曾燦奎修　甘家斌纂
　　清道光十五年(1835)　刻本

《海南方志資料綜錄》　　王會均

民國八十三年(1994)十月　臺北市：文史哲出版社

中華民國九十二年(2003)癸未歲九月二十一日　中秋

中華民國九十四年(2005)歲次乙酉　端午節　增補稿

臺北市：海南文獻史料研究室

十、感恩縣志

感恩縣，位於瓊郡（海南）西南，面臨東京灣，隔海與越南相望耶。

感恩縣，古名：九龍縣，在兩漢屬儋耳郡境地。隋大業三年(607)丁卯，以九龍故墟，析置感恩縣，屬珠崖郡。唐武德五年(622)置儋州，以感恩縣屬之。五代為南漢（劉隱建立，都廣州、轄嶺南）地，仍沿唐制，屬儋州。宋熙寧六年(1073)癸丑，省感恩為鎮，併入宜倫縣。於元豐四年(1081)辛酉，復置感恩縣，屬昌化軍。南宋端平二年(1235)乙未，改昌化軍為南寧軍。元代，因襲宋制。明洪武元年(1368)戊申，屬儋州。於正統五年(1440)庚申，改隸崖州，屬瓊州府。清，沿明制。中華民國肇立，仍稱感恩縣，今名：東方市，治設八所鎮。

感恩縣志書之纂修，有史足徵者，肇始於明代，唯牒本湮滅，亦無相關佐證資料，致志書題名、卷數、纂修人、內容、體例、刊梓年代，皆無從稽考。中經清代，於康熙朝二修，然雍正、乾隆、嘉慶、道光、咸豐、同治、光緒、宣統八朝，其間約有二百二十餘年，邑之志乘中輟久殘無修，誠屬闕憾也。迨民國十八年(1929)己巳，由縣長周文海氏，率同邑紳重修，於今廣被流傳矣。

感恩縣之修志（明代謄本六葉），計清代「康熙修」二次，「民國修」一次。其中「明謄本」與「清修本」，皆因修志年代久遠，悉被湮滅佚傳，於今傳世者，唯周文海修《民國　感恩縣志》（重修本）而已，且志書內容，最新而詳備富美。

　　今以《感恩縣志》為題旨，就其相關文獻史料，作綜合性研究。其主要內容，計分：修志源流、待訪志書、民國修本，暨綜合評論等四大部分。

　　夫志者，記載其一時地之人、事、物之事跡之書也。諺云：「治天下以史為鑑，治地方以志為鑑。」於是顯見，地方志書之重要性，對一縣之研究，其縣志更是最佳之文獻史料，亦係不可或缺的珍貴資料也。

修志源流

　　感恩縣志書之纂修，其源流久遠，有史料紀載者，肇始於明代。中經清代，於康熙朝二修，然雍正、乾隆、嘉慶、道光、咸豐、同治、光緒、宣統諸朝，其間相距約二百二十餘年之久，感恩縣之志乘，中輟久殘無徵，誠亦憾惜也。迨中華民國肇造，於民國十八年(1929)歲次己巳，由縣長周文海氏，率同邑紳重修，於今廣被流傳。

　　按《感恩縣志》，明代有謄本（六葉）。據清康熙四十四年(1705)李茂〈續修感恩縣志序〉云：「其邑志修在前朝，日久殘缺，文獻不足徵矣。」又康熙十一年(1672)崔國祥〈創修感恩縣志序〉稱：「於是搜其散失，謀諸耆老，僅得前令謄本六葉。」於是顯見，感恩縣志之纂修，其源流始於明季。唯因年代久遠，牒本湮滅，罕見流傳，致使志乘之題名、卷數、纂修人、年代、刊本、體例、內容，無從稽考，且亦無相關佐證資料，作更深入研究，殊為憾惜矣。

　　本《康熙　感恩縣志》，乃知縣崔國祥氏，於清康熙十一年(1672)壬子修葺。是為清代首次修志，崔氏親撰〈創修感恩縣志

序〉，史稱：「康熙初修本」（崔志），俗稱：〈舊志〉。

　　續修《感恩縣志》，係知縣姜焯修，儒學教諭李茂纂，書成於清康熙四十四年(1705)乙酉歲陽至月，並由李茂親著〈續修感恩縣志序〉。是志為清代康熙朝第二次修志，史稱：「康熙續修本」（姜志），俗曰：「姜焯志」。其纂修時間，與「康熙初修本」（崔志），相距僅有三十三年。

　　重修《感恩縣志》，於民國十八年(1929)春，由縣長周文海氏，率同邑紳諸人，在縣立第一高小學校，開修志書，歷時三載，始粗脫稿以付版。是為「民國重修本」（周志），而與「康熙續修本」（姜志），其纂修時間，相距約二百二十餘年。

　　綜論《感恩縣志》之纂修，計清代「康熙」二修，暨「民國」一修。其中「康熙修本」二志，皆因修志年代久遠而佚傳，於今存者，僅《民國　感恩縣志》（重修本）而已，且志書內容，最為新穎而詳備富美。

待訪志書

　　感恩縣志，肇始於明季，中經清康熙朝二修。由於修志年代久遠，志牒湮滅朽蠹，罕見梓本。除明代「謄本」（六葉），尚闕相關佐證資料，無從徵考外，茲就「清康熙修本」二志，分別析論於次，以供方家參考。

《康熙　感恩縣志》　　清・崔國祥修

　　清康熙十一年(1672)序　佚

㈠、知見書目

　　陳劍流《海南簡史》（頁八二）：

　　　感恩縣志（十卷）　　　崔國祥編
　　　康熙十一年　　（佚）
　　小葉田淳《海南島史》（頁三〇五）：
　　　　感恩縣志　　崔國祥　　康熙十一年
　　楊德春《海南島古代簡史》（頁一六〇）：
　　　　《感恩縣志》卷數未詳　　清崔國祥編纂
　　　　康熙十一年（公元 1672 年）刊行　　（佚傳）
　　邢益森《海南鄉情攬勝》（寶島風姿錄・續集二・頁一〇
　五）：　　感恩縣志　　崔國祥　　清康熙十一年(1672)　失
　　王會均《海南方志資料綜錄》（總目錄・頁三十三）：
　　　〔康熙〕感恩縣志　　清・崔國祥修
　　　清康熙十一年(1672)序刊本　佚

㈡、修志始末

　　按《康熙　感恩縣志》，乃知縣崔國祥氏，於清康熙十一年
(1672)壬子，奉檄纂修，以備一代文獻。於是搜其散失，謀諸耆
老，得前令「謄本」（六葉），並請諸士輯古續今，分類括全，
彙帙成書，繕寫成本，付之梨棗。

　　依據崔國祥〈創修感恩縣志序〉云：「祥，三韓下士，樗櫟
庸材，渥國家厚恩，謬膺民社，每懼溺職之愆，期副治安之效，
初任南靜，後起九龍，兩任彈丸，實無一長可紀。壬子奉有採風
之令，搜羅疆域以備一代文獻，誠勝舉也。而九龍以遐荒小邑，
兵燹之餘，人文代謝，屋舍丘墟，即山川城郭，屢經遷變，書之
紙而勒之本，猶有存焉者幾希。於是搜其散失，謀諸耆老，僅得
前令謄本六葉，更請諸士輯其古，續其今，分其類，括其全，彙

帙成書，繕寫成本，付之梨棗，雖不敢言成一志，亦足以備一代之稽考而已。」於是顯見，崔氏《康熙　感恩縣志》，其修志始末，大略如斯耳。

(三)、纂者事略

康熙《感恩縣志》（清修本），其纂修者，依據周文海重修《民國　感恩縣志》刊載：〈修志姓氏〉臚列，康熙十一年(1672)壬子，創修者感恩縣知縣崔國祥氏，僅就其事略，簡著於次:

創修：感恩縣知縣崔國祥，遼東三韓人。拔貢，初任南靜知縣，於清康熙十年(1671)起任感恩縣知縣，在任創修縣志。

清康熙十一年（壬子）知縣崔國祥〈創修感恩縣志序〉云：「祥，三韓下士，初任南靜，後起九龍，兩任彈丸。」按感恩縣，亦就漢代儋耳郡（九龍縣）地。其崔序原文，載於《民國　感恩縣志》（卷首）。

(四)、問題研析

崔國祥修《康熙　感恩縣》，其內容與體例，由於年代久遠，間遭兵火魚蠹，湮滅殆盡，梓本佚傳，亦無目次或敘例等相關資料，以資佐證。今所見存者，僅知縣崔國祥〈創修感恩縣志序〉而已，致無從深入研究，實情非得已。由於崔國祥〈創修感恩縣志序〉，致使後人誤認為《康熙　感恩縣志》，乃崔氏「創修本」。其所譔〈創修感恩縣志序〉，載於周文海修《民國　感恩縣志》（卷首）。

康熙《感恩縣志》，亦就「康熙初修本」（崔國祥志），其卷數問題，著錄有異。除於〈知見書目〉中，具有二種不同著錄外，

經查諸家方志書目，以及各藝文志，皆無相關資料，以供查考。

《康熙　感恩縣志》十卷　　清・姜　焯修　　李　茂纂

清康熙四十四年(1705)序刊本　原佚

(一)、知見書目

姜焯修《康熙　感恩縣志》，雖有刊本，惟罕見流傳，志牒散佚。更堪憫者，諸家〈方志書目〉，鮮有著錄，致無從查證，殊深憾惜。茲就各相關資料，依其年代，分述於次：

阮　元《道光　廣東通志》（卷一百九十二・藝文略四）：

感恩縣志　十卷　　國朝姜　焯修　康熙乙酉　闕

杜定友《廣東方志目錄》（頁十八）：

感恩縣志　十卷　　姜　焯修　　康熙四十四年

小葉田淳《海南島史》（頁三〇五）：

感恩縣志　　李　茂　康熙四十四年

陳劍流《海南簡史》（頁八二）：

感恩縣志（十卷）　李　茂修編　　康熙四十四年

楊德春《海南島古代簡史》（頁一六〇）：

感恩縣志　十卷　　清・姜　焯　李　茂等編纂

康熙四十四年（公元 1705 年）　刻本

邢益森《海南鄉情攬勝》（寶島風姿錄・續集二・頁一〇五）：　感恩縣志　十卷　　姜　焯　李　茂

清康熙四十四年(1705)　失

王會均《海南方志資料綜錄》（總目錄・頁三十三）：

感恩縣志　十卷　　清・姜　焯修　　李　茂纂

清康熙四十四年(1705)刻本　佚

(二)、修志始末

姜焯修、李茂纂《康熙　感恩縣志》（續修本），其纂修緣
起，依據清康熙四十四年(1705)乙酉歲陽至月，感恩縣儒學教諭
李茂〈續修感恩縣志序〉略云：「其邑志修在前朝，日久殘缺，
文獻不足徵矣。邑侯姜公受命來宰茲土，歲在戊寅之冬，予初釋
褐爲司鐸，追隨遊覽問俗觀風，訪求舊志渺乎不可復得，太息久
之，邑侯慨然以修輯爲己任。於是旁求下問捃撫遺文，從殘篇斷
簡之中，彙集典章公之輿論，然後申之以己見，確乎其不可易
矣。越數月而志乃成，繕寫成書，壽以梨棗，他年獻諸史館。」
（詳見序文）是乃姜焯修《康熙　感恩縣志》（續修本），纂修
之始末，大略如斯也。其與崔國祥修《康熙　感恩縣志》（清初
修本），時間相距三十三年而已。

(三)、纂者事略

按《康熙　感恩縣志》（續修本），其纂修者，依據周文海
修《民國　感恩縣志》刊載：康熙四十四年〈修志姓氏〉，計
分：續修、合參、參訂、校閱等共十四員，茲參證相關資料，分
述於次：

續修：感恩縣知縣，姜焯，字曦睦，山東省萊州府昌邑縣人
（乃廩貢士模之子，醇謹友愛，敦睦親族）。歲貢，清康熙三十
七年(1698)十二月蒞任，於四十四年(1705)率教諭李茂、訓導陳士
弘、典史劉俊邦等續修縣志。在任十三年，擢陞江南徐州知州，
所至有政聲。祀名宦祠

姜氏所著：〈四宜亭記〉、〈義學記〉、〈重修感邑城隍廟

記〉、〈重修感邑關帝廟記〉、〈重修感邑文廟記〉、〈飛來廟記〉、〈魚鱗洲峒記〉，以及〈邑中八景〉詩：〈大雅返照〉，載於周文海修《民國　感恩縣志》（藝文志・記、詩）。

清・蕭應植修《乾隆　瓊州府志》（卷五：職官志・名宦）、張岳崧纂《道光　瓊州府志》（卷之三十一：官師志・宦績下），周文海修《民國　感恩縣志》（卷之十六・官績志・名宦），皆載有事略。

合參：依〈修志姓氏〉（康熙四十四年）刊載，計二員。其事略，分著於次：

李　茂，廣東省南海縣人。清康熙二十三年(1684)甲子科副榜，銓任感恩縣儒學教諭。於康熙四十四年(1705)間，纂輯縣志（續修本）並序。所著：〈四宜亭記〉、〈邑中八景〉詩：〈大雅返照〉，載於周文海修《民國　感恩縣志》（藝文志：記、詩）。

陳士宏，亦作士弘，廣東省德慶縣人。清康熙十一年(1672)壬子科歲貢，銓任感恩縣儒學訓導。

參訂：感恩縣典史，劉俊邦，山東省陽穀縣人。歲貢，清康熙四十二年(1703)到任，於四十四年(1705)同修縣志。著有：〈四宜亭記〉、〈邑中八景〉詩：〈南郭春疇〉，載於周文海修《民國　感恩縣志》（藝文志：記、詩）。

校閱：依〈修志姓氏〉（康熙四十四年），計有廩生八員，附生二員，分著於次：

王春士，中和鄉板橋村人，廩生，京師國子監肄業三年。於康熙年間，參校縣志。有〈四宜亭記〉，載於周文海修《民國感恩縣志》（藝文志：記）。

　　石　清，南豐鄉丹村人。廩生，於康熙年間，參校縣志。有
〈九龍八景合賦一章〉，載於周文海修《民國　感恩縣志》（藝
文志：詩）。

　　麥　穗，縣城（又記好義鄉）人。清康熙年間歲貢，學問淵
博，邑侯姜焯闢義學於四宜亭北，聘請主講并參校縣志。有〈邑
中八景〉詩：〈龍江漁釣〉，載於周文海修《民國　感恩縣志》
（藝文志：詩）。

　　胡佑文，中和鄉板橋村人。廩生，於康熙四十四年間，參校
縣志。有〈邑中八景〉詩：〈碧沙迴流〉，載於周文海修《民國
　感恩縣志》（藝文志：詩）。

　　王春元，中和鄉板橋村人。歲貢，以子璣琳贈修職佐郎。於
康熙四十四年間，參校縣志。有〈邑中八景〉詩：〈大雅返
照〉，載於周文海修《民國　感恩縣志》（藝文志：詩）。

　　張廷璸，中和鄉南港村人。廩生，於康熙四十四年間，參校
縣志。

　　曾相鼎，中和鄉龍護村人。廩生，於康熙四十四年(1705)間，
參校縣志。

　　盧炳光，北富鄉十所村人。廩生，於康熙四十四年間，參校
縣志。有〈邑中八景〉詩：〈南郭春疇〉，載於周文海修《民國
　感恩縣志》（藝文志：詩）。

　　楊掇崑，縣城人。附生，雷試。於清康熙四十四年(1705)乙
酉，參校縣志。

　　王際亨，中和鄉寶上村人。附生，於康熙四十四年間，參校
縣志。有〈邑中八景〉詩：〈南郭春疇〉，載於周文海修《民國
　感恩縣志》（藝文志：詩）。

四、內容體例

清・姜焞修《康熙 感恩縣志》（續修本），凡十卷。其內容及體例，由於纂修年代久遠，又遭兵燹魚蠹之災，傳本散佚，目次及敘例，湮滅無存，而相關資料，亦甚為貧乏，查證實感困難也。

據清康熙四十四年(1705)乙酉歲陽至月，感恩縣儒學教諭李茂讚〈續修感恩縣志序〉，窺究其內容，概略摘述如次：「天文、分野、山川、形勝、城郭、衙署、學校、井里、關津、堡寨、溪港、橋梁，靡不備載。爰及古今人物、懿行、嘉言、儒林、文苑、仕籍、軍功，分類編年，舉綱挈領。本地鬼神壇壝之祀，方言物類之殊，災眚氛祲之變，必具載而詳述之。」然內容之分卷，暨採取體例。悉因欠缺目次及卷數，致無從深入研究，殊為憾惜。

民國修本

《民國 感恩縣志》二十卷 首一卷 周文海修 盧宗棠纂
民國二十年(1931)七月（王曉章序） 海南書局承印 鉛印本
4 冊 有圖表 24.5 公分 線裝

㈠、知見書目

譚其讓《國立北平圖書館方志目錄》（冊四）：
感恩縣志 二十卷 卷首一卷
周文海修 盧宗棠等纂
民國二十年 鉛印本 四冊

杜定友《廣東方志目錄》（頁十八）：

　　　　感恩縣志　二十卷　　周文海　　盧宗棠

　　　　民國二十年　四冊

　　　　　　有（戰前嶺南、武漢有藏本）（綜錄未列）

朱士嘉《美國國會圖書館藏中國方志目錄》（頁四二九）：

　　　　感恩縣志　二十卷　卷首一卷

　　　　周文海修　　盧宗棠纂

　　　　民國二十年(1931)　鉛印本　四冊

陳劍流《海南簡史》（頁八六）：

　　　　感恩縣志（二十卷）　　周文海、盧宗棠等編

　　　　民國二十年（內政部藏）

日本國會圖書館《中國地方志總合目錄》（頁二七六）：

　　　　感恩縣志　二十卷　首一卷

　　　　周文海、盧宗棠等

　　　　民國二十年(1931)　排印本

　　　　（國會）　四冊

　　　　（東洋）　四冊　q～110

　　　　（天理）　四冊　2527

李景新《廣東方志總目提要》（頁一三〇）：

　　　　感恩縣志　二十卷　卷首一卷

　　　　周文海重修　　盧宗棠等纂

　　　　民國十八年　刊本　四冊

　　案：是志係民國二十年(1931)、海南書局鉛字排印

　　　本，李著民國十八年刊本，有誤。

莫頓(Morton.A)《英國各圖書館所藏中國地方志總目錄》（頁

九一）：　　感恩縣志　二十卷　　　1931(z/1931)

　　　　　　　　英吉利圖書館　　　劍橋大學圖書館

　　　　　　　　達倫大學圖書館　　愛丁堡大學圖書館

小葉田淳《海南島史》（頁三〇五）：

　　　　　　感恩縣志　　周文海　　民國十八年刊

美國史丹福大學《中國方志目錄》（頁二四二）：

　　　　　　感恩縣志　二十卷　　周文海重修　　盧宗棠等纂

　　　　　民國二十年（1931）序　海南書局　四冊

黃蔭普《廣東文獻書目知見錄》（頁六三）：

　　　　　　感恩縣志　二十卷　　周文海

　　　　　民國二十年(1931)　刊本　　北京　廣東

中國科學院北京天文臺《中國地方志聯合目錄》（頁七〇
四）：　　〔民國〕感恩縣志　二十卷　首一卷

　　　　　　周文海修　　盧宗棠等纂

　　　　　民國二十年(1931)海南書局　排印本

　　　　　　註：今東方縣

王德毅《中華民國臺灣地區公藏方志目錄》（頁一三〇）：

　　　　　民國感恩縣志　二十卷　首一卷

　　　　　　周文海修　　盧宗棠等纂

　　　　　民國二十年(1931)　鉛印本　　中分　內政

王會均《海南方志資料綜錄》（總目錄・頁三三）：

　　　　　〔民國〕感恩縣志　二十卷　首一卷

　　　　　　周文海修　　盧宗棠等纂

　　　　　民國二十年(1931)七月　海南書局　鉛印本

　　　　　民國五十七年(1968)臺北市成文出版社　影印本

㈡、修志始末

按《民國　感恩縣志》（重修本），始修於民國十八年(1929)己巳歲次春正，署理縣長周文海氏，召集邑中紳耆，商討編纂事宜及其纂費等項，越二月初間設局採訪，並延聘邑紳盧宗棠、唐之瑩二人為主任編纂，在縣立第一高小學校開修志書，三閱月始成稿本。

本《感恩縣志》，歷時三夏，於民國二十年(1931)辛未之春，感邑修志將竣，幾經公同校正，開會宣讀，始粗脫稿以付版。同歲（辛未）六月，王曉章（瓊山縣人）奉省府命令，委權感恩縣篆將赴任，適邑紳胡廷楓君，攜前縣長周文海氏，所重修《感恩縣志》，往海口付手民，知悉將宰其邑，以稿謁見，請為再加參訂，細閱一過稱善，並委由海南書局承印之。是乃《民國　感恩縣志》之（重修本），其纂修及付梓之始末，大略如斯矣。

依民國十八年(1929)己巳孟夏月，署理感恩縣縣長（古儋）周文海〈重修感恩縣志序〉略云：……蒙上峰過愛，委篆是邦，蒞任之初，博採旁搜，探原溯本，以資參考。及查該邑經兵燹之餘，致使一邑之禮教文言歷史志乘，均殘毀淨盡，探索無由，余以職責所在，焦灼徬徨，難安寢食，常與本署公安局長麥君建猷，一區署長楊君繩美，再三磋商編纂之舉，諭告週知，得邑紳王君道熙，校長胡君廷根、教員麥君濟熙，蘇君朕保等首倡贊襄。今年(1929)春正，乃召集各團警紳商，來署開會討論編纂事宜及其纂費等項，余隨即捐廉五十金以為創勸，幸各界好善，踴躍捐貲集成鉅款。越二月初間，設局採訪，延聘邑紳盧君宗棠、唐君之瑩二人為主任編纂，三閱月始成稿本。（詳見卷首序文）

又據民國辛未(1931)三月，邑人麥濟熙〈重修感恩縣志序〉略云：凡郡縣之有志，亦各因其事，或即其物而記錄成書，惟我感恩竟附之闕如。民國十八年春，余等同人念桑榆之未晚，振臂前呼，約集各區紳耆在縣立第一高小學校開修志書，聯請縣長周文海出而主任，給簿派員四出勸捐，推盧君宗棠、唐君之瑩為修志主筆，胡君廷楓總董其事，同志諸君各任其責，咸盡義務焉。乃各極爾心力，各陳所見聞，此校彼參，汝考我證，歷三夏，幾經公同校正，開會宣讀，始粗脫稿以付版焉。（詳見卷首序文）

㈡、纂者事略

按《民國 感恩縣志》之纂修，依〈修志姓氏〉（民國十八年），計分：重修、贊修、纂修、協修、繪圖、襄校、總校、司理、副理、督理、佐理、採訪、採訪勸捐、勸捐等六十九員。其修志規模之宏鉅，參與修志者廣眾，實為前二次之冠矣。茲參證相關資料，就其事略，分述於次，以供參考。

重修：周文海，本名：紹謨，字鐵錚，號文海，儋縣干沖鎮夏蘭村人。廣東公立警監專門學校畢業，歷任廣東省高明縣長，於民國十八年(1929)調任感恩縣縣長，民國二十四年(1935)當選儋縣參議會議長。有〈贈盧唐二主筆〉（五古詩），載於卷十九：藝文志。

贊修：計二員，依〈修志姓氏〉，就其事略，分述於次：
羅煜東，廣東英德縣人。現任感恩縣推事（民國司法官）。
岑作霖，廣東恩平縣人。現任感恩縣檢察官（民國司法官）
纂修：計二員，依〈修志姓氏〉，就其事略，分述於次：
盧宗棠，字菱南，北富鄉皇寧村。清宣統元年(1909)己酉科

拔貢，有〈和前韻〉（贈盧唐二主筆）詩，載於卷十九：藝文志（五古詩）。

　　唐之瑩，字子晶，北富鄉十所村人。附生。有〈邑中八景〉詩：〈蜑村煙雨〉、〈飛來廟〉、〈漁鱗洲〉、〈落纓嶺〉、〈漢伏波井〉、〈和前韻：贈盧唐二主筆〉等五古詩，載於卷十九：藝文志。

　　協修：計七員，依〈修志姓氏〉，就其事略，臚述於次：

　　胡廷根，縣城人，縣立第一高小學校校長。

　　麥濟熙，縣城人，縣立第一高小學校教員。

　　周維新，縣城人。

　　楊繩美，縣城人，感恩縣一區署長。

　　符獻藝、馮開姜二員，事略未詳，且無相關資料查考。

　　繪圖：麥建猷，縣城人，感恩縣署公安局局長。

　　襄校：計七員，依〈修志姓氏〉，就其事略，臚述於次：

　　王道熙，字咸五，北富鄉十所村人。清宣統元年(1909)己酉科拔貢，係民國十年(1921)民選感恩縣長。家學淵博，乃清代恩貢王定一之孫。

　　張其經，字緯臣，北富鄉小嶺村（又名：順興，離城八十里）人。清光緒二十三年(1897)丁酉科拔貢，侯選儒學教諭。性醇厚好學，事親無違其父。所著〈新遷學校記〉，載於卷十八：藝文志。

　　周文海《民國　感恩縣志》（卷十七：人物志‧篤行），有事略。

　　陳達傑，南豐鄉月村（亦屬佛羅市，離城九十里）人，附生。有〈天馬嶺〉、〈馬下營〉、〈黎婆山〉詩，載於卷十九：

藝文志。

張上垣，中和鄉不磨村（離城東北十五里）人，增生。

高茂雄，乃茂醇（增生）弟，北富鄉那傑村（俗呼上月村，離城五十里）人，增生。有〈詠通天節婦符周氏〉，載於卷十九：藝文志。

毛濟美，中和鄉板橋村（離城東南十五里）人，廩生。

胡錫金，中和鄉板橋村（離城東南十五里）人，附生。

總校：王國憲，字堯雲，瓊山西廂人。清光緒二十年(1890)甲午科朝考二等（優貢），選廣東省樂昌儒學訓導。總纂《民國　瓊山縣志》、《民國　儋縣志》，頗負盛名。有〈重修感恩縣文廟記〉，載於卷十八：藝文志。

司理：胡廷楓，縣城人。於民國十八年(1929)春月，重修縣志，總董其事，並捐銀壹佰陸拾元。

副理：陳德元，縣城人。

督理：胡國琮，縣城人，附生。

佐理：黃雲燦，事略未詳，亦無相關資料查考。

採訪：計七員，事略未詳，依〈修志姓氏〉，臚列於次：

符獻莆　林樹崝　楊漢英　符續偉　歐瓊琛　陳大琛　林玉輔

採訪勸捐：計六員，事略欠詳，依〈修志姓氏〉，分列於次：林維柄　符登選　符開鎬　符名尊　柳世英　符執璿

勸捐：計三十一員，其中廩生一人，附生二人外，大都年籍欠詳，依〈修志姓氏〉，列述於次：王德潤　王承業　張對垣

吉炳璋　黎宗獻　楊繩姜　陳德生　張懷一　王瑞成　陳河琛

何起鵬　張祥庚　石良田　石賢卓　李中天　符節文　蘇　崇

蘇　嵸　陳邦強　蘇心純　許忠保　楊　榮　高日升　符吳瑄

吳東聖　高茂毅　郭如峰　鄭國珠　蘇夢橡　符瑞麟　麥天周

　　王承業：北富鄉北黎市（即長興村，離城九十里）人，廩
生。

　　張對垣，中和鄉寶上村（離城東四里）人，附生。

　　黎宗獻，南豐鄉白井村（離城九十里）人，附生。

㈢、志書內容

　　周文海修《民國　感恩縣志》，凡二十卷、首一卷，計分十
一類門（志），共有二〇二綱目。依〈感恩縣志目錄〉，臚述於
次，以供參考。

　　卷　首　圖表

　　輿地志　卷之一　二

　　　沿革　疆域　氣候　潮汐　風俗　山　　川　　港 附灣
　　　塘　　溝　　井　　壩

　　輿地志　卷之三　四　物產

　　建置志　卷之五

　　　城池　公署　學宮　書院　社學義學　　學田　學校
　　　學費　壇廟　公產　倉儲　都圖　塘舖　津渡　橋梁
　　　墟市　村墟　坊表　古蹟　塋墓

　　經政志　卷之六　七

　　　銓選　祿餉　留支經費　節省均平各款　　戶口　土田
　　　籍田附　屯田　科則　賦役　鹽法　魚課　榷稅　土貢

　　經政志　卷之八　九　十

　　　祀典　釋奠考　學制　學規

　　經政志　卷之十一

　　　兵制　警團　驛郵
　　海防志　卷之十二
　　　海防　環海水道　海寇　土寇附　海防條議
　　黎防志　卷之十三
　　　黎情　村峒　關隘　撫黎　平黎　黎防條議　附雜議
　　職官志　卷之十四
　　　明　　清　　民國文武職官
　　選舉志　卷之十五
　　　明　　清　　諸科　舉人　貢選　封贈
　　宦績志　卷之十六
　　　名宦　武功
　　人物志　卷之十七
　　　明　　清　　孝友　儒林　文苑　篤行　卓行　耆舊
　　　仙釋　耆壽　列女
　　藝文志　卷之十八　十九
　　　敕　　誥　　記　　序　　雜文　詩
　　雜　志　卷之二十
　　　災異　紀異　金石　廩增附武生　捐款姓氏
　　就志之內容言，除卷首列載：感恩縣志目錄、修志姓氏、創
修感恩縣志序（康熙十一年，知縣崔國祥）、續修感恩縣志序
（康熙四十四年，儒學教諭李茂）、重修感恩縣志序（中華民國
十八年孟夏月，署感恩縣縣長古儋周文海）、重修感恩縣志序
（民國二十年季春月，增生張上垣）、重修感恩縣志序（瓊山王
堯雲）、重修感恩縣志序（中華民國二十年七月八日，感恩縣長
王曉章）、感恩縣全圖（圖例）、感恩縣城略圖、感恩縣歷代沿

革表外，舉凡官職、人物、政治、事蹟等，於清道光朝以前，則依郡志所載或徵引姜志，道光以後數十年間，則考諸遺籍，採諸修聞，得者掇之，忘者闕之。至於近來之事物，雖文獻之無徵，幸老成之不盡，亦有見而知者，極意訪求，當可得其八九也。咸觀其志之內容，尚稱詳備而富美矣。

（四）、修志體例

　　按《民國　感恩縣志》（重修本），雖無編訂修志敘例，惟其纂修之體裁，仍遵各邑舊志，採取「分志體」，亦就「按類分目法」。蓋因感恩舊志，修葺時間，亦已二百餘年，僅存姜志殘篇二冊，蠹食蟬穿，斷爛不完，乃能細心詳審，並據府志及各邑志，有關於感恩者，參考而互證之，闕者補編，無者續編，不以文獻無徵，人才尚少而聽其湮沒不彰，誠屬難能可貴也。

　　本《民國　感恩縣志》，其所繫邑事，於清道光以前，依郡志所載，或徵引姜志，道光以後數十年間，則係考證遺籍，抑賴採訪修聞而得矣。然所繫邑事斷限年代，有信史稽徵者，始於漢武帝元封年間，迨民國二十年(1931)歲次辛未為止。中以清代繫事較多，而民初紀事最詳，茲舉例說明於次：

　　建置志（卷五）：城池公署，漢元封時，建城於九龍山。

　　建置志（卷五）：橋梁，南港溪橋在城南三十里，民國十八
　　　　　年十月瓊崖公路處，建設感佛公路經此，用士敏土建。

　　雜　志（卷二十）：災異，民國十八年(1929)己巳五月二十
　　　　　二夜，一星隕其光，燭天有聲如雷。

　　就《民國　感恩縣志》言之，各門目所繫邑事，自以「民國」較為詳備。然紀事年代，亦頗不一致，大都係以民國十八年

(1929)已巳孟夏月為斷限年代。惟亦有遲至民國二十年(1931)者，其間民國十九年(1930)之紀事甚多，似非周文海氏，重修《感恩縣志》期間增補，茲臚述於次，以供查考。

　　建置志（卷五）村墟：灘浪村（離城南二十五里），光緒二
　　　　十餘年間，被黎攻散移居各村，至民國十九年又集居
　　　　成村，二十年二月十八日，復被黎劫掠焚燬。
　　職官志（卷十四）縣長（民國十年，知事改稱縣長）：
　　　　黃漢英：文昌人，十九年(1930)任。
　　　　翁壽昌：樂會縣人，二十年(1931)任。
　　　　王曉章：瓊山縣人，二十年(1931)任。
　　案：王曉章（二十年六月任）氏，於民國二十年七月八日
　　　〈重修感恩縣志序〉，刊於志之卷首。

㈤、徵引典籍

　　周文海修《民國　感恩縣志》（重修本），凡二十卷、首一卷。其志之內容，徵引文獻典籍頗廣，以參證而考訂，於條目間，除註記〈新增〉、〈增註〉、〈採訪〉者外，舉凡所徵考之文獻，皆註於各條目之末。茲依「四部分類法」，分別著述於次，以供方家查考。

　　甲、經部：《爾雅》、《說文》。

　　乙、史部：周文海修《民國　感恩縣志》，徵引史書繁多，依其類屬，概分於次：

　　史地之屬：《新唐書地理志》、《方輿紀要》、《輿地紀勝》、《太平寰宇記》、《桂海虞衡志》、《羅浮山志》、《嶺表錄異》、《嶺南雜記》、《南越雜記》、《交州記》、《詩集

傳》。

方志之屬：《一統志》、《大清一統志》，黃佐《嘉靖　廣東通志》、金光祖《康熙　廣東通志》、郝玉麟《雍正　廣東通志》、阮元《道光　廣東通志》、《廣西通志》，《廣州志》、《圖經》（瓊州）、牛天宿《康熙　瓊郡志》、賈　棠《康熙瓊州府志》、蕭應植《乾隆　瓊州府志》、張岳崧《道光　瓊州府志》，《崖州志》、《儋州志》、《昌化縣志》、《舊志》（感恩）、姜　焯《康熙　感恩縣志》，《採訪冊》、《新採訪冊》。

政書之屬：《通典》、《會典》、《學政全書》、《明史選舉志》、《律例》，《縣冊》、《司冊》、《營冊》、《保甲調查冊》。

丙：子部：《太平御覽》、《古今註》、《異苑》、《南州異物志》、《本草綱目》、《草木狀》、《陳藏器本草》、《群芳譜》、《合璧事類》、《海語》、《雜記》。

丁、集部：《藍鹿川集》、《霍渭厓集》、《唐荊川集》、《海忠介集》、《瓊臺會稿》（丘文莊）、《左思吳都賦》。

㈥、刊本年代

周文海修《民國　感恩縣志》，係由海口海南書局承印。原鉛印本，全書線裝四冊。白口，上魚尾，四週雙邊。每半葉行數頗不一致，每行最多不超過三十七字。書高二四‧五公分、寬一五‧三公分，版框高一八‧五公分、寬一二公分。鉛字排印，注分雙行，各卷首行及版心大題《感恩縣志》。

周文海重修《感恩縣志》，係民國十八年(1929)己巳修，於

民國二十年(1931)辛未七月付梓。鉛印本流傳廣泛，臺灣藏有兩部，乙部為內政部方域司於遷臺時移藏，乙部為日據時期臺灣總督府圖書館藏書（藏板略有蟲蛀），是係國立臺灣圖書館之特藏本（索書號：4846/94）。

國立臺灣圖書館，前身為臺灣省立臺北圖書館，所庋藏之鉛印本，係日據時期臺灣總督府圖書館，於昭和十六年(1941)採購。每冊首葉有「臺灣總督府圖書館藏」方章（五公分）乙枚，暨「昭和十六年七月四日求購」小圓戳（二‧五公分）。

民國五十七年(1968)戊甲十二月，臺北市成文出版社，依據內政部方域司所藏鉛印本影印，十六開本，精裝一冊（五八六頁），並列為《中國方志叢書》（華南地方：第六十七號）。

按《民國　感恩縣志》（重修本）刊行年代，公私藏書（方志）目錄，皆署著民國二十年(1931)鉛印本。是志流傳極廣，於今國內外圖書館及文教機構庋藏者，依刊本及年代，分著於次：

鉛印本　民國二十年(1931)七月　海口　海南書局　鉛印本
　　美國：國會圖書館　　史丹福大學東亞圖書館
　　英國：劍橋大學圖書館　　英吉利圖書館
　　日本：國會　東洋(q-110)　天理(2527)
　　臺灣：國家圖書館　　國立臺灣圖書館：4846-94
　　中國：北京　科學　歷博　北大　人大　黨校　民院
　　　　　上海　辭書　天津　上海師院　北師大
　　　　　南京地理所　華南師院　遼寧　旅大　南京
　　　　　武大　溫州　江西　湖北　廣東　中大
影印本　民國五十七年(1968)十二月　臺北市　成文出版社
　　　　（依據民國二十年序　海口海南書局　鉛印本）

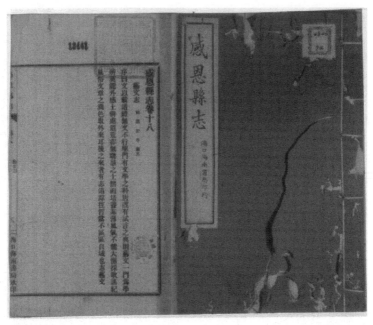

民國《感恩縣志》書影（民國二十年鉛印本）國立臺灣圖書館藏板

民國縣知事

黃炳焜（廣西凌雲拔貢民國三年任）
王辟文（瓊山人）
周知禮（雲南人）
吳啟文（會縣人）
黃長煥（番禺縣人）
吳信宜（廣府人駐北黎行署）

民國三年

章獻猷（浙江舉人三十二年任）
英汝康（廣西舉人大挑三十四年任至）
王開先（四川成都人宣統二年任至）

劉鴻恩（廣西三十三年任）
譚榴榮（湖南人宣統元年任）

陳章甫（欽廉人剿黎撫黎感德銘德五　任設行署城北黎）
姜本潘（雲南人均黎北黎行署）
虞同仁（廣西感恩）
王大鵬（瓊東縣人）
李震（高州人）

縣長（十年改朝知事為縣長）

王道顯（本邑人已西拔貢民國十年民）
陳近曾（瓊山人）
古陸煊（茂名人敎諭召保子十五年任）
王仁（邱高人十六年任）
陳文波（會縣人十八年任）
周文海（會縣人十八年任）
黃漢英（文昌人十九年任）
俞蒼昌（樂會館人二十年任）
王曉章（瓊山縣人二十年任）

民國法官

卓鳴盛（雷州人）
朱振武
符漢（瓊山人）
林樹燕（文昌人）
鄧瑤林（遂溪人）
張泰深（瓊山人）
王廣熙（瓊東人）
霍周南（會縣人）
周廷幹（瓊山人）
羅燦東（英德人現任推事）
畢作業（恩平人現任檢察官）

（中國方志叢書　華南地方：第六十七號）
臺灣：國家圖書館　　國立臺灣圖書館：673.79123/7703

綜合評論

　　綜觀《民國　感恩縣志》（重修本），所繫邑事，除採訪修聞所得者外，徵引文獻典籍亦廣，頗具史料參考價值。其紀事年代，大都以明清兩代為最多，然以民國元年至二十年間繫事較詳。惟更珍貴者：卷十一經政志（警團）、卷十四職官志（民國文武職官），皆係新增條目，就治海南史者而言，增益頗豐，良有助也。

　　就《感恩縣志》言之，除明代謄本六葉外，清「康熙修本」（崔志）及（姜志）諸本，而與「民國修本」（周志），其纂修時間，相距約有三百五十餘年，由於纂葺年代久遠，間遭兵災蟲蛀之害，致梓版罕見傳本。證諸各家方志書目，暨國內外圖書館，暨各文教機構，亦未見藏板。

　　從《感恩縣志》纂修源流言，其「康熙初修本」（崔志），俗稱：〈舊志〉。暨「康熙續修本」（姜志）之價值，仍不容忽視，殊為詳加析論，俾期諸方家暨邦人士子，以明修志源流，乃相承相傳，而構成完整性脈絡體系。

參考文獻資料

《道光　廣東通志》　　清・阮　元修　　陳昌齋等纂
　　民國五十七年(1968)十月　臺北市　華文書局　影印本
　　據清道光二年(1822)修　同治三年(1864)重刊本
《道光　瓊州府志》　　清・明　誼修　張岳崧纂　林隆斌校補
　　民國五十六年(1967)　臺北市　成文出版社　影印本
　　據清道光二十一年(1841)修　光緒十六年(1890)補刊本
　　（中國方志叢書　華南地方：第四十七號）
《民國　感恩縣志》　　周文海修　　　盧宗棠纂
　　民國二十年(1931)七月　海口市　海南書局　鉛印本
《乾隆　昌邑縣志》　　清・周來邰纂修
　　民國六十五年(1976)　臺北市　成文出版社　影印本
　　據清乾隆七年(1742)刊本
　　（中國方志叢書　華北地方：第三七二號）
《海南方志資料綜錄》　　王會均
　　民國八十三年(1994)十月　臺北市　文史哲出版社

中華民國八十二年(1993)癸酉元月九日　增補稿
中華民國九十九年(2000)庚寅十月九日　重校稿
臺北市：海南文獻史料研究室

卷之六　鄉土志

　　鄉土志，乃地方志書種類之一種。係清德宗光緒二十四年(1898)戊戌維新之後，所出現一種比較通俗簡明之地方志。於清光緒三十四年(1908)戊申，學部通知各縣編修。迨民國三年(1914)甲寅，教育部亦催促各縣編輯，作為各地學校鄉土教材。

　　鄉土志之內容，全志概分：歷史、地理、物產各篇，而與縣志相較，篇幅短小，內容簡略，大都是一、二人所編撰，惟充滿鄉土情愫，是亦「鄉土志」之特色。

　　瓊州（海南）雖亦奉文（檄）編修，惟所見梓本稀少，流傳亦不廣。除《瓊州地理志》外，於今公私庋藏者（知見藏板），計有：《瓊州志》、《儋縣志》、《崖州直隸州鄉土志》、《瓊山鄉土志》、《安定鄉土志》五種，臚著如次，以供查考。

一、瓊州志

《瓊州志》（不分卷）　　清・佚　名纂　　舊鈔本
　　28頁　25公分　線裝

㈠、知見書目

　　黃蔭普《廣東文獻書目知見錄》（頁六一）：
　　　　瓊州志　舊鈔本　科學　臺研　一冊

王德毅《中華民國臺灣地區公藏方志目錄》（頁一二九）：
　　　　瓊州志　不分卷　　佚　名撰　舊鈔本　　史語
邢益森《海南鄉情攬勝》（寶島風姿錄・續集二・頁九十
六）：　　瓊州志　抄本　　臺北：中央研究院藏
王會均《海南方志資料綜錄》（總目錄・頁一十五）：
　　　　瓊州志　佚　名纂　舊鈔本　　中研院史語所藏

㈡、志書內容

　　按《瓊州志》不分卷（二十八頁），亦無目次，然窺全書，
以繫瓊州黎事為主要內容，其類目計分：疆圍形勝、海黎防護、
民風土俗、防海、安黎、黎人總說、服飾狀貌、孳生出產、居
處、宴會飲食、結婚、納聘、迎親、禱巫、耕、穫、織、漁、
獵、採藤、採香、運木、渡、交易、傳箭、戰、聞、香等二十八
項（目）。

㈢、纂修體例

　　本《瓊州志》（不分卷），未著纂修人姓氏，亦無凡例與序
跋，惟從志書內容析觀，其纂修體例，係採「門目體」，亦就
「按事分目法」。然所紀瓊州事，未署斷限年代，祇於三目繫事
中，著有「我朝」字樣，若係「清代」，究係何朝，尚待方家查
考。
　　防海（頁十二）：所賴我朝德威遠播，海不揚波，故士民俱
　　　　得安枕。
　　安黎（頁十四）：黎人之難馴，半由漢奸導之，勝朝蠢動
　　　　之，故可鑒也。我朝聖治日隆，諸蠻向化。

戰（頁二十五）：我朝重熙累洽，萬國傾心，黎人雖聚族一
　　山，其恪遵王化，守分相安，大半與齊民等矣。

㈣、刊本年次

　　原《瓊州志》（舊鈔本），係採用薄棉紙，以小楷書寫（未
著年次），全書乙冊（計二十八頁），線裝。四週無邊，書高二
十五公分、寬十四公分。除封面題名下，繕記：「咸豐壬子十月
初八日，於宣武門大街小灘上，京錢五十文得之，學伶人誌於觀
心室中」外，在首葉「疆圉形勝」目下，蓋有「傅斯年圖書館」
（長一·七公分、寬一公分），暨「史語所特藏珍本圖書記」
（長三·二公分、寬一·五公分）小長方章（篆字、陽文、框
邊）二枚，最後頁末行下，僅蓋「史語所特藏珍本圖書記」一
枚。每半葉八行，每行最多不超過二十三字，封面題名《瓊州
志》。

　　案：咸豐壬子，係清文宗咸豐二年(1852)。
　　舊鈔本　年次未詳　鈔本
　　臺灣：中央研究院傅斯年圖書館：A 927.33/501-963

二、瓊州地理志

《瓊州地理志》　　清·阮　元等編　　史　澄等校刊
　　清同治三年(1864)刊本　二冊
　　按《瓊州地理志》，久訪未見藏板。今就其知見書目、纂者
事略，分別著述如次，以供方家查考。

抄本《瓊州志》書影
臺灣中央研究院傅斯年圖書館藏板

㈠、知見書目

呂名中《南方民族古史書錄》（頁三八八）：

　　瓊州地理志　二冊

　　　　清‧阮　元等編　　史　澄等校刊

　　清同治三年刻本

(二)、纂者事略

據《南方民族古史書錄》著稱：《瓊州地理志》，係清·阮元等編，史澄等校刊。此外，無從查考。今就里籍、事略，分著如次，以供參考。

阮　元(1764~1849)，字伯元，號芸臺、瀔亭、良伯、梁伯、雲臺，別稱：節性老人、願性老人、怡性老人、擘經老人、雷塘庵主，藏書室名：文選樓、積古齋、譜研齋、節性齋、擘經室、詁經精舍、白圭詩館、琅環僊館、石墨書樓、九十九硯齋、小琅環仙館、秦華雙碑之樓、八甎吟館，闕里阮孔經樓，并設：學梅堂、定靜堂、定香亭、小滄浪、儀鄭堂、萬柳堂、蝶夢園，江蘇儀徵人（參見《清人室名別稱字號索引》下冊）。

清高宗乾隆五十四年(1789)己酉科進士（二甲三名），選翰林院庶吉士、編修，督山東學政，任兵部、禮部、戶部侍郎、官浙江巡撫，湖廣、兩廣、雲貴總督等。……

清宣宗道光年間，官至體仁閣大學士，加太傅，歷官中外，所至以提倡學術自任。在史館倡修《儒林傳》，在粵設學海堂，在浙設詁經精舍。家居文樓巷，築藏書樓曰：文選樓。刻《文選樓叢書》（二十七種）、輯《經籍纂詁》、校刊《十三經注疏》、彙刻《學海堂經解》，又與李銳合著《疇人傳》（四十六卷）。自著《十三經校勘記》、《皇清經解》、《積古齋鐘鼎彝器款識》、《擘經室集》。續配孔氏，著有《唐宋舊經樓稿》，世稱：經樓夫人。

阮元（文達）氏，亦重地方志書之纂修，歷官所至，皆創志業。嘉慶中，纂修《揚州府圖經》、《浙江通志》。道光初，又

修成《廣東通志》、《雲南通志》，悉為清代名志，尤以《廣東通志》最著。此外，尚編輯《山左金石志》、《兩浙金石志》、《兩浙輶軒錄》、《淮海英錄集》等地方志書。

　　阮元（文達）氏，距生於清高宗乾隆二十九年(1764)歲次甲申，卒於清宣宗道光二十九年(1849)歲次己酉，享壽八秩晉六歲，諡：文達（楊家駱《歷代人物年里通譜》頁六四三）。

　　臧勵龢《中國人名大辭典》（頁五一六・一）、黃葦《中國地方志詞典》（頁二九九～三〇〇）、池秀雲《歷代名人室名別號辭典》（頁七三），暨清・繆荃孫《續碑傳集》（卷三）內收：劉毓崧〈阮文達公傳〉、李元度〈阮文達事略〉、張鑑〈雷塘庵主弟子記〉，皆載有傳或事略。

　　史　澄，原名：史純、榜作：史淳，字穆堂，別稱：安和堂，廣東番禺人。清宣宗道光二十年(1840)庚子科進士（二甲十四名），歷任翰林院編修、國史館纂修，實錄館協修。擢國子監司業，詹事府右春坊右中允，兼日講起居注官等。……卒，年七十七歲。

　　史澄氏，先後任會試磨勘官，鄉試同考官、副考官、正考官，枝士眾多。又掌教豐湖書院，旋主端溪及粵秀講席，築繼園藏書樓。著有《安和堂世範》（二卷）、《趨庭瑣語》（八卷）、《鑑古邇言》（五卷）、《史氏本源錄》（一卷）、《退思軒行年自記》（四卷）、《古今體詩》（十卷）、《繼園隨筆》（一卷）、《實錄館凡例》諸書。

　　清同治十年(1871)辛未，纂有《番禺縣志》（五十四卷、首一卷、附錄：一卷），廣州：克霽堂刻本。

　　民國五十六年(1967)，臺北市：成文出版社，影印本（精裝

乙冊，十六開本）列《中國方志叢書》（華南地方：第四十八號）刊行，於今廣為流傳矣。

梁鼎棻《民國　番禺縣續志》（卷二〇・人物志三），載有傳略。

三、儋縣志（初集）

《儋縣志》初集（不分卷）　　王雲清　　唐丙章等纂修
清光緒三十年(1904)修　民國十七年(1928)石印本
30頁（雙面）　23公分　線裝

㈠、知見書目

陳劍流《海南簡史》（頁八五）：
　　　儋州縣志（十二卷）　　王清雲等編
　　　光緒三十年
　　　案：陳著本志題名《儋州縣志》、卷數（十二卷），
　　　　未知所據何本，尚待查考。
黃蔭普《廣東文獻書目知見錄》（頁六二）：
　　　儋縣志初集　　王雲清
　　　民國十七年(1928)　石印本　　『廣東』
中國科學院北京天文臺《中國地方志聯合目錄》（頁七〇
三）：　　〔民國〕儋縣志初集　不分卷　　王雲清纂
　　　民國十七年(1928)　石印本
　　　　　一史館　保定　湖南　廣東　廣東博
楊德春《海南島古代簡史》（頁一五九）：

《儋州志》一冊　　王清雲編纂

光緒三十年（公元 1904 年）刻本。

案：是志，陳劍流、楊德春等著錄：編纂者爲王清雲，似係
筆誤，特補正（王雲清）之。

邢益森《海南鄉情攬勝》（寶島風姿錄・續集二・頁一〇
三）：　　儋縣縣志初集　　王雲清

清光緒三十年(1904)　　廣東中山圖書館

附注：王雲清〈續修儋州志後序〉稱 18 卷

王會均《海南方志資料綜錄》（總目錄・頁二十九）：

儋縣志初集　　王雲清　　唐丙章纂修

清光緒三十年(1904)修

民國十七年(1928)海口：民商書局　石印本

㈡、修志始末

按《儋縣志》初集（不分卷）纂修，依據州人王雲清（進
士）氏〈續修儋州志前序〉（光緒二十六年庚子正月），暨〈續
修儋州志後序〉（光緒三十年歲次甲辰），綜合著述於次：

夫《儋縣志》之續修，緣自州牧韓祐氏所修之後，蓋二百年
於茲，而志尚未經續修，其中種種之待於補綴者，更不得不亟籌
議。於清光緒十五年(1889)己丑，儋人王雲清以賜進士第歸，乃
謀於眾，與東坡書院一時並舉，奈為眾所梗。

迨王雲清氏奉檄赴鄂，諸紳已將書院備好，而志書之修尚有
待焉。清光緒二十六年(1900)歲在庚子，王氏自楚歸，與眾復申
前議，所志務在必成，爰預書於首，以為嚆矢。

清光緒三十年(1904)甲辰之正月二十日，王氏再與閣州諸紳，

同會於經濟書院，時以修志之舉共商，僉皆同聲稱是，遂擇吉於三月初八日，開局於考柵公選諸大紳孝廉唐丙章等共十員，各專任厥事，而王氏總其成。於刺史剋日傳諭地方，令各以有名聞，由是報者踵至，未數月而報悉告齊，乃與各紳將眾所報之事，從實參究，倘有疑信不確，則又親跡其地方以驗之，新舊共集得十一卷，並付剞劂矣。

觀以前日之志，其修或續修，皆由牧守以郡守之命，逼率成編，無復鄉紳參酌，故其為志，往往舉上而遺下，詳城而略鄉，某人雖佳某村而村名全闕，土產乏錄瓊產，而儋產偏遺，相沿二百多年，苟非亟為增修，則文章、科第、祠廟、學塾，豈亦可聽其湮沒。茲幸某刺史以廉明涖斯土，政成之暇，得與吾子參互考訂，以成此舉，增者增、補者補，纖悉具備而不失之煩冗，採擇維殷而不傷於缺略。……蓋是志之修，而與往昔各志所異者，大致如斯也。

（三）、纂者事略

本《儋縣志》（初集）之纂修者，依據州人王雲清（月樵）〈續修儋州志後序〉略云：「公選諸大紳孝廉唐丙章，恩貢謝尚珍，歲貢孫逢吉、邢修，教職陳嘉謨，廩生洪道南、周秉禮，附貢李震雲，增生陳應芳與余共十名，各專任厥事，而總其成。」

依據清光緒三十年(1904)甲辰〈續修儋州志職名〉，就參修者事略，分別臚著於次：

正總纂：王雲清，原名：春三，號月樵，茶蘭村人。於清光緒十五年(1889)已丑科進士（三甲），簽分湖北知縣，加同知銜到省候委，制軍張春濤愛之，繼以調簾分校諸差，皆卓出班行，

即擬檄委署縣，而雲清宦情已淡，與同鄉同志潘孺初等談及時事，急流勇退，遂主講麗澤、東坡兩書院，發明蘇文忠（東坡）公教儋之學說。著有：儋耳賦、詩文遺稿子。讀書隱居，傳其家學。儋志百有餘年未修，教讀餘暇間，纂輯志乘，數年方能畢業，付梓未完，不料縣城被燬，悉付焚如，殊深嘆惜矣。

　　彭元藻修、王國憲纂《民國　儋縣志》（卷十六・人物志四：儒林），載有傳略。

　　　案：王雲清，由廩生以北監名遊太學，清德宗光緒十一年(1885)，中乙酉科順天榜舉人（第一百三十名）。於光緒十五年(1889)己丑科，登張建勳榜進士（三甲）第。迨光緒十八年(1892)壬辰科殿試題名，碑列入劉福姚榜，第三甲第一百五十八名。

　　副總纂：唐丙章，原名：乃欽，字典初，荔根村人。由廩生以北監名遊太學，於清光緒八年(1882)壬午科，中順天榜第十一名舉人，大桃一等。三上春官，皆薦不遇，歸主瓊臺，東坡書院講席數年，所上〈平黎建縣策〉數千餘言，能補海忠介公所未備，可見施行（策載藝文志）。

　　彭元藻修、王國憲纂《民國　儋縣志》（卷十六・人物志四：儒林），載有傳略。

　　分纂者，計有八員，依清光緒三十年(1904)甲辰〈續修儋州志職名〉，就其事略，分著於次：

　　謝尚珍，字聘候，儋城中和里樓家地人。清光緒十六(1890)庚寅科州恩貢，詮選儒學教諭。自少聰穎，勤苦學習，遂知五經大義。教學餘暇，修輯族譜，兼校圖經，重修東坡麗澤兩書院，以振教化。

彭元藻修、王國憲纂《民國　儋縣志》（卷九：金石志・碑銘），載有〈恩貢生銓選教諭謝公覃因封八品樓太孺人合葬墓誌銘〉（據《採訪冊》，甲午優貢生王國憲撰文）。

孫逢吉，號迪鄉，州城中和里（城外坡井）人。州學歲頁，分纂州志。

邢　修，字少星，州城中和里（城內北門街）人。州學歲頁，分纂州志。

陳嘉謨，儋州人。廩貢，署崖州儒學訓導，分纂州志。

洪道南，儋州王五市人。稟生，分纂州志。

周秉禮，儋州周坊村人。歲貢生，聰穎博學，協修州志。父于京，兄秉忠，一家三頁，壽八十五。

李震雲，儋州宜洋村人。附頁，協修州志，壽八十三。子翰章，孫心傳，俱清庠。

案：周秉禮、李震雲二員，於彭元藻修、王國憲纂《民國
　　儋縣志》（卷之十七・人物志：耆舊）俱載。

陳應芳，儋州人。增生，協修州志。

㈣、志書內容

按《儋縣志》初集，既無目錄，亦無凡例，於正文題〈儋耳賦〉（約三〇〇〇字），下署「王雲清初稿」。全書不分卷，其主要內容，僅王著〈儋耳賦〉（八頁），暨〈注釋〉（九～三十頁）而已（王國憲《民國　儋縣志》卷首，亦載有全文）。

㈤、刊版年代

王雲清《儋縣志初集》（不分卷），線裝一冊（三〇頁）。

白口，上魚尾，四週雙邊。書高二十三分分、寬十三‧五公分，版框高十八‧六公分、寬十二‧六公分。每半葉十行，每行二〇字，注釋分雙行，楷字石印，版心題《儋縣志》，海口民商書局承印。

於封面暨末葉（版權頁）題名《儋縣志初集》，並署：編稿者：王雲清，存稿者：王存棠，發起續修者：王堯雲、卓浩然、王堅桂，承印者：海口‧民商書局。民國十七(1928)歲次戊辰季秋月出版，每冊定價銀：陸角五。

是本係北京中國第一歷史檔案館藏板，正文〈儋耳賦〉下，書框右內角邊，蓋有「政務院圖書」（楷字、陽文、框邊）小方章乙枚。

按《儋縣志初集》（不分卷），係清光緒三十年(1904)修（王序），民國十七年(1928)歲次戊辰季秋月出版（石印本），故亦有署著為《民國　儋縣志》。雖有梓本，唯流傳欠廣，於今國內外圖書館，暨文教機構，罕見藏板。僅就知見者，列著於次，以供查考。

石印本　清光緒三十年(1904)修　　民國十七年(1928)出版
　中國：一史館　　保定　　湖南　　廣東　　廣東博
　影印本　依據北京中國第一歷史檔案館藏板
　臺灣：臺北市‧海南文獻史料研究室

王修《儋縣志》書影

海口民商書局石印本

四、崖州鄉土志

《崖州直隸州鄉土志》　　湯寶棻纂　稿本（未著年代）
2冊　26公分　線裝
庋藏者：華東師大（上海）

㈠、知見書目

按《崖州直隸州鄉土志》，各家方志書目，鮮有著錄。茲就知見者，臚述於次，以供查考。

中國科學院北京天文臺《中國地方志聯合目錄》（頁七〇四）：　　崖州直隸州鄉土志　二卷　　湯寶棻編

抄　本　　華東師大

楊德春《海南島古代簡史》（頁一六〇）：

《崖州鄉土志》　　湯寶芳修

上海華東師大圖書館藏

　案：楊著為湯寶芳修，似有誤宜補正（湯寶棻）之。

邢益森《海南鄉情攬勝》（寶島風姿錄·續集二·頁一〇五）：　　崖州直隸州鄉土志　　湯寶棻　清末

華東師大圖書館

王會均《海南方志資料綜錄》（總目錄·頁三四）：

崖州直隸州鄉土志　二卷　　湯寶棻編纂

抄　本（年次未詳）

綜窺諸家書目，顯見其志之〈題名〉、〈纂者〉，所著資料，略有異同，亦未署刊本年次。同時「原抄本」又無〈序

文〉、〈凡例〉，且缺相關佐證資料，致使〈修志始末〉、〈纂者事略〉，無從深入探究，尚待方家查補，以臻完美矣。

㈡、志書內容

湯寶棻纂《崖州直隸州鄉土志》，分「上、下」二卷。因無目錄，祇從正文，臚著其內容於次，以供方家查考。

崖州直隸州鄉土志　上

　歷史：計一十二目

　　　　沿革　政績　兵事　耆舊　名宦祠　鄉賢祠

　　　　忠孝祠　人類　戶口　氏族　宗教　實業

崖州直隸州鄉土志　下

　地理：計一十三目

　　　　區域　古蹟　祠廟　**附現存坊表**

　　　　橋梁　**擇其在驛道者錄之**　市鎮　學堂　山水

　　　　海岸　道路　物產　製造　商務

綜觀《崖州直隸州鄉土志》之「正文」，其志之內容，凡二卷、分二門、共二十五目。舉凡所繫州事，多屬新增資料，分門別類，採實紀載，以備資考矣。

㈢、修志體例

湯寶棻《崖州直隸州鄉土志》，於卷首既未載「序」、「跋」，亦無修志「凡例」查考。惟從志之「正文」窺之，是《鄉土志》先分「上」、「下」二卷，並於「歷史」、「地理」門（亦就類或志）下，羅列二十五目，提綱挈領，門目燦然。其修志體裁，沿仿「清修本」（宋志、鍾志）義例，乃具「分志

體」屬性，亦就「按類分目法」也。

　　於各門目中「按年紀事」，然所繫崖州之事，溯自唐虞三代，……秦漢、……隋唐，中經宋、元、明、清四代，尤以清葉較詳，其紀事斷限年代，最遲止於清德宗光緒三十二年(1906)丙午。就依門目卷次，分別舉例著述於次，以供方家士子參考。

　　志上　歷史‧沿革：

　　　　崖州之名，置於宋開寶五年，……政和七年改吉陽軍。

　　　　明洪武元年(1368)，復為崖州屬瓊州府。國朝因之，光緒三十二年升為直隸州，領萬縣、陵水、昌化、感恩四縣。

　　志下　地理‧學堂：

　　　　本年於城內設立師範傳習所一所，其現在開辦，未經立案者不錄。

　案：一、清光緒三十一年（乙巳）十一月，岑春煊奏升崖州為直隸州。於清光緒三十二年（丙午），馮如衡（江蘇大倉州，進士）任直隸州知州。

　　　二、本年，雖非明確年次，唯從紀事窺之，其紀事年次，似在清光緒三十二年(1906)之後。

四、刊版年代

　　湯寶棻纂《崖州直隸州鄉土志》，從諸家方志書目資料窺知，在中國存有「抄本」乙部，原係交通部上海工業專門學校（後改交通大學上海學校）圖書館藏書，現藏於華東師範大學圖書館。

　　是志「原稿本」，全書線裝二冊（志上：二十六面、志下：三十八面），無板框，書高二十六公分、寬一十七公分。楷體字

（手書），注分雙行。內文每半葉（一面）十二行、每行最多不超過二十八字。於「上、下」（卷或冊）首行，題名《崖州直隸州鄉土志》。

按《崖州直隸州鄉土志》（原稿本），於書前卡蓋有「華東師範大學圖書館，書號：S233-3179/7471、登記號：504146」長方形章乙枚。並在上卷（冊）《崖州直隸州鄉土志上》下方，蓋有「華東師範大學圖書館藏書章」（篆字、陽文）橢形長章暨同行下角又蓋「交通部上海工業專門學校圖書館」（篆字、陽文）正方形章各乙枚（四周框邊）。於下卷（冊）《崖州直隸州鄉土志下》末頁左下角，亦蓋「交通大學上海學校圖書館章」（篆字、陽文、四周有邊）長方章乙枚。

是〈鄉土志〉之「景照本」，係根據華東師範大學圖書館藏「原稿本」，所拍攝「照片」放大影印；裝訂成乙冊（六十五面）。書高二〇·三公分，寬一十四·六公分。於書前牌記右首行，手書「湯寶棻纂」（行體字）、左行暨封面（書名標籤，白棉紙印製，高一十九·七公分，寬四·五公分。框有雙邊，高一十八·五公分，寬三·五公分），大書《崖州直隸州鄉土志》。

按「景照本」之書前牌記，中央蓋有「海南文獻史料研究室藏書章」（篆字、陽文）小方章（四周有邊，每邊二·四公分）乙枚。於內文「志下」（卷）下角，蓋有「和怡書屋」（篆字、陰文）橢形章（高四·二公分，寬二·五公分）。又在書末頁下角，蓋有「曾均藏書」（篆字、陽文）小方章（四周框邊，每邊二·三公分）各乙枚。

湯寶棻纂《崖州直隸州鄉土志》，諸家方志書目資料，皆未著刊版年次。然從內文紀事「斷限年代」窺之，是志似在清光緒

三十二年(1906)丙午之後告竣（故有著為「清末」抄本）。因係「手稿本」，致流傳欠廣，罕見梓本。於今國內外庋藏者，就其知見藏板，分別臚著於次：

　　抄　本　清末（年次未詳）　手稿本
　　中國：華東師範大學圖書館
　　景照本　依據華東師大藏板拍照放大影印本
　　臺灣：臺北市‧海南文獻史料研究室

湯纂《崖州直隸州鄉土志》書影
華東師範大學圖書館藏板

結　語

　　按《崖州直隸州鄉土志》（凡「上、下」二卷），由於未付刊梓，致流傳欠廣，罕見藏板。目前海內外各文教機構或圖書館廋藏者稀尠，於上海華東師範大學圖書館珍藏「抄本」（清末，手稿本）乙部（無「序」、「凡例」、「目錄」等資料），是乃唯一「孤本」，殊為珍貴，視同瑰寶。

　　本〈鄉土志〉之珍貴資料，深蒙上海師範大學古籍整理研究所所長，范能船教授之鼎力協助，勞心盡力無勝銘感，特致謝忱聊表敬意，以示莫忘。

五、瓊山鄉土志

《瓊山鄉土志》三卷　　張廷標編纂
　　清光緒三十四年(1908)修（張序）　民國初年間　手抄本
　　乙冊（未標頁數）　有圖表　29公分　線裝

(一)、知見書目

　　中國科學院北京天文臺《中國地方志聯合目錄》（頁七〇一）：　瓊山縣鄉土志　三卷　清・張廷標編
　　　　　　清光緒三十四年(1908)編　民國抄本
　　　　　　　科學　　廣東（膠卷）
　　楊德春《海南島古代簡史》（頁一五六）：

《瓊山鄉土志》（卷數未詳）　　清·張廷標纂

清光緒十二年（公元 1886 年）修成

中國科學院圖書館藏

邢益森《海南鄉情攬勝》（寶島風姿錄·續集二·頁九十

七）：　　瓊山縣鄉土志　三卷　　張廷標

清光緒十二年(1886)

附注：民國抄本，一作：光緒三十四年(1908)

王會均《海南方志資料綜錄》（總目錄·頁三十四）：

瓊山鄉土志　三卷　　清·張廷標編纂

清光緒三十四年(1908)修

民國抄本（年次未詳）

㈡、編纂始末

按《瓊山鄉土志》（三卷），乃瓊山縣縣丞王建極（湖南人）氏，委以邑紳張廷標氏，膺任編纂總責，於清德宗光緒三十四年(1908)歲次戊申之下浣告成（張序），未付梓刊行。

依據張廷標〈瓊山鄉土志序〉云：「……猶有邑乘以紀其山川、人物、土田、賦役、兵防、學校、沿革、建置，以待後人之稽考。」

又云：「……僕歸自萬陽，林君嵩齡述：縣主王邑侯，意以瓊山鄉土志一書見委，僕謂陋何足以膺斯任，顧諸君子與邑侯，學務紛繁，公事煩劇，不能親事筆硯，不得不代其勞。……」

綜覽張廷標〈瓊山鄉土志序〉文，其編纂之緣由、動機，以及經過始末，大略如斯矣。

㈢、纂者事略

　　張廷標，字子芳，號梅坪，瓊山西廂人。廩貢，天資穎敏，潛心嗜學，自少遂工吟詠。家素貧，以教讀為業，遊其門者，多領鄉薦，以優行貢成。著有：《經史札記》、《梅坪隨筆》、《澆俗山房詩文集》（吟稿四卷　文稿二卷）（王國憲序）、《海南百詠》等書，惟罕見梓板傳世，殊深憾惜。

　　王國憲纂《續修　瓊山縣志》（卷二十四·人物志：列傳），有傳略。

四、志之內容

　　張廷標〈瓊山鄉土志序〉云：「……爰捃求邑乘之紀載，博採故老之傳聞，焚膏繼晷，訂為三卷。凡境內之沿革，名宦之惠政，兵事之終始，鄉賢之實行，以及人類、戶口、宗教、實業、地理、山川、道路、物產、商務，或謂所未備，或訂其來協，或刪其繁蕪，或正其訛舛，計字三萬有餘。……」乃依志之目錄，核與內文，著列於次，以供參考。

　　卷　一
　　　　總　論
　　　　瓊山沿革考
　　　　政績錄
　　　　兵事錄　分為三種：海寇　土寇　黎寇
　　卷　二
　　　　耆舊錄　附忠孝傳　節義傳　儒林文苑傳
　　　　人類志　分：漢人　黎人　蛋戶

　　　　戶口志

　　　　氏族考

　　　　宗教考　附表

　　　　實業考　附表

　　卷　三

　　　　地理志　附圖　墟市　區域　古蹟　樓亭　寺廟　塔坊

　　　　　　　　橋梁　學堂　山川　道路

　　　　物產志　動物　動物製造　　植物　植物製造

　　　　　　　　礦物　礦物製造

　　　　商務考　出口貨　入口貨

　　綜窺《瓊山鄉土志》內文，於卷二・宗教考、實業考。卷三・地理志（附圖、墟市、區域、學堂、道路）、物產志、商務考，所紀事實，似係清光緒三十四年(1908)戊申告成，反映當時之社會實況。

㈤、纂編體例

　　張廷標《瓊山鄉土志》，書前僅有自序，並無凡例，更缺完備之體裁。其門目亦與縣志不同，有稱論者，誠如：總論。或曰考者，諸如：沿革考、實業考、商務考。抑名錄者，例如：政績錄、兵事錄、耆舊錄。亦稱志者，有如：人類志、地理志、物產志。然就志書內容觀之，頗具「紀傳體」，亦稱「仿正史體」特質，亦就是「按體分目法」也。

　　本《瓊山鄉土志》，凡三卷。其紀事斷限年代，始自漢武帝元鼎六年(111 B.C)庚午，迄於清德宗光緒十二年(1886)止，中經漢晉隋唐，宋元明清各代，內以明清兩季，繫事較詳。茲就兵事

錄（卷之一）中，說明於次：

　　海寇志：自「宋度宗咸淳三年(1267)，海賊陳明甫、陳公發
　　　　　　等據臨川鎮」始，……定於「清德宗光緒十年
　　　　　　(1884)越南事，亟籌辦海防」止。

　　黎寇志：始自「漢武帝末，黎蠻攻郡，殺太守幸，幸子豹率
　　　　　　眾討平之」起，迄於「清德宗光緒十二年(1886)
　　　　　　間，廣西提督馮子材，督辦瓊州軍務」止。

㈥、刊版年代

　　張廷標纂《瓊山鄉土志》，告成於清光緒三十四年(1908)，
但未刊行。是乃民國初年間「手抄本」，線裝乙冊（未標頁
數），附〈瓊山縣水陸全圖〉乙幅。書高二九公分、寬一四‧五
公分，四週無邊。每半葉九行，每行最多不超過二十八字。張氏
自序、目錄、卷之二，題名《瓊山鄉土志》，卷之一題《瓊山縣
鄉土志》，卷之三簡題《鄉土志》三字。

　　北平中國科學院圖書館藏板，係廣東省之官書。何以為其庋
藏，未能考知。然於張序、卷之二，首葉有「廣東省解來官書」
（楷字、陽文）戳記（長一一公分、寬一‧五公分，無框邊），
卷之一首葉下方有「中國科學院圖書館藏」（篆字、陽文、框
邊）方章（二‧五公分）乙枚，在卷之三首葉，兩者各有乙枚。

　　張廷標《光緒　瓊山鄉土志》，因未付梓，致流傳欠廣，罕
見藏板，於今知見者，民國初年間「手抄本」而已。依其刊本，
分著於次，以供查考。

　　手抄本　民國初年間（年次未詳）　抄本
　　中國：中國科學院圖書館　633.501-001-3

瓊山縣鄉土志卷之二

總論

瓊山地在海南偏西六度北極出地二十度零二分由徐聞渡海船南向行示時可達由香港輪船未坤申向渡孟街洋木蘭洋再渡乂洲入急水門折向徐聞岸橫指牛矢港對時可達速者二十打鐘西達北海埠其地東北平坦西南多山石然不甚陰峻其北枕海北沖河拱其南白石嶺踞其右七星嶺擁於左舊州嶺陶公山雷虎嶺逶迤拱向由西南深入為黎黎岡以五指嶺為各邑界有路可達崖陵然林木蔭翳水土惡芳高峯插雲

瓊山張廷標梅坪氏

瓊山鄉土志卷之二

考舊錄

瓊山僻處南荒唐以前文教未興宋元明而後避亂者多家此遠謫者多寄此冀所以点為乣化導乎之者代不乏人又況山川鍾毓之靈聖化漸濡之澤蓄之既久而發之愈奇孔子曰十室之邑必有忠信洵非誕忠頃南三賢挺而頹山居共一下田一小村而邱海誕其間外此以政靖著以賢行著以文章著者指不勝屈不得以編隅而陋之也限於篇輻不能悉詳第光尤賢有作者焉餘

平麥唐佐宇君謫居昌化其往從學焉東坡愛其才贈之詩

光緒《瓊山縣鄉土志》書影
中國科學院圖書館藏板

　　　　廣東省中山圖書館（微縮捲片）
　　影印本　依據中國科學院藏民國抄本
　　　臺灣：臺北市・海南文獻史料研究室

六、定安鄉土志

《定安鄉土志》　　莫家桐編
　　清宣統元年(1909)序　手抄本
　　乙冊（末標頁數）　29 公分　線裝
　　附注：目錄頁（首行）題作《定安縣鄉土地理志》

㈠、知見書目

　　中國科學院北京天文臺《中國地方志聯合目錄》（頁七〇
二）：　　定安縣鄉土地理志　　清・莫家桐編
　　　　　　清宣統抄本　　科學　　廣東（膠卷）
　　楊德春《海南島古代簡史》（頁一五七）：
　　　　　　《定安縣鄉土志》（卷數未詳）　　莫家桐編纂
　　　　　清宣統元年(1909)刻本
　　　　　　中國科學院圖書館存
　　邢益森《海南鄉情攬勝》（寶島風姿錄・續集二・頁一〇
一）：　　安定鄉土地理志　　莫家桐
　　　　　清宣統元年(1909)　　廣東中山圖書館等藏
　　王會均《海南方志資料綜錄》（總目錄・頁三四）：
　　　　　〔宣統〕定安鄉土志　　清・莫家桐編纂
　　　　　清宣統元年(1909)序　手抄本

㈡、修志始末

按《定安鄉土志》，乃定安縣知縣王壽民（贋堯）氏，奉檄催編鄉土志，特委囑邑紳莫家桐氏，膺任其事，於清宣統元年(1909)己酉修成（莫序），惟未付梓刊也。

依據清宣統元年歲次己酉孟秋月上浣莫家桐序云：「王者統一區宇，凡版圖所隸之地，政教所及之區，無不採訪記載，編爲志書，蓋欲因風以知俗，因俗以施教也。今日中外交通現從前未有之，世界地理家精研詳究，著爲圖說，五州雖遠宛列目前，況版圖所隸，政教所及之郡縣，其間區域之廣狹，習尚之得失，規制之新舊，閱百數十年而迥然不同，倘任其遺佚殘缺不爲之紀，又何以備朝廷觀風問俗之助乎，此鄉土志之修，所以亟亟也。」

又云：「……顧吾邑舊無鄉土志，惟邑志續修於光緒初年間，距今已逾三紀，地勢民情與昔雖無大異，然三、四十年來，事故變更，名目沿革或昔舉而今廢，或昔無而今有，廢者宜闕，有者宜補，此固官斯土與生斯土者之責也。」

末云：「歲己酉春，邑侯贋堯王公復任，議重修志乘，而款尚未集，適奉提學憲札催，編纂鄉土志書，以憑解部，事關朝廷新政，未便久稽，固屬家桐任其事。家桐自揣學識疏淺，於本邑鄉土又不能遍歷，何由考察精確，網羅無遺，第承邑侯之命，力不能辭。……」

綜窺莫家桐氏序文，是《鄉土志》編纂之動機旨意，以及歷程始末，其梗概大略如斯矣。

㊂、纂者事略

本《定安鄉土志》，雖無修志職名查考，惟從莫家桐序文窺之，其參與修志者，大略如次：

王壽民，字虞堯，安徽懷寧人。清光緒三十一年(1905)至三十三年(1907)、宣統元年(1909)，兩任知縣，有斐聲。任內改建文武帝廟、增擴昌建樓、立勤學所、工藝學堂、團練所、萬壽宮。

莫家桐(1871~1950)，字鳳棲，號仲琴，又號靜齋，定安縣定城鎮排坡村人。清光緒二十七年(1897)丁酉科拔貢，候選教諭，考選直隸州判。清末民初，多從事教育工作，於民國三年(1914)與蒙廷恩、王斗南，籌辦定安中學，民國九年(1920)任定安縣教育科長，民國十七年(1928)任定安中學校長。

莫氏學識豐富，工書善詩，於振興定安教育，發展定安文化方面，有所貢獻。在日寇佔據定安期間，曾被軟禁，並利誘威迫其出任偽職，均遭拒絕，始終不屈膝事故，充分表現知識分子，應有的民族氣節。

莫氏於民三十六年(1947)，曾倡議續修《定安縣志》，同邑紳蒙慶賞、曾復初等組成編委會，被推舉為主編，並擬妥提綱，編就篇目，惟因政局突變而成泡影，誠屬憾惜矣。

清宣統初，纂輯《定安鄉土志》，並著有《志學山房詩集》（三卷）、暨〈咏勤學〉詩（舊體五言，共二百四十言）傳世。

蒙齊日〈清末拔貢莫家桐〉，載於《定安文史》第三輯（頁七八～八〇）。

四、志書內容

莫家桐〈定安鄉土志序〉云：「……爰檢閱邑志，參以郡志，擇其切要者皆紀載焉。其近事爲二志所未載者，則訪之邑中老成，證諸署中案牘，採取所見聞者，以續補之，他若郭公夏五之類，則從闕焉，不敢斷以臆見也。」

本《定安鄉土志》計分：十一章，共有六十一節。除首載莫家桐序外，主要內容，依目錄分列於次，以供方家查考。

第一章　區域　凡六節

第二章　風俗　黎俗附　凡六節

第三章　物產　凡三節

第四章　山川　凡十七節

第五章　道路　凡五節

第六章　古蹟　凡六節

第七章　壇廟　凡六節

第八章　坊表　凡四節

第九章　橋渡　凡三節

第十章　墟市　凡二節

第十一章　學堂　凡三節（內文有第四節）

五、修志體例

莫家桐《定安鄉土志》，書前僅有自序，並無凡例，更缺完備之體裁。唯從志書目錄（內容）窺之，是書按例，目分為十一門，曰：區域、風俗、物產、山川、道路、古蹟、壇廟、坊表、橋渡、墟市、學堂，固知挂漏訛誤，多所不免，但事皆徵實，文

不求繁，或可以備觀風問俗者之一助云。

　　綜就《定安鄉土志》內容觀之，全書先分章（節）、次總以綱（亦就分門），且類目簡明。於形式上，雖與舊志義例略異，惟實質上，殊具「章節體」特性，亦就「按類立目法」也。

　　本《安定鄉土志》，凡十一章、六十一節。所繫邑事，始自唐咸通五年(864)甲申，最遲止於清光緒三十三年(1907)丁未，中經宋元明清四代，內以明清兩季，紀事較詳。茲就〈學堂〉（第十一章）中紀事，說明於次，以供查考。

　　尚友高等小學堂：在縣城內南門街學宮之東，……舊為尚友書院，創建於尚書王忠銘公，……光緒三十一年，今邑侯賡堯王公率紳士王紹祐，莫家桐等，從各鄉祖祠捐集的款，並收書院膏火舊租息，修整增擴昌建樓兩旁，添建講堂兩座，……樓後兩旁添建學生齋舍共十六間，……乙巳（光緒三十一年）興工，丁未（光緒三十三年）告竣（第二節）。

　　工藝學堂：光緒三十二年年舉辦新政，始立勸學所一處，在舊儒學東齋，立工藝學堂，於改建之文武二帝廟內，……而工藝學堂當開辦時，毫無的款，自捐廉項千餘金，始能成立。次年（光緒三十三年）甫有頭緒，奉文調省，接任者不善經理，竟將該學堂停辦，誠可惜也。茲者王公復任，已稟請照舊設回，一切工作改良，並謀擴充，持久之道，吾邑貧民受福不淺矣（第四節）。

㈥、刊版年代

莫家桐《定安鄉土志》，於清宣統元年(1909)歲次己酉孟秋

月修成，未付梓刊。是乃「手抄本」，線裝乙冊（未標頁數），
書高二十九公分、寬一十四公分，四週無邊。每半葉八行，每行
最多不超過二十八字，注為雙行，小楷體字。封面手書《定安鄉
土志》（四週雙線框邊，內框細線，外框粗線），目錄頁題名
《定安縣鄉土地理志》。

宣統《定安鄉土志》書影

中國科學院圖書館珍藏

　　北平中國科學院圖書館藏板，係廣東省之官書，何以為其庋
藏，無從查考。除書前繕記：「廣東瓊州府定安縣知縣王壽民呈
送」外，並蓋有「定安縣知縣王壽民印」（篆字、陽文）方形官
章乙枚。於莫家桐〈序〉首葉下方有「廣東省解來官書」（楷
字、陽文）戳記（長一十一公分、寬一‧五公分，四週無邊），
首行下方有「中國科學院圖書館藏」（篆字、陽文、框邊）方章
（每邊二‧五公分）乙枚。

　　莫家桐《定安鄉土志》，因未付梓，致流傳欠廣，罕見藏
板。於今知見者（公私藏板），分述於次，以供查考。

　　手抄本　清宣統元年(1909)序（莫家桐）　抄本

　　　中國：中國科學院圖書館

　　微捲片　依據清宣統元年(1909)序（莫家桐）抄本

　　　中國：廣東省中山圖書館

　　影印本　依據中國科學院圖書館藏板（抄本）

　　　臺灣：臺北市‧海南文獻史料研究室

結　語

　　本《瓊州志》（不分卷），似係清康熙年間，舊鈔本。於時
尚無「鄉土志」之名稱，而與其他「府志」、「州志」、「縣
志」相較，篇幅短小、內容簡略，體例亦欠完備，惟充滿鄉土情
愫，是亦「鄉土志」之特質也。

　　按《瓊州志》（佚名纂）、阮　元《瓊州地理志》（疑已佚
傳，極為憾惜）、王雲清《儋縣志》、湯寶棻《崖州直隸州鄉土
志》、張廷標《瓊山縣鄉土志》、莫家桐《定安鄉土志》，皆係

「抄本」，於今海內外圖書館，暨文教機構庋藏者稀尠，罕見藏板，流傳欠廣。

　　無論是臺灣中央研究院史語所藏《瓊州志》（舊鈔本）、抑中國科學院藏《瓊山縣鄉土志》（手抄本）、《定安鄉土志》（手抄本）、中國第一歷史檔案館藏《儋縣志》（石印本）、華東師範大學藏《崖州直隸州鄉土志》（手稿本），均為現存藏板唯一「孤本」（善本），視同瑰寶，殊為珍貴，極具學術研究價值，深受學界重視與珍惜矣。

參考文獻資料

《瓊州志》　　佚　名　　舊鈔本　　中央研究院史語所藏板

《儋縣志》（初集）　　清・王雲清　　唐丙章纂修

　　清光緒三十年(1904)修　　民國十七年(1928)石印本

《崖州直隸州鄉土志》　　湯寶棻　　抄本

　　清末（年次未詳）　　華東師範大學圖書館藏板

《瓊山縣鄉土志》　　張廷標　　手抄本

　　清光緒三十四年(1908)序　　中國科學院圖書館藏板

《定安鄉土志》　　莫家桐　　手抄本

　　清宣統元年(1909)序　　中國科學院圖書館藏板

《海南方志資料綜錄》　　王會均

　　民國八十三年(1994)十月　　臺北市　　文史哲出版社

中華民國九十年(2001)辛巳十月八日　增補稿
臺北市：海南文獻史料研究室

卷之七　采訪冊

　　夫「采訪冊」者，乃方志資料之一種，於地方志書纂修時，所採集資料也。其采訪事項，應注意「明確詳速」之要求，亦就是采訪之事，有聞則錄，有錄必詳（力求明確暢達，條理井然，翔實有據，信而足徵），定有日期，必有報告，署名編號，以為識次，方便檢用。

　　瓊州各屬邑志乘，所據采訪冊資料者頗多，惟罕見傳本，於各家方志書目著錄者闕如，公私藏板亦鮮，茲就知見者（藏板），計有：王國憲《瓊崖志》、《瓊山采訪冊》，許朝瑞《臨高采訪錄》三種，分別著述於次，以供方家查考。

一、瓊崖志

《瓊崖志》十卷　　王國憲輯
　　民國二十年(1931)　木雕刻本
　　2冊　25公分　線裝

㈠、知見書目

　　邢益森《海南鄉情攬勝》（寶島風姿錄・續集二・頁九十六）：　　瓊崖志　十卷　　王國憲纂
　　　　　　民國十九年(1930)修　　海口市圖書館藏

附注：僅王國憲寫古迹、金石、藝文十卷。

㈡、修志始末

民國十九年(1930)庚午，瓊州府學優貢王國憲，原名：王國棟，瓊山縣人。以廣東省城開設通志館，要求各地一律修志，王國憲（堯雲）充任海南修志徵訪員，就利用獲得之資料，於民國二十年(1931)辛未，編成〈古迹略〉、〈金石略〉、〈瓊山藝文略〉，共十卷，是為：《瓊崖志》（屬采訪冊性質）。

依據瓊山王堯雲〈重修感恩縣志後序〉云：「歲在甲子（民國十三年），予奉饒道尹委任重修《瓊崖志》，馳書各邑，一體贊成，發采訪體例，限期五月采訪完，以便分纂。」

次云：「未幾，道尹去任，又遭瓊崖連年內亂，屢催各邑采訪，視為具文，此事遂廢。」

復云：「年過一年，至庚午（民國十九年，西元1930年），省垣開通志館，飭各屬舉徵訪員，並飭各屬一律修志，亦無有遵行者，噫！瓊崖修志之難如此，世所稱為文明之海外，亦無一辦公益地方之事，可歎亦可惜也。」

末云：「予時充徵訪員，瓊山采訪，次年送完，亦思從事郡志，編成〈古迹略〉二卷、〈金石略〉六卷、〈藝文〉二卷。」

綜觀瓊山王堯雲〈重修感恩縣志後序〉（文載於《感恩縣志》卷首），始悉《瓊崖志》纂修緣由動機，以及經過始末，大略如斯矣。

㈢、纂者事略

王國憲(1853～1938)氏，原名：國棟，字用五，號堯雲，晚

稱：更生老人，瓊山縣城西廂（世居昌興圖青草村）人。清德宗
光緒二十年(1894)甲午科朝考及第（二等優貢），銓廣東省樂昌
縣儒學訓導。曾總纂《瓊山縣志》（民國六年續修）、《瓊崖
志》（民國二十年輯成），總校《感恩縣志》（民國二十年重
修）、《儋縣志》（民國二十五年鉛印），頗負盛名。終生獻身
海南教化，掌教瓊臺書院，擴建雁峰學社為書院，倡辦瓊海中
學，其門徒弟子，近三千餘人。

王會均著〈海南文獻‧光大流芳〉（追懷王國憲先達）一
文，載於《王國憲先生紀念集》，民國八十一年(1992)九月刊
行（頁九一～一一〇），詳著其事略。

㈣、志書內容

按《瓊崖志》（十卷），窺其全書，主要內容（內缺〈古迹
略〉二卷）。依目次，分著於次，以供查考。

瓊崖志卷■金石志（注：墨釘係原書保有）：獨成一冊，共
六十一頁，中有缺頁。所繫為海南各地之銅鼓、銅鐘、銘器、石
刻、碑記。

瓊崖志卷■瓊山藝文略（注：墨釘亦係原書保有）：另成一
冊，殘存一至二十三頁，紀載瓊山縣所收藏之各種舊籍。是卷二
十三頁，係繫載海南舊志目錄數種，內有《瓊臺書院志》二卷。

㈤、刊版年代

王國憲《瓊崖志》（屬采訪冊性質），全書殘存二冊（計八
十四頁），線裝。原書為木雕刻本，原係王國憲所珍藏，其書扉
頁上蓋有「王國憲」方形小紅章乙枚。

　　王國憲《瓊崖志》（初稿本），署著為民國二十年(1931)辛未刊行，由於尚未定稿，暫以「墨釘」（■）代替卷次，正文中亦多有臨時更改之處。

　　王國憲《瓊崖志》（初稿），雖有雕梓行世，唯流傳欠廣，罕見藏板，於今海內外各文教機構，暨圖書館庋藏者稀尠，於海口市圖書館藏有「原刻本」（民國二十年梓本）乙部，是乃殘存唯一「孤本」，視同瑰寶，極為珍貴，殊具學術研究參考價值。

　　原刻本　民國二十年(1931)　木雕刻本
　　　中國：海南省海口市圖書館藏板

二、瓊山徵訪冊

《瓊山徵訪冊》　　王國憲纂
　　民國十九年(1930)八月　輯抄本
　　2冊　25公分　線裝

㈠、知見書目

　　王志斌《館藏海南文獻資料目錄》（頁四十六）：
　　　　瓊山徵訪冊　　王國憲撰
　　　　民國抄本　線裝　存二冊
　　　案：海南師範大學圖書館：E24（古）/39

㈡、修輯始末

　　民國十九年(1930)庚午，廣東省城開設通志館（附在中山大學，由校長鄒　魯任館長），檄各屬採訪，要求一律修志。王國

憲（堯雲）時充任海南修志徵訪員，暨瓊山徵訪員，就利用其所訪資料，同年(1930)八月間，纂輯成《瓊山縣徵訪冊》（不分卷）二冊。

依據瓊山王堯雲〈重修感恩縣志後序〉云：「歲在甲子(1924)，予奉饒道尹委任重修《瓊崖志》，馳書各邑，一體贊成，發采訪體例，限期五月采訪完，以便分纂。」

次云：「未幾，道尹去任，又遭瓊崖連年內亂，屢催各邑采訪，視爲具文，此事遂廢。」

又云：「年過一年，至庚午(1930)，省垣開通志館，飭各屬舉徵訪員，並飭各屬一律修志，亦無有遵行者。噫！瓊崖修志之難如此，世所稱爲文明之海外，亦無一辦公益地方之事，可嘆亦可惜也。」

末云：「予時充徵訪員，瓊山采訪，次年送完，亦思從事郡志，編成〈古迹略〉二卷、〈金石略〉六卷、〈藝文〉二卷。」

綜觀瓊山王堯雲〈重修感恩縣志後序〉（文載《感恩縣志》卷首），獲悉《瓊山徵訪冊》修輯緣由動機，以及經過始末，大略如斯矣。

㈢、輯者事略

王國憲(1853～1938)氏，原名：國棟，字用五，號堯雲，晚稱：更生老人，瓊山縣城西廂（世居：昌興圖青草村）人。清德宗光緒二十年（1894）甲午科優貢（朝考二等），選廣東省樂昌縣儒學訓導，舉孝廉方正。迨民國肇造，任廣東省參議員。終生獻身教化，掌教瓊臺書院，擴建雁峰學社爲書院，倡辦瓊海中學，其門徒弟子，近三千餘人。

　　王國憲氏，潛心著述，宣揚教化，鼎力蒐輯鄉賢文稿，整理
棗梓。以發煌先賢懿行，潛德幽光，深博邦人景仰。曾編輯《瓊
臺文獻集》（六〇卷）、《瓊山十二家詩鈔》（二四卷）、《瓊
山文徵》（三〇卷）、《海南叢書》（計二十一種，分訂九
集），總纂《瓊山縣志》（民國六年續修本）、《瓊崖志》（民
國二十年輯本）、《儋縣志》（民國二十五年，海南書局鉛印
本）、校訂《道光　瓊州府志》（民國十八年，海南書局重刊鉛
印本）、《感恩縣志》（民國二十年，海南書局鉛印本），頗負
盛名。

　　陳　俊《海南近代人物誌》（頁八～九）、朱逸輝《海南名
人傳略》（頁二一九～二二二）、王會均〈海南文獻‧光大流
芳〉（追懷王國憲先達），文載《王國憲先生紀念集》（頁九
一～一一〇），暨《海南文獻》（第二十三期　頁一四～三
七），皆詳著其事略。

㈣、主要內容

　　王國憲《瓊山徵訪冊》，窺其全書（二冊，不分卷），主要
內容，依目次（下冊，係由筆者補輯），分著於次，以供查考。
　　　瓊山縣徵訪冊：簡稱「上冊」，分二十六目，如次：

　　　　郡縣沿革　　官職　選舉　氣候　戶口　風俗　謠諺
　　　　物產　貨殖　水利　基圍　關隘　港灣　商港　割讓地
　　　　建築物　營汛礮臺　學宮　考棚　倉廠　地方義舉
　　　　賦稅　釐捐　關稅　鹽場　通道
　　　瓊山徵訪冊：簡稱「下冊」，計分十目，如次：

　　　　歷代鐘鼎銘器文字　名人遺蹟　名宦政績

名人著述（詳見藝文略，同載〔續修〕瓊山縣志）

傳狀碑誌（詳見金石略，載〔續修〕瓊山縣志）

賢士　孝友傳　篤行傳　列女傳・貞節　節烈傳・殉節

按《瓊山縣徵訪冊》（上冊），於官職、選舉二目，又各分細目，列著於次，以供查考。

官職：內文著為「職官」，又分十九細目，如次：

文職之屬

巡道　知府　同知　教授　訓導　府經歷　知縣

審判廳長　　縣丞　教諭　訓導　水尾司巡檢　典史

武職之屬

鎮台　游擊　左營守備　　都司　右營守備

海口營參將

選舉：又分四細目，如次：

進士　舉人　武舉　徵舉孝廉方正

㈤、修輯體例

本《徵訪冊》（二冊），係奉檄官修，屬「采訪冊」性質。雖發采訪體例，唯未載其全文，然從「目次」窺之，迥然不同於《舊志》義例，係採「門目體」，亦就「按事分目法」也。

就各目紀事觀之，凡事文以《續修　瓊山縣志》為主，間有新事採補之。所繫縣事，以清道光、咸豐、同治、光緒、宣統五朝較詳，間有民國初年者，其紀事斷限年代，依目次舉例著述於次，以供查考。

瓊山縣徵訪冊（上冊）之屬：

營汛礮臺：自廢綠營制後裁撤營汛，其海口外西礮

臺、東礮臺，光緒年間亦廢。惟新造之秀英大礮臺尚存，派兵駐紮府城，當民國二次攻伐，礮臺不能攻入，其堅固據險已可想見。⋯⋯

考　棚：科舉既廢，考棚初議改建功業學堂，折去舊室卜吉興工，忽民國成立，地方戰事遂起，停工不作，木料大半損失，⋯⋯其基址鞠為茂草，今亦議作公園，因經費問題已作罷論。

倉　廒：向存積數千石穀，分月發給綠營兵食，自民國任人盜取無人管理，餘存官盡發賣，並其地公產委員，亦投筒賣完。

厘　捐：瓊山釐卡無多，僅數百金。雜捐則無貨不抽，無物不抽，甚至雞豚犬，海口市亦抽。捐，瓊山約有十萬元有奇，名目繁多，不能盡詳，為開瓊以來所未有。今當「訓政時期」，政府宣布裁撤一切苛細雜捐，果能實行，人民方有生氣，否則窮民無告，孰為救死，坐以待斃而已。

瓊山徵訪冊（下冊）之屬：

列女傳・貞節：陳氏，演順三圖金盤坡村，楊正智聘妻，未嫁而夫亡，年十八登門守節，孝事翁姑，家赤貧以紡織度口。民國元年，鎮守使鄧　鏗賜「貞孝」二字，建坊於塔市之東。

節烈傳・殉節：林氏，歲貢生吳桂芬媳、文錦之妻。民國二年，文錦由金江市染病歸，侍湯藥二閱月不少怠，夫亡殮畢，氏哀慟激烈，三日不食以殉。

㈥、刊版年代

　　王國憲《瓊山徵訪冊》（二冊），於〈目次〉（上冊）頁右下方，手著「十九、八、五」，但未刊行，乃著「民國抄本」。全書線裝二冊（不分卷），書高二十五公分、寬十五公分，版框高十九公分、寬十三公分。內文「手書者」（四週單邊），每半葉（一面）十行，每行最多不超過三十字，小楷字。其「剪輯者」（四週雙邊），每半葉（一面）十一行，每行最多二十二字，注分雙行，仿宋體字。各冊題名互異，上冊：內文首行上題《瓊山縣徵訪冊》（下書：徵訪員王國憲）、目錄頁題《瓊山徵訪冊》、封面大題《瓊山縣徵訪冊》，下冊：封面題為《瓊山縣徵訪冊》右邊書（歷代鐘鼎）。

　　王國憲《瓊山縣徵訪冊》（原抄本），係意大利學者羅斯藏書，捐贈私立海南大學（書號：H309、H310），每冊首頁上方有「羅斯先生遺贈之書」小長戳乙枚。

　　海南師範學院圖書館藏板，於〈二冊〉封面（下方），暨〈上冊〉目錄、首頁（反面），〈下冊〉首頁、九頁之上方書框，蓋有「海南師專圖書館圖書章」（簡體字、陽文、有邊）圓章（直徑三・五公分）各乙枚。

　　本《瓊山徵訪冊》，因未刊梓，致流傳欠廣，罕見藏板。於今海內外文教機構，暨資訊單位庋藏者稀尠，就其知見者，列著於次，以供查考。

　　原抄本　民國十九年(1930)　輯抄本
　　　中國：海南師範學院圖書館　E24（古）/39
　　影印本　依據民國抄本（海南師範學院圖書館藏板）

臺灣：國立臺灣圖書館

臺北市・海南文獻史料研究室

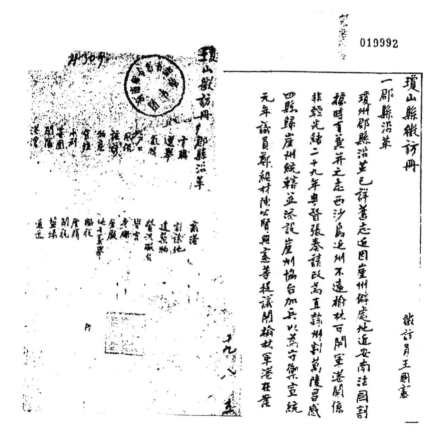

王纂《瓊山徵訪冊》書影

海南師範學院圖書館藏板

　　王國憲《瓊山徵訪冊》（凡二冊、不分卷），係以王國憲纂《續修　瓊山縣志》（學稱：王志）為藍本，並就徵訪所得資料，新增史事核實補充之。於王志後十餘載之史實，繼而輯之，以備徵文獻矣。

　　按《瓊山徵訪冊》，屬輯抄本，罕見藏板。於今海內外文教機構，暨資訊單位庋藏者稀少，在海南師院圖書館藏有「民國抄本」（善本），是乃唯一「孤本」，視同瑰寶，殊為珍貴也。

　　《瓊山徵訪冊》（凡二冊）之珍貴資料，承蒙海南師範大學王志斌宗弟鼎力協助，無勝銘感，特致謝忱！

三、臨高采訪錄

《臨高采訪錄》　　　許朝瑞撰
　　民國六年(1917)五月至七年(1918)八月　手稿本
　　10 冊（未標頁數）　有表　29 公分　線裝

㈠、知見書目

　　臺灣省立臺北圖書館《普通本線裝書目》（頁八三）：
　　　　臨高采訪錄　十冊　　許朝瑞撰
　　　　民國六年(1917)　抄本
　　王會均《海南方志資料綜錄》（總目錄‧頁三四）：
　　　　臨高采訪錄　　許朝瑞撰　手稿本
　　　　民國六年(1917)五月至七年(1918)八月
　　國立中央圖書館臺灣分館《線裝書目錄》（史地類‧頁二九

九）： 臨高采訪錄（報告） 許朝瑞等撰

民國六年 抄本

10 冊 30 公分（框 12.7×24.4 公分）

索書號：A/673.39/513/0041

㈡、輯成始末

民國五年(1916)丙辰，「廣東通志局」成立，仿清・阮　元修《道光　廣東通志》義例，續修廣東通志，各縣遴聘紳儒採訪。於民國六年(1917)丁巳，廣東通志局，徵集各府州縣志書。

本《臨高采訪錄》（報告），係「廣東通志臨高采訪局」采訪員許朝瑞，於民國六年(1917)五月至七年(1918)八月間，在臨高縣境內實地調查採集之史料，撰陳廣東通志局〈報告書〉，殘存十冊（不分卷）。

㈢、纂者事略

許朝瑞（父，許錦堂、貢生），臨高縣城人。貢生，業中藥舖，臨高採訪員。

㈣、主要內容

按《臨高采訪錄》（報告），殘存十冊。其各冊類目雖有重複，惟內容紀事各異，舉凡：沿革、輿地、建置、山川、海防、經政、宦績、人物、列女、節婦、耆民、藝文、傳略、金石、詩文、雜錄，皆翔實采訪記載，實係臨高縣最新文獻資料，彌足珍貴，殊具史料參考價值。其主要內容，依冊次分著於次：

第一冊（未著陳報日期　第二十八號）

藝文　宦績　列女　沿革　海防

第二冊（民國六年五月八日　第七次報告　第二二二號）

　　藝文　建置　輿地　海防　人物　山川

第三冊（民國六年七月八日　第八次報告　第三〇二號）

　　藝文　建置　海防　經政

第四冊（民國六年九月八日　第九次報告　第三三八號）

　金石　傳略

第五冊（民國六年十一月八日　第十次報告　第四一六號）

　傳略　經政

第六冊（民國七年正月八日　第十一次報告　第四三九號）

　藝文　建置

第七冊（民國七年三月八日　第十二次報告　第四五一號）

　藝文　金石　人物　雜錄

第八冊（民國七年五月八日　第十三次報告　第四八八號）

　詩文　藝文　列女　山川

　案：第十頁書：列位先生鈞鑒　茲奉上廣東通志臨高采訪

　　各事第十三次報告冊，一到祈察收乞爲　斧正是禱

　　此頌　鈞安　臨高采訪員　許朝瑞謹上

第九冊（民國七年八月一日　第十四次報告　第五〇四號）

　藝文　人物　輿地　雜錄

　案：末頁書：現奉上廣東通志臨高采訪錄，一并王桐鄉

　　《雞肋集》一部（計四冊）到求察收，該志采訪冊伏

　　求　斧正爲叩　此上　廣東全省修志局

　　　諸先生大鑒　臨高采訪員　許朝瑞謹上

第十冊（未著陳報日期　第十五次報告　第六〇二號）

藝文　金石　宦績　輿地　經政　耆民　節婦

㈤、纂輯體例

　　許朝瑞《臨高采訪錄》（報告），雖無〈序〉、〈凡例〉查考，惟從各冊〈目錄〉、〈正文〉窺之，是《采訪錄》乃仿方志義例，係採「門目體」，亦就「按事分目法」也。

　　按《臨高采訪錄》殘存十冊，分目四十。所紀縣事，其斷限年代，最遲止於民國七年(1908)歲次戊午，茲依冊次、條目、紀事年次，分述於次，以供查考。

　　第七冊・雜錄：

　　　　民國七年二月中旬，臨高得硰港有巨魚，長丈餘，出沒海邊，……或曰此海馬也，或曰其狀類沙魚，又以為沙魚類云，港距城東二十五里。

　　第九冊・雜錄：

　　　　中華民國七年五月二十四日，加來市失火，燒民房五十餘座。

　　　　中華民國七年六月二十三日，美夏港地震，房板驌驌有聲。

　　　　中華民國七年夏天旱，雜糧失收，水田收成十分之二，米價漲至八百文一斗。

　　　　……民國七年五月十九日，美夏許必全船過此（馬裊），遂為所劫，舵工許國晉等，并客商三十餘人，皆遇害焉。……臨高知事龍公堯衢發兵擊之，擒其眾十餘人，分別鎗斃。八月七日復派兵夜襲之，甫至其黨盡散，焚其屋而歸云。

㈥、繕本年次

按《臨高采訪錄》，原繕本，殘存十冊，線裝，四周無邊。每冊頁數不一，每半頁行數字數各異，最多九行，每行最多二十八字。原書高三十公分、寬十四公分，楷字體（大小不同）。書前題：「臨高采訪員許朝瑞寄」（冊一），亦有題：「廣東通志臨高采訪局」（冊二至九），又題：「廣東修志臨高采訪錄」，并在下方蓋有「許朝瑞印」（篆字、陰文）方形加框（每邊一・八公分）私章乙枚（冊五至八、十，計五冊）。

國立中央圖書館臺灣分館珍藏乙部（殘存十冊），係前身「臺灣省立臺北圖書館」藏書。每冊首頁（封面）蓋有「臺灣省立臺北圖書館藏書章」（篆字・陽文）方形章（每邊五公分、寬邊）乙枚，內頁下有「臺灣省立臺北圖書館藏書章」（篆字・陽文）小方章（每邊二・二公分、有邊），末頁下「臺灣省立臺北圖書館藏書」（篆字・陽文）橢圓長形章（長三・五公分、寬一・五公分、框邊）乙枚。由於年代久遠，間遭蠹蝕，且紙質惡化，而重新裱褙，仍分十冊（線裝），書高二十四公分，寬一十四公分，封面手書：《臨高采訪冊》。

是《臨高采訪錄》（報告）之時間，除冊一及冊十未著日期外，其餘八冊大都書有「年月日」，最早者（冊二）署為「民國六年五月念八日」（第七次報告・第二二二號），最遲者（冊九）著為「民國七年八月一日」（第十四次報告・第五〇四號）。

許朝瑞《臨高采訪錄》，又書《臨高采訪冊》，原繕本，傳本稀尟，公私方志書目，亦罕見著錄。於海內外各圖書館或文教

機構庋藏者，就其知見藏板，著述於次，以供方家查考。

　　原抄本　民國六年(1917)至七年(1918)　手繕本

　　　臺灣：國立中央圖書館臺灣分館　A673.39/0041

　　影抄本　民國七十一年(1982)　複印本（據臺灣分館藏板）

　　　臺灣：臺北市：海南文獻史料研究室　平裝五冊

許纂《臨高採訪錄》書影

國立臺灣圖書館藏板

結　語

　　王國憲《瓊崖志》，於形式上，雖未冠有「采訪冊」之名，惟事實上《瓊崖志》乃王國憲（堯雲）充任海南修志徵訪員，就利用獲得之徵訪資料，編成《瓊崖志》（計有〈古跡略〉、〈金石略〉、〈瓊山藝文略〉，共十卷），實具「采訪冊」性質。

　　王國憲《瓊崖志》、《瓊山徵訪冊》，許朝瑞《臨高採訪錄》，於今海內外圖書館，暨文教機構庋藏者稀尠，罕見藏板。無論是海口市圖書館藏《瓊崖志》（木雕刻本），抑海南師範學院圖書館藏《瓊山徵訪冊》（民國抄本），或國立臺灣圖書館藏《臨高採訪錄》（手繕稿本），乃知見藏板之唯一「孤本」（善本），視同瑰寶，極為珍貴，殊具學術研究參考價值矣。

參考書目

《瓊崖志》　　王國憲

　　民國二十年(1931)　木雕刻本　海口市圖書館藏板　二冊

《瓊山徵訪冊》　　王國憲

　　民國十九年(1930)　輯抄本　海南師範學院圖書館藏板　二冊

《臨高採訪錄》　　許朝瑞

　　民國六年(1917)五月至七年(1918)八月　手稿本　十冊

　　（國立臺灣圖書館藏板）

　　　　中華民國九十年(2001)辛巳十月八日　增補完稿

　　　　中華民國九十四年(2005)乙酉五月十日　修訂稿

　　　　　　臺北市：海南文獻史料研究室

附錄：作者暨書名索引

一、本索引（Index），採作者暨書名併列方式。著錄款目，依
　　次：作者、書名、頁次之序，檢索方便。

二，本索引，作者（姓氏）依筆劃、筆順：點（、）、橫
　　（－）、直（｜）、撇（丿）、捺（乀）之次序編列。若同一
　　人有二書以上者，則以頁次排比，以供查索。

九　畫：洗、姜、胥、胡、韋、茅、俞

十　畫：高、唐、祝、秦、馬、孫、桂、徐

十三畫：義、賈、楊、董、葉、鄒

撰者專著

一、海南文獻叢刊

海南文獻資料簡介
    民國七十二年　臺北市　文史哲出版社
海南文獻資料索引
    民國七十七年　臺北市　文史哲出版社
日文海南資料綜錄
    民國八十二年　臺北市　文史哲出版社
海南方志資料綜錄
    民國八十三年　臺北市　文史哲出版社
走向世界　全盤西化：陳序經
    民國九十五年　臺北縣中和市　國立中央圖書館臺灣分館
海南王曰琪公次支系譜
    民國九十九年　臺北市　文史哲出版社
白玉蟾：學貫百家　書畫雙絕
    民國一○一年　臺北市　文史哲出版社
南海諸島史料綜錄
    民國一○一年　臺北市　文史哲出版社
海瑞：明廉吏　海青天
    民國一○一年　臺北市　文史哲出版社
海南方志探究（上、下冊）
    民國一○一年　臺北市　文史哲出版社

二、和怡書屋叢刊

中華民國企業管理資料總錄
　　民國六十八年　臺北市　哈佛企業管理顧問公司
公文寫作指南
　　民國七十二年　臺北市　文史哲出版社
縮影圖書資料管理
　　民國七十二年　臺北市　文史哲出版社
視聽資料管理：縮影研究
　　民國七十四年　臺北市　文史哲出版社
同文合體字
　　民國一〇一年　臺北市　文史哲出版社